Global Money and Finance

국제금융론

글로벌 통화와 금융

최명식 著

교육과학사

머리말
Preface

국제 경제활동에 대한 자유와 보호의 선택문제는 오랜 역사 동안 끊임없이 논쟁의 대상이 되어 왔다. 자유와 보호의 논쟁은 국제경제학의 핵심 이론 가운데 하나다. 반복되는 세계화시대를 맞이하여 1970년대부터 선진국을 중심으로 자본이동의 규제가 철폐되었고 1980년대는 정보통신 기술의 발달과 거래비용의 감소로 국제자본이동이 가속화되었다. 1990년대에는 신흥개도국 중심의 자본시장 자유화가 진척되었다.

국제무역에서 나타난 세계화 현상은 WTO체제 출범, FTA 체결, 국제교역 확대 등으로 특징지어진다. 반면 국제금융의 세계화는 실물부문에 비해 매우 빠르게 금융시장에 변화를 가져다주었는데, 자본시장 개방, 자본거래 확대, 금융규제 완화, 금융 혁신 등으로 나타났다. 또한 국제간 자본거래의 비중이 커졌고 그 유형도 다양해졌으며 나아가 지역경제 간의 연계성도 점차 높아져가고 있다.

과거 30년 동안 세계경제의 성장 및 글로벌 금융산업의 발전은 자유주의가 가져다주었고 이는 신자유주의자(통화주의자)의 패러다임을 강조한 덕택이다. 하지만 세계경제의 통합과정 또는 금융의 세계화 속에서 전 세계는 월스트리트 금융가의 부도덕한 금융상품 투기(모럴 헤저드)로 인해 금융위기를 겪고 있다. 그리스를 위시한 남유럽의 금융위기 가능성까지 더해져서 안정을 중시하는 보호주의가 힘을 얻는 분위기이다. 심지어 혹자는 지금까지의 경제성장은 신용팽창에 의한 거품에 불과했다고 비난하기도 하며 후기 케인즈학파의 패러다임을 중시해야 할 시점이라고 주장하기도 한다. 그렇지만 역사적으로 가끔 되풀이되는 금융위기가 호전되기 시작하면 다시금 세계경제는 자유주의적 성장을 향해 나아갈 것으로 보인다.

금융위기 이후 국제금융시스템의 안정화에 대한 중요성이 부각되고 있다. 세계경제, 아시아 그리고 우리나라가 건실한 경제발전을 지속하기 위해서는 국제금융 안정시스템에 대한 장기적인 비전과 체계적인 논의가 필요하다. 이런 계획을 뒷받침하는 학문적 노력을 통해 충격에 취약한 국내경제를 보호하고 글로벌 금융시스템을 안정시키는 데도 일조할 수 있을 것이다. 따라서 국제 경제활동에 대한 합리적 사고를 가지고 글로벌시대에 적합한 이론 및 결론을 찾아내는 것이 중요하다.

국제금융은 국가 간의 자금거래가 이루어지는 자금유통을 말하는데, 신용대부, 해외투자 및 외환의 커다란 흐름으로 본다. 국제금융에 대한 올바른 지식 없이는 각 나라의 경제가 서로 연계 내지 통합된 세계경제를 이해하기란 어렵다. 그런데 국제금융론은 개방 거시경제학 시각에서 국제금융 관련 시장작동 메커니즘, 가격변화에 대한 대처, 시장변화에 대한 정책과 제도적 대응 등의 주제를 다루면서 이를 분석하고 사고하는 능력을 길러주는 학문이다.

본 교재는 국제금융의 이론과 현상에 대해 체계적으로 이해하고 검증할 수 있는 능력을 배양할 수 있도록 구성되었다. 초보 경제학 지식을 가지고 있는 독자라도 국제금융이나 외환의 개념을 쉽게 공부하도록 기술하였다. 동시에 글로벌 금융시장의 현실에 대한 전반적 이해를 돕고자 거시·미시적 접근, 단기 · 장기적 관점, 세계 · 지역적 시각, 현존 질서 · 향후 질서 등과 같이 관련 논점별로 필요한 지식을 제공하려고 노력하였다.

필자는 글로벌 통화와 금융에 대한 새로운 현황을 강조하면서 최신 개념을 상당히 도입하였고 그 구성에 대해서는 아래 세 가지 사항에 유의하였다.

첫째, 국제경제에 대한 독자들의 사고능력을 높이고 이해를 돕는 데 초점을 두었다. 이를 위하여 미국 교과서에서 종종 볼 수 있는 것처럼 교재개발에 대한 체계를 먼저 세우고 이 체계에 따라 내용을 서술하였다.

둘째, 주관적 교재개발 체계에 입각하여 현실 국제금융경제를 염두에 둔 여러 형태의 예시, 문제풀이, 내용정리 등에 많은 비중을 할당하였다.

셋째, 본서에서 다룬 이론이나 설명 방식은 대체로 이미 주류 교재에서 다루었거나 국제급 논문에서 정립된 것을 따랐다.

한편, 본서에서는 저자가 인용하거나 참고한 후주 및 참고문헌은 편의를 위해 별도로 기재하지 않았다. 끝으로 본서의 집필과 출간에는 많은 분들의 도움이 컸다. Father God, Family, Friends, ...

다산경제관에서 최 명 식

목차

1 Unit 국제금융기초

2 Unit 국제금융이론

Part 1 국제금융기초

수출입, 해외투자나 차입, 해외송금이나 증여, 정부 원조나 차관, 유학이나 해외여행 등 대외거래를 수행하려면 국제적으로 통용되는 화폐가 필요하고 외환거래가 수반된다. 외환시장은 국제금융시장과 결합되어 모든 나라들의 고유한 화폐단위를 서로 연결시켜주면서 국가 간 거래가 가능하도록 도와준다. 따라서 국제 경제활동의 결과나 시장 참가자들의 거래목적이 반영된 외환수급의 상태 및 국제금융의 흐름을 정확히 이해한다면 글로벌 경제활동에 대해 보다 정확히 알 수 있다. 특히, 국제금융론은 국제거시경제학의 중요한 부분을 차지하면서 이종통화로 표시된 금융자산의 국제 차익거래과정을 주로 분석한다. 제1부에서는 국제 거시경제의 수많은 개념 가운데 외환과 환율, 국제수지, 외환보유액과 대외채무, 환율제도를 소개한다. 이를 통해, 환율과 핵심거시경제변수들이 내생변수로 함께 결정되는 외환시장과 경제전반의 상호작용 방식을 조사해본다.

먼저 제1장에서는 화폐(제도)의 발달과정과 기능을 설명한 후에 국제통화를 중심으로 외환거래와 환율을 소개하고 나아가 외환시장의 구조와 운영방식에 대해 설명하고자 한다. 그런데 한 국가의 생산능력과 대외경제 현황을 회계개념으로 보여주는 것이 국제수지다. 환율을 연결고리로 무수한 대외거래를 정리한 국제수지표를 통해 국제수지의 내용, 조정 메커니즘, 대외불균형의 해소방안, 그리고 여타 사회계정과의 관계를 제2장에서 살펴본다. 제3장에서는 국제수지표상에 나타난 공적 대외준비자산을 통해 외환보유고와 외채의 성성과정, 정부재정과의 연관성 및 이들이 경제에 미치는 영향을 살펴본다. 제4장에서는 국제통화제도의 역사와 현황을 소개하면서 금본위제를 비롯한 각 환율제도의 장단점을 비교해보고 오늘날의 변동환율제를 중심으로 경제적 특징을 찾아본다.

Unit 1 국제금융기초

Chapter Overview

Focus & Teach

- **Before** 세계화시대와 함께 국제 경제활동이 크게 증가되어감
- **Present** 국제거래는 외환시장을 경유하여 이루어짐
- **After** 본국과 외국의 거래관계를 국제수지가 보여줌

Lesson Plan

LESSONS AND OBJECTIVES	PROFESSIONAL DEVELOPMENT	PACE (60분)
1-1 국제통화와 외환거래 (pp. 33-54) - 화폐(제도)의 발전과정 및 역할 - 국제통화의 생성과 기능 - 외환시장의 거래모습(메커니즘) - 외환거래의 현황	- 화폐(제드)의 생성배경 및 역할을 통해 국제통화의 현황을 살펴 봄 - 외환의 수급과 환율이 어떻게 시장 질서를 이루는지 그리고 외환시장이 어떻게 구성되는지 살펴 봄	1.5
1-2 외환시장의 구조 (pp. 60-80) - 환율의 기능 - 외환시장 참가(자)의 특징 - 은행의 외환포지션 관리방식 - 외환거래의 유형	- 국제통화 위주 환율의 국제 경제적 기능을 검토함 - 시장참가자의 행동과 외환거래의 현황에 대하여 기본 개념을 비교 분석해 봄	2.0
국제구매력 이동 및 FX 마진거래 소개 (pp. 55-59)	- FX 마진거래의 발생배경 및 특징을 통해 새로운 거래형태를 생각해 봄	0.5
Resources	- Reuters, Wall Street Journal 등의 환율리포트를 살펴 봄	0.3
Review	- 정리 및 요약	0.4
Assessment	- 연습문제 풀이	0.3
Total		5.0

Chapter 1 외환과 환율

오늘날 화폐는 그 자체로 아무런 가치가 없지만 지불수단으로서 거래를 수행한다. 각 나라는 이런 법정화폐를 사용하는데, 우리나라는 원화, 미국은 달러화, 유럽은 유로화, 영국은 파운드화, 일본은 엔화, 멕시코는 페소화 등을 사용한다. 하지만 대부분의 국가는 대외거래에서 미국 달러화를 위시하여 기타 메이저통화를 지불수단으로 사용하고 있다.

국제거래의 대부분은 외환거래가 수반되어 외환시장을 반드시 거친다. 다양한 목적을 지닌 참가자들의 행동이 외환의 수요와 공급에 영향을 준다. 기업은 외국에 투자하거나 해외주식을 구입하기 위해 외환시장에 참여하며, 수출입 대금을 받거나 지급하기 위해서도 시장을 이용한다. 이를 위해 은행은 대고객 환전업무를 한다. 물론 은행은 자신의 이익을 얻기 위해 국제급 은행끼리 엄청난 외환을 매일 직접 사고판다. 반면 중앙은행은 금융안정이라는 정책운용 목표에 따라 시장에 개입하기도 한다. 이와 같은 경제활동의 결과가 반영된 외환의 흐름, 환율의 결정과정 등을 이해해야만 국제경제활동을 보다 정확히 이해할 수 있을 것이다.

이 장에서는 통화제도, 외환 및 환율에 대한 기본 개념을 소개한 후에 외환시장의 구조와 외환거래의 현황을 실제 데이터를 사용하여 설명하고자 한다. 이 장을 학습하게 되면 우리는 다음과 같은 것을 할 수 있다. 첫째, 세계 최대시장으로 발전된 외환시장의 기능을 통해 국제간 구매력 변동을 설명할 수 있다. 둘째, 현행 통화제도에서 외환시장의 구조 형태 및 국제통화의 수요와 공급을 파악할 수 있다. 셋째, 외환시장 참가자들의 다양한 역할과 목적을 거래 형태별로 구분해보고 그 특징을 비교해볼 수 있다. 끝으로, 타국 화폐로 표시된 자산수익률이나 수출입가격을 계산하기 위해 필요한 환율이 어떻게 결정·변동되는지, 환율차액을 노리는 FX마진거래가 무엇인지 이해한다.

Main Ideas Issues

Main Ideas/Issues

- 외환시장의 작동원리에 대한 기본적 특징
  - 국제통화의 역할, 외환의 수요·공급 및 환율의 기능과정, 은행의 외환포지션 관리 등
- 시장참가자들이 행하는 외환거래의 형태
  1. 투기거래, 재정거래, 헤지거래, 실수요거래
  2. 전통적거래, 파생상품거래

Contents

- 제1절 화폐제도
- 제2절 국제통화, 외환거래, 환율
- 제3절 외환시장의 구조

▶Study Guide : 화폐제도와 외환시장의 연결, 외환거래구조, 환율 등에 대한 기본적 내용을 파악해봄

Preview

외환시장의 모습

Directions : 마인드맵(Mind Map)을 이용한 브레인스토밍(Brainstorming) 방법론을 이용하여 "국제간 화폐이동의 메커니즘"을 다양한 거래방식의 관점에서 그려보시오.

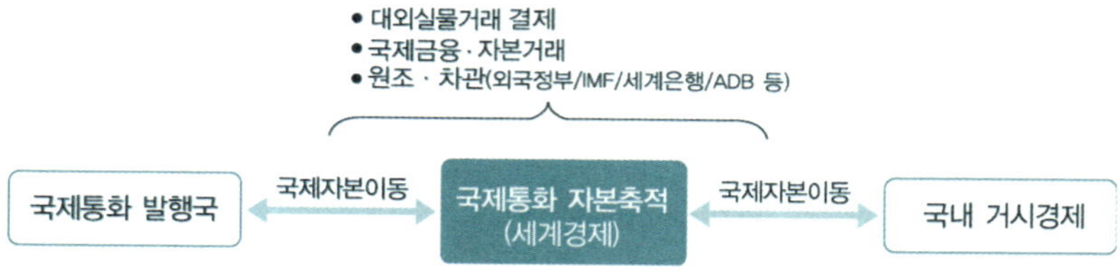

Directions : 외환시장을 은행간 시장 및 대고객 시장으로 구분해보고 외환시장의 작용질서를 생각해보자

은행간 시장	대고객 시장	외환 수급의 힘	가격 움직임
• 대고객거래 결과 외화 과부족 조정 • 이익추구 외환거래 • 은행간 외환거래, 은행과 중앙은행간 거래	• 대외거래 결제 • 은행과 고객간 거래	수요 〉 공급 → 수요 = 공급 → 수용 〈 공급 →	환율인상 균형환율 결정 환율인하

Directions : 금융의 글로벌화가 진전되면서 외환시장이 국제단기금융시장이나 유로시장과 얼마나 밀접하게 연결되어 움직이는지 생각해보자.

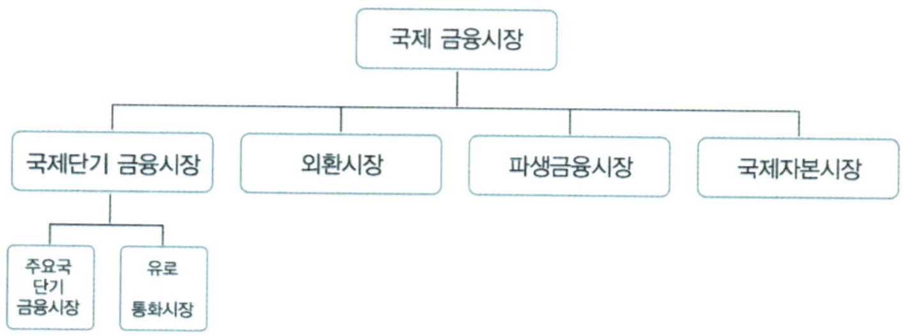

1-1 Section 화폐제도

오늘날 우리가 사용하는 화폐는 그 자체로 아무런 가치가 없지만 원하는 물건을 사거나 팔 때 주고받는 유용한 수단이 된다. 이런 식으로 현금이나 수표 같은 화폐를 계속해서 거래에 사용한다. 화폐를 통한 경제적 거래 덕분에 각자 자신이 가장 잘 할 수 있는 일에 전문화함으로써 원활한 생산·소비활동을 통해 생활수준과 경제규모를 향상시킬 수 있다.

본 절에서는 화폐의 기능과 역할을 설명한 후, 은행과 금융시스템을 간접적으로 살펴본다. 은행과 금융시스템은 국나 외에 유통되는 화폐의 양과 국제자금의 이동을 결정하는 데 핵심적 역할을 담당한다. 이러한 과정을 통해 통화제도나 화폐가 왜 중요한지 살펴보고 나아가 국제금융을 설명하기도 한다.

Key Concept

Property	Words	Examples
화폐	재화 및 서비스 교환의 매개로 일반적으로 통용되는 자산	현금, 예금
국제통화	국제간 거래에 결제수단으로 사용 가능한 화폐성 자산	달러화 표시 현금·예금

화폐

- Study Tip : 화폐의 경제적 정의와 기능을 알아봄.
- Teaching Tip : 화폐의 경제적 기능에 초점.

일상생활에서 돈이 필요하다. 돈이 있어야 갓있는 음식이나 멋진 물건을 구입하며 문화생활도 즐길 수 있다. 우리는 생활에 필요한 것을 돈으로 계속 거래한다. 화폐가 없다면 물건을 직접 거래하는 물물교환(Barter)에 의존해야 한다. 일반적으로 거래(Trade)란 경제주체들이 자발적으로 물품을 맞바꾸거나 화폐를 매개수단으로 물품을 사고파는 행위를 말한다. 경제주체들은 자신의 이익이나 만족을 위해 거래에 참가하기 때문에 거래는 부가가치 이익을 낳는 교환과정이다. 화폐는 거래를 크게 활성화시켜 더 많은 이익을 안겨준다.

우리는 대개 화폐나 신용을 사용하여 일상적인 거래를 한다. 경제가 발달된 선진사회일수록 화폐와 신용을 통한 거래가 더욱 전문화되어 있다. 하지만 화폐(Money)란 일명 돈으로, 주화나 지폐 혹은 은행 계정이나 컴퓨터 화면에 단지 숫자로 나타낸 표시이다. 화폐는 거래를 위해 지불되는 보유 중인 자산(Asset)이다. 반면 신용(Credit)은 상대방이 미래에 상환지급할 능력을 보유했다고 인정함으로써 물건을 먼저 주거나 돈을 빌려주거나 지불을 연기해주는 일로써 갚아야 할 채무(Debt)이다. 신용카드가 그 대표적 예이다. 무엇보다 화폐와 신용은 거래를 활성화시켜 주기 때문에 경제에 꼭 필요하다. 하지만 과다하면 경제과열이, 너무 부족하면 경제위축이 우려된다.

경제학자는 화폐를 재화 및 서비스를 구입하기 위해 사용하는 일반적인 자산으로 간주한다. 따라서 화폐와 화폐가 될 수 있는 다른 자산을 구분하기는 어렵지만, 보통 화폐는 현금(Currency, 동전과 지폐), 은행예금(요구불예금과 저축성예금) 등을 지칭한다.

그러나 주식, 채권, 부동산, 예술품 등은 현금으로 바꾸어야 거래의 매개수단으로 사용될 수 있기 때문에 화폐로 취급되지 않는다.

특별히, 화폐는 교환의 매개수단(지불수단), 회계의 단위(계산단위), 가치의 저장수단(구매력 이전) 등의 기능을 수행한다는 점에서 다른 자산과 구분된다.

첫째, 교환의 매개수단 기능이란 화폐가 재화나 서비스를 거래하는데 사용된다는 말이다. 만일, 1백만 원 상당 삼성컴퓨터가 판매중이라면 1백만 원을 지급하고 구입할 수 있다. 또한, 채무나 채권의 상환을 위해 화폐를 주고받는다.

둘째, 회계의 단위 기능은 화폐로 재화와 서비스의 가격을 표시하고 거래하는 것을 뜻한다. 화폐로 생산물의 공통적 단위를 나타냄으로써 상대적 가치를 손쉽게 비교할 수 있다. 만약 노트북 컴퓨터가 1백만 원이고 동등한 사양의 넷북 컴퓨터가 50만 원이라면 노트북이 넷북보다 2배 비싸다는 것을 알 수 있다. 또한, 채무나 채권의 크기도 화폐가치의 단위로 표시된다.

셋째, 가치의 저장수단 기능은 화폐를 이용해 미래의 구매력(실질가치)을 저장하는 것을 말한다. 예를 들어, 급여는 당장 쓰지 않고 놔두어도 다음 달이든 내년이든 그 가치가 그대로 있게 된다. 따라서 화폐저장을 통해 현재의 구매력을 미래로 이전시킬 수 있다. 하지만 화폐의 실질가치인 구매력은 변동될 수 있다. 장래에 인플레이션이 발생하여 물가가 2배 인상되었다면 물건을 구매할 수 있는 1000원의 실질가치는 그 절반수준으로 떨어진다. 또한 자국통화보다 외국통화로 바꾸어 보유하는 것이 때로는 효율적인 가치저장 방법이 될 것이다. 과거 아르헨티나, 멕시코 등의 남미국가들에서는 고물가를 겪었을 때 달러화가 가장 인기 높은 가치저장 수단이 되었다. 이러한 현상을 통화대체(Currency Substitution)라고 부른다.

화폐는 교환수단으로 거래에 직접 사용하기 때문에 유동성(Liquidity)이 가장 높은 자산이다. 현금의 유동성은 100%일 것이다. 주식과 채권 역시 쉽게 현금화될 수 있기 때문에 유동성이 높은 편이지만 이에 비해 주택이나 미술품은 처분하여 현금화하기까지 많은 비용(시간, 노력 등)이 소요되기 때문에 유동성이 낮은 자산에 속한다. 하지만 화폐는 물가변동에 따라 그 구매력이 변화되므로 가치의 저장수단으로서는 결함이 많다. 물건 값이 상승하면 화폐로 구매할 수 있는 물건의 양이 줄고 물건 값이 하락하면 구매력이 늘어나기 때문이다. 따라서 화폐 이외의 자산들이 유동성은 화폐에 비해 낮지만 각자 경제상황에 따라 재산증식용 가치저장 수단으로 더욱 고려되기도 한다.

화폐의 종류와 발달

• Study Tip : 화폐가 생성·발전된 과정을 통해 화폐의 필요성과 역할을 살펴봄.
•Teaching Tip : 화폐의 역할과정을 시대별로 비교해봄.

화폐는 무엇보다 경제가 효율적으로 발전하여 사람들의 생활수준이 향상되는 것을 돕는다. 초창기 자연경제는 개개인들이 필요한 것들을 스스로 생산하여 사용하던 물물교환 자립경제였기 때문에 경제가 발달되지 못했었다. 반면, 현대사회는 화폐를 이용하면서 자신의 능력만큼 서로 필요한 것을 생산하고 교환하는 화폐경제이다. 이를 통해 더 나은 물건들을 계속 생산하고 교환하면서 각자의 생활수준을 높여준다. 화폐경제란 화폐를 유통수단으로 사용하면서 경제활동이 이루어지는 경제체제로서 상업의 발전에 따라 성장해왔다. 물론 화폐도 자체에 이자(화폐의 가격)가 붙어 상품처럼 거래대상이 되기도 한다.

그런데 화폐는 크게 두 가지 형태, 물품화폐와 법정화폐로 구분할 수 있다. 물품화폐(Commodity Money)는 물품 그 자체로 가치를 지닌 화폐다. 역사적으로 가축, 담배, 밀, 소금, 술, 조개껍데기, 토지 등 여러 가지 물품이 통화로 사용되어 왔다. 하지만 무엇보다 금과 은이 가장 적절한 통화기준이었다. 옛날부터 국경간 교역에서도 공인된 통화나 그 대용물이 필요하여 초기에는 금과 같은 귀금속이 그 역할을 맡았다. 물품화폐의 대표적인 예로 금(Gold)을 들 수 있다. 금은 그 자체로서도 가치를 지니지만 무게측정, 위조품 구별 등이 용이하기 때문에 역사상 화폐로 널리 사용되었다. 사회가 발전하면서 금 이외에도 이용하기 편리한 은, 동, 주석

NOTE

B. 힐데브란트의 교환방법에 따른 경제발전 3단계
• 자연경제⇒화폐경제⇒신용경제

같은 금속화폐가 사용되었고, 이후 국가의 역할이 강조되면서 금속을 일정한 형태로 주조한 주조화폐가 등장했다. 자연물품화폐를 비롯하여 금속화폐나 주조화폐는 순도와 무게에 따라 그 자체의 가치가 화폐가치로 교환될 수 있는 태환화폐(Convertible Money)이다

반면에 현대사회에서는 정부가 화폐로 확정하고 사회구성원들이 사용하는 법정화폐(Fiat Money)가 이용된다. 법화는 그 자체로는 실제가치가 없지만 정부의 법령(Fiat)에 따라 교환수단으로 통용되는 불태환화폐이다. 오늘날 각국이 발행하는 원화, 달러화 등의 통화가 모두 법화에 해당된다.

이에 덧붙여, 금융산업의 발달로 은행의 신용을 바탕으로 만들어진 어음과 수표 같은 신용화폐(Credit Money)가 있는데, 당좌예금의 직불카드, 신용카드 등으로 더욱 다양해져 가고 있다. 정보통신기술의 발달로 전자화폐, 교통카드, 핸드폰결제 등도 출현했다. 또, 자본시장의 규제완화로 국제신용카드, 국제직불카드, 해외계좌이체 등 결제수단도 다양해져 간다.

환언하면, 경제를 이끈 화폐의 형태는 자연물품화폐, 금속화폐, 주조화폐, 법정화폐, 신용화폐의 순으로 발전해 왔다.

고대 물물교환 시대에서도 화폐의 중요성과 가치는 컸다고 볼 수 있다. 단순히 물건대 물건의 교환으로는 원하는 것들을 사고팔기 어렵지만 화폐가 있다면 언제 어디서든 편하게 물품을 거래할 수 있었다. 화폐가 교환과정을 도우면서 거래비용을 낮추기 때문이다. 물물교환시대 이래 사용되었던 물품화폐는 각각 그 사회의 사정에 따라 다르지만, 초기에는 물물교환을 하기에 적합한 물품이 화폐로 사용되었다. 가축이나 곡물이 화폐로 사용되다가 생산량과 계산기준이 크게 변동되자 보관이나 운반이 편리한 농기구, 장신구, 조개 등이 화폐로 쓰였다. 대체로 곡물, 가축, 담배, 모피, 무기, 술, 소금, 조개껍데기, 장식품 등의 자연적 상품화폐가 사용되었다.

그후 사회가 발전되면서 이용하기 편리한 금, 은, 동, 주석 등의 덩

어리 형태로 금속화폐가 사용되었다. 주로 귀금속이 실물화폐로 사용되었다. 이후 국가의 역할이 강조되면서 일정한 순분을 가진 일정량의 금속을 특정한 모양으로 만든 주조화폐가 등장했다. 단지 개수의 계산만으로 화폐가치를 파악할 수 있기 때문에 더욱 편리하게 유통되었다. 주조화폐는 화폐로 사용되던 금속의 중량을 표준화시키기 위해 개발된 것으로, 고대 그리스와 로마의 주화를 비롯해 금화나 은화가 그 좋은 예이다. 금속·주조화폐는 그 자체로 가치를 지니고 있어 명목가치와 실질가치가 일치하였다. 모두 순도와 무게에 따라 그 가치를 화폐가치로 교환할 수 있는 태환화폐이다. 하지만 경우에 따라 주조화폐의 금이나 은의 함유량이 줄어들면서 화폐가치가 하락되기도 했다.

상품화폐 가운데 금은 가장 오랫동안 사용된 화폐로 20세기까지 이용되었다. 왜냐하면 금은 생산비가 많이 들고 공급이 어렵지만 편리하게 운반, 보관 및 분리 가능한 동질의 상품이기 때문이다. 하지만 국가간 교역이 확대되면서 금화나 금화와의 태환지폐는 점차 사용되지 않게 되었다. 따라서 금이나 금으로 교환할 수 있는 지폐를 화폐로 사용하는 금본위제도(Gold Standard) 경제는 사라졌다.

오늘날에는 아무런 실물가치를 지니지 않지만 간편해진 법정화폐가 사용된다. 법화란 정부가 화폐로 확정하고 사회구성원들이 사용하는 불태환통화를 말한다. 불환통화는 그 자체로 물리적 실제가치가 없어서 태환되지 못하는 화폐를 의미한다. 100원짜리 동전이나 1만 원권 지폐 같은 법화는 신용화폐와 더불어 법으로 그 가치가 보증된다.

화폐의 발달

▶ 물물교환 ⇒ 자연물품화폐 ⇒ 금속화폐 ⇒ 주조화폐 ⇒ 법정화폐 ⇒ 신용화폐, 전자화폐

상품화폐 · 태환화폐 (자연물품화폐 ~ 주조화폐)

법화 · 불태환화폐(현대사회) (법정화폐 ~ 전자화폐)

단순한 거래차원에서 보면, 시장성이 높은 교환수단을 사용할수록 소비의 만족도가 훨씬 높아진다. 시장성은 이윤추구 매매가 가능한 유통성이나 융통성을 일컫는 시장접근성을 의미하기 때문이다. 반면 거래에서 얻는 기대이득은 소비의 만족도를 최대화하거나 거래비용을 최소화할 때 극대화될 것이다. 거래비용에는 상대방을 찾는 탐색비용과 거래를 완결시키는 운송, 계약 등의 비용이 포함된다. 이에 따라서 교환수단으로 화폐가 더욱 광범위하게 이용되고 그 거래비용이 적을수록 특정 거래를 통한 기대이익은 최대화될 것으로 보인다. 직접적인 물물교환방식에 비해 이런 간접적 교환방식이 채택되기 시작하면서부터 공통적 교환수단으로서의 화폐에 대한 사회적 수렴이 만들어지고 가치측정과 가치저장의 기능도 추가되어 화폐의 사용범위가 국내외로 더욱 넓어졌다.

정리

- 화폐 = 물품화폐(태환화폐), 법정화폐(불태환화폐).
- 거래수단 = 화폐(보유자산) + 신용(채무).
- 화폐의 역할 = 거래촉진, 경기부양 정책수단, …

NOTE

■ 연화와 경화

본래 연화(Soft Money)는 지폐를, 경화(Hard Money)는 금화나 은화의 주화를 뜻함. 제2차 세계대전 이후 경화는 미국 달러 등과 직접 교환이 가능한 통화를, 연화는 달러 등과 자유롭게 교환할 수 없는 통화를 말했음. 하지만 1971년 미국 달러화의 금태환 정지 이후 더 이상 사용되지 않는 용어가 됨. 요즈음 경화로 가끔 달러화, 유로화, 파운드화 등을 지칭하기도 함.

■ 역사적 화폐

- 원시사회 : 곡물, 가축, 모피, 소금, 농기구, 무기, 장식품 등의 자연물품화폐
- BC 2000년경 : 금, 은, 구리, 주석, 철 등의 금속화폐
- 근세사회(16세기~18세기 중반) : 은화, 금화 등의 주조화폐
- 근대와 현대사회(18세기 후반~) : 주화, 지폐 등의 법정화폐 + 예금 등의 유사화폐 + 신용화폐

■ 우리나라 화폐

- 고대·삼국시대 : 무기, 장신구, 곡물, 직물 등의 자연물품화폐
- 고려·조선시대 : 철, 구리, 은 등의 금속·주조화폐
- 현대사회(20세기 초반) : 태환권 지폐
- 일제강점기 : 일본은행과 조선은행(한국은행)이 발행한 지폐와 동전 등의 은행권
- 광복 이후 : 한국은행권, 명목가치절하 화폐개혁(1차-1953년, 2차-1961년)

NOTE

■ **관리통화제도**

중앙은행(정부)이 국내 통화공급량을 인위적으로 관리 및 조정하는 제도임. 1923년 케인즈에 의해 주창되어 도입됨. 이에 따라, 각국은 중앙은행을 설립하여 통화공급·관리에 대한 독점권을 부여함. 통화량이 금 보유량의 증감에 연동되는 금본위제도가 1931년 영국에서 붕괴된 이후 대다수 국가에서 채택했음. 반면, 17-19세기를 지배하던 자유은행론자는 상업은행의 은행권 발행을 주장하여 중앙은행의 존재 이유 자체를 부정했음. 하지만 자유은행제도는 은행권의 남발과 이로 인한 금융질서의 혼란을 초래하면서 사라짐.

■ **한국은행의 통화발행**

한국은행은 매년 민간의 화폐수요, 수명을 다한 화폐의 폐기량, 예기치 못한 상황에 대비 보유하는 발행준비자금 수준 등을 감안해 화폐제조량을 결정함. 한국조폐공사에서 만들어진 화폐는 한국은행에 납품되고 한국은행은 이 돈을 발행, 유통, 환수, 보관 및 폐기함. 한국은행이 새로 찍어낸 돈을 보관하다가 금융회사에 지급하는 시점이 화폐발행 시점이 됨.

■ **유동성(Liquidity)의 종류**

- 중앙은행의 유동성 : 중앙은행이 금융시스템에 필요한 유동성을 공급할 수 있는 능력임.
- 자금조달 유동성 : 은행이 만기도래 부채를 상환하거나 순부채(부채-자산)를 결제하기 위해 자금을 조달할 수 있는 능력임.
- 시장 유동성 : 은행이 시장에서 즉시, 낮은 비용으로, 가격손실 거의 없이 보유자산을 거래할 수 있는 능력임.

통화제도 : 화폐수요와 화폐공급

- Study Tip : 화폐량의 결정과 역할을 살펴봄.
- Teaching Tip : 화폐공급과 화폐수요의 결정요인을 찾아봄.

화폐가 거시경제학에서 중요한 이유는 이렇다. 먼저 경제 전체의 지출을 위해서 경제 전체 화폐의 양을 뜻하는 통화량이 필요하기 때문이다. 그리고 통화량이 핵심적인 거시경제변수들과 밀접한 관계를 지니고 있기 때문이다. 통화량의 변화는 물가와 이자율을 비롯하여 경제상태 지표변수에 크게 영향을 준다. 통화량은 물가, 금리, 경기, 실업률, 주가, 환율 등의 경제변수들과 상호간 밀접한 움직임을 가진다. 예를 들어, 통화량이 증가하면 금리가 하락하고 물가가 상승한다고 알려져 있다.

통화량(Money Stock)이란 경제에서 유통되는 화폐의 양을 말한다. 이때 화폐에 현금, 요구불예금, 저축성예금 등의 자산이 포함된다. 경제학자들은 화폐성 자산을 유동성과 지출 가능성을 근거로 분류한다. 하지만 여러 자산 가운데 무엇을 화폐로 분류해야 할 것인가에 대해 상이한 견해가 존재할 수 있다. 금융기관의 예금 가운데에는 잠시 예치해두었다가 지출되어 현금으로 전환 가능성이 아주 높은 요구불예금, 오랫동안 저축으로 예치되어 현금화가 낮은 저축성예금 등이 있기 때문이다. 따라서 자산분류상 통화량을 M1, M2, M3 등과 같이 여러 가지로 정의한다.

$$통화량 = 현금 + 예금$$

화폐량은 유통중인 현금과 예금으로 구성되는데, 이 중에서 현금은 중앙은행이 공급한 통화량이지만 예금은 중앙은행이 공급한 통화를 원천으로 예금은행이 창조한 통화량이다. 첫째, 통화량 M1(협의통화)은 즉시 지출될 수 있는 금융자산으로 가장 유동성이 높은 통화지표이다. M1은 현금, 요구불예금(보통예금, 당좌예금 등) 등으로 구성된다. M1은 유동성이 가장 높고 교환의 매개수단으로 잘 사용되는 자산들로 구성되어 있다.

둘째, 통화량 M2(광의통화)는 통화의 범위가 더 넓지만 덜 유동적인 자산으로 구성된 통화지표이다. M2는 M1에 저축성예금 등이 추가된다. 셋째, 통화량 M3(총유동성)는 M2에 비통화금융기관의 예수금 등이 포함된다. M3는 M1이나 M2에 비해 광범위하지만 유동성이 가장 떨어진다.

통화량이 경제변수에 커다란 영향을 미치기 때문에 상기와 같은 통화량의 구분은 중요하다. 이 가운데 가장 보편적으로 사용되는 통화지표가 M1과 M2이다. 하지만 다양한 금융상품을 포함시키는 통화지표는 통화량의 척도로서 문제점을 드러내기도 한다.

● 통화량지표

- ▶ 유동성 : M1 〉 M2 〉 M3
- ▶ 지출범위 : M1 〈 M2 〈 M3
- ▶ 통화량과 여타 거시변수와의 관계

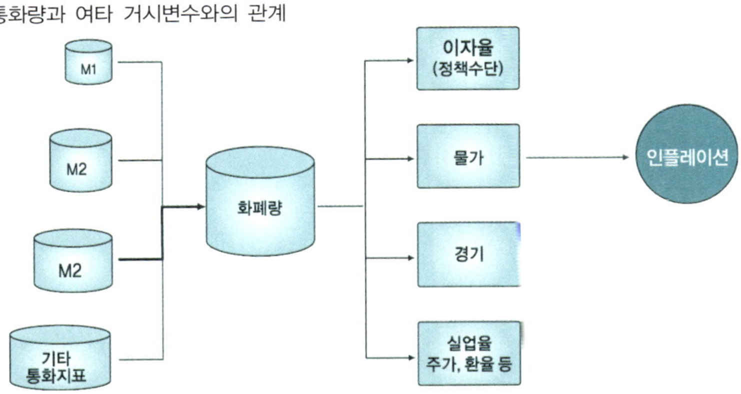

통화지표는 크게 현금과 예금으로 구성된다. 이는 화폐의 공급과정에서 중앙은행과 시중은행이 중요한 역할을 담당한다는 점을 말해준다. 중앙은행은 화폐 발권력을 가지고 현금을 발행하고 은행(예금은행)은 예금상품을 통해 예금통화를 발행한다. 따라서 통화량의 결정을 알아보기 위해서는 화폐의 공급과정에서 중앙은행의 본원통화와 은행의 예금통화가 어떻게 창조되는지 알아볼 필요가 있다.

먼저, 중앙은행은 경제에 현금을 공급한다. 법화의 독점적 발권을 통해 지폐나 동전을 주조하여 공급할 뿐만 아니라 유가증권의 구입이나 대출을 통해 현금을 공급해준다. 중앙은행이 발행한 현금은 시중에 유통되며 그 일부는 예금은행에 예금형태로 예치된다. 다시 말하면, 화폐는 중앙은행이 발행하여 유통 중인 현금과 중앙은행이 공급한 본원통화를 원천으로 예금은행이 예치금액의 몇 배로 창조한 예금통화로 구성된다.

나아가 본원통화에는 현금통화 이외에 외환보유고가 포함된다. 외환보유고는 3장에서 다룬다. 그런데 본원통화(Monetary Base)는 중앙은행을 통해 시중에 발행된 화폐를 말한다. 즉 본원통화는 현금통화와 예금은행 지급준비금의 합계로 구성된다. 나아가 본원통화에는 현금통화 이외에 외환보유고가 포함된다. 외환보유고는 3장에서 다룬다. 일반적으로 예금은행은 예금에 대한 인출요구에 응하기 위해 지불준비금을 보유한다. 지불준비금은 또한 중앙은행의 요구대로 은행이 보유한 법정준비금과 이에 추가로 은행이 자발적으로 보유하는 초과지불준비금으로 나뉜다. 그리고 은행이 지불준비금의 일부를 자신의 금고에 보관하면 이를 시재금이라 하며 나머지는 중앙은행에 예치하는데 이를 지준예치금이라고 부른다.

본원통화 = 현금통화 +지불준비금
= 현금통화 +시재금 +중앙은행 지준예치금

따라서 본원통화의 변화는 중앙은행이 발행한 현금(현금통화)과 지불준비금에 의존하면, 본원통화의 변화는 본원통화 변화의 승수배만큼 통화공급량을 변화시킨다. 이 승수는 현금예금비율과 지급준비율에 의해 결정되며, 통화승수라고 불린다.

이제는 중앙은행이 본원통화를 어떻게 공급하고 통화량을 조절하는지 공급경로를 통해 알아보자. 이를 위해 중앙은행의 대차대조표를 살펴보면, 대차대조표란 일정시점에 보유하고 있는 자산, 부채, 자본의 내용을 기록한 것이다. 부채와 자본의 내용은 자금조달의 원천으로 대차대조표

우측에 기록, 자산의 내용은 자금의 운영상태로 좌측에 기재된다. 대차대조표상 대변의 부채와 자본의 총합계액이 차변의 자산총액과 항상 같아야 한다.

그런데 중앙은행의 자산은 국내거주자에 대한 유가증권 매입보유, 정부나 민간(금융기관)에 대한 대출을 비롯하여 해외거주자가 발행한 외화표시자산이나 외화로 구성된다. 반면에 중앙은행의 부채는 민간에 대한 화폐발행(민간보유현금과 은행시재금)과 은행이 중앙은행에 예치한 예금을 비롯해서 해외거주자에 대한 해외부채로 구성된다. 예금은행은 시재금과 지준예치금의 합계인 실제지불준비금을 기초로 예금을 창조한다.

중앙은행의 자산 = 보유유가증권 + 정부대출 + 민간대출 + 해외자산
중앙은행의 부채 = 화폐발행 +지준예치금 +해외부채
= 본원통화 + 해외부채

중앙은행이 전체경제의 화폐량을 완전히 통제할 수는 없지만 어느 정도 조정은 가능하다. 첫째, 중앙은행은 공개시장조작을 통해 본원통화를 조정할 수 있다. 공개시장조작이란 중앙은행이 유가증권의 매매를 통해 통화량을 조정하는 것을 뜻한다. 중앙은행이 예금은행이 보유한 유가증권을 매입하고 그 대금을 현금으로 또는 지준예치금 잔고 증가의 형태로 지불하면서 본원통화의 공급을 증가시키고, 반대로 은행에 유가증권을 매도하면서 본원통화의 공급을 감소시킨다. 둘째, 중앙은행은 재할인대출을 통해 본원통화를 조정한다. 중앙은행이 예금은행에 대출을 해주면서 그 대출금을 현금으로 지급하거나 중앙은행 예치금 잔고를 증가시키는 형태로 본원통화의 공급을 증가시킬 수 있다. 여기서 재할인율정책이란 중앙은행이 민간은행에 대출이나 재할인할 때 적용하는 이자율을 조정하는 정책인 반면 지급준비율정책은 은행이 중앙은행에 예치해야 하는 지불준비금의 비율을 조절하는 정책이다. 셋째, 중앙은행이 정부에 현금으로 대

출해주면 본원통화의 공급이 증가할 수 있다. 넷째, 중앙은행이 민간보유 외화(자산)를 매입해주고 그 대금을 현금으로 지불하면 본원통화의 공급이 늘어난다. 끝으로 중앙은행은 은행대출에 관한 지침을 직접내리는 직접규제방식을 통해 통화량을 조정하기도 한다. 따라서 중앙은행이 화폐공급을 정책적으로 통제하고 있다고 볼 수 있다.

다시 말하면, 중앙은행은 통화정책을 사용하여 경제성장, 완전고용, 물가안정, 금융시장안정 등의 정책목표를 달성한다. 통화정책(Monetary Policy)이란 통화정책당국이 통화량이나 이자율을 조정하여 경기안정, 물가안정 등의 정책목표를 달성하는 것을 말한다. 통화정책을 수행하기 위해서는 정책도구가 필요한데 이를 정책수단이라 한다. 통화정책의 수단에는 일반적으로 공개시장조작, 재할인율정책, 지불준비율정책 등이 있다. 이에 따라, 통화정책수단을 조절하여 정책목표에 미치는 효과는, 통화량변화(증가나 감소) → 이자율변화(하락이나 상승) → 투자량변화(증가나 감소) → 총지출변화(증가나 감소) → 국민소득변화(증가나 감소)의 과정을 거친다. 하지만 정책수단을 조절하여 정책목표에 효과를 미치기까지 긴 시간이 걸린다.

앞에서 살펴본 중앙은행에 의한 본원통화의 공급에 덧붙여, 예금은행이 예금·대출을 통해 어떻게 통화를 창출하여 공급하는지 알아보자. 본원통화가 중앙은행의 부채라면 예금통화는 예금은행의 부채다. 신용창조란 중앙은행이 공급한 본원통화를 원천으로 예금은행이 이윤추구 과정에서 예금통화 변화의 승수배만큼 통화량(현금통화+예금통화)을 변화시키는 예금창조를 말한다. 이 승수를 신용승수라 부른다.

예를 들어, 본원통화 10,000원이 은행권 전체에 신규 예금으로 예치된 경우에 중앙은행이 요구하는 지급준비금이 10%라면, 최초예금이 지급준비금만큼 보유되고 계속 대출과 예금이 반복되는 신용창조과정을 통해 이루어진 예금창조액은 다음과 같다. 요구불예금만 존재, 예금은행권 외부로 현금누출 없음, 예금은행은 지급준비금 이외에 전액 대출함 등을 가정하는 경우에 총예금창조액으로 100,000원이 구해진다. 즉, 총예금창조액 = 10,000 +9,000 +8,100 + ... = 10,000(1 + 0.9 +0.92 +0.93 + ...) = 100,000원. 이는 최초 예금의 10배 만큼에 해당되는 예금통화가 창조된 것이며 신용승수가 10임을 나타낸다. 하지만 예금은행권 외부로 일부 현금누출이 발생했다면 이 신용승수는 10보다 낮아질 것이다.

이상 주어진 모형에서 신용창조의 일반적 형태는 다음과 같다.

$$D = \frac{1}{r}d$$

여기서 D는 예금창조액을, d는 초기예금액을, r은 요구불예금에 대한 법정 지불준비율을, 그리고 $\frac{1}{r}$은 신용승수를 나타낸다. 이 신용승수는 예금통화승수로 신규 예금이 최대한 얼마나 예금을 증가시킬 수 있는가를 나타내준다. 따라서 통화량은 신규 예금에 신용승수를 곱한 만큼 증가된다. 다시 말하면, 중앙은행이 본원통화를 증감시키는 과정에서 은행의 신용팽창(금융시장의 대출자금 공급증가)이나 신용수축(자금공급 감소)을 거쳐 통화량의 증감이 야기된다.

앞에서 본원통화와 예금통화창조 사이의 일정한 관계를 살펴보았다. 그런데 본원통화는 예금통화뿐만 아니라 현금통화와도 일정한 관계를 보여준다. 즉, 본원통화가 공급됨에 따라 더 많은 통화량이 창조됨을 알 수 있다. 통화량을 M, 본원통화를 B, 통화승수를 m이라고 할 때 통화량과 본원통화의 관계는 다음과 같다.

$$M = mB$$

이 식을 통해 통화량이 본원통화 변동분의 통화승수 배수만큼 변화됨을 알 수 있다. 통화승수는 1보다 큰 값을 가지며 은행의 지불준비금이

NOTE

■ **은행예금 인출사태(Bankrun)**
각 은행이 일부의 지급준비금만 보유하는 현행 부분지급준비제도 하에서 은행의 재무상태가 건전하더라도 대규모 예금인출사태가 발생되면 은행은 모든 인출요구를 충족시킬 수 없음.

작을수록, 민간의 현금통화 비중이 작을수록 높아지게 된다. 따라서 통화량에 강력한 영향을 주는 공개시장조작, 재할인율정책, 지급준비율정책 등 이외에도 중앙은행은 민간의 예금·대출액을 통제할 수 있다. 통화량은 예금자와 은행의 행동에 영향을 받기 때문이다.

중앙은행의 금융정책

- 정책수단 : 공개시장조작, 재할인율정책, 지급준비율정책, 대출한도제 등
- 운용목표 : 이자율, 통화량, 환율 등
- 최종목표 : 물가안정, 완전고용, 경제성장 등

화폐의 가치는 화폐의 수요와 공급에 의해 결정된다. 화폐는 중앙은행에 의해 공급되지만, 화폐의 수요는 사람들이 보유하고자 하는 화폐의 양이다. 화폐수요는 사람들이 유동성 형태로 보유하기 원하는 정도를 반영해준다. 지갑이나 예금의 형태로 화폐를 보유하는 것이 화폐수요이며, 여기에서 화폐의 지출은 제외된다.

사람들의 화폐보유 성향이나 화폐수요량의 결정요인에 대해 알아보자. 일단 사람들이 화폐를 보유하는 이유를 파악하면 화폐보유량의 변화가 이해 가능하다. 그리고 화폐수요의 결정요인을 알게 되면 화폐수요와 화폐공급을 이용하여 화폐시장에서 균형을 이루는 이자율이 국민소득에 미치는 영향을 알 수 있다.

중앙은행이 통제 가능한 화폐공급과 달리 화폐수요는 경제지출에 의존한다. 앞에서 정의된 화폐의 기능이 화폐수요의 설명에 도움을 주는데, 보통 화폐수요는 거래적 동기에 의해 소득과 정비례하고 투기적 동기에 의해 이자율과 반비례하는 함수관계다. 화폐수요를 크게 유동성선호설과 화폐수량설의 관점으로 구분하여 자세히 살펴보자.

유동성선호설(Liquidity Preference Theory)은 케인즈의 화폐수요이론이다. 유동성선호설에서는 화폐보유의 동기로 거래적 동기, 예비적 동기, 그리고 투기적 동기가 있다고 보았다. 그렇지만, 유동성선호설은 투기적 동기에 의한 화폐수요에 초점을 맞추고 있다. 유동성이란 현금화 정도를

나타내는 말로서, 사람들은 현금을 가장 선호하고 유동성이 떨어지는 예금에 대해서는 그 대가로 이자를 지급해야 한다는 의미를 내포하고 있다.

이 가운데, 첫째, 거래적 동기란 재화와 서비스를 거래하기 위해 화폐를 보유하는 수요이다. 일상생활에서 거래적 동기에 의한 화폐수요는 소득수준이 높을수록 커진다. 둘째, 예비적 동기는 예상치 못한 지출에 대비해서 보유하는 화폐의 수요량을 말한다. 소득수준이 높을수록 예기치 않은 지출에 더욱 더 대비하므로 화폐수요가 커진다. 셋째, 투기적 동기란 다른 자산의 가치가 불확실하기 때문에 발생되는 화폐수요다. 다른 자산의 가격이 하락할 것으로 예상되면 그 자산을 매입하기보다 화폐를 보유한다. 현재 이자율이 낮을수록 향후 금리가 상승할 것으로 예상하는 사람이 많아지는데 이 경우에 가격하락이 기대되는 채권보다 화폐의 수요가 커진다. 거래적 동기와 예비적 동기에 의한 화폐수요가 교환의 매개수단 기능에 의한 수요인 반면 투기적 동기에 의한 화폐수요는 화폐의 가치저장 기능에 따른 수요이다.

반면, 화폐수량설(Quantity Theory of Money)은 거래수량설과 현금잔고수량설을 합한 고전학파의 화폐수요이론이다. 케인즈학파와 달리 고전학파는 통화수요가 이자율에 대해 민감하게 반응하지 않는다고 주장하였다. 화폐수량설에 따르면 화폐의 거래유통속도가 일정함을 전제로 화폐수요가 명목소득에 비례하여 움직인다. 거래적 동기에 의한 화폐수요에 초점을 맞춘다. 화폐의 유통속도(Velocity of Money)란 명목GDP를 통화량으로 나눈 값으로서 생산물거래를 결제하기 위해 단위화폐가 몇 번이나 사용되어야 하는지를 설명해준다. 하지만 현실에선 화폐의 유통속도가 경기변동에 따라 변동될 것이다.

통화량이 실물부문과 어떻게 연관되는지를 간단하지만 명확하게 보여주는 것이 화폐수량방정식(교환방정식)이다.

$$M \times V = P \times Y$$

이 식은 통화량(M)×통화의 유통속도(V) = 물가(P)×실질국민소득(Y) 형태로서 상호간 사후적으로 만족되는 항등식이다. 어떤 경제에서 명목국민소득(PY)이 1,000조 원이고 화폐의 유통속도가 5라고 하자. 모든 거래를 위해 지불수단인 화폐가 필요하다면 1,000조원 규모의 거래를 위해서 200조 원의 화폐가 있어야 하는데 이것이 바로 화폐수요다. 나아가 위의 식을 변화율의 형태로 바꿔 쓰면, 물가상승률 = {통화량증가율 + 화폐의 유통속도변화율 - 실질GDP성장률}이 성립된다. 장기차원으로 완전고용이 달성되며, 실질GDP가 잠재GDP와 일치되고, 화폐의 유통속도 변화율을 영으로 가정해보면 인플레이션율 = 통화량증가율의 관계식이 성립된다. 따라서 물가증가율이 통화량증가율과 비례적임을 보여준다. 통화량이 크게 늘어나면 물가가 상승함을 나타내는 것이 고전학파의 견해다.

이에 따라 화폐수요의 결정변수로 물가가 추가될 수 있다. 물가수준이 높을수록 거래에 필요한 화폐수요는 증가하게 된다. 일반적으로 화폐의 수요와 공급은 단기차원에선 금리에 의해, 장기적으로는 물가에 의해 일치될 수 있다. 예를 들어, 물가가 균형물가보다 높다면 화폐수요가 화폐공급에 비해 커져 균형물가수준으로 물가가 하락되면서 화폐의 수요와 공급은 균형을 이룬다.

● 화폐수량방정식

- 통화량×화폐유통속도 = 물가×실질국민소득
- 명목국민소득 = 통화량×화폐유통속도
- 물가상승률 = 통화량증가율 + 화폐유통속도변화율 − 실질GDP성장률

지금까지는 두 자산간, 화폐와 채권 사이의 선택에 의해 화폐수요가 결정되는 모형을 살펴보았다. 하지만 현실 금융시장에는 선택 가능한 금융자산의 종류가 상당히 많다. 또 은행, 증권사, 보험사, 연금, 뮤추얼펀드 등 여러 금융기관들은 서로 다르다. 그렇지만 유사점에 주목해서 금융상품의 기능이나 금융기관의 역할을 분석해야 한다. 이들의 공통점은 바로 저축과 대출의 역할을 수행한다는 점이다.

그런데 이자율은 화폐시장에서 결정되는 일종의 화폐가격이자 중앙은행이 조정하는 정책변수이다. 하지만 여러 금융기관의 다양한 금융상품에 대해 서로 다른 이자율이 붙기 때문에 이자율에 대해 일률적으로 말하기가 어렵다.

첫째, 케인즈학파는 유동성선호설에 의거 화폐수요가 이자율에 역의 영향을 받는다고 보고, 화폐의 공급과 수요에 의해 이자율이 결정된다고 생각했다. 즉, 이자율은 화폐적 현상에 의해 결정된다고 보았다. 화폐시장에서 이자율과 무관한 화폐공급이 화폐수요와 일치할 때 균형 이자율이 결정된다.

둘째, 화폐수량설을 따르는 고전학파는 화폐수요가 이자율에 영향을 받지 않는다고 보기 때문에 화폐적 현상으로 설명하지 않는다. 그 대신 실물부분의 공급과 수요를 나타내는 저축과 투자에 따라 이자율이 결정된다고 본다. 이자율과 정의 관계에 있는 저축과 이자율에 감소관계에 있는 투자가 일치하는 생산물시장의 균형상태에서 균형 이자율이 결정된다. 나아가 개방경제 차원에서는 국내저축이 국내투자와 순자본유출의 합계액과 같아질 때 균형 이자율이 정해진다.

셋째, 20세기 초반의 대부자금설(Loanable Funds Theory)은 금융시장에 대부시장만 존재한다고 가정하면서 일정기간 동안 자금을 빌려주거나 빌리려는 힘이 이자율을 결정한다고 본다. 즉, 대부자금의 공급과 수요가 일치하여 시장균형을 이룰 때 균형 이자율이 결정된다. 대부자금의 공급은 이자율에 무관한 화폐공급과 정부저축뿐만 아니라 이자율과 증가관계인 민간저축 등으로 구성되지만 대부자금의 수요는 이자율에 무관한 정부의 자금수요와 이자율과 감소관계인 민간투자르 이루어진다.

균형금리결정

- 화폐시장 : 화폐공급 = 화폐수요
- 생산물시장 : 저축 = 투자 + 순자본유출 (저축 + 순자븐유입 = 투자)
- 대부시장 : 대부자금공급 = 대부자금수요

NOTE

■ 화폐시장과 실물시장의 연결

대체로 화폐수요가 이자율에 의해 정해지므로 중앙은행이 화폐량을 일정하게 공급하면 화폐의 수요와 공급을 일치시켜주는 균형이자율이 결정됨. 그리고 기업의 투자가 시장결정 이자율에 의해서 결정됨. 즉 실물시장의 투자는 화폐시장의 이자율에 역의 영향을 받음. 따라서 투자가 금리의 함수라는 사실이 실물시장과 화폐시장을 연결시키는 통로임.

■ 통화공급과 국민소득의 연계: 전달경로 메커니즘

- 통화량 증가→금리 하락→(대출 증가)→투자 증대, 주거주택 구입 증가→국민소득 성장
- 통화량 증가→금리 하락→환율 인상→수출 증가→국민소득 성장
- 통화량 증가→금리 하락→(영구재) 소비 증대→국민소득 성장
- 통화량 증가→주가 상승→투자 증대→국민소득 성장
- 통화량 증가→주가 상승→금융자산 가치 상승→소비 증대, 주거주택 구입 증가→국민소득 성장
- 통화량 증가→(물가 인상)→인플레이션

정리

- 화폐(공급)량 = 현금 + 예금.
- 본원통화 = 현금 + 지급준비금 + 외환보유고.
- 통화량 측정지표 = M1, M2, M3, …
- 통화공급 승수효과 = 본원통화의 통화승수, 예금통화의 신용승수, …
- 화폐수요 함수 = 케인즈학파(소득과 이자율), 고전학파(소득)
- 통화정책의 목표 = 물가안정, 경제성장 등.

NOTE

■ 경제안정화정책 = 통화정책 + 재정정책

–통화정책은 통화량과 금리의 조정을(통화량이 증가하면 금리가 인하됨), 재정정책은 정부지출과 조세의 조절을(정부지출이 증가하면 금리인상으로 투자의 구축효과가 야기됨) 통해서 경제의 총수요를 관리함.

–하지만 몇 가지 문제점이 아래와 같이 존재함. 첫째, 정부는 재정수지의 적자보전을 설명해 주는 예산제약식(정부지출=세금+통화공급증가+국공채발행+해외차입증가)의 제약을 받음. 둘째, 정책은 인식·실행(내부시차)과 그 결과(외부시차)까지의 시차문제가 존재함. 금융정책은 내부시차가 짧고 외부시차가 길지만, 재정정책은 내부시차가 길고 외부시차는 짧음. 끝으로, 정책무력성 명제가 대두됨. 케인즈학파는 시장실패시 정부의 적극적인 재량적 정책을 중시하지만, 고전학파는 경제주체의 합리적 기대가설을 토대로 재량적 정책의 무력성을 주장하면서 일정한 준칙에 따른 일관적인 정책이 바람직하다고 주장함.

1-2 Section 국제통화, 외환거래, 환율

국제투자나 차입, 수출입, 유학, 해외송금, 해외여행 등의 국제간 거래를 수행할 때 외환거래가 요구된다. 실물거래에 수반되거나 무관한 금융거래는 금리나 신용을 통한 자금거래이지만 국제간에 이루어지는 경우 환율을 매개수단으로 이종통화 간에 성립되는 외환거래가 수반된다. 따라서 국제금융시장과 외환시장은 서로 연계되어 움직인다.

1970년대 초반부터 선진국 중심으로 변동환율제도가 이행되었고 범세계적으로 자본자유화가 빠르게 진행되면서 외환거래가 크게 증가하였다. 국제거래가 급증하면서 이에 상응하여 외환거래도 증가했기 때문이다. 하루 동안의 외환거래량이 모든 국가가 보유한 외환보유고를 초과할 정도다. 외환은 과거처럼 실물거래용 결제수단에만 머물지 않고 투기목적의 투자대상으로까지 바뀌었다. 국제무역이나 국제투자 기업고객의 실수요를 위한 외환거래는 미미한 실정이고 대부분이 은행끼리 단기성 차액을 노려 수익을 얻는 투기성거래이다. 본 절에선 이러한 차원에서 국제통화, 외환거래, 외환시장, 환율 등에 대한 기본개념을 살펴본다.

국제통화

- Study Tip : 화폐의 생성·발전 과정을 통해 국제통화의 중요성에 관해 알아봄.
- Teaching Tip : 국내통화와 국제통화 간의 기능상 유사점과 차이점을 강조함.

Key Concept

Property	Words	Examples
국제통화	글로벌 거래차원에서 화폐적 기능을 수행하는 통화	미국 달러화
외환	국제결제수단으로 사용 가능한 외국화폐로 표시된 금융자산	외화표시 통화나 예금

NOTE

■ **브레턴우즈(Bretton Woods)협정**

제2차 세계대전 이후 1944년 7월 미국의 뉴햄프셔주 브레턴우즈에 연합국 44가국이 모여 전후 국제통화·금융의 안정을 위해 개최한 회의. 이 협정에 따라서 세계경제의 자유화를 촉진하기 위해 IMF와 세계은행을 설립함. 특히, 브레턴우즈 국제통화체제(1946~1971)는 달러화의 금태환만 허용하고 다른 나라의 통화들을 달러화에 연동시킨 고정환율제를 따름

NOTE

■ **기축통화**

국가간 결제나 금융거래의 기본이 되는 국제통화. 기축통화 발행국 이외에 여타 국가의 거주자 사이에서 널리 사용되는 통화를 말함. 기축통화로 과거 영국 파운드화, 오늘날에는 미국 달러화가 대표적임.

■ **메이저통화(Major Currency)**

국제간 결제에 주로 사용되는 통화. 국제적으로 교환성이 있고 신용이 두터우며 해당 통화국의 경제력이 견고함과 더불어 국제금융시장에 빈번히 사용되는 통화임. 미국 달러화를 위시하여 파운드화, 유로화, 엔화, 캐나다 달러화, 호주 달러화, 스위스 프랑화 등이 해당됨. 하지만 우리나라의 국제거래에선 미국 달러화가 절대적 비중을 차지하고 있음.

오늘날 미국 달러화는 지배적인 국제통화(International Money)로서 국내거래뿐만 아니라 국제거래에서도 화폐의 기능을 수행하고 있다. 국제통화(International Currency)는 세계경제의 결제수단으로 널리 사용되는 통화를 말한다. 국제통화가 국제유동성인데 대표적인 달러화의 경우 상당액을 외국에서 외환준비자산 또는 준비통화의 형태로 보유하고 있다. 대외거래를 위해서나 은행제도가 안정되지 못한 경우 달러화가 선호되기 때문이다.

국제통화의 공급결정은 국제통화 발행국의 적자상태 및 국제통화제도가 국제통화 매개체를 창출할 수 있는 능력에 달려있다. 환언하면, 세계경제에서 국제통화의 공급은 통화발행국의 적자가 심화되고, 여타국들의 준비자산 보유의도가 높아지고, 역외통화시장이 발달되고, 중앙은행 간의 스왑거래가 활성화되며, 여타 준비통화에 비해 지위가 상대적으로 높을 경우 늘어날 것이다.

이에 반해, 국제통화의 수요결정은 일반 통화와 마찬가지로 전통적인 화폐수요의 3가지 보유동기로 설명 가능하다. 즉, 교환수단, 가치저장수단 및 회계단위의 기능으로 구분하여 살펴볼 수 있다.

첫째, 교환수단의 기능은 국제 판매자와 구매자 간의 거래에서 국제통화를 결제수단으로 삼는다는 것을 말한다.

둘째, 국제통화는 국제적 가치저장수단이 되는데, 이는 국제통화 보유를 통해 현재 대외구매력을 미래 대외구매력의 형태로 저장하는 것이다.

셋째, 국제통화가 회계의 단위가 된다는 것은 국제 상품의 가치가 국제통화 단위로 통일되어 표시될 수 있으며 모든 계산도 국제통화 단위로 이루어질 수 있다는 의미이다.

끝으로, 화폐수요 동기에 따른 국제통화의 수요결정요인에는 수입액과 결제기간, 외환시장이나 국제금융시장의 비효율성, 수출·수입의 불안정, 국제통화의 수익률, 국제통화 잔고의 가변성, 환율변동의 비효율적 국제수지 조정, 교역재의 재고감소, 국제차입비용, 국민소득 등이 포함되며, 이러한 요인들은 국제통화의 수요와 정의 관계에 놓여 있다.

● 국제통화

- ▶ 지배적 국제통화 (기축통화) = 미국 달러화
- ▶ 여타 국제통화 (메이저통화) = 달러화 + 유로화 + 파운드화 + 엔화,......
- ▶ 기축통화의 역사적 흐름 = 금 ⇒ 금태환 파운드화/달러화 ⇒ 달러화

그런데 국제통화가 그 역할을 다하기 위하서는 언제든지 다른 통화와 교환될 수 있어야 하며, 통화가치의 변동이 안정적이어야 하고, 통화의 수요와 공급도 충분해야 한다. 국제통화의 속성을 더 살펴보기 위해 국제통화의 기능에 대해 민간과 정부의 역할을 구분하여 분석해보자.

먼저, 민간경제주체는 국제통화를 시장의 기축통화로, 국제은행 업무용 통화로, 대외활동의 결제청구 통화로 사용한다고 볼 수 있다.

첫째, 기축통화란 국가 간의 결제나 금융거래의 기본이 되는 통화로서 과거 파운드화와 현재의 미국 달러화를 들 수 있다. 현재 미국은 전세계 총생산의 30% 정도를 차지하는 세계 1위 경제대국이며 달러화를 사용하는 국제 구매자나 판매자를 손쉽게 찾을 수 있기 때문에 국제거래의 대부분이 달러화 위주로 이루어지고 있다.

둘째, 국제금융시장에서는 은행의 금융상품과 관련된 거래를 원활히 하기 위해서 국제통화가 사용된다. 현재 달러화 위주의 외환거래로 인해 미국의 은행간 결제제도가 국제경제활동에 커다란 영향을 주고 있다.

셋째, 국제통화는 국제적 결제대금의 청구나 계산에 사용된다. 현재 외환거래의 절반 이상이 달러화로 이루어지고 있다. 그리고 대외채권발행이나 은행 간 자금거래가 주로 달러화 중심이다. 유로화, 엔화 등은 일부만 사용되고 있다.

이에 반해, 중앙은행은 국제통화를 사용하면서 외환거래에 개입하여 정책목표를 달성하거나, 대외거래에 사용되는 국제지불준비금(International Reserve Fund)을 축적·관리하며, 대내외 화폐의 가치체계를 결정·유지한다. 즉, 통화당국은 외환시장의 안정, 대내외 경제목표의 달성, 외환보유액 조정, 화폐본위체계 달성 등을 목표로 시장에 개입한다.

첫째, 변동환율제도하에서도 정부가 외환시장안정(환율안정)을 위하여

NOTE

■ 미국 달러화

달러화는 원래 1차대전 말에 주요 국제통화로 등장하여 사용이 점차 확대됨. 1945년에 달러화는 파운드화의 지위를 능가하였고 2차대전이 달러의 주도권이 형성됨. 미국에서는 1914년에 창립된 연방준비제도(Federal Reserve), 줄여서 연준(Fed)이 법화제도를 운영하면서 달러화 통화량을 조절함. 연준은 워싱턴 D. C.에 본부를 둔 연방준비제도이사회와 미국 12개 주요 도시에 위치한 지역 연방준비제도로 구성되어 있음. 이 가운데 대통령이 임명하며 임기가 4년인 이사회 의장은 이사회를 주최하고 의회에 나가서 연준의 정책을 보고함. 특히, 연준의 직무는 은행을 규제하고 은행제도의 건전성을 보장하는 것과 금융정책을 통해 통화량을 통제하는 것으로 크게 분류할 수 있음.

시장에서 직접 외환을 사고파는 경우가 있다. 국제통화에 대한 환율의 변동성을 완화시키거나 경제균형에 적합한 적정한 환율수준을 유지하기 위해서이다. 원화에 비해 달러화가 너무 하락하면 정부가 은행을 통해 달러화를 구매해줌으로써 달러화 가치가 상승하여 적정수준으로 유지되게 만든다.

둘째, 국제통화를 보유하지 못한 나라는 대외거래의 활성화를 위해 외환(Foreign Exchange)을 비축한다. 이들 국가의 중앙은행은 국내외 경제상황에 맞추어 외환보유고(International Reserves)의 축적크기나 보유통화의 구성비중을 달리한다. 하지만 우리나라의 경우에는 공적 외환보유액이 거의 달러화 표시 외환으로 이루어져 있으며 단기성 달러화 채권이 대다수이다. 또한, 한국, 중국, 일본에서는 1990년대 동아시아 외환위기 이후 2000년대 동안 외환보유액이 크게 늘어난 상태이다.

보통 개도국이 외환보유액을 축적하려는 이유를 2가지 동기로 설명할 수 있다. 예방조치와 상업주의 관점에서 접근 가능하다. 예방조치동기 차원에서 보면, 자본시장의 자유화가 심화될수록 갑작스런 대규모 자본유출 같은 유동성 충격이 발생할 가능성이 높기 때문에 더 많은 외환축적이 필요하다. 반면 상업주의동기 차원에서 보면, 외환보유고는 수입대비 수출이 증가하면 부수적으로 늘어나는 것이므로 단지 외환보유고의 수익률을 높이기 위해서 외환보유고의 축적크기나 통화구성비중을 변화시킨다.

셋째, 국제통화는 국제화폐제도의 기초가 되는 화폐이다. 이에 따라 국제통화 발행국뿐만 아니라 여타 국가들도 자국화폐의 단위와 대외가치를 결정해주는 국제통화의 종류, 유통 등에 관한 규제나 질서를 확립하려고 한다.

국제통화의 기능

기능	민간부문(가계·기업)	공공부문(정부)
교환수단	기축통화	외환시장개입
가치저장	은행업무	외환보유고
회계단위	결제청구	화폐본위체계

특히, 미국 달러화는 단순한 국제통화 이상의 역할을 하고 있다. 미국과 무관한 삼자간 국제거래에 사용되는 기축통화(Vehicle Currency)이다. 역사적으로 금이 국제통화로서 유일한 역할을 하다가 세계고역량의 증가로 인해 금과 더불어 금태환이 가능한 파운드화와 달러화가 기축통화로 사용되었다. 브레턴우즈체제의 붕괴이후 1970년대에 들어와서 불태환 달러화가 그 역할을 지속하고 있다.

미국은 달러화가 자국 이외에 여타 국가의 거주자 사이에서 기축통화로 사용될 때 시뇨리지(Seigniorage)를 얻는다. 시뇨리지는 한 국가가 화폐를 발행하거나 자국통화가 국제통화나 국제준비자산으로 사용될 때 얻는 이익을 말한다. 일명, 기축통화 효과 또는 시뇨리지 효과라고 불리는 시뇨리지 이득은 미국의 경우 상당하다. 달러화의 시뇨리지 이익은 외국인이 해외에서 보유하고 있는 달러화 금액만큼 미국에 무이자 대출을 해주는 것과 같기 때문이다.

시뇨리지 측정

- (단순모형) 시뇨리지 = {본원통화 보유액×수익률}÷물가
- (통화모형) 시뇨리지 = {본원통화 변화분÷물가}

정 리

- 국제통화 = 기축통화 + 메이저통화.
- 국제통화의 기능 = 대외결제수단, ...
- 국제통화 외환보유고 축적동기 = 예방조치, 상업주의 등.

외환시장의 거래모습

• Study Tip : 외환거래의 형태를 검토하면서 외환시장의 기본구조를 파악함.
• Teaching Tip : 은행간 외환거래방식을 중심으로 시장구조를 설명함.

외환을 매매하는 외환 딜링은 대개 국제은행들끼리 전자적 통신 네트워크를 통해 이루어진다. 단, 몇 초 만에 은행 딜러의 외환 매입과 매도의 잘잘못으로 수백에서 수천만 원의 수익과 손해가 오고간다. 초 간격으로 뜨는 거래제의 시가 하나에 어떻게 거래포지션을 취할 것인지, 어떤 은행딜러와 거래를 체결할 것인지, 자신의 이익을 몇 초 만에 판단해야 한다. 이와 같이 은행은 핵심 참가자로서 외환을 서로 거래하지만 또 다른 참가자들은 은행을 통해 자국통화를 외화로 환전하거나 외화를 자국통화로 바꾼다.

외환시장(Foreign Exchange Market)이란 외환의 교환이 이루어지는 시장이다. 신용이 거래되는 금융시장과 달리 국제지불수단이 거래되는 시장이다. 특히, 외환시장은 외환의 수요와 공급이 이어지는 거래메커니즘으로 특정 물리적 장소나 공간이 아니라 추상적 작동기구 질서다. 전 세계의 외환거래가 전화나 컴퓨터 스크린 같은 전자적 교환형태로 이루어지기 때문이다.

한편, 외환시장은 거래량의 약 85% 이상이 국제은행 사이에 도매거래로 체결되기 때문에 은행간 시장(Interbank Market) 또는 딜러간 거래(Interdealer Trade)라고 부른다. 은행의 나머지 거래량은 대고객 소매거래 형태로 이루어진다. 그런데 은행 가운데 상업은행(Commercial Bank)이 거래량의 상당수를 차지하고 투자은행(Investment Bank)이 나머지를 맡는다. 보통 상업은행이 예금과 대출을 주 업무로 삼는다면 투자은행은 차입과 자산투자운용이 주업이다. 이 가운데 자금력이 큰 은행을 뜻하는 외환딜러로 항상 외환매매에 응할 수 있는 시장조성자(Market Maker)가 존재한다. 또 미국 같은 선진국에선 상업은행과 투자은행의 겸업도 행해진다. 그리고 어떤 다국적기업은 자체 외환거래 딜링룸을 두고 직접 거래에 참가하기도 한다. 우리나라의 경우 일반은행은 상업은행이고 증권, 보험 같은 제2금융권은 투자은행에 가깝다. 여전히 제2금융권의 은행 간 외환거래 참여가 활성화되지 않고 있지만 2009년 하반기에 삼성증권이 외환거래 참여가 가능한 투자은행을 선포하기도 했다.

외환시장은 통신망으로 연결되어 지구 어느 곳에서나 하루 24시간 계속 거래되는 범세계적 시장이다. 외환거래는 주로 국제은행 딜러 네트워크상에서 전화나 컴퓨터를 사용하는 장외거래(Over The Counter) 형식으로 이루어진다. 무수히 많은 국제은행들이 특정 장소에 군집하면서 국제금융센터를 이루고 엄청난 규모의 외환을 거래하고 있다. 런던, 뉴욕, 도쿄, 프랑크푸르트, 싱가포르 등이 대표적 국제금융센터이다.

또한, 북미지역(뉴욕, 몬트리얼, 토론토, 샌프란시스코, 시카고, 로스엔젤레스), 유럽지역(런던, 파리, 암스테르담, 프랑크푸르트) 및 호주아시아지역(시드니, 도쿄, 홍콩, 싱가포르)은 서로 다른 영업시간대에 상이한 장소에서 거래에 참여하기 때문에 지구촌에서는 하루 종일 거래가 이어진다. 예를 들어, 미국 동부시간 기준으로 뉴욕시장이 오전 8시에 문을 열어 오후 5시에 닫고 나면 바로 호주시장이 개장되어 오전 2시까지 그리고 도쿄시장이 오후 8시부터 오전 5시까지 거래에 참가한다. 그리고 런던시장이 오전 3시에 개장하여 오전 11시에 폐쇄된다. 미국과 유럽시장이 겹치는 미국의 이른 아침 무렵과 유럽시장이 문을 여는 아시아의 늦은 오후에 거래량이 가장 많아진다. 단, 토요일과 일요일에는 거래량이 뜸하기 때문에 대개 외환서비스가 중단된다.

무엇보다도 외환거래에는 중앙국가적 통제가 없는 대신 영국, 미국 및 일본이 핵심 금융센터로 등장했다. 2001년도에 영국/런던이 전체 거래량의 33%를 차지한 반면, 미국/뉴욕은 17%를, 일본/도쿄는 10%를 각각 나타냈다. 2007년 4월 기준으로 외환거래가 이루어진 가장 큰 시장은 런던시장으로 전체거래의 34%를, 이어서 미국이 16.6%를, 일본이 6%, 싱가포르가 5.8%를 차지했다.

NOTE

■ 24시간 외환거래

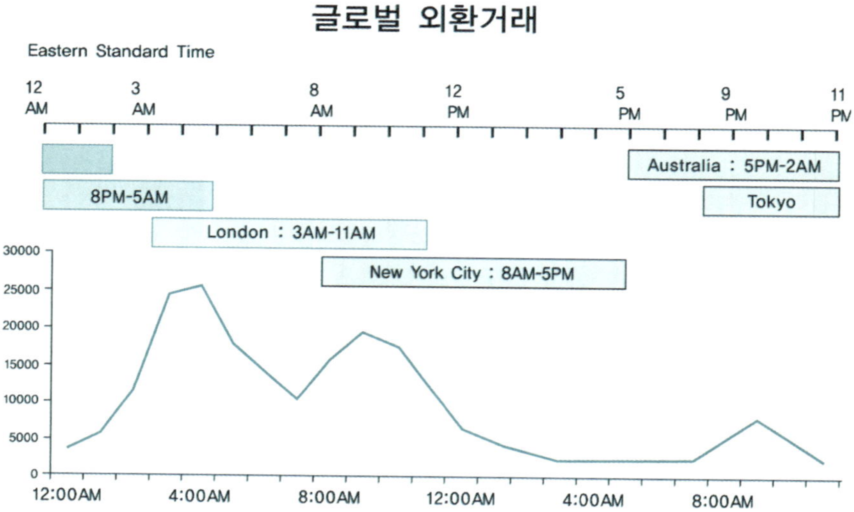

외환거래 방식은 크게 3가지로 구분 가능하다. 첫째, 중개인을 통한 거래는 은행딜러가 전용전화를 통해 구두중개인(Voice broker)에게 연락하면 중개인은 매입·매도 견적을 제시하면서 거래가 이루어진다. 둘째, 딜러 간 직접시장(Direct Market)에서는 전화나 컴퓨터 이메일 시스템을 통해 시장조성자와 각 딜러가 쌍방 간 대화를 하면서 매입·매도 견적을 제시하고 거래를 체결한다. 이 경우 거래건별 정보가 시장에 늦게 반영되어 투명성은 부족한 편이다. 끝으로, 전자거래(Electronic Exchange)에서는 딜러들이 컴퓨터 네트워크상에 견적을 내면 건별로 조건이 맞을 경우 자동으로 매입·매도가 체결된다. 그밖에 은행딜러와 비은행 고객과의 거래는 쌍방 간의 대화를 통해 은행이 견적을 제시하면 결제가 이루어진다.

1990년대 초반 이후, 거의 모든 외환거래는 로이터(Reuters), EBS 등 컴퓨터 네트워크 시스템에서 처리된다. 과거 2000년도에는 중개인을 통한 거래가 5% 정도, 딜러 간 직접시장을 통한 거래가 10% 정도, 전자거래가 약 85%를 차지했었다. 하지만 2002년부터는 딜러 간 직접거래는 사라졌고 중개인을 통한 거래가 5% 정도이고 전자거래가 95%에 가까웠다. 현대의 전자 외환거래가 심화될수록 외환가격 정보가 더욱 투명해지고, 경쟁의 강화로 매입과 매도가의 차이가 상당히 줄었으며, 외환거래량이 크게 증가하는 추세다.

나아가 컴퓨터와 정보통신기술의 발달로 정보가 신속히 전달되므로 글로벌 외환시장은 크게 통합되었다. 국제금융센터의 통합은 시장 간 두드러질 정도로 중요한 재정거래가 일어나지 않는다는 것을 의미한다. 재정거래(Arbitrage)란 낮은 가격에 구입하여 높은 가격에 되팔아 수익을 얻는 무위험 차익거래다. 만약 달러화가 홍콩보다 뉴욕에서 더 저렴하다면, 사람들은 뉴욕에서 달러화를 사서 홍콩에 되팔 것이다. 이 경우 뉴욕에서는 달러화 가격이 오르지만 홍콩에서는 달러화가격이 떨어진다. 이러한 가격조정과정은 두 시장에서 달러화가격이 균등해질 때까지 일어난다.

NOTE

■ **외환매매를 위한 딜러 간 대화의 실례**

"Yoshi, it's Maria in New York. May I have a price on twenty cable."	Yoshi it's Maria in New York. I am interested in either buying or selling 20 million British pounds."
"Sure. One seventy-five, twenty-thirty."	"Sure I will buy them from you at 1.7520 dollars to each pound or sell them to you at 1.7530 dollars to each pound."
"Mine twenty."	"I'd like to buy them from you at 1.7530 dollars to each pound."
"All right. At 1.7530, I sell you twenty million pounds."	"All right. I sell you 20 million pounds at 1.7530 dollars per pound."
"Done."	"The deal is confirmed at 1.7530."
"What do you think about the Japanese yen? It's up 100 pips."	"Is there any information you can share with me about the fact that the Japanese yen has risen one-one hundredth of a yen against the U.S. dollar in the past hour?"
"I saw that. A few German banks have been buying steadily all day…."	"Yes, German banks have been buying the Japanese yen all day, causing the price to rise a little…."

NOTE

■ 국제금융시장

국제 간 자금거래가 이루어지는 시장. 국제자금의 수요와 공급이 관련된 모든 거래를 지칭함. 국제금융시장은 19세기 영국을 중심으로 만들어져 1950년대 말 유로시장이 형성되면서 본격적으로 발전함. 구체적으로 핵심 국제금융 중심지나 그 지역의 증권/선물 거래소 등을 지칭하기도 하지만 현재는 각국의 금융시장, 유로시장, 외환시장을 포괄하는 메커니즘으로 봄. 또는, 국제금융시장을 각국의 금융시장, 국제자금시장(유로통화시장, 유로신용시장), 국제자본시장(유로채권시장, 국제주식시장), 외환시장을 포괄한 메커니즘으로 보기도 함.

■ 유로커런시시장

1950년대 말부터 서유럽 금융기관이 외환거래 규제를 완화시켜 달러화 등의 외화예금을 취급하면서 생성된 시장. 유로달러화가 예금과 대출의 60% 정도를 차지함(유로달러시장). 유로엔 등 기타 유로통화의 비중도 늘어나고 있음. 유로시장도 유럽에서 전 세계지역으로 확장되는 추세임. 이에 따라서 런던, 도쿄, 바하마 등에 소재한 은행들은 미국 달러화로 표시된 예금과 대출에 관한 업무를 수행하고 있음. 하지만 런던에서 외환거래량이 가장 많은 편이지만 그 거래량의 70%가량은 외국인에 의해 이루어지며 영국소재 은행의 50% 이상도 외국인이 소유하고 있다고 함.

외환시장에선 앞에서 살펴본 것처럼 국제통화가 거래된다. 국제통화로는 달러화가 대표적이며 그밖에 기타 메이저통화가 결제수단으로 사용된다. 국제표준기구(ISO)의 통화표시 기호를 사용하면서 국제통화를 나열해보면, 미국 달러(USD), 유로(EUR), 일본 엔(JPY), 영국 파운드(GBP), 스위스 프랑(CHF), 호주 달러(AUD) 및 캐나다 달러(CAD)가 포함된다. 이 가운데 미국 달러화가 유동성이 가장 높은 기축통화이며 그 다음으로 유로, 엔, 파운드, 스위스 프랑, 호주 달러, 캐나다 달러 순으로 거래되는 편이다. 그밖에 스웨덴 크로나, 홍콩 달러, 노르웨이 크로나, 뉴질랜드 달러, 멕시코 페소, 싱가포르 달러, 대한민국 원화 등의 순서로 비 메이저통화가 조금씩 거래된다.

● 외환시장

- ▶ 국제통화 = USD + EUR, JPY, GBP 등
- ▶ 외환딜러 = 상업은행 + 투자은행
- ▶ 고객 = 다국적기업, 수출입업자 등
- ▶ 국제금융센터 = 런던, 뉴욕, 토쿄 등

외환거래가 과거에 비해 엄청난 규모로 증가하고 있다. 현재와 같은 외환시장의 발전은 브레튼우즈 체제가 붕괴되면서 시작되었다. 브레튼우즈 체제는 기본적으로 고정환율제도였고 국제 협의를 통해서 환율이 조정되었기 때문에 외환거래가 활성화되지 못했다. 변동환율제도를 채택한 이후 외환시장은 꾸준히 성장하였고 가장 거래규모와 유동성이 큰 자본시장이 되었다.

실제로 외환거래는 현물환, 선물환, 외환스왑, 파생금융상품, 무역금융 등을 통해 이루어지는데, 외환시장에서의 거래형태를 크게 전통적 외환거래와 파생외환상품거래로 분류 가능하다. 전자는 은행에서 거래가 성립되는 현물환, 선물환, 외환스왑으로 구성된다. 반면에, 후자에는 선물거래소의 통화선물, 통화스왑, 통화옵션 등이 포함된다.

각국의 중앙은행과 국제결제은행(Bank of International Settlements)

은 매 3년마다 외환시장의 전반을 조사한다. BIS에 따르면, 전통적 외환거래의 일평균 거래량이 1992년 4월 기준으로 1.07조 달러에서, 1995년 4월에 1.57조 달러로, 1998년 4월에 1.97조 달러로, 2001년 4월에 1.62조 달러에 이어서 2004년 4월에 2.43조 달러로 늘어났다. 마침내 2007년 4월 기준으로 3.21조 달러에 달했다. 파생적 외환거래까지 합치면 거의 4조 달러에 이른다. 그리고 일평균 외환거래액에 연간 250영업일을 곱하면 연간 외환거래액이 추정되는데 약 800조 달러로 추산되었다.

전통적 외환거래량 규모

	1992. 04	1995. 04	1998. 04	2001. 04	2004. 04	2007. 04
일평균 거래량	1.07	1.57	1.97	1.62	2.43	3.21

(단위: 조 달러)

세부적 사항으로서 2007년 4월 기준으로 전통적 외환거래를 상품 유형별로 살펴보면, 일평균 현물환 거래규모가 1.005조 달러로 29.7%를 차지한 반면, 선물환과 스왑거래의 합계액은 2.205조 달러로 70.3%의 비중을 보였다. 자세한 외환거래의 형태별 설명은 나중으로 미룬다.

• Further Study Tip : 전통적 외환거래 이외의 외환거래 형태에 대해 그 생성과정 및 이점들을 미리 생각해봄.

전통적 외환거래량의 상품형태

	일일평균 총거래액	비중
현물환거래	1,005 십억 달러	29.7%
선물환과 외환스왑 거래	2,205 십억 달러	70.3%
총합	3,210 십억 달러	100.0%

(2007년 4월 기준)

메이저통화가 외환거래에서 차지하는 비중은 약 85%를 넘는 것으로 나타났다. 달러화가 전체 거래규모 가운데 43.15%를 차지하고 그 나머지는 유로화, 엔화, 파운드화의 순서대로 높은 비중을 보인다. 비 메이저통화도 나머지 15% 정도를 차지했다. 스웨덴 크로나화 1.4%, 홍콩 달러화 1.4%, 멕시코 페소화 0.65%, 싱가포르 달러화 0.6%, 대한민국 원화 0.55%, 중국 위안화 0.25% 등의 순서였다.

국제통화별 거래비중

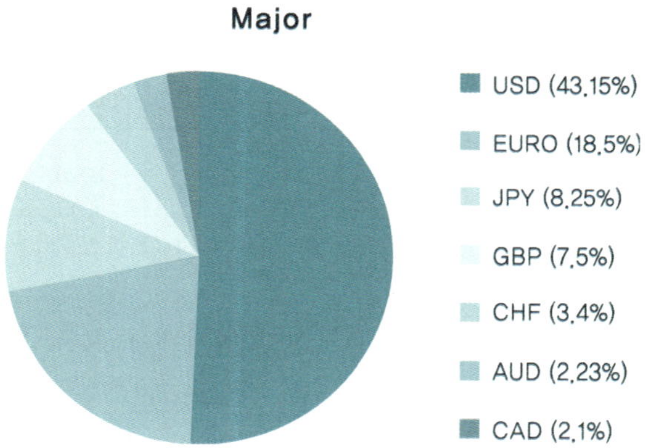

자료 : BIS, Foreign exchange and derivatives market activity in April 2007.
주 : 거래비중을 200%에서 100%로 조정하여 재정리함 (2007년 4월 기준)

외환거래란 이종통화를 동시에 교환하는 행위를 말한다. 통화 쌍(Currency Pair)중에서 달러-유로화, 달러/유로(USD/EUR)를 거래한다는 것은 달러화를 매수하면 유로화를 매도한다는 의미이고, 반대로 유로화를 매수하면 달러화를 매도하는 것을 말한다. 2007년 4월 기준으로 일일평균 거래규모를 살펴볼 때, USD/EUR 쌍은 27%, USD/JPY는 13%, USD/GBP는 12% 등으로 나타났다. 달러화가 여전히 외환시장을 압도하는 것처럼 보인다. 달러화 이외에도 유로화 중심의 통화 쌍이 10% 정도의 비중을 차지했으며, 달러화와 유로화를 제외한 다른 통화들의 비중도

4%에 달했다. 점차 달러화의 비중이 조금씩 줄어들면서 유토화를 비롯한 신흥개도국의 통화거래가 늘어나는 추세다.

국제통화 쌍의 거래비중

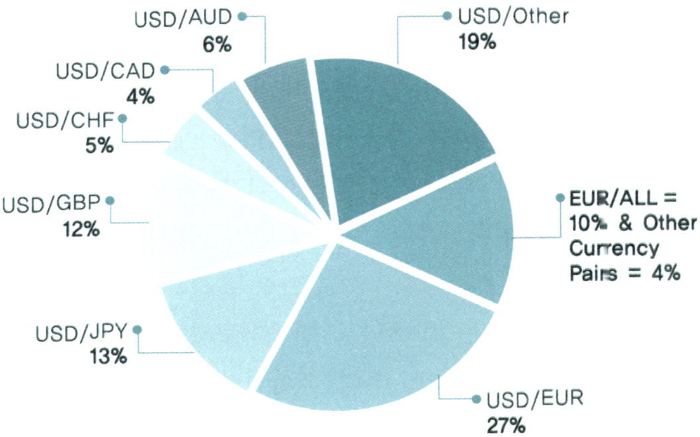

자료 : BIS, Foreign exchange and derivatives market activity in April 2007.(2007년 4월 기준)

더 나아가 외환시장이 어떻게 국제금융시장(International Financial Market)과 연결되는지를 살펴보자. 국제은행은 국내은행과 마찬가지로 금융중개기관이지만 국내은행에 비해 국제은행에 대한 각국의 규제가 약한 편이다. 국제은행은 규제의 완화로 인해 더욱 경쟁력 높은 조건으로 예금·대출 업무를 수행할 수 있다. 역외금융(Offshore Banking)의 대표적인 실례로 유로통화시장(Eurocurrency Market)을 들 수 있다. 유로통화시장에서는 국제은행이 국내은행보다 낮은 금리로 국제통화 표시 예금과 대출을 취급한다. 이에 따라, 외환시장은 국제단기금융시장 그 가운데에서도 자국 통화권을 벗어난 유로통화가 형성되어 거래되는 유로통화시장과 하나의 시장처럼 맞물려 있다. 국내외 금융시장에서 이루어지는 이종통화

간의 자금거래가 항상 외환시장을 거치기 때문이다.

예컨대, 외환의 구매는 외화표시 예금처럼 해당통화 금융자산의 매입으로서 자산의 증가(부채의 감소)에 해당되지만, 외화의 판매는 자산의 감소(부채의 증가)로 기록된다. 외환은 단순한 외화표시 현금뿐만 아니라 외화로 표시되어 수익을 발생시키는 단기성 금융자산을 총칭한다. 그래서 외환거래는 단지 보유한 예금의 표시통화가 달라지는 것을 뜻하기도 한다. 만약, 유로화로 표기된 단기성 채권을 매도하고 달러화 표시 채권을 매입한다면 유로화 예금이 거래액만큼 감소하고 달러화 예금이 증가했다는 것을 의미한다. 또한, 외환거래는 환율뿐만 아니라 외화의 자금시장 금리를 고려하게 됨을 알 수 있다. 결국, 각국의 단기금융시장이 유로시장과 외환시장을 거쳐 연결되어간다.

끝으로, 우리나라의 외환시장은 1998년도 변동환율제도로 전환한 이래 가파른 성장을 보이고 있다. 그리고 우리 외환시장은 앞에서 설명한 (국제)외환시장의 구조와 동일하다. 국내외환시장은 외국환은행 간의 거래나 중개기관을 통한 은행 간 거래로 형성된 도매시장과 은행과 고객 사이에 거래가 이루어지는 소매시장으로 이루어져 있다. 도매시장에서는 서울외국환중개와 한국자금중계가 브로커로 활동하고 있으며 국내은행, 외국은행 국내지점, 일부의 국내외 증권사가 참여하고 있다. 이들은 전자거래나 전화주문 방식으로 거래를 성사시킨다.

우리나라의 일일 외환거래량을 살펴보면, 1998년에 40.2억 달러에서 2006년에 295.9억 달러로 큰 폭의 증가를 나타냈다. 외환시장과 마찬가지로 전통적 외환거래가 차지하는 비중이 높았다. 하지만 파생적 외환거래는 1998년에 1.7억 달러였던 것이 2006년도에는 44억 달러로 크게 늘어났다. 특히, 전통적 외환거래 가운데 현물환이 1998년에는 70% 정도를 차지했지만 2006년도에 들어와 43.3%로 그 비중이 낮아지면서 선물환과 외환스왑의 비중이 높아졌다. 이러한 추세변화는 국내외 기업의 환위험 헤지수요 증대와 이로 인한 선물환거래 증가에 기인한 것이다. 또한, 외환거래 중 95% 정도는 투기목적의 거래이고 나머시 5% 정도만 국제무역 같은 실수요 목적의 거래이다.

다만, 원화와 같은 비 메이저통화의 해외금융시장은 아직 충분히 형성되지 않았다. 앞으로 우리나라도 자국통화의 국제화에 힘쓰고 있는 중국처럼 국제금융시장의 저변 확대와 국내외환시장의 쏠림현상 완화를 위해 국내 시장조성자를 충분히 지원하면서 원화의 국제화를 적극 유도할 필요가 있다.

● 외환거래

- ▶ 방식 = 매일 24시간 전자 거래
- ▶ 유형 = 현물환, 선물환, 외환스왑 +파생상품, 무역금융 등
- ▶ 환율 = Majors/USD + Majors/EUR, Other Currency Pairs
- ▶ 연계 = 유로통화, 국제단기자금 등

• Critical Thinking : 최근 외환거래량이 빠르게 증가하는 이유를 어떻게 설명할 수 있는가?

정리

- 외환시장 = 외환 수급 메커니즘.
- 외환시장 = 은행간 시장 + 대고객 시장.
- 대다수 외환거래 = 은행간 시장에서 달러화와 여타 메이저통화 간의 매매.
- 국제금융시장 = 핵심 단기금융시장 + 유로통화시장 + 외환시장 + …

환율과 현물환거래

• Study Tip : 환율결정과정을 통해 시장의 기본구조를 살펴봄.
• Teaching Tip : 현물환과 현물환율에 초점을 맞춤.

재화 및 서비스의 가격은 화폐단위로 표시되므로 여러 상품들의 가격을 쉽게 비교할 수 있다. 하지만 나라마다 다른 통화를 사용하기 때문에 동일한 상품이라도 그 가격을 국제간에 비교하기는 어렵다. 하지만 환율(Exchange Rate)을 이용하면 상품가격은 물론 각국통화의 구매력을 국제적으로 쉽게 비교할 수 있다. 이러한 점이 환율이 제공하는 편의성이다.

환율은 국제거래 결제에 수반되는 상이한 화폐들 간의 교환비율, 때로는 자국통화와 외국통화의 교환비율이다. 환율은 원칙적으로 외환시장에서 외환에 대한 수요와 공급에 따라 실시간 결정되는 외환의 가격이다. 예컨대, 해외자산이나 수입품에 대한 외국통화 표시 가격에 환율을 곱해주면 국내화폐가치로 전환된다. LA, Porter ranch에 있는 Ralphs 식료품점에서 장미꽃 한 다발이 10달러에 팔린다면 국내가치는 원달러화 환율이 1달러당 1,100원인 경우에 11,000원이 된다. 하지만 잠실 롯데마트에서 동등한 장미꽃 한 다발을 10,000원으로 구입 가능하다면 국내에서 1,000원이나 저렴하게 판매되고 있음을 대략 알 수 있다. 즉, 다른 조건이 일정하다면, 10,000원은 국내에서 장미 한 다발의 구매력을 지니지만 미국에선 약 9.09달러로서 장미 한 다발의 가격에 91센트가 부족하여 장미 한 다발의 90% 정도만 취득할 수 있는 구매력을 갖는 것이다.

환율은 본국통화 입장에서 보느냐 상대국통화를 기준으로 삼느냐에 따라 표기방법이 달라진다. 환율표기법은 직접표시방식(미국식)과 간접표시방식(유럽식)으로 나눈다. 직접표시법이란 환율을 외국통화 한 단위에 대한 자국통화의 교환 단위수로 표기하는 것을 말한다. 자국통화로 나타낸 외국통화의 가격이다. 원-달러화 환율을 1달러=1191.75원으로 표기한다. 반면, 간접표시법은 외국통화로 나타낸 자국통화의 가격이다. 원-달러화 환율은 1원=0.000839달러로 표시된다. 일반적으로 환율은 미국식으로 표기하지만 유럽식도 많이 사용하고 있다.

직접표기방식	간접표기방식
미국식 표시법	유럽식 표시법
기준통화 한 단위를 상대통화로 평가	상대통화 한 단위를 기준통화로 평가
ex) KRW/USD = 1191.75 원 1달러 = 1191.75원	ex) USD/KRW = 0.000839 달러 1원 = 0.000839 달러

현물환거래(Spot transactions)는 계약체결과 대금결제가 동시에 이루어진다. 통상, 거래계약이 체결된 이후 2영업일 이내에 외환의 인수도와 대금결제가 발생되는 거래를 말한다. 계약일에는 통화, 금액, 만기 등의 거래조건을 당사자간에 결정하고, 계약 후 결제일에 가서 실제로 외환의 수도와 대금결제가 일어난다.

은행 간 시장에서 현물환거래는 대개 1,000만 달러 또는 그 이상이 거래단위이다. 이에 비해, 국내 원-달러화 현물환거래에선 50만 달러나 100만 달러 또는 그 이상이 거래단위가 된다. 예를 들어, 은행 간에 100만 달러를 현물환율 1,150원에 사고파는 계약을 금요일에 체결한다면, 결제일인 2영업일 후 다음 주 화요일까지 은행계좌를 통해 11억 5천만 원을 입금시키고 1백만 달러를 이체하면 현물환거래는 종결된다. 하지만 나중에 공부할 선물환, 통화선물 등의 외환상품은 계약체결일로부터 일정한 기간이 경과된 장래 특정일에 가서 외환의 인수도와 대금결제가 이루어지는 거래형태다.

현물환거래는 모든 외환거래의 기본이 되는 거래방식이다. 현물환의 가격인 현물환율(Spot Exchange Rate)도 가장 기논적인 환율로서 다른 환율을 산출할 때 기준이 된다. 그냥 환율이라고 부르면 현물환율을 지칭한다. 아래의 표는 미국의 대표적 경제잡지인 월스트리트 저널(Wall Street

NOTE

■ 외환시장의 실거래 현황

FXCM LIVE CURRENCY RATES

CCY	Last	Time
EUR/USD	1.46214/38	02:27:08
USD/JPY	89.890/11 ↓	02:27:09
GBP/USD	1.59318/46	02:27:09
USD/CHF	1.03310/35 ↓	02:27:09
EUR/CHF	1.51063/95	02:27:09
AUD/USD	0.87249/81 ↑	02:27:09
USD/CAD	1.07742/85 ↓	02:27:09
NZD/USD	0.71876/11 ↓	02:27:09
EUR/GBP	0.91757/86	02:27:09
EUR/JPY	131.444/75 ↑	02:27:09

Forex Capital Markets

Journal)에 게시된 뉴욕 외환시장의 현물환율 일람표이다. 뉴욕시간 2009년 9월 24일자 종가기준으로, 달러화 기준 세계통화의 실시간 환율을 각각 간접표시법과 직접표시법으로 고시해준다.

외환시장의 환율표

	In US$		Per US$	
Country/currency	Thurs	Wed	Thurs	Wed
Argentina peso	0.2606	0.2607	3.8373	3.8358
Brazil real	0.5524	0.5565	1.8103	1.7969
....				
Australian dollar	0.8657	0.8704	1.1551	1.1489
China yuan	0.1465	0.1465	6.8268	6.8262
Hong Kong dollar	0.1290	0.1290	7.7500	7.7506
....				
Japan yen	0.010963	0.010952	91.22	91.31
....				
Singapore dollar	0.7045	0.7078	1.4194	1.4128
South Korea won	0.0008391	0.0008386	1191.75	1192.46
....				
Euro area euro	1.4656	1.4743	0.6823	0.6783
....				
UK pound	1.6064	1.6357	0.6225	0.6114
....				
UAE dirham	0.2723	0.2723	3.6724	3.6724
SDR	1.5866	1.5876	0.6303	0.6299

주 : Exchange Rates: New York Closing Snapshot by Thomson Reuters, Thursday, September 24, 2009

주 : Special Drawing Rights (SDR); from the International Monetary Fund; based on exchange rates for U.S., British and Japanese currencies

자료 : Wall Street Journal

환율은 수시로 변동하는데, 환율인상(평가절하)은 상대적으로 외국통화의 가치가 상승하거나 자국통화 가치가 하락하는 것을 뜻한다. 반면 환율인하(평가절상)는 외국통화 가치하락이나 자국통화 가치상승을 의미한다. 만약 원달러 환율이 떨어졌고 향후 추가 하락할 것으로 예상된다면 원화의 가치는 높아지고 달러화의 가치는 낮아지고 있다는 것을 의미한다. 이때 달러화 구입과 달러대금 결제는 가급적 천천히 하고 보유 달러화는 빨리 원화로 환전하는 것이 유리하다. 해외에서 물건을 구매할 때도 현금보다 신용카드를 사용하는 것이 다소 유리할 것이다. 해외에서 카드를 사용할 경우 국내은행에 달러화 카드결제대금의 요청은 대개 3~4일이 지난 후에야 이루어진다. 왜냐하면 개인이 해외에서 카드를 사용하면 가맹점에서 VISA나 MASTER와 같은 국제카드사로 결제를 청구하여 대금을 받은 후에 국제카드사는 다시 국내카드사로 그 대금을 청구하여 결제하는 방식을 따르므로 결제환율 기준은 국제카드사에게 국내카드사가 결제대금을 지급하는 날의 환율이 적용되기 때문이다.

외환을 매매할 때 사는 가격과 파는 가격이 다른 것을 볼 수 있다. 은행딜러 간에 또는 은행과 고객 간에 제시되는 환율은 매입율(Buy Price)과 매도율(Offer Price) 방식으로 견적을 내거나 고시된다. 은행 입장에서 매입율은 외환을 구매하는 경우에 적용되는 환율이고, 매도율은 외환을 판매할 때 적용받는 환율이다.

	매입률(Bid)	매도율(Ask)
딜러(은행)	매수	매도
고객/구매딜러	매도	매수

환율에서 매입율과 매도율의 차이 폭이 스프레드(Spread)다. 이는 일종의 거래비용이자 은행의 수수료 수입을 뜻한다. 외환 도매거래의 비용이 소매거래보다 낮기 때문에 도매거래 스프레드가 소매거래 스프레드에 비해 작다. 또 선진국 은행의 거래비용이 후진국 은행보다 낮기 때문에

NOTE

■ 통화별 최저변동가격
달러화 대비 유로화, 파운드화, 스위스 프랑화 등의 경우 1pip = 0.0001, 달러화 대비 엔화의 경우 1pip = 0.01임.

선진국에서 은행거래의 스프레드가 후진국에서의 스프레드보다 작은 편이다. 또한 스프레드는 거래량에 따라 달라진다. 메이저통화의 스프레드는 3~5pips 정도지만 거래량이 낮은 비 메이저통화의 스프레드는 10pips가 넘는 경우가 많다. 거래빈도가 낮은 통화를 거래하려면 주문을 내고 성사시키는데 거래비용이 많이 투입될 수밖에 없기 때문이다. 참고로 환율의 최저변동가격을 pip이라 부른다.

환율은 또한 거래방법에 따라 은행 간 도매거래에 적용되는 은행 간 환율과 대고객 소매거래에 사용되는 대고객 환율로 구분 가능하다.

첫째, 은행 간 환율은 은행딜러 간 전자 거래를 통해 수시로 결정되며, 국제은행들 사이에 성사된 재정거래나 투기 거래의 결과를 반영해준

은행 간 외환시장의 환율고시

	Latest	Previous	%Change
EUR/USD Euro	1.4654-58	1.4653-57	0.01
GBP/USD Sterling	1.5953-58	1.6049-54	-0.60
USD/CHF Swiss Franc	1.0297-01	1.0300-06	-0.03
USD/CAD Canadian Dlr	1.0893-98	1.0886-93	0.06
AUD/USD Australian Dlr	0.8645-48	0.8648-53	-0.03
NZD/USD New Zealand Dlr	0.7147-57	0.7154-60	-0.10
....			
EUR/JPY Yen	132.78-81	133.71-76	-0.70
EUR/GBP Sterling	0.9185-88	0.9128-32	0.62
AUD/JPY Australian Dlr	78.33-35	78.90-94	-0.72
....			
USD/IDR Indones Rupiah	9712-720	9645-660	0.69
USD/PHP Philippine Peso	47.350-70	47.200-00	0.32
USD/KRW S. Korean Won	1196.6-6.9	1190.7-2.7	0.50
USD/TWD Taiwan Dlr	32.417-30	32.385-95	0.10
....			

주 : For Thursday, September 24, 2009 at 10:50 PM, Eastern Time, by Thomson Reuters

자료 : Wall Street Journal Online

다. 은행 간 현물환거래의 계약크기는 100만 달러 전후다. 아래 표는 월스트리트 저널이 제공한 2009년 9월 24일자 뉴욕시간 오후 10시 50분 기준으로 고시된 은행 간 환율의 일람표이다.

만약 은행 간 외환시장에서 일본 수미토모 은행의 딜러가 시장조성자인 미국 모건·체이스 은행의 한 딜러에게 거래를 제의했다고 하자. 모건·체이스 은행이 엔-유로화 환율을 132.78~.81로 견적을 냈다면, 이것은 모건·체이스 은행은 수미토모 은행으로부터 유로화당 132.78엔으로 유로화를 매입하고 132.81엔에 수미토모 은행에게 유로화를 매도하겠다는 말이다. 이때 스프레드는 0.03이었다. 그러면 수미토모 은행은 모건·체이스 은행이 제시한 견적대로 유로화를 유로당 132.78엔으로 매도하거나 132.81엔에 매입할 수 있다. 조건이 맞지 않으면 이 견적거래는 취소되고 새로운 거래제의가 이어질 것이다.

• Further Study Tip : 세 통화나 그 이상 통화 간 환율의 상호 움직임을 생각해봄.

둘째, 대고객 환율은 은행 간 환율에 은행마진을 더 추가해서 결정된 대고객 고시환율이다. 대고객 고시환율은 현찰환율, 송금(전신)환율, 여행자수표환율, 외화수표환율 등으로 약간의 차별성을 보인다. 한편, 유학, 해외이주비, 해외투자 같은 거래는 우대환율을 적용받기도 한다.

만약 은행 간 시장에서 시장조성자가 원-달러화 환율을 1196.6-6.9로 외환은행에 거래의뢰를 했고 외환은행이 직면하는 국내고객시장에서는 환율이 1196.9-99.9로 고시되었다고 가정해보자. 외환은행은 시장조성자 딜러와의 거래를 통해 달러화를 달러당 1196.9원으로 구입하거나 1196.6원으로 매각 가능하지만, 고객과는 달러화를 달러당 1,196.9원에 매입하거나 1,199.9원으로 매도할 수 있다. 그리고 은행 간 환율의 달러당 스프레드는 0.3이지만 고객환율의 스프레드는 3.0이다. 따라서 외환은행이 고객에게 달러화를 매입하여 시장조성자 딜러에게 매각한다면 달러화당 0.3원(1,196.9-1196.6)의 이득을 얻는다. 반면에 딜러에게 달러화를 매입하여 고객에게 판매한다면 달러화당 3원(1199.9-1196.9)의 이익을 획득한다.

원화·달러화	은행간환율 : 1196.6-9	고객환율 : 1196.9-9.9
고객매입+딜러매각	단위달러당 1196.9 - 1196.6 = 0.3원 (은행이익)	
딜러매입+고객매각	단위달러당 1199.9 - 1196.9 = 3.0원 (은행이익)	

NOTE

■ **원화기준 대고객환율(고객입장)**

통화명	매매기준율 (2010.01.08)	전일대비	등락율	현찰		송금	
				살때	팔때	보낼때	받을때
미국 USD	**1,131.30**	▼ 4.20	-0.37%	1,151.09	1,111.51	1,142.30	1,120.30
일본 JPY 100	**1,214.36**	▼ 10.82	-0.88%	1,235.61	1,193.11	1,226.26	1,202.46
유럽연합 EUR	**1,619.91**	▼ 13.85	-0.85%	1,652.14	1,587.68	1,636.10	1,603.72
중국 CNY	**165.67**	▼ 0.64	-0.38%	177.26	157.39	0.00	0.00
호주 AUD	**1,035.82**	▼ 9.75	-0.93%	1,056.43	1,015.21	1,046.17	1,025.47

정리

- 국제 구매력 = 실질환율.
- (현물)환율인상 = 평가절하, 환율인하 = 평가절상.
- 환율 스프레드 = (은행) 매도율 - 매입율.

FX마진거래

인터넷의 도움으로 안방에서 온라인거래가 가능해지면서 FX마진거래가 현물환거래에서 파생되었다. 외환딜러들의 전유물로 여겨졌던 은행 간 외환거래에 개인이 참여할 수 있게 되었다. FX마진거래(Foreign Exchange Margin Trading)란 개인고객을 대상으로 이루어지는 투기적 외환거래를 말한다.

개인투자가들이 소액의 증거금(Margin)을 지불하고 국제통화를 직접 사고판다. 최소의 증거금만으로 실제거래가 손쉽게 가능하므로 레버리지(Leverage)효과가 크다. 예를 들어, 10만 달러의 외화를 거래하려면 단지 계약금의 2%인 2천 달러만 개시증거금으로 보유하면 거래가 가능하다. 레버지리 효과로 인하여 자신 계좌 보유금액의 50배로 거래하면서 매우 높은 수익 또는 손실을 얻을 수 있다.

FX마진거래는 국가마다 부르는 이름은 조금 다르지만, 1990년대 초부터 시작되어 2000년대 들어와 미국, 일본, 홍콩 등에서 활성화되었다. 미국, 일본 등에서는 잠시 큰 인기를 끌었다. 일본의 경우 저금리 엔화를 이용한 투기목적 외환거래의 급증으로 일명 와타나베 부인 신드롬을 만들기도 했다. 와타나베 부인은 남편의 월급수입으로 가정을 꾸려가는 가정주부를 지칭하는데 이들은 저금리 엔화를 이용하여 고수익 금융상품에 투자해오다가 FX마진거래로 큰 재미를 보았다. 우리나라에서는 2005년 선물거래법시행령 시행규칙 개정을 통해 도입되어 2007년 하반기부터 거래가 증가하기 시작했다. 2008년 이후 심각한 글로벌 금융 불안정으로 환율변동성이 확대되고 저금리 추세와 맞물려 개인투자자들의 관심이 크게 높아졌다. 국내 거래량이 2007년 653,815억 원(개인비중 85%)에서 2008년 4,538,244억 원(개인비중 92%)에 달했다.

다소 복잡한 파생금융상품과 달리 FX마진거래는 현물환시장에서 거래되는 국제통화를 그대로 사용하기 때문에 손쉽게 사고 팔 수 있다. 단,

우리나라의 경우 원화가 아직 메이저통화가 아니기 때문에 달러화로 먼저 환전한 후에 국제통화 간의 환율을 이용해 국제통화를 매매해야 한다. 현재 미국 선물회사들이 판매하는 거래통화에는 국제통화 이외에 중국, 홍콩, 싱가포르, 대만 태국 등의 통화도 포함되어 있다.

FX마진거래의 특징에 대해 좀 더 자세히 살펴보면 다음과 같다.

첫째, FX마진거래의 대상품목은 은행간 현물 외환시장에서 거래되는 국제통화다. 미국 달러화 대비 주요 통화의 환율을 비롯해 달러화가 배제된 교차환율이 거래에 사용된다. 그리고 증거금만 걸고 하는 거래이므로 결제일에 현물환의 실물인도가 일어나지 않는다. 계약일과 정산일 사이 환율변동에 따른 환차손익만 정산된다.

둘째, 파생상품의 통화선물 표준계약은 그 단위가 해당 통화마다 다르다. 하지만 FX마진거래는 1계약(1Lot)이 100,000달러로 고정되어 있다. 표준계약의 1~2% 증거금만 설정하면 소액 개인투자자들이 거래에 참여할 수 있다. 예를 들면, 유로 통화선물은 1계약의 단위가 125,000유로이지만 FX마진거래에서 유로화 1계약은 100,000달러이다.

셋째, 무엇보다 딜러은행이 제공하는 매입-매도 호가에 의해 각 통화의 포지션을 거래하고 손익계산을 한다. 매입-매도율의 차액인 스프레드만큼 거래비용이 존재한다. 외환중개회사가 엔-달러화(JPY/USD)의 환율을 110.10-110.14로 제시했다면 4pips 만큼이 중개수수료이다. 고객 입장에서 보면 환율이 최소한 중개회사의 이익금인 4pips 이상 올라야만 이익을 실현할 수 있다. 또한, 고객이 달러-유로화(USD/EUR) 환율로 10계약을 1.1850달러에 구입하여 1.1950달러에서 판매했다며 (1.1950-1.1850) x 100,000달러 x 10계약 = 10,000달러의 이익이 발생된다. 하지만 우리나라 투자가의 원화수익률을 위해서는 원달러 환율의 변동폭을 동시에 고려해야 한다.

넷째, 통화선물은 3, 6, 9, 12월 등의 계약 만기가 있다. 하지만 FX마진거래에선 원칙적으로 계약 만기가 없기 때문에 자신의 이익에 따라 언제나 포지션을 청산할 수 있다. 거래 종료 후에 남은 증거금은 반환된다.

다섯째, 원칙적으로 FX마진거래에는 위탁증거금 이외의 추가 수수료가 없다. 우리나라에서 2009년 9월 7일부터 단위 계약금의 5%에 해당되는 5,000달러를 위탁증거금으로 설정해야 한다. 그리고 유지증거금은 위탁증거금의 60%인 3,000달러 수준이다. 그 이전에 위탁증거금은 계약금의 2%인 2,000달러이고 유지증거금은 1,000달러이었다. 위험 확대로 인한 개인 투자자 손실 급증으로 레버리지 효과를 과거 50배에서 20배로 낮추었다. 통화변동성에 대한 충분한 지식 없이 투기가 이루어져서 개인고객 대부분이 손실을 입었기 때문이다.

여섯째, 통화선물에서 마진콜(강제반대매매)은 선물계약 기간 중 손실이 반영된 일일정산으로 예치잔액이 유지증거금 아래로 떨어진 경우 추가자금을 넣어 당초 유지증거금 수준을 유지하라는 요구이다. 하지만 FX마진거래에서 마진콜은 부족한 유지증거금을 보충하라는 의미가 아니라 손실이 커져 예탁금이 보유 포지션의 유지증거금 수준까지 손실이 발생하면 시장가로 강제청산을 하겠다는 신호이다. 예를 들어, 1백만 달러에 해당하는 10계약의 주문을 5만 달러의 위탁증거금 설정과 함께 냈는데, 손실로 인해 현재의 평가잔액이 3만 달러에 도달하면 마진콜이 발동되고 모든 포지션이 자동으로 청산된다.

일곱째, 롤오버(Roll Over)를 하는 경우 오버나이트 수수료가 추가된다. 오버나이트 수수료는 하루의 기점인 미국 동부시간 오후 5시나 한국시간 오전 7시까지 거래를 당일 청산하지 못하고 포지션을 다음날로 넘기면 부과되는 이자 수수료이다. 이러한 차입통화에 대한 이자비용은 거래되는 두 통화 사이의 금리차이로 계산된다. 유로화 금리가 4.25%이고 달러화 금리가 2%인 경우에 유로를 사고 달러를 지급한다면 이자를 받을 수 있지만 유로를 팔고 달러를 구입한다면 이자를 지급해야 한다. 그 밖에 외환중개회사의 거래수수료가 부과되는 경우도 가끔 있다.

끝으로, 통화선물을 거래하려면 선물중개회사를 통해 선물거래소에 상장된 표준계약을 매매한다. 하지만 FX마진거래는 외환중개회사나 선물중개회사를 통해 은행간 외환시장의 표준계약을 그대로 거래한다. 즉, 해외 외환중개회사는 고객의 주문들을 국제은행에 넘기면 은행간 거래를 통해 고객의 주문이 처리된다. 처리된 주문은 주문고객에게 통보된다. 거래의 청산도 마찬가지이다.

그런데 미국에서는 FX마진거래를 현물환의 롤오버거래로 분류한다. 하지만 일본에서는 장외파생상품거래로 보고 거래소에 다양한 FX마진상품을 상장하여 매매한다. 미국과 일본의 선물회사는 이 같은 방식으로 고객에게 FX마진상품을 직접 판매하고 있다. 우리나라의 경우에는 국내 선물회사의 중개를 통해 외국 선물회사와 거래해야 한다.

국내 선물회사는 2009년 10월 기준, 아직 고객에게 FX마진상품을 직접 판매할 수 없다. 이에 따라 원화를 달러화로 환전한 후 위탁증거금을 내고 주로 이종 국제통화 거래에 참여할 수 있으므로 거래비용이 늘어난다. 또 이종통화 간의 환율변동성에 대한 충분한 준비 없는 단타매매로 개인투자가들의 손실이 급증하는 추세이다. 개인투자자 가운데 2009년 상반기에 90% 이상이 손실을 보았다. 뿐만 아니라 해외의 FX마진거래 중개회사가 국내에서 영업하기도 한다. 그밖에 해외 선물중개업자와 온라인상 직접거래, 현지 무자격 선물중개업자와 거래, 무등록자의 관련 사설교육 등 불법거래 행위가 증가하고 있다. 가능하면 미국선물협회(NFA)에 등록되고 신용도가 높은 외환중개회사를 이용하는 것이 안정적일 것이다.

* Critical Thinking : 원화 FX마진거래에서 야기된 손실 급증의 이유를 미국과 일본에서 FX마진거래가 활성화된 원인의 관점에서 찾아볼 수 있음.

우리나라의 FX마진거래

계약통화	미국 달러화
거래대상통화	현물환시장의 국제통화 - 달러화 환율, 교차환율
거래개시 (1단위계약)	100,000달러 (계약금) x 5% = 5,000달러 (위탁증거금)
거래유지 (1단위계약)	5,000달러 (위탁증거금) x 60% = 3,000달러 (유지증거금)
손익계산	외환시장의 매입·매도 환율 기준 청산
계약만기	없음 (포지션 청산 항상 가능)
마진콜	유지증거금 수준의 손실발생시 시장가 강제청산
롤오버	이자비용인 오버나이트 수수료 부과

1-3 Section 외환시장의 구조

외환거래는 한 나라의 통화와 다른 나라 통화 사이의 교환인데, 보통 주고받는 외환은 외국화폐(Foreign Currency)로 표시된 금융자산을 뜻한다. 외화표시 현금은 조금만 거래되고 대부분은 은행의 외화표시 예금을 통해 이동된다. 외환거래가 국제은행 사이에 전자거래 형태로 주로 이루어지기 때문이다. 또, 은행 간에 외화예금을 사고 팔 때는 단지 은행계좌에 숫자로만 기록되기 때문에 실제 외국통화는 이전되지 않는다.

외환거래에는 다양한 목적을 지닌 참가자들이 참여하여 거래현황이 외환에 대한 수요와 공급으로 나타난다. 그 결과에 따라 환율이 결정되며, 이는 다시 참가자들의 국제거래활동에 영향을 미친다. 이 장에선 외환시장의 구조를 환율의 기능, 외환시장 참가자의 역할, 외환거래의 형태 등을 통해 자세하게 이해해본다.

환율의 기능

- Study Tip : 환율변동을 통해 국제 간 구매력 및 가격경쟁력이 어떻게 변화되는지 알아봄.
- Teaching Tip : 환율의 의미와 경제적 기능을 설명함.

Key Concept

Property	Words	Examples
외환시장	외환거래가 이루어지는 총체적 글로벌 메커니즘	유로달러시장 등
국제금융시장	각 나라의 금융시장, 유로시장 및 외환시장을 연결시킨 총체적 국제금융 메커니즘	뉴욕시장, 런던시장 등

모든 재화나 서비스는 화폐(Money)로 표시되기 때문에 국내외 재화나 서비스는 화폐표시 가격을 통해 손쉽게 비교 가능하다. 그런데 국가마다 화폐는 서로 다른 단위로 사용되지만 몇 가지 공통된 속성을 가진다.

첫째, 화폐도 시장에서 사고 팔린다. 본국에서는 자국화폐가 사용되지만 해외에선 미국 달러화를 비롯하여 국제통화가 주로 이용된다. 실물시장에서 재화와 서비스를 매매하면서, 또는 비실물시장의 금융상품을 통해 화폐가 국내외로 이동된다. 상품을 수출하면 화폐(보통 외화나 국제통화)가 국내로 유입되지만 수입하면 해외로 유출된다. 반면 예금, 채권, 주식 등 금융상품을 외국에 매각하면 화폐가 국내로 유입되고 반대로 외국 금융상품을 매입하면 해외로 유출된다. 국제금융시장에서 보면, 금융상품의 매매를 통해 국제 간 자금이동과 각국 통화의 교환은 밀접하게 연결되어 있다.

둘째, 화폐도 계속 생산된다. 오늘날엔 정부가 지폐와 동전 같은 화폐의 생산을 감독하고 공급한다. 한 나라의 중앙은행이 경제상황에 따라 발행·유통된 화폐량을 조절한다. 경제가 성장함에 따라 발행된 화폐공급량도 점차 늘어난다. 또, 경기부양을 위해 시중 화폐량을 늘리거나 경기과열을 낮추기 위해 줄이는 등 화폐공급량을 조정한다.

끝으로, 화폐도 자신의 가격을 지닌다. 흔히, 화폐 또는 화폐자금의 가격을 이자율이라 부른다. 화폐성 자금을 빌려주면 이자율만큼의 보수를 받지만 자금을 빌리면 금리비용을 지급해야 한다. 나아가 자국화폐로 지불한 외국화폐의 가격은 환율이라 부른다. 그래서 국가 간 자본이동은 대개 국내외 금리차이 및 환율을 매개수단으로 하여 이루어진다. 예를 들어, 다른 조건이 일정할 때 우리나라와 미국의 이자율이 동등하고 원·달러화 환율의 인하가 예상된다면 달러화 대비 원화가치 상승으로 인한 환차익을 노린 미국의 단기자본이 국내로 유입될 것이다.

무엇보다 화폐의 가치는 변동된다. 인플레이션 기간 중에 화폐의 실질가치는 낮아지고 디플레이션 기간에는 높아진다. 화폐의 실질가치란 화폐로 실제 살 수 있는 것, 즉 구매력(Purchasing Power)을 나타낸다. 구매력이란 특정 화폐로 구입 가능한 재화와 서비스의 크기를 의미한다.

화폐의 구매력

$$1\text{원의 실질가치} = \frac{1\text{원}}{(\text{한국})\text{가격수준}} \quad \text{또는 } 1\text{달러의 실질가치} = \frac{1\text{달러}}{(\text{미국})\text{가격수준}}$$

구매력은 실물가격당 1원이나 1달러로 표시되면서 화폐의 실질가치를 보여준다. 가격수준이 높을수록 구매력은 하락하고 가격이 낮을수록 구매력은 상승한다. 만약 책 한 권의 가격이 1,000원이라면 1원의 가치는 책의 0.001(1/1000)권에 해당될 것이다. 또한, 생산물로 서울우유 하나만 있는 한국경제 하에서 우유 한 병이 500원이라면 1,000원으로 두 병을 살 수 있다. 만약 물가가 2배로 상승했다면, 즉 우유가격이 1,000원으로 올랐다면 1,000원으로 한 병만 구입 가능하다. 물가가 오름에 따라 화폐의 구매력은 하락한다.

하지만 한 나라의 화폐가 해외 구매력을 가지기 위해서는 해당국가의 통화나 국제통화로 환전되어야 한다. 외환시장이 구매력 이전을 가능케 해준다. 가령 수출업자가 외화 형태의 수출대금을 국내 통화로 환전하면 해외 구매력이 국내 구매력으로 바뀐다. 국내기업이 수입대금을 지급하기 위해 외국통화로 바꾸면 국내 구매력이 해외 구매력으로 전환된다.

한편, 대부분의 외환거래는 미국 달러화 중심으로 이루어진다. 달러화 대비 환율은 달러화 한 단위와 교환될 수 있는 다른 통화의 단위수로 표시한다. 서울외환시장에서 원화와 달러화 간의 환율이 1달러 = 1,150원이라고 하면 원-달러화 환율은 아래와 같이 표기할 수도 있다.

원-달러화 환율

$$\text{명목환율} = \frac{\text{원화}}{(\text{단위})\text{달러화}}, \quad ex)\ \frac{1{,}150\text{원}}{1\text{달러}} = 1{,}150\text{원}$$

그런데 외환시장에선 달러화 이외의 다른 통화들 간의 외환거래도 달러화를 중간에 거쳐서 대다수 이루어진다. 이 때 적용되는 환율을 교차환율(Cross Rate)이라 부른다. 교차환율은 달러화 대비 환율을 이용하여 간접적으로 계산된다. 런던에서 1파운드 = 1.5300달러이고 뉴욕에서 1유로 = 1.4600달러인 경우에 아래처럼 유로당 파운드화의 환율은 0.9543이 된다.

● 파운드-유로화 교차환율

$$\text{교차환율} = \frac{\text{파운드화}}{\text{(단위)유로화}} = \frac{\frac{\text{파운드}}{\text{달러}}}{\frac{\text{유로}}{\text{달러}}},\ ex)\ \frac{0.6536}{0.6849} = 0.9543\text{파운드}$$

만일 외환시장에서 파운드/유로화 환율이 두 통화의 달러화 대비 환율을 이용하여 계산된 교차환율과 일시적으로 일치하지 않는 경우가 존재한다면 그 차익을 노린 재정거래를 할 기회가 발생한 것이다. 이러한 차익거래로 세 통화간의 환율은 다시 균형을 이룬다. 자세한 사항은 차후에 외환거래 유형에서 다룰 예정이다.

그런데 우리가 보통 환율이라고 하면 명목환율(Nominal Exchange Rate)을 지칭하지만 양국의 물가수준을 고려하게 되면 실질환율(Real Exchange Rate)이 된다. 실질환율(R)은 명목환율(S)에 국내 물가수준(P)과 외국 물가수준(P*)이 반영된 상대적 물가지수로 나눈 것이다. 바로 실질환율은 국내 생산물 단위로 표시한 외국 생산물의 가격이다. 실질환율은 외국재화를 사기 위해 국내재화를 몇 개 지급해야 하는가를 보여준다.

또한, 실질환율은 국제상품시장에서 가격경쟁력을 나타낸다. 만약 실질환율이 인상되면 상대적으로 국내에서 외국재화의 가격이 상승한 반면 외국에선 자국재화의 가격이 하락되어 본국의 가격경쟁력이 높아진 것을 뜻한다. 반대로 실질환율이 인하되면 외국재화의 가격은 하락된 반면 자국재화의 가격이 상승하여 가격경쟁력이 낮아짐을 말한다. 실질환율이 일

NOTE

■ 빅맥지수

1986년부터 빅맥가격을 달러화로 환산하여 비교해보는 지수. 영국 'The Economist'가 미국 맥도널드사의 빅맥 햄버거 가격을 나라별로 조사하여 발표함. 이를 통해 각국의 통화가치(통화의 구매력)가 어느 정도인지 파악 가능함. 최근에는 빅맥지수처럼 사용되는 아이팟지수 등이 출현함.

각국의 빅맥지수(달러화)

국가	빅맥가격
미국	4.93
한국	2.56
싱가포르	2.20
태국	1.51
영국	3.32
스위스	4.93
캐나다	3.01
뉴질랜드	3.08

(2006년 1월 기준)

NOTE

■ **실효환율**

실효환율(Effective Exchange Rate)은 주요 교역상대국 통화 전체에 대한 자국통화 가치의 변동을 파악하기 위하여 각 교역상대국 통화에 대한 자국통화 가치의 변동을 적절한 가중치로 종합한 환율임. 실효환율에는 명목실효환율과 실질실효환율(명목실효환율을 물가변동이나 생산비변동으로 조정한 환율)가 있음.

정하다면 가격 경쟁력에 변동이 없다.

예를 들어, 원/달러 환율이 1달러 = 1,150원이고 우리나라와 미국의 물가수준이 각각 105원과 105달러로 동일하다면 실질환율과 명목환율은 일치한다.

● 원-달러화 실질환율

$$\text{실질환율} = \frac{\text{명목환율*외국물가}}{\text{국내물가}}, \quad ex)\, R = \frac{SP^*}{P} = \frac{1,150*105}{105} \rightarrow = 1,150$$

만약 현물환율과 국내 물가수준은 변동이 없는데 외국물가만 105에서 110으로 약 4.76% 상승했다면 실질환율은 1달러 = 1,150원에서 1달러 = 1,204.76원으로 인상된다. 실질환율의 인상은 본국의 가격경쟁력을 상승시킬 뿐만 아니라 자국통화의 대외구매력을 하락시키는데, 즉 원화의 미국 구매력은 떨어지지만 한국에서 달러화의 실질가치는 올라간다. 역으로 실질환율의 인하는 가격경쟁력을 하락시키고 대외구매력을 상승시켜준다.

$$ex)\, R = \frac{SP^*}{P} = \frac{1,150*110}{105} \rightarrow = 1,204.76$$

또 양국의 물가수준은 변동이 없는데 환율만 1달러 = 1,200원으로 인상된다면 실질환율도 1달러 = 1,150원에서 1달러 = 1,200원으로 인상된다. 그러면 원화의 미국 구매력은 역시 낮아진다. 그런데 물가지수와 마찬가지로 실질환율도 지수값이 반영되므로 실질환율의 절대값은 의미가 없고 다만 실질환율의 등락만 경제적 의미를 지닌다.

실질환율의 변동

▶ 실질환율인상 ⇒ 자국상품 가격경쟁력 상승 ⇒ 수출증가 및 국내기업 생산증가
자국통화 대외구매력 감소 ⇒ 수입대금 지불증가 및 수입감소
▶ 실질환율인하 ⇒ 자국상품 가격경쟁력 하락 ⇒ 수출감소 및 생산감소
자국통화 대외구매력 증가 ⇒ 수입대금 지불감소 및 수입증가

환율변동은 생산물을 비롯하여 자산의 국제 간 거래와도 상호작용한다. 보통 외국의 생산물이나 자산을 구입하고자 할 때 외환에 대한 수요가 생긴다. 외환수요가 늘어나면 외환의 가격인 환율이 올라간다. 환율인상은 가격경쟁력 향상을 가져다준다. 반면 국내 생산물이나 자산을 외국에 판매하면 외환공급이 늘어나서 환율은 내려간다. 그리고 국제금리의 차이는 글로벌자본의 이동에 영향을 미친다. 다른 제약사항이 없다고 가정해보면 외화자금은 이자율이 낮은 곳에서 높은 곳으로 이전한다. 수익률이 낮은 국내금융자산을 팔고 수익률이 높은 외국금융상품을 구입하면서 국내자금이 해외로 움직인다.

다시 말하면, 대부분 경제학자나 정책입안자들은 외환시장을 무수한 참가자가 존재하는 경쟁적 시장으로 본다. 수요와 공급의 틀에서 가격질서가 가장 잘 움직이는 시장으로 생각한다. 하지만 외환수요와 외환공급의 이면에는 이들을 발생하게 하는 무역이나 국제금융투자 같은 경제적 원인들이 있다. 한 나라 입장에서 기업이 수출하여 외화대금을 받거나 외화표시 해외투자를 유치하면 외환공급이 늘어나는 반면 수입이나 해외투자를 위해 필요한 외화자금을 구입하게 되면 외환수요를 증가시킨다. 나아가 정부가 환율이나 외환시장의 안정 같은 공익을 위해 시장에 개입하면서 인위적 정부질서를 만들기도 한다. 정부가 은행을 통해 보유외환을 매각하면 시장에 외환공급이 증가되지만 시중외환을 매입해주면 외환수요가 증가된다. 외환의 수요·공급과 환율을 매개수단으로 삼는 외환시장은 이와 같은 과정을 거치면서 대외결제를 가능하게 하므로 국제무역이나 국제자본거래 같은 국제 간 거래를 원활하게 해준다.

• Further Study Tip : 모든 나라가 동일한 통화를 사용하지 않는 한 환율은 존재함. 환율문제를 해결할 수 있는 방안을 제도, 정책, 시장 등 차원에서 생각해봄.

정리

- 환율 유형 = 명목환율, 실질환율, 교차환율, …
- 실질환율 = 환율*국내외 물가.
- 실질환율 = 국제 생산물시장의 가격경쟁력을 반영함.

외환거래의 형태와 참가자

• Study Tip : 여러 형태 시장참여자들의 거래특성을 비교해봄.
• Teaching Tip : 시장참가자의 거래행태를 통해 시장구조를 설명함.

전 세계 외환시장을 대표하는 은행 간 시장에서 은행딜러끼리 거래를 할 때, 과거에는 뛰어난 정보와 통신시설을 갖춘 외환브로커(중개회사)를 경유하거나 딜러 당사자 간 직접거래를 많이 수행했다. 하지만 최근에는 컴퓨터 네트워크 상의 전자거래가 압도적이다. 중개회사를 통한 거래에서는 은행이 브로커에게 연락하여 매입 또는 매도 가격을 제시하면 브로커가 수수료 대가로 매매거래를 알선해준다. 반면 당사자 직접거래에선 시장조성자 딜러에게 연락하여 당사자 간에 상호 이익추구 매매거래를 성사시킨다. 이에 비해, 전자거래에선 수많은 딜러가 참가하는 컴퓨터 네트워크 상에 각자가 주문을 내고 거래조건이 일치되면 자동으로 매매거래가 적절히 성사된다.

은행 간 외환거래 방식

	2000년	2002년
중개회사 통한 거래	5%	5%
직접거래	10%	0%
전자거래	85%	95%

외환시장에서 대고객거래에 비해 더욱 큰 비중을 차지하는 은행 간 외환거래 가운데 2000년도 중개회사를 통한 거래는 5%, 직접거래는 10%, 전자거래는 85%였다. 그 후 2002년에는 중개회사를 통한 거래가 5%인 반면 95%가 전자거래였다. 거의 모든 외화거래가 전자거래 형태로 이루어져 가면서 외환시장은 투명성, 경쟁성 등이 더욱 높아지고 있다.

우리나라의 경우는 2003년 7월 현재 국내은행, 외국은행의 국내지점 및 종금사, 보험사와 증권사의 외환시장에 참가가 허용되었다. 그리고 서울외국환중개(주)와 한국자금중개(주)가 브로커 역할을 하고 있다. 그런데 선진국의 국제은행(상업은행과 투자은행)과는 달리 국내은행들은 시장조성자의 역할을 충분히 수행하지 못하기 때문에 은행 간 시장에 전자거래 형태로 참여하는 비중은 낮은 편이다. 그리고 2010년도 현재까지 우리나라 외환시장은 원화/달러화 거래 위주의 시장이며 정부도 달러화 표시 외환만을 공적 외환보유고로 보유하는 추세다.

무엇보다도, 국내외 고객들은 각각 자신이 거래하는 은행을 통해 외화대금을 주고받지만 은행 간 외환거래에서는 은행끼리 요구불예금을 서로 보유하면서 도매은행 네트워크를 만든다. 이러한 국제 간 자금이동은 국제청산소서비스(International Clearing-House Services)에 의해 활성화되었다. 그리고 원만한 거래와 결제에 필요한 금융정보를 은행 사이에 적절히 전해주는 통신시스템이 요구되는데, 은행 간 메시지를 보낼 때 쓰이는 메신저가 세계 은행 간 금융전자통신기구(Society for Worldwide Interbank

Financial Telecommunications: SWIFT)다. SWIFT는 1973년 5월 유럽은행들을 중심으로 벨기에 브뤼셀에 설치된 비영리 통신단체로서, 우리나라를 포함한 전 세계 209개국, 9,000여 개 금융회사와 기업을 거미줄처럼 엮은 금융통신망이다. 대부분의 금융기관이 각국의 외화를 주고받기 위해 SWIFT에 회원으로 가입하고 있다. 또한, 외환거래의 결제가 미국 달러화 위주이기 때문에 미국의 은행 간 결제시스템으로 대표적인 CHIPS(Clearing House Interbank Payment System) 등을 거쳐 간다. 대부분의 외환 및 금융거래 결제는 CHIPS를 통해서 이루어진다. 그밖에도 다양한 결제통신망이 운영되고 있다.

이와 같이 다양한 정보통신망으로 연계된 외환시장은 시장조성자 딜러 간의 가격경쟁이 치열한 완전경쟁시장에 가까운 편이다. 나아가 자유로운 금융국제화를 통해 외환시장, 국내외 자금시장, 역외 유로시장이 서로 연결되면서 하나의 통합된 국제금융시장이 되어가고 있다.

- Critical Thinking : 외환시장을 실제로 움직이는 시장조성자들(은행)은 외환에 대한 수요와 공급에 어떻게 영향을 주고 있는가?

그런데 외환시장의 참여자를 경제주체별로 고객, 은행, 외환중개회사 및 중앙은행으로 크게 나누어서 그 역할을 구분해보자.

첫째, 대표적인 시장참여자는 은행이다. 외환거래의 대부분이 외화표시 은행예금의 교환을 통해 이루어지기 때문이다. 은행은 상업은행(Commercial Bank)과 예금을 취급한 투자은행(Investment Bank)으로 나누어지는데, 은행은 자신과 고객을 위해 외환을 매매한다. 전 세계에는 100~200여 개의 자금력이 큰 대형 상업은행이 상당한 외화통화량을 보유하여 시장조성자의 역할을 적극하고 있다. 그리고 Solomon Smith Barney, JP Morgan, Goldman Sacks, Vanguard, Fidelity 등 투자은행들은 은행 간 외환거래액의 대략 30% 이상을 차지한다.

은행은 외환거래의 당사자이자 중개자가 되기도 한다. 은행은 자신의 계산으로 이루어진 외환자산과 외화부채의 포지션을 이용하여 직접 다른 딜러와 외환을 사고팔면서 이익추구 거래를 수행한다. 또한, 은행은 일반고객을 대신하여 외환거래에 나선다. 대고객 거래결과로 발생된 매출입 합계의 불일치 같은 외화자산과 외화부채 포지션의 변동분을 일정한 수준으로 조정하기 위해 거래에 참가한다. 한편 외환포지션을 유지한 결과로 은행은 환변동위험에 노출되기도 한다.

둘째, 해외여행자나 유학생은 필요한 외화경비를 위해 외환을 구매하고 수출입업자는 수출입활동과 관련된 외환을 사고판다. 하지만 어떤 고객은 환위험을 부담하면서 투기거래를 하기도 한다. 무엇보다 외환거래의 고객을 크게 비은행금융기관과 기업으로 나눌 수 있다. 먼저, 비은행금융기관은 헤지펀드, 뮤추얼펀드, 펜션펀드, 보험회사 등인데 이들은 주로 투자를 위해 외환을 사고판다. 반면, 수출입업자 같은 기업은 재화나 서비스, 자산 등을 사고팔기 위해 외환거래에 참가한다.

대체로 중앙은행을 비롯하여 개인투자가, 해외여행자, 비은행금융기관, 기업 등 같은 고객은 외환거래에 직접 참여할 수 없기 때문에 국제적 은행과 계약을 맺은 외환중개회사(Futures Commission Merchant)를 통해 시장에 참여한다. 또한, 우리나라에선 증권회사, 보험회사, 투자신탁회사 같은 비은행금융기관이 아직은 투자은행이 아니지만 다국적기업과 함께 외화자산과 부채의 관리나 투기적 목적으로 외환거래에 적극 참여하는 중이다.

셋째, 외환중개회사는 일반고객과 은행, 또는 대부분 은행들 사이에서 외환거래를 중개하는 역할을 담당한다. 중개수수료를 받으면서 시장의 외환거래를 활성화시켜 주지만 자신의 외환포지션으로는 매매하지 않으므로 환위험에 노출되지 않는다. 최근 은행의 중개기능 확대로 인해 외환중개인의 비중은 줄어드는 추세다. 2010년도 현재 우리나라의 경우 외환중개회사로는 미국 달러화만 취급하는 서울외국환중개(주)와 한국자금중개

NOTE

■ **헤지펀드**

국제증권시장 및 외환시장에서 공격적으로 단기투기수익을 올리는 민간투자기금. 파생금융상품과 새로운 파생상품의 조합을 집중 거래하므로 국제금융시장에 미치는 파급효과가 레버리지 때문에 아주 커서 교란요인으로 지적됨. 헤지펀드가 운용하는 자금 규모와 영향력은 중앙은행의 역할을 무색하게 할 정도로 크다. 헤지펀드의 대표적인 예로 조지 소로스의 퀀텀펀드가 유명함.

NOTE

■ **미국 :**

상업은행(Commercial Bank) vs

투자은행(Investment Bank)

–상업은행과 투자은행의 차이점 : 보통 상업은행은 예금을 받아 대출해주는 역할을 하지만 투자은행은 차입하여 증권에 투자함. 상업은행의 주업무는 예금과 대출이지만 투자은행의 주업무에는 증권인수, 인수합병, 파생금융상품 판매와 운용, 기업 구조조정 자문 등이 있음. 상업은행이 저위험과 저수익을 추구하는 반면 투자은행은 고위험과 고수익을 추구함. 상업은행이 규제를 많이 받는 반면 투자은행은 글로벌 차원 업무 덕택에 큰 규제를 받지 않음.

-상업은행과 투자은행의 역사 : 미국에선 지난 100년이 넘도록 상업은행과 투자은행을 구분할 것인가, 아니면 구분을 없앨 것인가?가 최대 쟁점임. 먼저, 대공황 당시 상업은행이 고객의 예금으로 주식에 투기하는 등 분별없는 방만한 경영이 대공황의 요인으로 지적됨. 이에 따라 1933년 법을 제안한 국회의원의 이름을 따서 글래스-스티걸법(Glass-Steagall Act)이라 불리는 새로운 은행법이 제정됨. 핵심 내용은 상업은행과 투자은행의 업무를 엄격히 구분하여 은행이 상업은행과 투자은행으로 분리됨. 기업발행 유가증권 관련 업무는 투자은행이 취급하고 상업은행은 더 이상 이 업무를 할 수 없음. 1990년대 이후 세계금융시장을 주도하던 뉴욕 월가(투자은행 중심지)에 자유화(규제완화 등) 분위기가 팽배해지면서 1999년 글래스-스티걸법이 폐지됨. 또한, 시티은행이나 도이치뱅크 등은 상업은행으로서 투자은행의 역할도 함으로 유니버셜 은행으로 불리기도 함. 다시 2008년에 글로벌 금융위기가 닥쳐오자 상업은행과 투자은행의 겸업허용이 금융위기의 요인으로 비판받음. 마침내 2010년 1월 21일 오바마 대통령이 상업은행의 헤지펀드 소유와 투자 금지조치 등 상업은행과 투자은행의 업무 재분할 규제안을 발표·제기함.

-한편, 우리나라에는 아직 투자은행이 없는데, 글로벌 금융위기 이후 금융산업의 발전을 위해 상업은행과 투자은행의 업무를 포괄적으로 통합하여 투자은행을 육성해야 한다는 견해가 대두되고 있음.

(주)가 있다.

끝으로, 외환당국인 중앙은행은 외환시장의 안정화를 위해 공적으로 외환보유고를 관리한다. 환율변동을 일정 범위내로 유지·제한시키기 위해 시장에 개입하기도 한다. 중앙은행의 외환보유고 거래는 큰 편은 아니지만 환율에 강한 영향을 준다. 그래서 시장참가자들은 환율에 영향을 줄 수 있는 향후 거시경제정책의 단서를 찾기 위해 중앙은행의 조치를 예의 주시한다. 예를 들어, 원화/달러화 환율이 너무 급락할 경우 한국은행이 자국통화로 지불하거나 외국환평형기금을 발행해서 시중에 달러화 표시 외환을 매입한다. 그러면 공적 외환보유고는 증가되고 외환공급의 감소로 원화/달러화 환율은 인상될 것이다. 하지만 국내 통화량의 증가로 물가상승(압력)이 우려되기도 한다. 반대의 경우에는 중앙은행이 대개 달러로 구성된 대외준비자산을 매각하거나 외화를 차입하여 시중에 외환을 매도한다.

그밖에도 중앙은행은 정부, 외국 중앙은행, IMF나 세계은행 같은 국제기구와 외환을 직접 거래한다. 이와 관련된 자세한 사항은 차후에 외환시장개입과 경제정책운용 등에서 살펴보기로 하자. 국제적 자본이동이 점점 크게 증가하면서 중앙은행이 자본이동을 통제하기는 어렵지만 그 시장개입의 필요성은 높아졌다. 중앙은행이 외환시장에 개입하는 것에 찬성 또는 반대하는 논쟁도 뜨겁다.

이와 더불어 각 경제주체들이 외환시장에 참여하는 목적에 따라 시장참가자를 헤저(Hedger), 투기거래자(Speculator), 이익차익거래자(Arbitrageur)로 구분 가능하다.

먼저 은행 간 도매 외환거래는 대부분이 투기적 거래와 이익차익거래로 이루어져 있기 때문에 은행은 환위험을 적극 감수하면서 외환변동에 따른 거래이익을 추구하는 투기거래자의 역할을 한다. 또 은행은 일시적으로 생긴 무위험 이익기회를 얻으려는 이익차익거래자처럼 행동한다. 이와 달리, 대고객 소매 외환거래 차원에서 보면 다국적 기업 같은 헤저란 무역이나 국제자본거래에 부수되는 환위험을 최대한 줄이거나 제거하려는 실수요 거래자이다. 금융기관도 고객과의 거래에서 발성된 외환포지션의 환위험 노출을 피하기 위해 헤저의 역할을 많이 한다. 이러한 외환거래에 대한 자세한 설명은 차후 외환거래의 유형에서 다룬다.

NOTE

■다국적기업

다국적기업(Multinational Business)이란 생산기지(자회사, 공장, 영업체 등)를 여러 나라에 두고 운영하는 기업임. 미국에서는 대기업이 경제 전반을 지배하고 있으며 유명한 다국적기업으로는 엑슨모빌, 월마트, IBM, 맥도널드 등이 있음.

외환포지션 관리

- Study Tip : 은행의 외환거래형태 및 외환관리방식에 대해 알아봄.
- Teaching Tip : 은행의 외환포지션 관리방식을 통해 시장구조를 설명함.

현행 법정통화제도 아래에서 은행권(지폐나 동전)을 화폐로 사용하기 시작하면서 화폐의 실질가치는 실물가치와 괴리 현상을 크게 보여준다. 화폐의 구매력이 경기변동으로 더욱 변화된다. 물가가 지속적으로 상승되는 인플레이션이 발생되면 화폐의 실질가치는 하락되지만 물가가 하락되는 디플레이션에서는 화폐의 실질가치가 상승한다.

- Further Study Tip : 인플레이션의 발생 원인을 화폐적 요인 이외에 공급차원 실물적 요인 등에서 찾을 수 있음.

과거 물품화폐나 금속화폐 본위제도에선 대체로 화폐가치의 변동이 별로 없었다. 하지만 근세 이전 전통적 사회에서는 인구가 늘어나면서 곡물 수요가 증가되어 인플레이션이 발생되기도 했다. 그리고 15~16세기 동안 유럽에선 남미 같은 신대륙의 금과 은이 유럽에 대량 유입됨에 따라 인플레이션이 발생되어 화폐가치가 폭락하였다. 나아가 오늘날 변동환율 위주의 국제통화제도 하에서 각국의 외환수급량 및 환율이 수시로 변동되어 화폐의 국제적 구매력도 변화된다.

이러한 상황에서 국제적 통화나 외환의 거래는 은행의 주 수입원이다. 은행의 외환거래 관리현황을 살펴보기 위해 먼저 현물환거래의 참가

이유를 고객 수요 대응, 투기이익이나 차익실현, 환변동 위험 관리 등으로 나누어보자. 현물환거래는 모든 사람이 쉽게 참가할 수 있고, 외환의 인수도와 결제가 계약과 동시에 함께 발생되는 거래다.

첫 번째, 고객수요 목적의 거래란 기업이 수출입, 해외투자나 외국인 투자유치 등의 경제활동을 할 때 받거나 지급할 외환을 은행과 매매하는 것을 말한다. 국내 수출업자가 달러화로 수출대금을 받으면 은행에 외화 수출대금을 매각하고 원화를 조달하지만 수입업자는 원화를 외화수입대금으로 교환하여 결제대금으로 지급하게 된다.

두 번째, 은행은 이익을 위해 투기적·차익적 외환거래를 한다. 투기거래는 환위험을 무릅쓰고 미래 환율변동에 대한 기대를 토대로 외환매매 차익을 추구하는 것이다. 통화의 가격인 금리를 고려하면서, 환율인상이 예상되면 외환을 매입하고 환율인하가 기대되면 외환을 매도한 후에 다시 반대거래를 통해 환차익을 얻는다. 예상이 틀리면 환차손을 입기도 한다. 이에 비해 재정거래는 일시적인 가격 차이를 이용하여 무위험 환차익을 추구한다. 거래건별 환율의 평가관계가 파기되는 경우에 통화 간 평가관계를 기초로 즉각 더 낮은 환율로 거래가 제안된 외환을 구입하여 더 높은 환율로 구매를 제안한 상대방에게 되파는 것이 차익거래다. 그러면 별도로 보유한 외환이 없기 때문에 환위험 없이 환차익을 얻는다.

끝으로, 은행도 다른 기업처럼 환위험을 관리한다. 현실에서 투기거래와 헤지거래를 손쉽게 구별하기 어렵지만, 헤지거래란 환위험을 관리하기 위한 거래방식을 말한다. 즉 헤지란 환위험을 제거하거나 감소시키는 것이다. 만약 은행이 고객의 요청에 따라 외환거래를 수행한 결과로써 보유한 외환이 초과나 부족 상태에 놓이면 은행 간 시장에서의 매매를 통해 외환자금의 불균형상태에 놓인 과부족 외환을 균형으로 조정함으로써 환위험을 회피하게 된다.

그런데 특정 은행의 외환거래활동을 평가할 때는 외화표시 단기금융시장과 외환시장을 결합시켜서 본다. 그리고 대부분의 수출입업자, 제조업자 및 소매업자들은 자신의 필요에 따라 은행과 외화결제, 외화예대출 등의 외환거래를 하게 된다. 이러한 외환거래는 현물계약(Spot Contract)이나 선물계약(Forward Contract)의 형태로 이루어진다. 현물계약은 계약체결 후 즉시 결제와 외환 인수도를 행하는 반면 선물계약은 미래 특정일에 결제와 외환 인수도가 이루어진다. 그 결과 은행의 입장에서 나중에 환율변동위험에 직면하게 된다. 그러면 은행은 대개 은행 간 시장에서 다른 은행들과 자신에게 노출된 환위험을 회피하기 위한 외환매매를 한다. 즉, 은행은 외환포지션을 지속적으로 감독하면서 환위험을 관리한다.

외환포지션(Foreign Exchange Position)이란 일정시점에서 은행이나 기업 등이 보유한 각 국제통화별 외환자산과 의환부채 간의 차감잔액을 말한다. 외환포지션은 주로 달러화를 위시한 메이저통화 별로 외환채권·채무의 재고량, 당일 발생된 현물환은 물론 선물환 등을 전부 포함시켜 산출된 차액의 상태이다. 각 통화별 자산과 부채의 차이를 말하는 외환포지션은 보통 금융기관의 건전성을 높이고 외환시장의 교란을 방지하기 위해 과도한 매입/매도 초과 포지션에 따른 환위험을 회피하도록 관리된다. 외환포지션 관리는 환위험 조정, 외환매매손익 산출, 외화자금 과부족 조정 등을 산출하는 기초자료가 된다.

그런데 은행의 특정일 기준 외환포지션은 대개 장부상에서 외환채권·채무의 재고량(Ledger Accounts), 현물환계약(Spot Contracts), 선물환계약(Forward Contracts) 및 기타 금융스왑(Financial Swaps)으로 구성된 자산(외환구입)과 부채(외환판매)로 나타난다.

외환포지션 예제

Foreigh Exchange Position
March 20, 2010 (단위=1,000$)

	자산(외환매입)		부채(외환매도)	
Overnight limit & Description	Foreign Amount	US$ Equivalent of Local Currency Book Value	Foreign Amount	US$ Equivalent of Local Currency Book Value
Euro				
Ledger Accounts	563,437	239,461	645,013	274,310
Spot Contracts	23,502	9,802	15,973	6,709
Forward Contracts	790,250	331,905	712,533	296,342
Financial Swaps	239,912	100,097	246,131	104,977
	1,617,101	681,265	1,619,650	682,338
Net Position (short)			2,549	1,073
Canadian Dollars				
Ledger Accounts	1,016,076	1,017,525	1,029,835	1,030,057
Spot Contracts	330,021	328,972	216,225	217,246
Forward Contracts	1,202,013	1,203,226	1,301,279	1,302,522
	2,548,110	2,549,723	2,547,339	2,549,825
Net Position (long)	771			102

그리고 외환포지션의 유형은 자산과 부채에 대한 관리목적에 따라 롱포지션(Long Position), 쇼트포지션(Short Position) 및 스퀘어포지션(Square Position)으로 구분해볼 수 있다. 이중에서 롱포지션은 외환매입액(외환자산)이 매도액(외환부채)을 초과하는 매입초과 포지션을 말한다. 이 경우 환율이 상승하면 이익을 얻지만 하락하면 손실을 본다.

$$롱포지션 = 외환매입 - 외환매도 > 0$$

반면 쇼트포지션은 외환의 매도액이 매입액을 초과하는 매도초과 포지션이다. 이 경우 환율이 하락하면 이익이지만 상승하면 손해다.

쇼트포지션 = 외환매입 - 외환매도 < 0

스퀘어포지션은 외환의 매입액과 매도액이 정확히 일치하는 균형 포지션의 경우다. 환율변동에 따른 환차손익이 전혀 발생되지 않는다.

스퀘어포지션 = 외환매입 - 외환매도 = 0

지금까지는 은행의 자산과 부채 관리목적에 따른 순오픈포지션(Net Open Position) 스케줄의 실례를 살펴보았다. 통화별 외환포지션을 각각 결제 만기별 스케줄로도 나타낼 수 있다. 어쨌든 외환표시 자산과 부채의 규모가 일치하지 않을 경우 환율변동에 따라 환차손익이 발생할 수 있다. 은행의 외환포지션이 과중하거나 환차손이 과도한 경우 경영이 부실화되고 외환시장이 교란될 위험이 높아진다. 따라서 우리나라에서는 은행의 경영 건전성을 유도하고 외환시장의 교란을 사전에 방지하기 위하여 외환매입/매도 초과상태로 노출될 수 있는 규모, 즉 포지션 한도를 제한하는 외환포지션 관리제도를 운영하고 있다. 따라서 외환포지션을 익일까지 노출하지 않으면서 당일내 저가매입 후 고가매도 같은 투기적 거래차익을 추구하는 일중거래(Intra-day Trading)가 이루어진다.

외환거래 참가자의 유형

- Study Tip : 거래동기별 시장참가자들의 외환거래 특성에 대해 이해함.
- Teaching Tip : 거래동기별 매매형태를 통해 시장구조를 파악함.

수많은 외환거래 참가자들은 미국 달러화나 기타 메이저통화를 사고

판다. 통화는 동질의 상품이고 주로 전자 거래된다. 이에 따라 그 가격정보가 널리 알려져 있는 은행 간 외환시장에서 대부분의 은행 딜링은 환변동 위험을 무릅쓴 이익추구의 거래다.

일반적으로 외환거래의 형태는 참가자들의 거래동기에 따라 실수요거래(실수요자), 투기거래(투기자), 재정거래(재정거래자) 및 헤지거래(헤저)로 나누어 볼 수 있다. 위험과 기대이익을 통화별 환위험과 환차익 중심으로 살펴보자.

첫 번째, 실수요거래란 은행의 입장에서 보면 고객들이 수출입이나 외화표시 금융상품을 매매하면서 수반되는 결제대금을 수취하거나 지급하기 위한 외환거래를 말한다. 본국 기업이 수출하면 해외 수입업자로부터 외환을 받고 자국 통화로 환전하지만 수입하면 외환을 구입하여 지급한다. 본국 기업이 외화표시 금융자산을 구입하는 경우에 환전된 외환이 외국으로 유출되지만 외화표시 금융자산을 판매하면 외환이 유입된다.

두 번째, 투기거래(Speculative Trading)란 기대이익을 취하려고 위험을 감수하고 수행하는 거래이다. 하지만 예상이 맞으면 이익을 얻고 예상이 틀리면 손해를 본다. 그래서 투기거래자는 환위험을 감수하고 예상된 환차익을 추구한다. 은행(딜러) 같은 투기거래자는 잘못 판단하면 손실위험이 수반되기 때문에 전문성을 바탕으로 미래 외환가격의 변동방향을 정확히 판단하려고 애쓴다. 은행은 미래 환율을 예측하여 자신의 외환포지션을 조정하는데 외환의 수요가 공급보다 큰 초과수요가 있다면 환율은 상승하거나 상승압력을 받게 되지만 외환의 초과공급이 생기면 환율은 하락하거나 하락압력을 받는다. 그밖에 투기거래자로 다국적기업, 소기업, 개인들이 있다.

그런데 미래예측이 어려운 투기거래는 그 특성상 장기적 거래보다 단기적 거래에 치중하게 되고 수익에 대한 전망도 심리적 영향을 크게 받는다. 수익기대가 클수록 외환수요가 늘어나고 외환의 수급이 불안정할수록 주요 국제통화를 보유하려는 선호가 높아진다. 무엇보다 투기거래자는 미래 현물환율에 대한 예상값에 근거하여 행동하며 미래 환율의 예상치는 환율에 영향을 미치는 모든 요인들을 토대로 형성된다. 만약 환율의 예측치가 위험과 비용을 감수하고도 비교우위를 갖는다면 투기거래가 형성될 것이다.

예를 들어, 외환시장에서 원달러화 환율이 $1=1,100원으로 고시되어 있다고 하자. 이런 상황에서 투자가가 앞으로 한 달 후에는 달러화 가치가 떨어지고 원화 가치가 올라서 $1=1,030원이 될 것으로 예상한다고 하면 원화를 대가로 달러화를 매각하고자 할 것이다. 만일 한 달이 지난 후에 예상대로 환율이 떨어져 $1=1,025원이 되었다면 이 투자가는 1달러당 75원(=1,100-1,025)씩 이익을 얻을 수 있다. 하지만 예상이 틀려서 환율이 $1=1,100원 이상으로 상승하게 되면 투자가는 손해를 입는다. 이처럼 투기거래는 미래 환율에 대한 예상의 정확성에 따라 이익을 얻지만 손실의 위험도 크다.

나아가 투기거래는 외환시장을 안정적으로 또는 불안정적으로 만들 수 있다. 환율이 낮을 때 외환을 구입하여 환율이 높을 때 판매하는 투기적 거래는 외환매입이 환율을 다시 상승시키고 외환매도가 환율을 하락시키면서 시장을 안정적으로 만든다. 반면에, 환율이 낮을 때 계속 낮아질 것으로 예상하여 외환을 더욱 매도하거나 환율이 높을 때 지속적으로 높아질 것으로 예상하여 외환을 더 매입하면 환율의 변동성이 커지기 때문에 시장이 불안정해진다.

세 번째, 재정거래(Arbitrage Trading)란 아무런 위험 없이 차익을 얻으려는 차익거래이다. 일시적인 외환가격의 차이를 노린다. 만약 특정 환율이 딜러나 지역 간에 불일치하다면 이때 외환을 싸게 구입하여 즉각 비싸게 되파는 무위험 이익기회로 본다. 그 결과 동등해질 때까지만 재정거래가 이루어진다.

예를 들어, 서울외환시장에서는 원달러화 환율이 달러당 1,100원이지만 뉴욕시장에서는 달러당 1,050원이라면, 뉴욕시장에서 1,050원으로 1달러화를 구입하여 즉각 서울시장에서 1달러화를 1,100원에 팔 경우 순식간에 어떤 위험도 없이 달러당 50원의 차익을 얻을 수 있다. 그리고 차익거래의 결과 뉴욕시장의 환율은 상승하고 서울시장의 환율은 하락하면서 양 시장은 균형을 이룰 것이다. 그렇지만 이자 차익거래에서는 국제간 자금이동에 따른 환위험 없이 균형의 일시적 차이를 이용하여 확실한 이익을 취한다. 나중에 공부할 '환위험이 제거된 이자율평가설'에서 이자율평가가 잠시 벗어날 때, 다시 말하면 환위험을 커버하면서 양 통화 간의 금리차이 이익이 생긴다면 재정거래자는 위험 없이 이익을 확보하게 된다.

또한 일시적으로 세 통화 간의 환율이 서로 다르다면, 두 통화의 달러화 대비 환율이 이를 토대로 계산된 교차환율과 다르다면 재정거래가 발생할 가능성이 있다. 한편 본국통화 이외의 외국통화 간의 환율을 교차환율이라 부르는데, 외환거래에서는 미국 달러화가 중심 통화이므로 다른 통화 간의 교차환율은 달러화 기준율을 거쳐서 계산된다. 만약 달러-파운드화 환율(USD/GBP)이 1파운드 = 1.50달러이고 달러-유로화 환율(USD/EUR)이 1유로 = 1.10달러라면 파운드-유로화 교차환율(GBP/EUR)은 0.736(=0.67/0.91)이 된다. 하지만 파운드-유로화 환율이 현재 0.70이라고 가정할 경우 0.7파운드로 1유로화를 사서 즉각 1유로를 0.73에 되판다면, 즉 1유로화를 1.10 달러화로 바꾼 후 다시 0.73 파운드화로 바꾸면 단위 유로화당 0.03파운드의 차익을 얻게 된다.

다음의 표는 외환시장에서 거래되는 주요 국제통화들 간의 교차환율을 보여준다.

메이저통화의 교차환율

	Dollar	Euro	Pound	SFranc	Peso	Yen	CdnDlr
Canada	1.0891	1.5962	1.7495	1.0574	0.0807	0.0119	....
Japan	91.216	133.69	146.53	88.562	6.7573	....	83.754
Mexico	13.499	19.784	21.685	13.106	....	0.1480	12.395
Switzerland	1.0300	1.5095	1.6545	....	0.0763	0.0113	0.9457
U.K.	0.6225	0.9124	....	0.6044	0.0461	0.0068	0.5716
Euro	0.6823	....	1.0961	0.6625	0.0505	0.0075	0.6265
U.S.	....	1.4656	1.6064	0.9709	0.0741	0.0110	0.9182

주 : For Thursday, September 24, 2009 at 4 PM, Eastern Time, by Thomson Reuters
자료 : Wall Street Journal

끝으로, 헤지거래(Hedge Trading)란 예상하지 못하는 환율변동에 따른 환위험을 회피하기 위한 거래다. 다른 말로, 헤징은 환위험을 제거하거나 줄이는 거래를 말한다. 헤징을 수행하는 헤저는 국제적 자본거래나 무역에서 부수적으로 수반되는 외환에 대한 가치변동위험을 피하려는 목적을 가진 실수요자다. 그리고 헤지거래는 환위험을 줄이거나 제거해줌으로써 국제거래를 더욱 원활하게 해준다.

예를 들면, 국내 수입업자가 100만 달러의 상품을 구입하고 수입대금을 2개월 후에 지급하기로 했는데, 그 기간 동안 상황이 변하여 현재 1$=1,000원이었던 환율이 2개월 후에 1$=1,100원으로 상승한다면 수입업자는 1억 원(=11억-10억)만큼을 추가로 더 부담하게 된다. 수입업자는 이만큼의 환위험을 피하기 위해 미래에 지급해야 할 액수를 미리 확보하는 헤지거래를 해놓을 것이다.

대외거래를 수행하는 기업은 물론 금융기관도 대고객 거래에서 발생된 외환포지션 위험을 관리하기 위해 헤지거래에 참가한다. 헤지거래의 수단이나 방법은 기업 내부에서 이루어지는 내부적 기법 및 선물환, 스왑, 옵션 등 기업 외부의 시장금융수단을 이용하는 외부적 기법으로 나뉜다. 자세한 헤징기법이나 헤징효과는 뒷장에서 다룬다.

지금까지 살펴본 외환시장은 무수히 많은 외환거래가 투기, 차익 및 헤징 등의 목적에 따라 참가자들 사이에서 매일 일어나는 경쟁시장이다. 그래서 수요와 공급의 틀에서 환율이라는 가격질서가 가장 잘 움직이는 시장이라 믿는다. 하지만 투기거래, 재정거래 및 헤지거래는 분명히 다른 개념이지만 실제거래에서 명확히 구분하기가 어렵고, 점차 늘어나는 투기거래로 인해 시장에 불안정성이 높아지고 시장이 교란될 가능성도 크다.

그렇지만 우리나라 외환시장의 경우 미국 달러화에 대해 원화가 주로 거래되는 시장이다. 외화거래 중 원달러화 거래가 80%를 차지한다. 2007년도 일일평균 거래액은 전통적 외환거래가 346.5억 달러였고 이에 외환파생거래를 더하면 426.7억 달러 정도였다. 역내시장이 현물환, 선물환, 외환스왑으로 구성된 시장인 반면 역외시장으로 역외선물환(NDF: Non-deliverable Forward)시장이 있다. 역외선물환은 만기에 외화원금을 교환하지 않고 계약선물환율과 만기현물환율 간의 차이만 계산하여 차액을 결제하는 선물환거래의 한 방법이다. 역외선물환 거래는 국제투자가들이 원달러화 환율을 효율적으로 헤징하기 위해 홍콩, 싱가폴 등에서 거래를 시작하였다. 나아가 원화의 국제화, 즉 여타 세계지역에서 원화거래는 아직 거의 이루어지지 않고 있다.

NOTE

우리나라 외환시장의 특징

우리나라 외환시장은 거래규모가 작은 편임. 서울외환시장의 하루 평균 거래량은 2009년 3월 기준 30~40억 달러 정도로 조금만 주문이 나와도 환율이 크게 움직이며 단기차익을 노린 투기세력이 개입할 소지가 많음. 이에 반해, 국내주식시장에서 외국인이 상장된 주식 총액의 약 30%를 보유하고 있음. 따라서 외국인이 국내주식을 처분하면 주가가 떨어지고 오환수요가 급증하여 환율이 상승하고 외국인이 국내주식을 구매해주면 주가가 오르고 환율이 하락되는 때가 많음.

정리

- 외환거래 = 전자거래 + 직접거래 + 브로커거래.
- 외환시장 참가자 = 은행(상업은행, 투자은행) + 고객(기업) + 중앙은행 + 외환중개사.
- 외환거래 유형 = 실수요거래 + 투기거래 + 재정거래 + 헤지거래, …
- 은행 외환포지션 = 롱포지션, 숏포지션, 스퀘어포지션.

• Further Study Tip : 실제 외환거래에서 투기거래, 재정거래(차익거래), 헤지거래를 정확히 구분하기 어려운 이유를 생각해보자!

An Inside Look

"미 거미줄 감시망…북 돈줄 손바닥 보듯"

미국 은행과 관계가 끊기면 세계의 화폐인 달러를 거래하지 못한다. 북한과 관계를 끊을 거냐, 아니면 미국 제재를 받고 은행 문을 닫을 거냐."

미국이 추진하는 대북 금융제재는 세계의 모든 금융회사에 미국과 북한 가운데 하나를 택하게 한다는 것으로 요약된다. 이런 걸 요구할 수 있는 미국의 힘은 달러 송금 과정에서 잘 드러난다. 한국 외환은행이 아프리카 은행에 달러화를 송금하는 과정을 보자. 우선 외환은행은 미국 A은행에 금액 · 송금자 등 금융정보를 메신저로 날린다. 이때 쓰이는 메신저가 SWIFT(스위프트)다. 소문자로는 '재빠르다' 는 뜻이지만 대문자로 쓰면 '세계 은행 간 금융전자통신기구(Society for Worldwide Interbank Financial Telecommunication)' 다. 전 세계 209개국, 9000여 개 금융회사와 기업을 거미줄처럼 엮은 비영리 금융통신망이다.

외환은행이 A은행에 메시지를 보내는 것은 두 은행이 환거래(코레스) 계약을 맺었기 때문이다. 아프리카 은행도 미국 B은행과 환거래 계약을 맺고 있다. A은행은 외환은행의 메시지대로 B은행에 달러를 송금한다. A와 B은행은 미국 중앙은행인 연방준비제도(Fed)에 계좌를 두고 정산을 하게 된다. 결국 모든 달러 거래는 미국의 은행과 Fed의 손바닥 위에서 이뤄진다. 따라서 계좌 동결은 엄밀히 말해 미국 땅에 있는 은행과 Fed(유럽에선 유럽 은행과 유럽중앙은행)의 송금 루트를 동결한다는 의미다. 현찰로 빼내더라도 다른 은행에 입금하기 어렵다. 액수가 큰 현찰 입금은 자금세탁으로 의심받기 때문이다.

북한이 유로화를 아프리카에 보낼 경우 예상 자금 흐름도

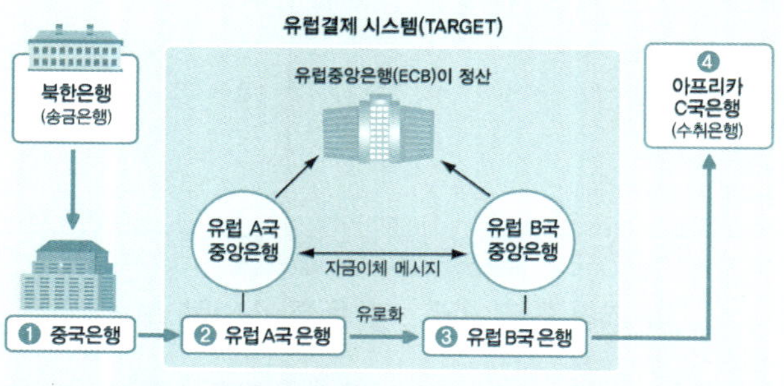

①②③④ 은행은 대북 금융제재 이후 북한의 송금 루트로 계속 이용될 경우 미국 은행들과 거래 단절될 수 있음.

◆과잉반응이 제재 효과 키워=유로화를 송금할 때도 비슷한 과정을 거친다. 유럽 은행과 환거래 계약을 맺지 못한 북한 은행은 중국 등 해외의 은행을 경유해야 한다. 유로화 등 다른 통화의 송금인 경우에는 미국을 거치지 않으므로 그동안 미 정부로서도 막을 방법이 없었다. 그러나 이번에 외국 은행까지 보복하는 방안이 실행되면 북한은 세계의 웬만한 금융망에 접근할 수 없게 된다.

미국에 협조를 거부해 미국 은행과 거래가 끊긴 은행에는 어떤 일이 일어날까. 미국 내 자산이 자동으로 동결된다. 이런 은행에선 예금 인출 사태가 일어날 수 있다. 신용이 급격히 떨어지는 데다 해외 송금이 안 되는 은행에 돈을 예치할 이유가 없기 때문이다. 다른 은행들도 거래를 꺼린다. 고립무원에 빠지는 것이다. 이에 따라 은행들은 북한과의 거래 전체를 포기할 가능성이 크다. 수수료 몇 푼 포기하는 것이 위험한 거래에 연루돼 제재를 받는 것보다 백번 낫다고 보는 것이다.

◆중국 은행 협조 여부 주목=최대 관심사는 북한을 감싸는 중국의 협조 여부다. 중국 은행들은 자산 규모나 미국과의 거래 규모에서 무시하지 못할 덩치를 자랑한다. 미·중 은행 간 거래가 끊기면 미국 은행도 손해 볼 수 있다. 그러나 전문가들은 대체로 중국 은행들이 제재에 협조할 수밖에 없을 것으로 예상한다. 익명을 원한 수출입은행 관계자는 "이미 글로벌 주자로 성장한 중국 대형 은행들은 국제 금융시장의 영향력과 역할을 유지하기 위해서라도 제재에 동참하지 않을 수 없다"며 "이란 제재에 중국 은행들이 동참하고 있는 게 좋은 예"라고 말했다. 중국 은행들도 SWIFT와 연동해 위험 거래를 실시간으로 추려낼 수 있는 시스템을 갖추고 있다.

[중앙일보]

1-4 0Section 연습문제와 요약

외환거래(시장)의 특징

01 외환시장은 주식/선물 거래소(Exchange)와 달리 장외시장(Over-the-counter Market)이다. 장외시장은 거래소 시장과 어떤 차이가 있는가?

Answer 장외계약시장은 거래소를 거치지 않고 투자자산을 당사자 간 거래하는 것을 말함. 외환시장은 참가자 간에 컴퓨터, 전화, 자동견적 시스템 등으로 연결된 국제적 네트워크임.

02 우리나라 수입업자가 미국 수출업자로부터 상품을 구입하고 대금은 75만 달러를 지급하기로 계약을 맺었다. 현행 원-달러화 환율은 달러당 1,100원이다. 은행업무시스템(Banking System)은 관련된 국가 간 통화거래를 어떻게 처리하겠는가?

Answer 먼저, 수입업자는 우리나라의 거래은행에 가서 원화를 달러화로 환전하여, 즉 8억 2500만 원을 75만 달러로 바꾸어 수출업자에게 송금함. 이 송금액은 수업업자의 거래은행을 통해 외국 수출업자의 거래은행으로 이전되어 수출업자에 입금됨. 국제은행간 자금결제거래는 국제통신시스템 및 International Clearinghouse Services의 발달로 더욱 원활해져 감.

03 은행 간 도매시장에서 호주달러-달러화 환율이 1$ = 1.2885-1.2890호주달러로 형성되어 있는 경우, 어떤 국제은행이 1$ = 1.2882 -1.2888로 가격을 제시하면 이 가격은 시장가격에 비해 왜곡되어 있는가?

Answer 그렇다. 외환시장은 다른 자산시장과 달리 통화가격을 결정해줄 중앙집권화된 거래소가 없지만 은행 간의 딜링 네트워크로서 완전 경쟁시장에 가깝기 때문임.

04 외환은행에서 5월 7일(수요일) 현물환계약을 체결하면 최종 결제일과 현물인수도일은 언제인가? 단, 5월 8일은 미국의 휴일이고 5월 9일은 우리나라의 휴일이다.

Answer 현물환계약에서 결제일과 현물인수도일은 계약일 이후 2영업일 이내이기 때문에 최종결제일과 현물인수도일은 5월 13일(화요일)임.

05 일본 역외 일본은행 해외지점이나 타국 은행들이 취급하는 유로엔화는 당연히 일본은행의 엔화와 동등한 가치를 지닌 화폐이다. 그러면 자금시장에서도 엔화와 유로엔화의 이자율은 동일한가?

Answer 보통 엔화에 비해 유로엔화의 예금금리가 더 높고 유로엔화의 대출금리는 더 낮음. 유로달러화도 유사함.

환율의 기능

01 미국 관광객이 런던으로 여행을 가서 한 벌에 100파운드 가격표가 붙어 있는 스웨터를 구매하려고 한다. 통화의 구매력을 비교해보자.

a. 현재 환율이 1파운드=1.45달러라면, 달러화표시 스웨터의 가격은?
b. 파운드화의 가치가 하락하여 1파운드=1.30달러가 되면, 달러표시 스웨터의 가격은?
c. 파운드화의 가치가 상승해서 1파운드=1.60달러가 되면, 달러표시 스웨터의 가격은?

d. 우리나라 관광객이 런던으로 여행가서 이 스웨터를 구입하면 원화표시 스웨터의 가격은? 단, 환율은 1파운드=1.45달러이고 1달러=1,000원임

Answer a. {100×1.45}=145달러 b. 130달러 c. 160달러 d. {145×1000}=145,000원

02 외환거래자는 국제통화를 구입하여 나중에 더 높은 가격에 되팔면서 이익을 얻는다. 또는 외환시장이 하락추세를 띨 것으로 예상되면 통화를 높은 가격에 팔고 나중에 더 낮은 가격에 되사면서 이익을 추구한다. 이런 관점하에서 아래의 질문에 답하시오.

a. 원-달러화 환율이 달러당 1,000원이고 수출업자가 10만 달러 가치의 상품을 수출했다면 벌어들인 원화표시 수입은?
b. 달러화의 가격이 현재 경제상태와 비교해 저평가되었다면 향후 달러화의 가치는?
c. 달러화의 가격이 현재 고평가된 상태라면 미래 달러화의 가치는 어떻게 변동될까?
d. 원-달러화의 환율은 어떻게 결정되며 환율변동의 원인은 무엇인가?

Answer a. 1억 원.
b. 달러화 가치는 인상될 것임.
c. 달러화 가치는 인하될 것임.
d. 환율은 원칙적으로 외환의 수요와 공급에 따라 결정됨. 그리고 외환수급에 영향을 주는 요인은 경제의 기초여건(금리, 물가, 소득 등), 외부충격(금융위기, 석유파동 등) 등 다양함. 자세한 사항은 환율결정에서 다룸. 특히, 메이저통화와 비메이저통화 간의 환율결정에서는 국제통화의 수급량이 커다란 영향을 줌. 원달러화 환율은 원화보다 달러화의 수급량에 절대 영향을 받음.

03 미국 달러화가 인상된 경우와 인하된 경우에 해당되는 각 가격경쟁력의 효과를 아래에서 고르시오.

a. 미국인은 외국상품을 더욱 저렴하게 구입 가능함 ⇒ 미국인의 외국상품 구입비용 하락됨.
b. 외국인 입장에서 미국상품이 더 비싸져서 수요가 떨어짐 ⇒ 미국 수출기업에 도움이 안됨.
c. 우리나라 입장에서 보면, 미국상품이나 달러화표시 외국상품의 가격이 더 비싸짐 ⇒ 국내수입이 줄어들고 해외수출이 늘어남.
d. 외국인은 미국상품을 더 많이 구입 가능함 ⇒ 미국 수출기업에 도움이 됨.
e. 미국인에게 외국상품은 더욱 비싸짐 ⇒ 수입수요가 떨어짐.
f. 우리나라 입장에서 보면, 미국상품이나 달러화표시 외국상품의 가격이 더 저렴해짐 ⇒ 국내수입이 늘어나고 해외수출이 줄어듬.

Answer 달러화 인상의 효과 = a, b, c 반면에 달러화 인하의 효과 = d, e, f

외환거래 이득 및 환율변동(분) 계산

01 중국은 위안-달러화 환율을 현재 달러당 8.28위안($1=8.28위안)으로 고정시켰다. 다음의 경우에 적정한 답을 하시오.

a. 환율이 $1=8.5위안으로 상승한다면 위안화의 가치는 얼마나 변동되는가?
b. 환율이 $1=8.1위안으로 하락한다면 위안화의 가치는?
c. 중국 중앙은행은 a나 b의 경우 각각 $1=8.28위안 고정환율을 유지하기 위해 어떤 조치를 취할 수 있겠나?

d. 중국은 미국과 지속적으로 무역수지흑자를 지키고 있어 위안화의 가치는 높아지고 달러화의 가치는 낮아지므로 위안-달러화 환율은 하락될 것이다. 그런데 중국은 왜 이러한 상황을 원하지 않는지 생각해보자.

Problem-Solving Tip : 1980년대 중반에 미국 달러화가 강세이었을 때 미국 제조업자들은 레이건 행정부에게 불평을 많이 한 이유는 무엇인가?

Answer
a. 위안화의 가치는 달러당 0.22위안 또는 2.66% 하락됨.
b. 위안화의 가치는 달러당 0.18위안 또는 2.17% 상승됨.
c. 중국 중앙은행은 a의 경우에 달러화를 시장에 매도하던지 위안화를 매입하여 위안화의 가치를 인상시킴. 반면에 b의 경우 달러화를 시장에서 매입하던지 위안화를 매도하여 위안화 가치를 인하시킴.

02 미국 Sears사가 일본 Sony사로부터 홈엔터테인먼트 500대를 대당 1백만엔에 구입하기로 계약하였다. 현재 엔-달러화 환율이 달러당 86엔이라면 Sears사는 결제대금을 지급하기 위해 얼마가 필요하겠는가?

Problem-Solving Tip : 개도국과 선진국 간의 수출입에서 결제통화는 선진국 통화나 국제통화를 사용함. 반면 선진국 간의 계약에선 대개 수출국 통화를 결제통화로 삼음

Answer
Sears사는 수입대금 5억 엔(1백만 엔×500)을 지불하기 위해 5,813,953.5달러((1,000,000/86)×500)가 필요함.

03 시장조성자 Goldman Sacks가 파운드-달러화 환율을 1$ = 0.5242-0.5243 같이 제시하면 달러당 0.5242파운드로 매입해주고 0.5243파운드로 매도하겠다는 의미다. 이 가격으로 1,000만달러를 사고 팔았다면 이익은 어느 정도인가?

Answer
스프레드가 달러당 {0.5243-0.5242} =0.0001파운드 이므로 이익금은 {1,000만*0.0001} =1,000파운드 또는 약 1,907달러임.

04 은행 간 시장에서 교차환율을 이용하여 삼자 간 차익거래를 살펴보자.

a. 달러-파운드화 환율, USD/GBP = 1.9077 및 유로-달러화 환율, EUR/USD = 0.7627 기초로 파운드-유로화 환율, GBP/EUR을 계산하시오.

b. USD/GBP = 1.9077, GBP/EUR = 0.6873, EUR/USD = 0.7627인 경우 차익거래의 이득이 일시적으로 존재하는가?

c. 만약 순간적으로 유로-달러화 환율이 EUR/USD = 0.7706으로 변동되었다면 차익 거래의 이득이 존재하는가? 이 경우에 100만 달러를 삼자간 차익거래에 투입했다면 어느 정도의 차익을 얻겠는가?

Answer
a. 파운드-유로화 환율, GBP/EUR = 0.6873임.
b. USD/GBP × GBP/EUR × EUR/USD = {1.9077×0.6873×0.7627} = 1이므로 차익거래 이득이 존재하지 않음.
c. {1.9077×0.6873×0.7706} = 1.01이므로 차익거래 이득이 존재함. 차익거래의 이익은 {100만×(1.01−1)} =10,000달러임.

05 미국의 연말 홀리데이 선물용품을 수입하는 수입상이 우리나라 제일모직과 20억 원 상당의 의류를 구입하는 계약을 맺었다. 주문된 의류가 6개월 후에 LA 롱비치 항구에 도착하면 결제할 예정이고 계약 시 원-달러화 환율은 1달러=1,100원이었다.

a. 수입상이 계약시점에 결제할 금액은 얼마르 추정되는가?

b. 6개월 이후 결제시점에 환율이 1달러=1,000원으로 하락했다면 수입상이 실제 결제할 금액은 어느 정도인가?

c. 계약시점과 비교해 결제시점에 환위험은 얼마나 노출되었는가?

Answer
a. 1,818,181.82달러 b. 2,000,000달러 c. 181,818.18달러

Unit 1 국제금융기초

Chapter Overview

Focus & Teach

- **Before** 외환시장의 구조와 외환거래의 형태는 상호 밀접한 관계를 보임
- **Present** 개방경제의 경제활동수준 및 대외경제문제는 국제수지를 통해 이해함
- **After** 개도국의 공적외환보유고는 외환시장과 경제의 안정화에 기여함

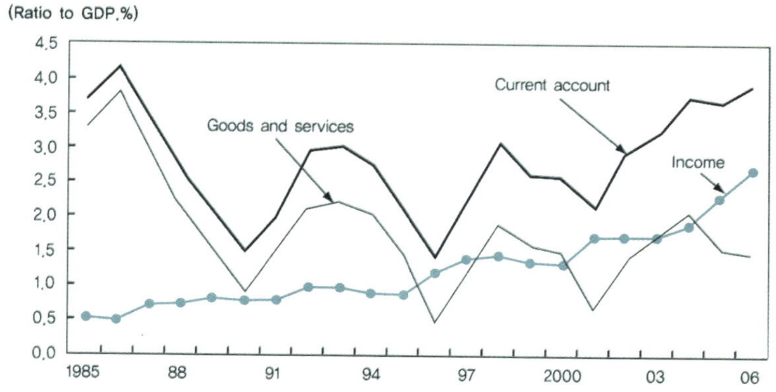

Sources : Balance of Payments and National Accounts for Japan

Lesson Plan

LESSONS AND OBJECTIVES	PROFESSIONAL DEVELOPMENT	PACE (60분)
2-1 국제수지표 (pp. 95–108) – 국제수지표란 – 국제수지표의 내용 국제수지표의 기재	– 국제수지표의 작성방법과 계정의 경제적 내용을 살펴 봄 – 다양한 국제거래를 수지표의 각 계정항목에 직접 기록해 봄 – 우리나라와 미국의 국제수지표 작성 차이점을 고려해 봄	1.5
2-2 국제수지의 균형과 조정 (pp. 109–122) – 국제수지의 불균형 – 경상수지와 자본수지의 상호관계 – 국제수지와 국민소득계정의 연관성	– 국제수지 불균형문제를 경상수지 중심으로 살펴보고 해소방안을 제시함 – 경상거래, 자본거래, 준비자산증감 또는 경상거래, 광의의 자본거래 사이의 관계를 찾아 봄 – 국제수지와 국민소득의 연관관계를 분석해 봄	2
우리나라의 국제수지 요약표	– 한국은행의 발표통계(값)를 이용하여 국제수지의 실질적 특성을 분석함	0.5
Resources	– IMF의 국제수지표 작성법 등을 참조함	0.2
Review	– 정리 및 요약	0.5
Assessment	– 연습문제 풀이	0.3
Total		5.0

Chapter 2 국제 수지

각 나라의 국민경제는 격리된 상태에서 운영되는 것이 아니다. 다른 국가나 지역의 경제에 영향을 주고받는다. 오늘날 각국은 밀접하게 연결되어 경제활동이나 경제생활이 더욱 국제화되고 국가 간에 의존적이 되어간다. 세계경제는 2000년대에 들어와서 미국의 무역적자가 너무 커져가지만 중국의 무역흑자는 갈수록 확대되는 것 같은 글로벌 불균형에 대한 우려를 낳기도 했다.

기업이 경영활동을 수행하거나 국가가 경제를 운용하려면 국내경제는 물론이고 해외경제를 함께 고려해야 한다. 그런데 개방경제하에서 대외적 생산규모나 경제활동수준을 보여주는 것은 국제수지다. 환율과 국제수지가 자국과 외국의 경제활동을 연결시켜주기 때문이다. 국제수지는 한 나라의 대외적 거래결과를 보여주는데 회계개념을 사용하여 체계적으로 분류·정리한 국제수지표 상에 나타난다.

이 장에서는 국제수지표가 어떻게 구성되고 기록되는지 계정내용, 작성방법, 국제수지조정 메커니즘 등에 대해 살펴보고, 더 나아가 국제수지와 국민경제 간의 연계를 다룬다. 국제수지를 이해한 후에 다음과 같은 것을 할 수 있다. 첫째, 국제수지표상 주요 계정내용을 측정하여 대외거래 현황에 대한 특성을 알아볼 수 있다. 둘째, 국제수지 흑자나 적자를 찾아내어 지나친 불균형에 관한 해소방안을 강구할 수 있다. 셋째, 경상수지와 자본수지의 상쇄적 관계를 비롯하여 국제수지가 국민소득 항등식과 어떻게 균형으로 연관되는지 분석 가능하다.

Main Ideas Issues

■ Main Ideas/Issues

- 대내외 경제간 연결고리 지표로서 국제수지의 중요성
  - 국제수지(표)상 경상수지계정과 자본수지계정의 역할
- 공적준비자산증감은 필요한 계정인가?
  1. 개도국의 준비자산증감은 외환보유고와 외채의 변화로 이어지면서 대외적 차원에서 아주 중요함.
  2. 미국의 준비자산증감은 단지 외채수준만 보여줌.
- 국제수지의 균형/불균형과 여타 사회계정들 사이의 관계

■ Contents

- 제1절 국제수지표 • 제2절 국제수지의 균형과 조정

▶Study Guide : 국제수지표의 작성방법 및 발표된 수지표의 분석방법에 대해 살펴보고, 국제수지 불균형의 해소방안을 타 계정과의 관계를 통해 파악해보면서 바람직한 대외균형을 제시해봄.

Preview

국제수지(표)

● **Directions** : 국가도 가계나 기업처럼 외국과의 다양한 거래내용을 파악하기 위해 회계장부를 작성한다. 국제 간 거래현황이 기록된 국제수지표상 경상계정과 자본계정이 글로벌 통화시장(Currency Market)과 어떻게 연결되는지 생각해보자!

거래항목		무역	국제투자	
경상수지	흑자	수출 〉 수입		
	적자	수출 〈 수입		
자본수지	흑자		해외투자 〈 외국인투자유치	
	적자		해외투자 〉 외국인투자유치	

● **Directions** : 한 나라의 국제거래에서 가장 중요한 것은 상품의 수출입이다. 이를 기록하는 상품수지가 상당히 중요한 계정이다. 국제교역에서 성과가 상품수지의 균형과 불균형에 따라 어떻게 나타나는지? 나아가 국내통화나 외환의 수요·공급과 어떠한 관계를 갖는지? 등에 대해 미리 추측해보자.

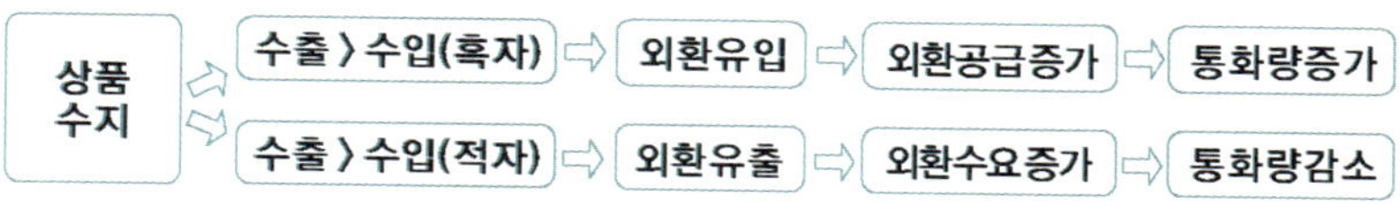

2-1 Section 국제수지표

각 나라는 가계나 기업처럼 국가 차원에서 수입과 지출을 관리하기 위해 외국과의 거래내용을 회계장부에 기록한다. 국제수지(표)를 이용하여 대외적으로 외화를 얼마나 어떻게 벌어들였고 썼는지, 그리고 돈을 얼마 남겨서 어떻게 운용했는지 또는 얼마나 부족해서 어떻게 조달했는지를 보여주고, 더 나아가 이러한 거래기록을 더외경제정책용 자료로 사용한다. 국제수지는 국가 간 재화와 용역의 이동 그리고 자본의 국제적 이동을 수량적 측면에서 살펴본 것이다.

범세계적으로 다른 나라와의 거래는 다양하게 이루어지는데, 모든 거래내용을 대금이 수취되고 지급된다는 관점에서 체계적으로 기록해주는 것이 국제수지표이다. 본 절에서는 국제수지표상 여러 계정과 그 내용을 이해해보고 그 작성방법을 통해 각국의 대외거래현황이 어떻게 기록되는지 살펴본다.

Key Concept

Property	Words	Examples
국제수지	거주자와 비거주자간의 거래대금의 수취와 지급을 기록 요약함	한은의 국제수지요약표
경상수지	재화와 서비스의 수출과 수입	경상수지계정
자본수지	국제간 차입과 대여	자본수지계정

국제수지표란

- Study Tip : 국제수지표의 작성방법을 살펴보면서 국제수지의 개념을 이해함.
- Teaching Tip : IMF 국제수지 매뉴얼 및 한은 국제수지 요약표를 소개하면서 국제수지 개념을 설명함.

한 나라 입장에서 여타 국가들과 어떻게 교역을 했는지가 기록된 국제수지를 분석하기 위해서는 국제수지표에 대한 이해가 필요하다. 국제수지(Balance of Payments)란 외국과의 모든 거래내용, 즉 재화, 용역, 자산의 거래내용을 외화표시 화폐액으로 월별, 분기별, 연도별로 기록한 것이다. 반면 국제수지표(Balance Sheet)는 경제적 거래내용을 체계적으로 분류한 표다. 국제수지표에서 국제거래는 이를 요약해주는 계정(Account)에 따라서 상품과 서비스의 거래는 경상거래(계정)로 구분하고 금융자산의 거래는 자본거래(계정)로 나뉜다.

정확하게 말하면, 국제수지표란 일정한 기간 동안에 자국 거주자와 외국 거주자들 사이에 발생된 모든 경제적 거래를 회계처리방식에 의해 분류한 표이다. 여기서 '일정한 기간 동안에'라는 말은 국제수지가 저량(Stock)이 아닌 유량(Flow)으로 측정되어 그 기간이 분기나 년도라는 의미다. 반면 '자국 거주자와 외국 거주자' 는 거주자와 비거주자의 구분으로서 국적이 무엇인지가 중요하지 않고 경제활동의 이익을 어디에 두느냐가 구분 기준임을 뜻한다. 우리나라 거주자는 대한민국 국민과 기업뿐만 아니라 국내에서 경제활동을 하는 외국인과 외국기업을 포괄한다. 하지만 외국에서 활동하는 자국의 국민이나 기업은 외국의 거주자에 속한다. 통상, 1년 이상 특정국에서 경제활동을 하거나 이런 의도가 있는 경우에 그 이익의 중심이 이 나라에 속한다고 보고 거주자로 간주한다. 단, 해외주둔 정부기관은 예외로서 외국주재 대사관, 영사관, 군사시설 등은 자국 거주자로 여긴다. 끝으로 '모든 경제적 거래'라는 말은 재화와 서비스거래, 이전거래, 금융자산거래 등 민간과 정부의 교역을 전부 포함시킨다.

그런데 국제수지표는 체계적으로 일관되게 작성되는 회계일람표이므로 작성방법에 관한 원칙이 요구된다. IMF는 「국제수지 매뉴얼」에 따라 국제수지 통계를 작성하도록 권하고 있다.

첫째, 국제수지표에는 각 거래가 발생되는 원인이나 효과에 따라 거래의 화폐적 내용을 요약해주는 작성체계가 있다. 생산물의 국제거래는 경상수지계정(Current Account)에, 금융자산거래는 자본수지계정(Capital Account)에, 대외 채권과 채무에 대한 정부의 불일치조정은 준비자산증감으로 분류한다. 반면 미국의 수지표는 경상수지계정, 자본수지계정 및 투자수지계정(Financial Account)으로 크게 분류된다.

둘째, 수출입상품은 본선인도가격을 적용하여 평가하는 것을 원칙으로 삼는다. 하지만 수출국은 주로 본선인도가격 기준으로 수출관련 자료를 수집하는 반면 수입국은 대개 운임보험료포함가격 기준으로 수입자료를 평가하는 경향이 있다. 여기서 본선인도가격(FOB가격)이란 수출국의 수출항만이나 공항에서 지정된 배나 비행기에 선적될 때까지의 비용만을 모두 포함시켜 수출입상품의 가격으로 평가하는 것을 말한다. 운임보험료포함가격(CIF가격)은 FOB가격에 선적운임과 보험료를 포함시킨 가격을 뜻한다.

셋째, 국제수지표를 작성하기 위해 여러 통화로 거래된 금액을 미국 달러화나 자국통화로 환산할 때는 원칙적으로 거래 당일의 시장환율을 적용시킨다. 그리고 각 거래를 기입하는 계상시점은 거래가 발생된 시점으로 삼는다. 예를 들면, 수출은 인도시점을 발생시점으로 본다. 또는 인도시점과 통관시점 간의 시차가 없는 경우에 통관시점을 발생시점으로 간주한다.

넷째, 국제수지표의 거래내용은 복식부기(Double-entry Bookkeeping)의 원리에 따라 작성된다. 거래내용의 분개는 대변(Credits)과 차변(Debits)으로 나뉘는데, 각 거래는 동일한 금액으로 대변과 차변에 한 번씩 기록된다. 어떤 거래이든 대변에 한 번, 차변에 한 번 꼭 표기되므로 국제수지표상 양변의 총 합계는 언제나 일치한다. 하지만 수지표를 작성할 때 통계의

NOTE

수출입과 화폐이동

수출(Exports)은 국내에서 만들어진 재화와 서비스가 외국에서 소비되는 것이고, 수입(Imports)은 외국에서 만들어져 국내에서 소비되는 것을 말함. 수출입은 그 반대방향으로 화폐흐름을 수반함. 수출하면 국제통화 표시 외화가 국내로 유입되고 수입하면 외화가 해외로 유출됨. 단, 미국의 경우는 자국통화가 지급수단으로 국제 간 이동됨.

계정(Account)과 수지(Balance)

계정이란 회계에서 재산의 변동을 체계적으로 기록·계산하기 위한 형식을 지칭함. 수지란 균형 또는 잔고나 잔액을 뜻함. 예를 들어, 상품(계정)수지=상품수출(액)−상품수입(액)으로 정의됨. 이 값이 양수이면 상품수지 흑자, 음수이면 상품수지 적자라고 부름. 우리나라의 경우 2007년도 상품수지는 29,409백만 달러(=378,982백만 달러−349,573백만 달러)를 기록함.

NOTE

■ 국제수지표 작성

보통 선진국에선 분기별로, 우리나라에선 한국은행이 국제수지 요약표를 월별, 분기별 및 연별로 작성·발표해줌. 또한, 우리나라에서 상품수지는 한국은행이 매월 말 확정치를 발표하지만 무역수지는 지식경제부가 매월 1일 잠정치를 발표하고 관세청에서 매월 15일 확정치를 발표해줌.

■ 상품수지와 무역수지의 차이

- 상품수지(Merchandise Balance)와 무역수지(Trade Balance)는 똑같이 상품에 국한된 수출액과 수입액의 차이를 나타내는 통계임. 하지만 우리나라의 경우 2010년 1월에 상품수지는 15.3억 달러이고 무역수지는 23.3억 달러 흑자였음
- 상품수지는 인도기준으로 통관 이후 수입업자에게 물품이 전달돼야 수출입 통계집계에 포함되지만, 무역수지는 통관기준으로 세관검사를 거쳐 수출입이 허가되면 집계에 포함됨. 상품이 통관과 동시에 인도되면 상품수지와 무역수지는 차이가 없음. 하지만 선박의 운송기간 때문에 수출입에 대한 상품수지와 무역수지가 달라질 수 있음. 만약 통관은 1월 20일이고 선박운송을 거쳐 인도가 2월 10일이라면 1월에는 무역수지 통계만 잡히고 2월이 돼야 상품수지 통계에 포함됨. 상품수지가 확정치임.
- 상품수지와 무역수지는 가격책정 방식이 다름. 상품수지는 본선인도가격(FOB: 본선선적까지의 물건값 기준)을, 무역수지는 운임·보험료 포함가격(CIF: 본선인도가격에 운임과 보험료 포함)을 기준으로 수출입을 산정함. 동일상품의 수출입이 상품수지보다 무역수지 방식으로 계산할 때 더 높아짐.

수집방법이 다르거나 계상의 기준시점에 차이가 나면 양변의 총 합계가 일치하지 않는다. 오차나 누락 항목은 이러한 불일치를 조정해준다.

끝으로, 외국에서 국내로 외화유입의 원천을 가져오는 거래는 대변에, 외화유출의 원천을 가져다주는 항목은 차변에 기록된다. 외환유입은 양수(+)로, 외환유출은 음수(-)로 표시된다. 따라서 대변에 기재되는 외환유입액은 국제수지의 흑자를 가져다주지만 차변에 외환유출액은 적자를 야기한다.

국제수지표의 내용

- Study Tip : 국제수지표의 구성항목과 각 계정의 경제적 내용을 구분해봄.
- Teaching Tip : 국제수지에서 경상계정과 자본계정의 역할을 비교 설명하고 나아가 준비자산증감계정을 강조함.

국민소득계정과 더불어 경제학자들은 국제수지에 수많은 실물과 금융 거래를 상세히 기입한다. 국제수지표 상에서 대외 경제적 거래는 거래 발생 원인이나 그 효과에 따라 크게 경상계정, 자본계정 및 준비자산증감으로 분류된다. 반면 미국에서는 수지표를 경상계정, 투자계정 및 자본계정으로 나누는데, 국제통화국인 미국은 외환보유고의 개념은 거의 없고 준비자산증감은 외채수준을 나타내준다. 국제수지표의 전반적 내용을 비롯하여 각 계정을 정확히 이해하면 한 나라의 대외거래현황을 이해하거나 평가할 때 도움이 될 것이다.

경상계정

경상계정(Current Account)은 거주자와 비거주자 간의 상품(Goods), 용역(Services), 요소소득 및 경상이전소득의 흐름, 즉 실물거래를 기록한다. 경상계정은 상품수지, 서비스수지, 소득수지, 경상이전수지로 구성된다. 경상계정에 기입되는 경상거래가 국민소득, 고용, 산업생산 등 국민경제의

각 분야에 큰 영향을 미치므로 국제수지에서 아주 중요하다. 또, 이 가운데 상품수지가 가장 중요한데 그 이유는 상품수지의 적자나 흑자에 따라 일국의 교역성과가 결정된다고 보기 때문이다.

첫째, 상품(Merchandise)은 쌀, 보리, 자동차, 오일, 컴퓨터, 의복 등이며, 재화의 특성상 일반 완성품, 원자재, 부분품 등으로 구분하여 계상해준다. 상품계정에는 상품의 수출입이 기재된다. 상품의 수출입은 본선인도가격(FOB)을 기준으로 작성해준다. 따라서 상품수지는 상품수출로 국내 유입된 외화와 상품수입으로 해외 유출된 외환 간의 차이를 나타낸다.

둘째, 서비스(Services)는 법률, 광고, 교육, 컨설팅, 회계, 엔지니어링 서비스, 엔터테인먼트, 해외여행과 관광, 보험료, 특허나 상표권 사용료, 운송 등을 포함한다. 서비스계정에는 외국과 용역거래로 주고받은 돈이 기재된다. 이에 따라 서비스수지는 서비스수출로 벌어들인 외화와 서비스 수입으로 지급된 외환간의 차이를 나타낸다.

셋째, 요소소득(Factor Income)은 급료나 임금, 자금대부 이자액, 주식 배당금, 기타 투자소득을 나타낸다. 급료 및 임금은 1년 이하의 단기간 고용된 비거주자에게 지급된 돈을 말한다. 배당금은 직접투자용 주식 취득이나 증권투자 형태의 주식매입에 따른 배당소득이며 이자액은 자금 대부나 채권매입으로 인한 이자소득이다. 그리고 대출, 예치금, 무역신용 등을 제공하면서 얻는 이자 등은 기타 투자소득에 포함된다. 따라서 소득수지는 이러한 요소소득의 수입과 지급을 나타낸다.

끝으로, 이전소득(Unilateral Transfers)에는 국제기관 출연금, 기부금, 무상원조, 무상증여 및 송금이 포함된다. 경상이전수지에는 아무런 대가없이 거주자와 비거주자 사이에 주고받은 외화의 유출입 차이가 기재된다.

이상의 경상계정 대변에 기재되는 외환유입액은 경상수지의 흑자를 가져다주지만 차변에 기입된 외환유출액은 적자를 야기한다. 무엇보다 상품과 서비스를 합한 상품 및 서비스 계정의 수지는 국민소득계정에서 총생산과 총수요의 구성항목인 상품과 서비스의 순수출과 유사한 개념이다.

• Critical Thinking : 국제수지표 작성방법을 통하여 경상수지와 자본수지가 연관되어 움직이는 원인을 찾아봄.

자본계정

자본계정(Capital Account)은 거주자와 비거주자 간의 자본유입(Capital Inflow)과 자본유출(Capital Outflow)의 흐름, 즉 금융거래를 기록한다. 해외자본유입은 주식, 채권, 부동산, 비즈니스 등 국내자산을 외국인에게 매각하면 발생되지만 국내자본유출은 외국자산을 매입하면 생긴다. 즉, 국제 차입과 대여를 통한 자본의 국가 간 이동을 뜻하는 자본거래는 자본계정에 기록된다. 자본수지는 자본의 국제적 이동을 나타낸다.

자본계정은 투자수지와 기타자본수지로 구분되고, 투자수지는 다시 직접투자, 포트폴리오 증권투자, 기타투자로 나뉜다.

첫째, 투자수지 항목 가운데 직접투자란 대체로 외국에 자회사를 설립하거나 현지기업을 인수하여 해외에 다국적기업 형태로 진출하는 장기적 행위를 뜻한다. 이 가운데 대표적인 해외직접투자(Foreign Direct Investment)란 대개 외국기업의 경영활동에 참여할 목적으로 주식을 취득하는 것 또는 해외에서 새로운 기업을 시작하는 것을 말한다. 기업이 경영권을 통제하려면 발행된 주식 가운데 10% 이상의 지분을 획득한 경우에 가능하다고 본다. 단지 10% 미만의 지분획득은 이익추구를 위한 증권투자로 간주한다. 외국인투자가들의 해외직접투자를 국내입장에서 외국인직접투자라 부르기도 한다.

둘째, 포트폴리오 증권투자(Portfolio Investment)란 주식, 채권, 펀드, 단기 유가증권 등을 사고파는 단기적인 간접적 증권투자이다. 높은 수익과 낮은 위험을 추구하지만 기업 경영권의 지배에는 관심을 두지 않는다. 증권투자 항목에는 외국과의 주식, 채권 및 파생상품거래가 기록된다. 우리나라에선 파생상품거래를 따로 파생금융상품 항목으로 분리하여 기록한다.

셋째, 기타투자는 현금, 단기성 은행CD, 무역신용 등의 거래를 포괄한다. 기타투자 항목에는 직접투자와 증권투자에 속하지 않은 모든 거래가 포함된다.

끝으로, 기타자본수지는 투자보조금, 해외이주비, 고정자산 소유권이전, 채무면제 등의 자본이전거래뿐만 아니라 특허권, 저작권, 상표권, 판매권, 임차권 등의 비금융자산의 취득과 처분을 포함한다. 기타자본수지는 이러한 거래와 관련된 외화의 유출입 차이를 나타낸다.

• Teaching Tip : 우리나라와 미국 간의 국제수지표 구성항목의 차이점을 강조함.

준비자산증감

준비자산증감 항목은 중앙은행이 보유하는 공적 국제준비자산(International Reserves)의 증감을 다룬다. 각국 중앙은행은 화폐공급을 관리하고 책임지는 정부기관으로서 국민경제의 대외거래 어려움에 대비하기 위해 외환보유고를 관리한다. 외환보유고를 구성하는 대외지급준비자산은 과거에는 화폐용 금이 중심을 이루었으나 오늘날에는 달러화나 외화 표시 단기채권이 주축을 이룬 금융자산이 대부분이다. 우리나라의 경우 원-달러화 중심 외환시장이고 달러화 위주 외환보유고를 가지고 있다.

준비자산증감 항목에는 대외거래 결과로서 나타난 정부보유 외환의 변동분을 계상해준다. 그래서 국제준비자산의 크기는 경상수지와 자본수지의 영향을 받는다. 경상수지나 자본수지의 흑자는 준비자산의 증가로 이어진다. 특별히, 개발도상국에게는 국제거래결제를 위해 외환보유고가 필요하다. 반면 메이저통화를 사용하는 국가에선 외환보유고의 역할이나 대외준비자산의 규모가 낮은 편이다.

그런데 대외준비자산은 통화당국이 외환시장에 개입하여 국제수지의 불균형을 조정하기 위해 사용한다. 중앙은행의 외환거래는 주로 민간경제주체의 대외거래에 따른 외환의 과부족을 조정하기 위해 이루어진다. 만약 외환의 공급이 수요를 크게 초과하는 경우 중앙은행이 국내통화를 지급하고 시중에 외환을 구매해주면 외환의 수급은 안정되겠지만 그 결과로 외환보유고는 늘어나고 통화량도 증가될 것이다. 반대로 외환수급의 안정을 위해 중앙은행이 보유한 외환을 팔면 외환보유고는 줄어들고 통화량도 감소될 것이다. 이처럼 국제준비자산의 크기는 중앙은행의 외환매입과 매도, 이자소득 등 거래적 요인의 변동에 의해 결정된다.

국제수지표는 여러 기관에서 각자 다른 목적으로 작성된 통관, 외환수급 등의 기초 통계자료를 바탕으로 작성된다. 이와 같은 이유로 계상기준시점이나 평가방법의 차이, 통계처리의 자체적 오류, 통계자료의 작성오류 등이 발생될 수 있다. 그래서 오차 및 누락(Errors or Omissions) 또는 통계적 불일치(Statistical Discrepancy)의 계정항목을 추가로 만들어 혹시 생략되었거나 잘못 기록된 거래를 조정해준다. 국제수지표 상에 오차 및 누락이라는 계정항목을 추가함으로써 차변과 대변의 합이 일치되지 않을 때 이를 강제로 조정하여 일치시킨다.

국제수지표의 기재방법

• Study Tip : 다양한 국제거래를 각 계정에 부기한 후 국제수지표에 기록해봄.

지금까지는 국제수지표의 작성원칙과 이에 따른 세 가지 거래항목을 나누어 살펴보았다. 무수한 국제거래를 복식부기원리에 따라 국제수지표에 기재하는 방법을 정리해보면 다음과 같다.

국제수지표 기재방법 요약

거래항목		차변(외환유출)	대변(외환유입)
경상계정	상품수지 서비스수지 소득수지 경상이전수지 (소계)	상품과 서비스의 수입 해외소득지급 이전지출	상품과 서비스의 수출 해외소득수취 이전수입
자본계정	투자수지 직접투자 증권투자 기타투자 기타자본수지 (소계)	해외투자 및 자본유출	외국인투자유치 및 자본유입
준비자산증감		준비자산증가	준비자산감소
오차 및 누락		–	–

다음의 몇 가지 실례를 통해 국제거래가 실제로 국제수지표에 어떻게 부기되는지 알아보자.

예제1 현대자동차가 현금을 은행예금 형태로 받고 100만 달러의 자동차를 중국에 수출했다. 이 경우 상품 수출액 100만 달러는 외화우입의 원천으로 경상계정의 대변에 기재되지만 이에 따른 반대급부로서 화폐이동은 자본계정의 차변에 계상한다. 수령한 외화표시 수출대금은 예금형식으로 나타난다. 현대자동차가 한 은행으로부터 외화예금을 구매한 형태를 띈다.

거래항목	차변	대변
경상계정 상품수지		(상품수출) 100만 달러
자본계정 투자수지–기타투자	(외화예금구입) 100만 달러	

예제2 국내 무역업체가 피에르 가르뎅(Pierre Cardin) 라이선스 계약을 맺은 프랑스의 한 회사에서 디자이너가 제작한 의류를 수입하고 그 대금 10만 달러 가운데 4만 달러는 현금을 수표로 지급하고 나머지는 3개월 후에 지급하기로 했다. 이 경우 상품 수입액인 10만 달러는 실물자산의 증가로 외화유출의 원천이므로 경상계정의 차변에 기입되며 수입에 따른 반대급부의 화폐이동은 자본계정의 대변에 외화예금 및 무역신용 형태로 기재된다.

거래항목	차변	대변
경상계정 상품수지	(상품수입) 10만 달러	
자본계정 투자수지-기타투자		(외화예금판매) 4만 달러 (무역신용) 6만 달러

예제3 미국 플로리다의 아름다운 휴양지 Tampa에 거주하는 해외교포가 현금 5만 달러를 국내친척에게 송금하여 입금되었다고 하자. 이는 외화유입의 원천이므로 경상계정의 대변에 5만 달러가 기록되고 이에 따른 반대급부로서 화폐이동은 자본계정의 차변에 계상한다.

거래항목	차변	대변
경상계정 경상이전수지		(이전소득수취) 5만 달러
자본계정 투자수지-기타투자	(외화예금구입) 5만 달러	

예제4 우리나라 정부가 아프가니스탄의 재건을 돕기 위하여 50만 달러 상당의 물품을 원조하였다, 이는 외화유출의 원천으로 경상계정의 차변에 50만 달러가 기재되고 이에 따른 반대급부 물품이동은 경상계정의 대변에 계상한다.

거래항목	차변	대변
경상계정 상품수지 경상이전수지	(무상증여) 50만 달러	(실물원조) 50만 달러
자본계정		

예제5 로스앤젤레스의 유명한 산타모니카 해변을 여행하다가 3rd Street에 맛있다고 소문난 피자집에서 식사를 하고 비자카드로 40달러의 요금을 계산했다. 해외에서 40달러 카드지급은 외화유출의 원천이므로 경상계정의 차변에 기입되며 반대급부의 화폐이동은 자본계정의 대변에 기재한다.

거래항목	차변	대변
경상계정 서비스수지	(서비스수입) 40달러	
자본계정 투자수지-기타투자		(카드청구권판매) 40달러

예제6 한국전력이 뉴욕증권거래소에 상장하면서 달러표시 주식을 발행하여 2천만 달러의 외화자금을 유입시켰다. 이 경우는 자본거래로서, 자본계정의 대변에는 외화유입의 원천으로 2천만 달러를 기재하고 이에 따른 반대급부의 이동은 차변에 기재한다.

거래항목	차변	대변
경상계정		
자본계정 투자수지-증권투자 기타수지	(외화예금구입) 2천만 달러	(외국인증권투자유치)2천만 달러

예제7 영국의 청소기 제작사인 다이슨사가 국내에 1백만 달러 상당의 시설자본재를 투자하였다. 이 경우 자본계정에 외화자금 유입원천으로 대변에 1백만 달러를 기재하고 반대급부의 이동은 차변에 계상한다.

거래항목	차변	대변
경상계정 상품수지	(실물투자유치)1백만 달러	
자본계정 투자수지-직접투자		(외국인직접투자유치)1백만 달러

예제8 캐나다에 본사를 둔 도넛과 커피체인 회사인 팀 호튼스(Tim Hortons)의 주식과 미국 미주리에 본사를 둔 월마트의 주식을 각각 5만 달러씩 구입하고 주식대금 10만 달러를 수표로 지급했다. 이 경우는 자본계정의 차변에는 외화유출의 원천으로 10만 달러를 기재하고 이에 따른 반대급부의 이동은 대변에 기재한다.

거래항목	차변	대변
자본계정 투자수지-증권투자 기타수지	(해외증권투자) 10만 달러	(외화예금판매) 10만 달러

예제9 한국은행이 외국에 단기채권을 발행하면서 3천만 달러의 자금을 확보하여 부족한 외환보유고를 늘였다. 그러면서 정부가 1천만 달러의 현금차관도 갚았다. 이러한 경우, 먼저 자본계정의 대변에 외화유입의 원천을 기재하고 이에 상응하는 금액을 반대거래로 차변에 기재한다. 그리고 자본계정의 차변에 1천만 달러의 현금차관 상환에 대한 외화유출의 원천을 기록하고 반대거래는 대변에 계상해준다.

거래항목	차변	대변
자본계정 투자수지-증권투자 기타자본수지	(해외차입상환) 1천만 달러	(외국인증권투자유치) 3천만 달러
준비자산증감	(준비자산증가) 3천만 달러	(준비자산감소) 1천만 달러

앞에서 살펴본 예제1~예제9를 통하여 각 계정에 부기된 내용을 국제수지표에 기록·정리하여 보자.

국제수지표(달러화)

거래항목		차변	대변	수지
경상계정	상품수지	110만(10만+1백만)	150만(100만+50만)	+40만
	서비스수지	40		-40
	소득수지			
	경상이전수지	50만	5만	-45만
	(소계)	160만40	155만	-50,040
자본계정	투자수지			
	직접투자		1백만	+1백만
	증권투자	10만	5천만(2천만+3천만)	+49.9백만
	기타투자	2천105만 (100만+5만+2천만)	20만40 (4만+6만+40+10만)	-20.84996백만
	기타자본수지	1천만		-10백만
	(소계)	3천115만	5천120만40	20,050,040
준비자산증감		3천만	1천만	-2천만
오차 및 누락				0
		62,750,040	62,750,040	0

• Further Study Tip : 예제 국제수지표에 따르면 경상수지가 50,040달러 적자임. 그리고 자본수지에서 준비자산증감 2천만 달러를 제외하면 자본수지가 50,040달러 흑자임. 관련해서 경상수지와 자본수지의 밀접한 연결 관계에 대해 미리 생각해봄!

정리

- 국제수지표 = 경상수지계정 + 자본수지계정.
- 국제수지 흑자 = 국제수지표 대변 〉 차변.
- 국제수지 적자 = 국제수지표 대변 〈 차변.
- 국제수지 균형 = 국제수지표 대변 − 차변 = 0.

NOTE

■ 미국의 부자와 기부

미국에서는 1%의 부자가 국부의 1/3 정도를 보유함. 하위 90%에 속한 모든 사람들의 부보다 많음. OECD 국가 중 소득불평등이 가장 심함. 우리나라가 두 번째로 소득불평등이 큼. 하지만 미국은 부자들의 적극적인 자선 기부활동을 통해 사회적 갈등을 해결해 나가고 있음.

2-2 Section 국제수지의 균형과 조정

국제수지표가 경상계정과 자본계정으로 구성되었다면, 이는 국제거래의 실물부문과 금융(화폐)부문으로 생각할 수 있다. 이와 같이, 국제수지의 구조는 순수출로 대표되는 실물부문과 해외순자산으로 대표되는 금융부문에 연결되어 있다.

1973년도에 변동환율제로 바뀐 이후 국제수지표의 여러 계정 가운데 공적대외준비자산 항목의 변동에 대한 관심은 줄어들었고 대부분의 국가들은 여전히 경상수지를 기준으로 국제수지의 지나친 불균형을 해결하기 위해 노력한다. 경상수지가 경제에 큰 영향을 미치기 때문이다. 경상수지의 균형이나 적자/흑자는 반대급부 거래가 동시에 기록되는 자본수지의 균형이나 흑자/적자에 대한 설명 없이 평가될 수 없기 때문이다. 하지만 경상거래와 무관한 자본거래의 급증으로 경상수지의 중요성이 감소되었다. 또 전 세계의 경상수지를 살펴보면, 일부 국가들의 경상수지 흑자는 다른 국가들의 경상수지 적자로 나타난다. 경상수지 흑자가 국내경제발전에 공헌하지만 항상 좋은 것은 아니다.

본 절에서는 국제수지의 불균형에 대한 세부개념을 살펴보고, 그리고 국제수지와 다른 사회계정과의 밀접한 연관관계를 찾아본다.

국제수지의 불균형

- Study Tip : 국제수지의 균형, 흑자, 적자의 경제(정책)적 개념을 설명함.
- Teaching Tip : 국제수지 균형/불균형을 경상수지 균형/불균형 중심으로 설명하면서 그 의미를 강조함.

특정기간 동안 거주자와 비거주자 간의 국제거래가 복식부기원리에 의거 기록된 국제수지표에서, 전체 계정을 모두 합한다면 대변과 차변의 크기는 같다. 하지만 일부 계정만을 합친다면 대차변의 크기가 다를 수 있다. 어떤 계정의 일부를 포함시켜 국제수지로 보느냐에 따라 경상수지(Current Account Balance), 자본수지(Capital Account Balance) 등으로 구분 가능하다.

국제수지표의 내용에 따르면 국제수지는 경상수지, 자본수지, 공적준비자산증감으로 나뉜다. 또는 국제통화 발행국인 미국처럼 준비자산증감을 대수롭지 않게 여기거나 완전변동환율제도 하에선 자본거래와 준비자산증감을 하나로 묶어 광의의 자본거래로 볼 수 있다. 그러면 국제수지는 경상수지와 자본수지로 대별 가능하다.

그런데 국제수지의 균형(Equilibrium)은 대변과 차변의 크기가 일치하는 경우를 말하고 반면 불균형은 대차변의 크기가 다른 경우에 해당된다. 불균형 가운데 대변이 차변보다 크면 흑자(Surplus)라 부르지만 작으면 적자(Deficit)다. 대변은 국내 유입된 외환이, 차변은 해외 유출된 외환이 기재되기 때문이다. 예를 들어, 경상수지에서 대변과 차변이 균등하면 경상수지의 균형이고, 대변이 차변보다 크다면 경상수지가 흑자이고, 대변이 차변보다 작으면 경상수지는 적자가 된다.

한 나라의 국제수지는 주로 실물거래가 기록되는 경상수지를 기준으로 판정한다. 왜냐하면 경상수지에 기록된 실물부문의 거래현황이 경제에 커다란 영향을 주기 때문이다. 즉, 경상수지가 국민소득 항등식 계정과 통화·자본 부문에 직접 연결되면서 국민경제에 커다란 영향을 주기 때문이다. 이에 따라, 경상수지는 국내거래와 밀접한 관련이 있으며 경상수지의 가치는 국민경제를 위한 저축과 투자의 갭과 일치된다. 그래서 국제수지의 균형이나 불균형을 말할 때 경상수지의 균형이나 불균형으로 대신하는 경우가 많다.

일국의 경상수지 균형은 국내경제의 생산량만큼 지출하고 있음을 뜻한다. 반면 경상수지 흑자는 국내 생산량이 지출량을 초과하여 외국에 수출한 것이고, 적자는 국내 생산이 지출에 비해 부족한 부분이 수입되어 사용되었음을 의미한다. 한편, 경상거래에 불균형이 발생되면 자본거래가 경상거래의 적자나 흑자를 바로잡기 위해 이루어진다. 경상수지가 적자가 되면 해외차입 증가 등으로 인해 자본수지는 흑자로 나타날 수 있다. 반대로 경상수지가 흑자이면 해외대출 증가 등을 통해 자본수지가 적자를 보일 수 있다. 또한 급속한 자본시장 세계화로 인해 상당수의 자본거래가 경상거래와 무관하게 이루어지고 있다. 오늘날에는 이익추구 금융거래를 통한 자본거래가 경상수지의 반대급부로 생긴 자본거래보다 더욱 커다란 규모로 이루어지고 있다.

- Critical Thinking : 경상수지 또는 상품수지가 어떤 이유로 개방거시경제 입장에서 가장 중요한가?

환언하면, 경상수지가 흑자라는 것은 경상수지의 대부분을 차지하는 상품수지가 흑자인 경우다. 이는 재화의 수출(액)이 수입(액)보다 더 큰 경우로, 수출이 증가되든지 수입이 감소되는 경우에 해당된다. 수출이 증가되면 수출기업의 생산이 증가되어, 고용이 확대되고, 국민소득이 증대되고, 수취한 외환도 늘어난다. 반면 수입이 감소되어도 내수기업의 생산이 증가되어, 고용이 확대되고, 국민소득이 증대되고, 지급할 외환이 감소한다. 즉, 수출이 늘든지 수입이 줄어들든지 경상수지의 흑자는 생산증가, 고용확대 및 국민소득 증대라는 긍정적 효과를 내면서 벌어들인 외환으로 외국에 진 채무를 상환하거나 불확실한 미래 대비용 외환보유고를 증대시킬 수 있다.

그렇지만 부정적으로 경상수지흑자가 국내 통화량을 증가시켜 물가상승을 유발시킨다. 또, 지속적인 경상수지흑자는 교역상대국에게 무역마찰을 초래하기도 한다. 예를 들면, 중국의 지속적인 경상수지흑자는 미국의 금융위기 이후 심각한 실업상황과 맞물려, 2010년 4월 들어 미국 정치권이 지난 20개월 동안 달러당 위안화의 가치가 고정되었던 6.82에 대해 중국을 환율조작국으로 지정·발표하려는 움직임을 보이고 있다.

역으로 수입이 수출보다 커서 경상수지가 적자이면 국민소득과 고용이 줄어들고 수입대금 지급으로 인해 외환이 줄어든다. 그 결과 외환보유고가 지나치게 감소되거나 외국으로부터 외채를 너무 차입하면 원금 및 이자 상환에 대한 부담이 가중되어 대외신용도가 떨어진다. 국제은행들은 각국의 경상수지를 기준으로 대출판단을 하기도 한다.

● 국제수지

- ▶ 경상수지 균형 : 수출 = 수입
- ▶ 경상수지 불균형 : 흑자 = 수출 〉 수입, 적자 = 수출 〈 수입
- ▶ 경상수지 흑자 ⇒ 생산증가, 국민소득증대, 고용확대, 외환보유증가

NOTE

■ **영국의 2000년대 경상수지 적자의 흐름:**

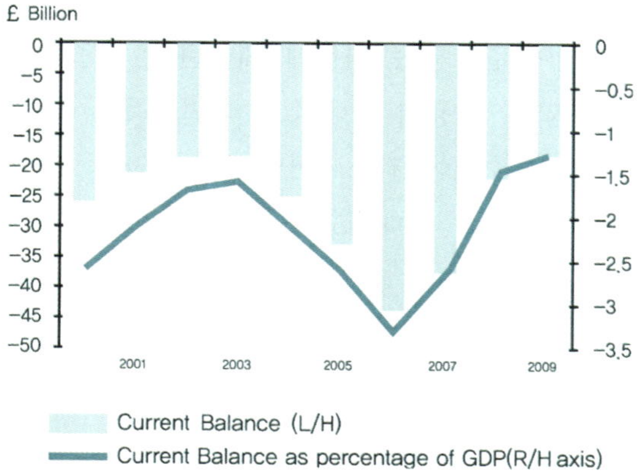

지금까지 살펴본 것처럼, 독립적 국제자본거래가 크게 증가하여 상대적 중요도가 감소되었지만 경상수지가 여전히 가장 중요한 국제수지 개념이다. 많은 국가들이 경상수지에 초점을 맞추면서 국제수지 정책을 펴나간다. 우리나라처럼 대외경제에 크게 의존하는 국민경제에서는 경제성장과 고용의 안정을 위해 적정한 수준의 경상수지 흑자를 유지하려고 한다. 하지만 투자용 자본재를 도입하는 경우 경상수지에 적자가 발생되더라도 장기적 관점에서 당장 해결해야 할 불균형의 문제는 아닐 것이다. 또한, 금융 글로벌화와 대규모 자본거래에 따라 점차 중요해진 자본거래는 경상거래에 비해 가변적이기 때문에 장기차원 불균형의 해소를 위한 국제수지로 이용하기 어렵다. 참고로 국제수지 불균형에 대한 구체적인 조정 메커니즘은 나중에 환율결정이론 등에서 다룬다.

궁극적으로 한나라의 국제수지가, 종종 국제수지를 대표하는 경상수지가 대외적으로 균형을 이루는 것이 바람직스러워 보인다. 하지만 경상수지 불균형이 일반적 현상이다. 경상수지 불균형은 시간에 걸친 소비교환의 상태를 설명해준다. 예를 들어, 상대적으로 생산이 감소된 국가는 해외에서 소비를 차입, 즉 수입하는 반면에 생산이 증가된 국가는 외국에 소비를 대출, 즉 수출해준다. 또한 만약 국내투자가 덜 생산적인 국가는 경상수지의 흑자 및 해외투자의 증가로 나타나고 국내투자가 더욱 생산적인 국가는 경상수지의 적자 및 해외투자의 감소로 나타난다. 소비교환 이후 장래 만기에 미래 생산과 현재 생산의 교환을 통해 불균형은 균형으로 완성된다.

따라서 각국은 지나친 경상수지 불균형의 허소에 노력을 기울이게 된다. 과도한 경상수지 흑자로 말미암아 중국처럼 외채회수문제, 무역보복이나 규제 같은 정치적 불편 등을 야기할 수 있고, 과도한 경상수지 적자는 과소비, 외채상환문제 등을 반영하기 때문이다. 그밖에 만약 지급한 외화가 수취한 외화보다 많은 적자상태가 지속된다면 외환보유고가 고갈되고 외국에 지급할 채무가 급증하여 결국 경제가 위기에 처할 수 있다.

NOTE

■ 세계 경상수지의 불균형
일국의 수출이 타국의 수입이라면 전세계 국가들의 모든 경상수지의 합은 0임. 하지만 각국들의 경상수지의 합은 항상 적자임. 그 원인은 중개무역은 수입만 기재되고 수출은 기록되지 않고, 해외취득 이자소득은 종종 누락 발생되며, 수출자료는 주로 FOB 기준이지만 수입자료는 CIF기준으로 기재되는 등임.

이를 외환위기라 부른다. 한편, 유입된 외화가 유출된 외화를 초과하는 흑자상태가 계속된다면 더 많은 수입을 통해 국민의 생활수준을 더욱 높이고 글로벌차원의 수출입 경제균형에 공헌하는 것이 합당할 것이다.

경상수지와 자본수지의 관계

- Study Tip : 경상계정의 거래결과와 자본계정의 경상지급거래를 중심으로 두 계정의 상호관계를 살펴봄.
- Teaching Tip : 경상계정거래와 자본계정거래의 차이점을 구분하고 자본거래의 증대현황을 강조해줌.

국제수지표는 대변과 차변의 총합이 항상 일치되게, 즉 경상수지, 자본수지, 준비자산증감 및 오차와 누락을 모두 합하여 항상 0이 되도록 작성된다. 그런데 경상수지가 흑자이면 자본수지는 적자가 되고, 반대로 경상수지가 적자이면 자본수지는 흑자를 기록하는 경향을 띈다. 그 이유는 대체로 경상수지에 대해 자본수지가 보완적 관계를 나타내주기 때문이다. 자본계정에는 경상거래의 지급거래 및 자산투자의 결과가 기록된다.

경상수지가 흑자가 되면 벌어들인 외환을 이용하여 대외채무를 상환하거나 해외자산을 구입할 수 있다. 반면 경상수지가 적자이면 외국에서 차입하여 거래에 사용했다는 말이다. 또한, 경상수지가 흑자일 때 대외채무를 상환하거나 해외자산을 구입하고 남은 외환은 공적 외화보유액의 증가로 이어진다. 그래서 외환보유액을 가용하는 국가에서는 자본수지와 준비자산증감 항목의 합을 광의의 자본수지로 볼 수 있는 것이다.

간략하게, 경상수지(CA)를 재화 및 서비스에 대한 수출(X)과 수입(M)의 차이로 나타내보자.

$$CA = X - M$$

경상수지를 간단히 수출입의 차이로 요약해서 표현하면, 경상수지는 외화표시 수출금액과 수입금액의 차이를 의미한다. 재화와 용역의 수출입이 경상수지 가운데 대부분을 차지하기 때문이다. 만약, CA = 0 또는 (X - M) = 0 이면 경상수지가 균형, (X - M) > 0 이면 흑자, (X - M) < 0 이면 적자이다. 우리나라의 경우 2007년도 경상수지 흑자액은 5,876백만 달러, 상품수지 흑자액은 28,168백만 달러였다.

비슷하게, 자본수지(KA)를 국가 간 자본의 유출(CO)과 유입(CI)으로 나타낼 수 있다.

$$KA = CI - CO$$

자본수지는 국가 간 자본이동의 정도를 보여준다. 상품과 서비스 교역에 반대급부로 이루어진 자본이동 및 국제 간 금융자산과 비금융자산 투자를 통한 자본이동이 기록된다. 만약, KA = 0 또는 (CI - CO) = 0 이면 자본수지가 균형, (CI - CO) > 0 이면 흑자, (CI - CO) < 0 이면 적자이다. 우리나라의 경우 2007년도 자본수지 흑자액은 7,128.3백만 달러였다.

끝으로, 공적 결제수지 또는 공적 대외준비자산수지로 불리는 준비자산증감(RH)을 추가해보자. 준비자산증감은 차변에 양(+)의 부호로 준비자산 감소를, 대변에 음(-)의 부호로 증가를 표현해준다.

$$CA + KA + RH = 0 \quad \text{또는} \quad CA + KA = -RH$$

분석의 편의상 오차와 누락을 무시하면 경상수지, 자본수지 및 공적 결제수지의 총합은 영이 된다. 준비자산증감은 중앙은행이 보유한 외환의 과부족을 조정해주는 항목이다. 중앙은행은 종종 거시경제상황에 영향을 주기 위해 대외준비자산을 사거나 판다. 대외준비자산은 주로 외환보유고로 구성되고 외채가 포함된다. 우리나라의 경우 외환보유고의 대부분은 미국 달러화 표시 단기채권으로 구성되어 있으며 정부의 외국환평형기금은 소량이지만 유사한 역할을 수행해준다.

만일 (CA + KA) > 0과 균등한 수량으로 RH < 0 또는 -RH > 0이 되면 외환보유고 증가나 외채감소의 형태로 대외준비자산이 늘어난다. (CA + KA) < 0과 동등한 RH > 0 또는 -RH < 0이 되면 외환보유고 감소나 외채증가의 형태로 준비자산이 줄어든다. 즉 국제수지가 흑자를 달성하면 대외준비자산이 증가되지만 적자가 되면 준비자산이 감소된다. 예를 들어, 경상수지가 200억 달러 흑자이고 이 외화로 외국에 150억 달러를 투자하였다면 나머지 50억 달러는 중앙은행의 준비자산증가로 나타난다. 실제 우리나라의 경우 2007년도 준비자산증감액은 -15,128.4백만 달러로 외환보유고의 증가로 이어졌다. 참고로 2007년도 오차 및 누락액은 2,124.1백만 달러를 기록했다.

더 나아가 대부분의 중앙은행은 국제수지 불균형에 따라 국내 통화량이 변하는 것을 원하지 않는다. 국내물가나 경기변동에 대한 영향을 우려하기 때문이다. 국제거래의 결과로서 본원통화의 변동을 그대로 방치하는 경우를 태화정책(비중화정책)이라 하고, 국제수지 불균형에 따른 본원통화의 변동을 방지하고자 하는 정책은 불태화정책(중화정책)이라고 한다. 예를 들어, 경상수지가 흑자이면 순외화자산 증가(외환공급량 증가)하면서 시중통화량도 증가된다. 이때, 통화량 증가를 그대로 허용하면 태화정책이지만 물가상승압력을 우려해서 공개시장조작을 통해 국내자산을 매각하여 통화량을 흡수시키면 통화량은 변하지 않는데 이를 불태화정책이라 부른다.

하지만 완전변동환율제 하에서 정부는 대외준비자산을 보유할 필요가 없다. 이론적으로 경상거래의 결과에 따라 환율이 자율적으로 조정되면서 국제수지가 균형을 이루기 때문에 외환보유고 거래는 불필요하다. 경상수지가 흑자라면 외환유입의 증가로 환율이 하락하고 그 결과 수출이 줄고 수입이 늘어나 경상수지가 균형으로 들어간다. 역으로 경상수지가 적자라면 외환유출의 증가로 환율이 상승하고 그 결과 수출이 늘고 수입이 줄어들어 경상수지가 균형에 도달한다. 실제로 미국 같은 국제통화 발행국은 대외준비자산 항목의 비중이 아주 낮기 때문에 외환보유고 거래가 거의 없다. 이러한 경우 우리나라와 달리 광의의 자본수지 개념을 사용하면 경상수지와 자본수지의 합은 0이 된다.

$$CA + KA = 0 \text{ 또는 } CA = -KA$$

국제수지의 균형 하에서 경상수지가 흑자, $CA > 0$이면 자본수지는 동등한 수량만큼 적자, $KA < 0$를 나타낸다. 외환유입으로 통화량이 증가하여 금리가 인하되면 자본유출이 생기기 때문이다. 반대로 경상수지가 적자, $CA < 0$이면 동등하게 자본수지는 흑자, $KA > 0$가 된다. 이는 일국의 경상수지 적자는 자본수지의 흑자를 의미하며, 이것은 다시 경상수지 적자를 메울 수 있을 만큼을 해외에서 차입해야 함을 뜻한다. 그 결과 자국의 채권이나 여타부채 해외 판매금액이 외국의 채권이나 여타부채 자국 구매금액보다 많은 경우다. 1982년~2000년 동안, 미국의 경우 경상수지 적자는 자본수지 흑자와 거의 일치하며 지속적인 경상수지 적자를 나타내 대규모 해외차입을 한 채무국이었다. 반면에 일본은 경상수지 흑자가 자본수지 적자와 거의 균등한 채권국이었다.

NOTE

■ **공적 외환보유고(Official Foreign Reserves)**

- 고정환율제(Fixed or Pegged Ex-rate System)란 환율을 일정 수준으로 유지하는 제도임. 1870년대부터 확립된 금본위제와 2차 세계대전 이후 브레턴우즈 체제가 대표적임. 고정환율제에서 정부는 국제수지 불균형을 균형으로 조정하거나 고정환율을 유지하기 위해 대외준비자산을 사용함. 국제수지가 적자이면 정부가 외환보유고를 사용하여 외환공급을 증가시킴. 국제수지 적자가 지속되면 외환보유고의 고갈이 우려됨.
- 변동환율제(Floating Ex-rate System)란 환율이 외환시장의 수요와 공급 원리에 의해 결정되는 제도임. 1970년대 초반 이후 주요 국가들이 변동환율제를 채택하고 있음. 특히 자유변동환율제(Free Floating Ex-rate System) 또는 완전변동환율제에서는 정부가 외환시장에 전혀 개입하지 않으므로 외환보유고의 관리가 필요 없음. 경상거래의 결과인 경상수지는 환율의 자율적 조정만으로 자본수지와 상호 조정됨. 경상수지가 흑자이거나 적자면 자본수지는 적자이거나 흑자가 됨.

국제수지와 국민소득계정의 연관

• Study Tip : 생산물 수출입 차원에서 국제수지와 국민소득계정이 얼마나 밀접한 관계인지 찾아봄.

외국과 교역이 이루어지는 개방거시경제에서 재화와 용역의 수출입은 국제수지의 경상계정에 기록되고 이는 국민소득계정의 일부분으로 나타난다. 일정기간 동안 재화와 용역의 생산량을 계산한 국내 총생산(GDP)과 그에 대한 총지출은 국민소득계정 항등식(National Income Accounting Identity)에 다음과 같이 나타낼 수 있다.

$$Y = C + I + G + X - M \text{ 또는 } Y = C + I + G + CA$$

여기서 Y는 총생산이나 국민소득, C는 소비, I는 투자, G는 정부지출, X는 수출, M은 수입, X-M은 순수출을 의미한다. 그리고 X-M은 재화 및 서비스에 대한 순수출로서 무역수지나 경상수지(CA)를 대표해준다. 이 항등식에 따르면, 일국경제 내의 총생산은 민간가계에 의해 소비되거나, 민간기업에 의해 미래 생산을 위해 투자되거나, 정부지출에 사용되거나, 외국인이 순수출 형태로 소비해준다.

이에 따라, $X > M$ $(CA > 0)$이면 경상수지 흑자, $X < M$ $(CA < 0)$이면 경상수지 적자라고 말한다. 일정기간 동안 이루어진 총생산, Y 및 국내총지출(Domestic Absorption), $A = C + I + G$ 은 경상수지와 밀접한 관련이 있다.

경상수지가 흑자를 기록한다면,

$$Y - A = CA > 0$$

경상수지 흑자는 국내 총지출이 총생산에 미달된 상태로 나머지 생산물을 해외 순수출하며, 고로 경제는 수입지출보다 더 많은 수출수입을 얻고 있다. 그 결과 외국대출이 늘어나 순해외자산(Net Foreign Wealth)이 증가된다.

반면 경상수지가 적자이면,

$$Y - A = CA < 0$$

경상수지 적자는 국내 총지출이 총생산을 초과한 상태로 부족한 생산물을 순수입하며, 경제의 수입지출이 수출수입보다 더 크다. 그 결과 외국차입이 늘어나 순해외자산이 감소된다.

지금부터는 국민경제균형을 국민저축(S)과 민간투자(I)의 일치관계를 고려하여 살펴본다. 먼저, 국민저축은 민간저축과 정부저축의 합으로 다음처럼 정의된다. 민간저축, Sp = Y - C - T 및 정부저축, Sg = T - G를 합하면 S = Sp + Sg = Y - C - G 가 된다. 여기서 T는 조세납부를 뜻한다. 만약 정부의 지출, G가 조세수입, T를 초과하면 공공부문은 역의 저축을 기록하여 정부재정의 적자가 심화될 것이다.

저축, 투자, 경상수지의 균형관계를 다시 나타내면,

$$S = I + CA \text{ 또는 } S - I = CA$$

한 나라의 입장에서 국내저축과 국내투자가 균등한 균형이 국제수지 균형으로 이어진다. 만약 저축이 투자보다 크다면 경상수지 흑자를 통해 순해외자산이 늘어난다. 반대로 투자가 저축을 초과한다면 경상수지 적자로 인한 해외차입으로 인해 순해외자산이 줄어든다.

이와 같이, 폐쇄경제와 달리 개방경제에선 저축을 증가시키지 않고도 투자와 해외차입을 동시에 증가시킬 수 있다. 만약 해외에서 차입한 돈으로 외국 물자를 수입하여 국내에 투자한다면 투자와 해외차입이 동등하게 증가된다. 이 결과, 해외에서 차입할 때 현재의 소비를 수입하고 대출을 상환할 때 미래의 소비를 수출하는 기간 간 무역(Intertemporal Trade)이 발생된다.

이러한 항등식 관계를 다른 형태로 다시 나타내면,

$$CA = (Sp - I) + (T - G)$$

이 항등식은 경상수지의 흑자가 민간저축의 투자에 대한 초과분과 정부 재정흑자의 합과 일치됨을 보여준다. 반면 경상수지의 적자는 민간부분의 투자대비 저축결핍과 정부 재정적자를 반영한다. 경상수지적자와 재정적자는 쌍둥이 적자의 문제로 알려져 있다. 미국이 여기에 해당된다. 미국은 경상수지의 적자가 꽤 심화되어가면서 그 원인을 다른 나라들의 저환율정책, 보호무역정책 등으로 돌리는 반면 다른 국가들은 미국의 과소비, 방만한 재정운용 등 때문으로 본다. 한편, 중국이나 일본의 경우는 저축이 투자를 초과하여 엄청난 경상수지 흑자를 보이는 국가들이다.

• Further Study Tip : 실물 국민소득계정뿐만 아니라 비실물 금융계정의 국제수지와의 관계를 생각해봄.

끝으로, 우리나라에서 작성된 국제수지표를 살펴보면서 경상수지와 다른 제계정과의 관계를 실제 통계값을 통해 살펴보자.

앞에서 언급된 것처럼, 2007년도 경상수지는 58.76억 달러의 흑자를 나타냈고, 자본수지는 71.283억 달러의 자본유입을 보였고, 공적 대외준비자산은 151.284억 달러의 증가를 기록했다. 따라서 경상수지, 자본수지 및 공적결제수지의 관계에서 (CA + KA) = 130.043억 달러이고 -RH = 151.284억 달러에 21.241억 달러의 오차 및 누락을 추가시키면, 오차와 누락을 무시한 CA + KA = -RH가 성립되거나 광의의 자본수지를 사용한 CA = -KA가 성립됨을 알 수 있다. 더 나아가 국제수지와 국민소득계정 항등식의 관계가 성립된다면, Y - A = X - M = CA = S - I = 58.76억 달러로 순채권국이다.

반면에 세계경제가 불황의 늪에 빠졌던 2008년도 경상수지는 64.064억 달러의 적자를, 자본수지도 509.333억 달러의 적자를, 대외준비자산은 564.46억 달러의 감소를 기록했다.

국제수지 요약표

(단위: 백만 달러)

		2007년도	2008년도
경상수지	상품수지	28,168	5,993.9
	서비스수지	-19,767.6	-16,733.6
	소득수지	1,002.7	5,106.5
	경상이전수지	-3,527.1	-773.2
	(소계)	5,876	-6,406.4
자본수지	투자수지		
	직접투자	-13,836	-10,594.8
	증권투자	-26,057.8	-15,367.5
	파생금융상품	5,444.8	-14,332.7
	기타투자	43,964.8	-10,599.7
	기타자본수지	-2,387.5	-38.6
	(소계)	7,128.3	-50,933.3
준비자산증감		-15,128.4	56,446
오차 및 누락		2,124.1	893.7

자료 : 한국은행 경제통계시스템

정리

- 국제수지표 대변 = 외화유입 항목 = 외환 공급증가 및 국내통화 수요증가.
- 국제수지표 차변 = 외화유출 항목 = 외환 공급감소 및 국내통화 수요감소.
- 경상수지 + 자본수지 = 0 또는 경상수지 + 자본수지 + 준비자산증감 = 0.
- $(Y - A) = (X - M) = (S - I)$.
- 순채권국 = $Y > A$, $X > M$, $S > I$.
- 순채무국 = $Y < A$, $X < M$, $S < I$.

2-3 Section 연습문제와 요약

글로벌거래와 다국적 기업

01 오늘날에는 하나의 세계경제나 세계시장 안에서 소비, 생산, 투자 및 근무가 이루어지고 있다. 이와 관련, 다국적 기업이 세계화에 박차를 가해준다. 다국적 기업들(삼성전자, 현대자동차, 도요타, 혼다, 월마트, 스타벅스 등)은 해외직접투자, 창업, 자회사설립, 해외생산시설, 해외유통센터 등을 통해 전 세계로 확장되어 가고 있다.

a. 세계시장에서 다국적 기업의 이점은 무엇이라고 생각하는가?

b. 세계시장은 개도국이나 후발기업의 입장에서 보면 경쟁이 심하고 불안정한 곳이다. 이와 관련해서 부정적인 특징을 자세하게 제시하시오.

Answer

a. 다국적 기업은 세계시장에서 글로벌 구매력, 저렴한 노동비, 자본이용 용이성, 글로벌 고정비용 증가, 경영효율성 향상 등의 이용 가능함.

b. 세계시장은 환율 불안정, 변화무쌍한 거대자본 이동, 불공정하고 심각한 경쟁, 물가변동, 선진국 이기주의, 불명확한 국제표준 등의 부작용도 가짐.

02 글로벌 통화시장/외환시장, 국내 채권시장과 화폐시장, 해외 채권시장과 화폐시장이 청산 내지는 균형에 도달하도록 조정 메커니즘 역할을 하는 경제변수들은 무엇인가? 그리고 경상수지와 자본수지는 어떤 변수들의 어떠한 조정과정을 통해 결정된다고 생각하는가?

Answer 주요 경제변수로 국내물가와 외국물가, 국내금리의 외국금리, 환율 등이 있음. 특히, 경상수지는 주로 국내외 물가수준, 국내외 실질소득 등에 영향을 받는데, 만약 국내물가가 외국물가에 비해 더욱 상승하거나 외국소득에 비해 국내소득이 더 증가하면 수출이 줄고 수입이 늘어남. 반면에 자본수지는 국내외 이자율, 국내외 저축률과 투자율, 국내외 통화공급량 등에 영향을 받는데, 만약 외국실질금리에 비해 국내실질금리가 더 높다면 자본이 유입됨.

03 전통적인 견해에 따르면 통화의 가치는 외환시장의 수요와 공급에 의해 결정된다고 본다. 우리나라의 경상수지가 이번 달에 흑자를 기록했다면 원-달러화의 가치는 어떻게 변동될 것으로 보는가?

Answer 다른 조건의 변화가 없는데 경상수지 흑자가 발생되면 국내 외환공급량이 증가되므로 환율이 하락될 것임.

04 한 국가는 전 세계 다른 나라와의 거래를 어떻게 기록하는지 알아보기 위해 아래의 국제거래가 국제수지에 어떤 영향을 미치는지 설명하시오.

a. 현대중공업은 우리나라와 미수교국인 크바에 이동식 발전장비(PPS)의 공사를 7억 달러에 수주한 후 모든 납품을 완료하고 현금으로 수출대금을 받았다.
b. GM대우는 미국 GM사로부터 자동차 100대를 수입하고 수입대금 200만 달러를 현금으로 지급했다.
c. LG전자는 미국시장을 더 효과적으로 공략하기 위해 유가증권 인수를 통해 Zenith를 50억 달러에 인수했다.
d. 대표적 헤지펀드로서 조지 소로스가 주도하는 퀀텀펀드가 SK텔레콤의 주식을 1억 달러어치 구매했다.
e. 우리나라는 정부차원에서 북한에게 비료, 옥수수 등 품목을 중심으로 총 1억 달러에 해당하는 상품을 무상원조로 제공했다.
f. 정부는 외환보유액의 감소를 막기 위해 한국은행이 IMF로부터 10억 달러의 현금 차관을 도입했다.

g. 리먼사태 이후 미국과 유럽의 재정문제가 불거지면서 한국 등 동아시아 국가들이 안정한 투자처로 인식되는 가운데 국민은행은 3억 달러 규모의 사무라이본드(2년 만기)를 발행하여 중장기차원에서 자금을 조달했다.

Answer

a. 수출은 국제수지 대변에, 국내로 거래대금이 유입되는 거래로 기록됨. 특히, 경상계정의 상품 및 서비스 항목의 대변에 수출대금이 기재됨 (반대 급부 거래로 통화대금의 이동은 동시에 자본계정 현금 및 예금 항목의 차변에 동일한 금액을 기재함) ⇒ 수출로 경상수지가 7억 달러 흑자

b. 수입은 국제수지 차변에, 국외로 거래대금이 유출되는 거래로 기록됨. 경상계정 상품 및 서비스 항목의 차변에 수입대금이 기재됨 (동시에 자본계정 현금 및 예금 항목의 대변에 동일금액을 기재함) ⇒ 수입으로 경상수지가 200만 달러 적자

c. 해외 (장기)유가증권의 구매는 국제수지 차변에, 국외로 거래대금이 유출되는 거래로 기록됨. 자본계정 직접투자 항목의 차변에 해외증권 구매금액이 기재됨 (동시에 자본계정 현금 및 예금 항목의 대변에 동일금액을 기재함) ⇒ 해외직접투자로 자본수지 50억 달러 적자

d. 외국인의 1년 미만 국내 유가증권의 구매는 국제수지 대변에, 국내로 거래대금이 유입되는 거래로 기록됨. 자본계정의 포트폴리오투자 항목의 대변에 국내증권 구매금액이 기재됨 (동시에 자본계정 현금 및 예금 항목의 차변에 동일금액을 기재함) ⇒ 국내 포트폴리오투자로 자본수지 1억 달러 흑자

e. 재화의 외국증여는 국제수지 차변에, 거래대금이 유출되는 거래로 기록됨. 경상계정의 경상이전수지 항목의 차변에 증여액이 기재됨 (동시에 경상계정 상품수지 항목의 대변에 동일금액을 기재함) ⇒ 해외경상이전으로 경상수지 1억 달러 적자

f. 해외차관은 국제수지 대변에, 국내로 거래대금이 유입되는 거래로 기록됨. 자본계정의 대변에 차관금액이 기재됨 (동시에 준비자산증감 항목의 차변에 동일금액을 기재함) ⇒ 국제기구로부터 차입으로 자본수지 10억달러 흑자

g. 외국인의 중장기 국내 유가증권의 구매는 국제수지 대변에, 국내로 거래대금이 유입되는 거래로 기록됨. 자본계정의 증권투자 항목의 대변에 국내증권 구매금액이 기재됨 (동시에 자본계정 현금 및 예금 항목의 차변에 동일금액을 기재함) ⇒ 해외차입으로 자본수지 3억 달러 흑자

Problem-Solving Tip : 국제수지표 작성은 복식부기원리에 의거함. 모든 거래는 적절한 계정과 항목에 따라 차변과 대변에 각각 한 번씩 계상됨. 국제수지표 전체 계정의 차변과 대변의 합은 일치됨. 하지만 일부계정만 합하면 차변과 대변이 불일치할 수 있음.

국제수지(표)의 특징

01 한국은행에서 발표한 2009년도 국제수지 요약표를 이용하여 국제수지 특징에 대한 각 문제에 답하시오.

국제수지표(2009년도)

(단위: 백만 달러)

항목	대변(수입)	차변(지급)	차액	계
경상수지				42,667.6
1. 상품수지			56,127.6	
상품수출	373,584.4			
상품수입		317,456.8		
………				
2. 서비스수지			−17,202.7	
서비스수입	58,512.8			
서비스지급		75,715.5		
………				
3. 소득수지			4,553.6	
소득수입	15,704.7			
소득지급		11,151.1		
………				
4. 경상이전수지			−810.9	
경상이전수입	12,458.5			
경상이전지급		13,269.4		
………				
자본수지				26,447.9
1. 투자수지			25,260.6	
직접투자			−9,065.8	
증권투자			50,681.6	
파생금융상품			−5,538.1	
기타투자			−10,817.1	
2. 기타자본수지 (자본이전)			1,187.3	
준비자산 증감	−69,061.1			
오차 및 누락	−54.5			

자료 : 한국은행 경제통계시스템

a. 상품의 수출입 및 상품수지는 어느 정도인가?
b. 경상계정은 얼마나 흑자인가 또는 적자인가?
c. 자본계정은 얼마나 흑자인가 또는 적자인가?
d. 경상수지와 광의의 자본수지는 서로 상쇄되는가? 그 이유는?
e. 경상수지와 자본계정 기타 자본수지의 합계액이 투자수지나 투자수지와 준비자산 증감을 합한 금액과 상호 상쇄되는가? d와의 차이점은?
f. 순차입국인가? 외환보유에 어떤 영향을 주는가?

Answer

a. 상품수지는 56,127.6백만 달러 흑자를 기록함(상품수출 = 373,584.4백만 달러, 상품수입 = 317,456.8백만 달러). 상품과 서비스를 합한 수지는 38,924.9백만 달러를 기록함.
b. 경상수지는 42,667.6백만 달러 흑자임.
c. 자본수지는 26,447.9백만 달러 흑자임.
d. 경상수지 = 42,667.6백만 달러, 광의의 자본수지 = 26,447.9백만 달러 − 69,061.1백만 달러 = −42,613.2백만 달러. 따라서 −54.4백만 달러의 갭으로 경상수지와 광의의 자본수지는 거의 상호간 상쇄됨.
e. 경상수지+자본계정 기타자본수지 = 42,667.6백만 달러 +1,187.3백만 달러 = 43,854.9백만 달러, 투자수지 = 25,260.6백만 달러, 투자수지 +준비자산증감 = 25,260.6백만 달러 − 69,061.1백만 달러 = −43,800.5백만 달러. 따라서 {경상수지+자본계정 기타자본수지}와 {투자수지 +준비자산 증감}은 −54.4백만 달러의 갭으로 거의 상호간 상쇄됨. d의 결과와 동등함.
f. 우리나라는 현재 경상수지 흑자로 순대출국임. 증가된 69,061.1백만 달러의 대외준비자산은 외채상환이나 주로 외환보유고의 증가로 이어짐.

02 국제수지와 국민소득 항등식계정의 관계를 이용하여 아래 질문에 답하시오.

a. 일국 경제의 총저축(S)이 GDP의 22%이고 국내투자(I)가 GDP의 19%라고 할 때 경상수지는 얼마나 흑자/적자인가? 순채권국/채무국인가?
b. 일국 경제의 경상수지가 a번 상태에서 민간저축이 GDP의 20%라면 정부재정의 적자/흑자는 어느 정도인가?
c. 미국이 겪고 있는 만성적인 경상수지 적자와 정부재정 적자, 일명 쌍둥이 적자의 해결방안은 무엇으로 생각하는가?

d. 아래의 그림을 이용하여 미국 경상수지 적자와 달러화의 가치변동은 어떤 밀접한 관계를 보이고 있는지 추측해보시오.

Critical Thinking : 기간별(단기, 중기, 장기) 균형환율의 결정과 변동에 영향을 미치는 요인들은 무엇인가?

US Trade Deficit as a Share of GDP

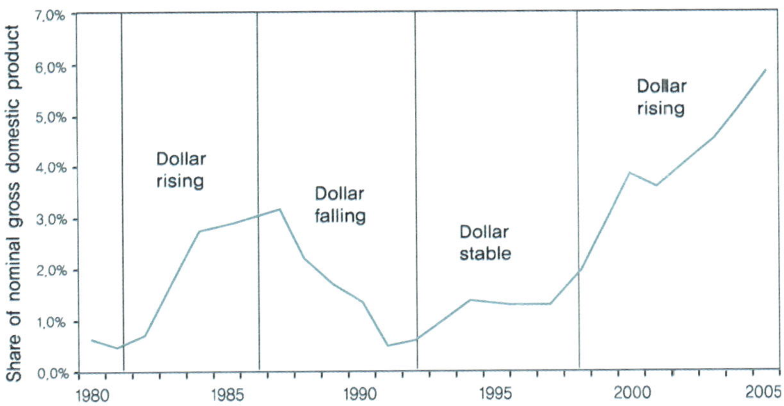

Source U.S. Census Bureau and Economic Policy Institute

Answer

a. X−M = S−I = 22% − 19% = 3% 로서 경상수지는 GDP의 3%만큼 흑자임. 이에 따른 자본유출로 순채권국이 됨.

b. X −M =(Sp−I) +(T−G) = (20%−19%) +(T−G)= 3% 로서 정부는 2% 재정흑자임.

Unit 1 국제금융기초

Chapter Overview

Focus & Teach

- **Before** 국제수지를 통해 한 나라의 국제경제활동을 이해함
- **Present** 개도국에서 외채 대비 공적외환보유고의 비중이 경제안정화에 기여함
- **After** 국제결제시스템 차원에서 국제통화제도의 역사적 현황과 특징을 살펴봄

Official International Reserves of Canada

Foreign Currency Reserves		
Securities		45,104
Deposits		741
Total securities and deposits(liquid reserves)		45,845
Gold1		121
Special drawing rights (SDRs)		9,006
Reserve position in the IMF		2,370
Total:	February 26, 2010	57,342
	January 29, 2010	56,977
Net change		365

Lesson Plan

LESSONS AND OBJECTIVES	PROFESSIONAL DEVELOPMENT	PACE (60분)
3-1 외환시장개입 (pp. 133-147) - 정부의 시장안정 도모 - 정부의 환율 움직임 관리	- 외환시장개입의 목적, 의의, 방법, 효과 등에 대해 분석해 봄 - 외화시장개입에 따른 다른 거시경제 정책과 상충관계를 알아보고 나아가 시장과 의국의 반응을 살펴 봄	1.5
3-2 외환보유고와 대외채무 (pp. 148-164) - 외환보유액 적정수준 - 대외채무 구조변화와 국제유동성의 관계 - 국제채무(외채)위기	- 시대별 국제자본이동의 형태를 살펴보고 외환보유고의 필요성 및 외채위기의 특징을 알아 봄. - 가용 외환보유액의 규모에 대한 논란이 있지만 개도국에선 적정 외화보유고의 확보실패가 외환위기와 직결됨	2
외환관리지표	- 외환보유고와 외채 관리지표에 대한 국제적 논의 및 효율적 관리방안을 모색해 봄	0.5
Resources	- 한국은행이나 IMF가 발표한 외환보유액 가이드, 국제투자대조표 등을 참조함	0.2
Review	- 정리 및 요약	0.5
Assessment	- 연습문제 풀이	0.3
Total		5.0

Chapter 3 외환보유액과 국제채무

대개 각국은 대외거래에서 향후 예측하지 못한 일이 생길 것에 대비해서 외환을 비축한다. 국제수지가 흑자일 때 사들인 외환으로 외채를 상환하거나 국제수지의 악화를 보전해준다. 만일 외환보유액이 과다 축적되면 보유비용이 크게 늘어나 외환운용에 곤란하겠지만, 적정 수준에 미달되어도 외화차입이나 외채상환에 어려움을 겪을 수 있다. 따라서 외환보유액의 적정크기는 대외채무 변제액 및 향후 경상수지 보존에 필요한 금액을 고려해서 결정되어야 할 것이다.

그런데 중앙은행은 외환수급이나 환율의 안정을 유지하기위해 외환보유고를 사용하면서 외환시장에 개입하곤 한다. 중앙은행이 외환을 사고팔면서 환율을 목표수준에 인위적으로 유지시키는 고정환율제뿐만 아니라 민간시장의 외환수급에 따라 환율이 움직이는 변동환율제에서도 외환시장의 안정을 위해 간여한다. 외환시장의 안정과 발달은 환율안정, 다양한 헤징수단 제공, 대외경쟁력 제고 등에 필수적이기 때문이다.

이 장에서는 첫째, 정부가 인위적으로 외환시장에 개입하여 환율의 움직임을 관리하는 목적, 방법, 효과 등에 대해 알아본다. 둘째, 개발도상국들은 외국으로부터 대량의 자본유입을 받아들였고 지금은 상당한 외채를 지고 있다. 개도국을 중심으로 대외채무의 상태와 외환보유고의 적정수준간의 상호적 관계를 관리지표를 통해 파악해보고, 개도국들이 외환위기를 겪게 되는 원인을 추정해본다.

■ Main Ideas/Issues

- 정부의 외환시장 개입
  - 시장안정을 위한 환율 움직임의 통제
- 공적외환보유고 관리
  1. 외환보유고의 적정크기 및 구성방법은?
  2. 개도국이 보유한 과대한 외환보유액의 혜택과 문제점
- 대외채무 관리
  - 외채위기 및 외채관리지표에 대한 논의

■ Contents

- 제1절 외환시장개입 • 제2절 외환보유고와 국제채무

▶Study Guide : IMF의 제언 등 국제적으로 논의가 이루어진 외환관리지표(외환보유고, 외채 등)를 중심으로 관련된 시사점을 찾아나감.

Preview

외환보유고와 외채

● **Directions** : 변동환율제도에서도 주요국의 경우 외환시장의 개입을 중앙은행이 담당하고 있다. 외환당국이 외환시장에 개입하는 목적과 방법에 대해 생각해보자.

외환시장의 개입목적	외환시장의 개입방법
● 외환시장의 안정 환율급등락 방지 ● 국제유동성 조절	● 공개시장 조작 ● 태환/불태환 시장 개입 ● 새로운 통화발행

● **Directions** : 아시아 국가들이 보유한 외환보유액 규모가 세계 외환보유액의 약 2/3 정도를 차지한다. 한 나라가 보유하는 외환보유액이 과다한지 혹은 과소인지 판단하는 기준은 무엇인가? 외환보유고의 적정 수준이 만기 1년 이내인 단기외채와 향후 1년간의 경상수지 적자액을 합한 규모보다 커야 된다고 말할 수 있을까?

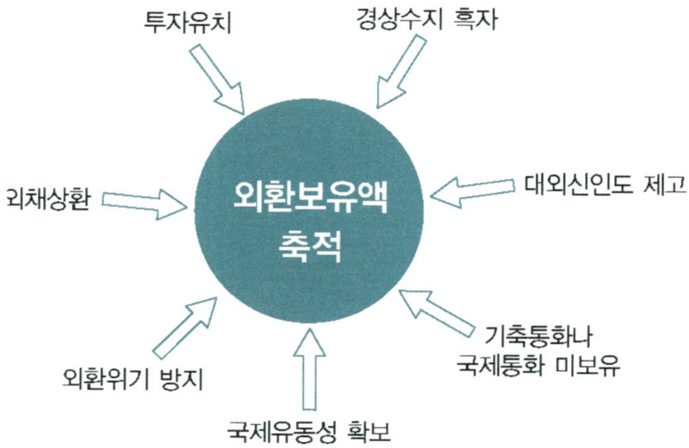

3-1 Section 외환시장개입

환율의 변동성이 심하거나 외환시장이 불안정한 경우 정부는 외환시장에 개입하여 환율의 움직임을 관리하기도 한다. 외환시장개입은 일종의 환율정책으로 재정정책과 통화정책과 더불어 대표적인 정부의 단기성 정책이다. 외환시장의 개입은 넓은 의미로 환율변동에 영향을 미치는 대내외 경제정책을 모두 포괄하는 것으로 볼 수 있다. 하지만 보통 우리가 따르는 좁은 의미로는 중앙은행이 외환시장의 안정을 위해 민간부문의 외환거래에 인위적으로 개입하는 조치를 말한다.

환언하면, 중앙은행이 외환을 사고팔면서 자유시장에서 결정된 환율수준과 다른 통화가치를 인위적으로 유지하게 만든다. 중앙은행의 외환시장개입은 환율에 영향을 미치는 정책수단의 하나로 대외거래의 안정화를 유지하고 나아가 수출촉진 등 대내외 경제균형을 달성하기 위해 많은 나라에서 이용된다.

Key Concept

Property	Words	Examples
외환시장개입	외환당국이 환율안정을 위해 외환을 매입·매도하는 행위	태화·불태화 개입
외환보유액	중앙은행에 예치된 정부보유 대외준비통화	정부의 대외자산

외환시장개입

• Teaching Tip : 외환시장개입의 목적을 중심으로 정부의 개입원리를 살펴봄

정부의 외환시장개입은 경제정책의 운영수단 가운데 하나로서 환율예측 및 환위험관리와 밀접한 관련이 있다. 정부가 외환시장에 인위적으로 개입하면 시장환율의 움직임에 변화가 생긴다. 외환시장개입(Foreign Exchange Market Intervention)은 환율에 영향을 주는 정책수단으로서 환율변동을 완화해주거나 환율/외환보유고를 적정수준에 유지하게 하여 대외거래를 안정화시키고 나아가 대내외 경제균형을 달성하는 행위를 말한다.

중앙은행은 보통 거시경제목표의 달성, 외환시장이나 환율의 안정, 외환보유액이나 외채의 조정, 외환거래의 활성화 등을 목표로 삼고 시장에 개입하게 된다. 중앙은행은 현재 시장환율을 대내외 경제균형과 조화를 이루는 적정한 균형환율에 근접시키기 위해 시장에 개입하는 경향이 있다. 또한, 실물경제를 교란시킬 정도로 환율이 급등락하거나 외환시장이 불안해지는 경우 환율의 지나친 변동성을 억제하기 위해 시장개입을 시도하기도 한다. 그밖에 외채와 연관된 공적 외환보유고의 크기나 구성에 변화를 주기위해 개입하곤 한다. 중앙은행은 국내외 경제상태나 금융시장 동향에 맞추어 외환보유액을 늘리거나 줄이는 과정 그리고 수익률을 높이고자 보유한 국제통화의 종류와 비중을 달리하는 과정을 통해 시장에 개입한다. 끝으로 종종 개도국이 경상수지 적자액을 외환보유액을 통해 충당하거나, 해외에서 외화차관을 들여오거나, 외국과 통화스왑 형식의 긴급자금을 지원받는 경우에 시장개입이 발생된다.

어떤 목적을 가지고 외환시장에 개입할지 여부는 그 나라의 환율제도, 국내통화의 국제화 정도, 대내외 경제상태, 외환시장이나 금융시장의 발전정도, 여타 경제정책들과의 연관성 등에 의해서 결정된다. 수많은 실증분석 결과에 따르면 중앙은행은 대부분 시장이나 환율의 안정성에 주목적을 두고 시장에 개입하는 것으로 나타났다. 환율이 급상승하면 이를

억제하고자 외환을 시장에 공급하면서 환율이 너무 하락되면 외환을 수요해주면서 환율변동의 안정화를 꾀한다. 또, 어떤 이유로 외화자본이 갑자기 유출되면 위기에 대비하여 정부가 시장에 개입하여 외환을 공급하기도 한다. 우리나라의 경우에는 경상수지를 개선하거나 촉진시키기 위하여 환율을 상승시키는 시장개입활동이 많다고 한다.

다음은 중앙은행의 시장개입활동이 어떻게 이루어지는지 원달러화 환율을 중심으로 알아보자.

원달러화 외환시장

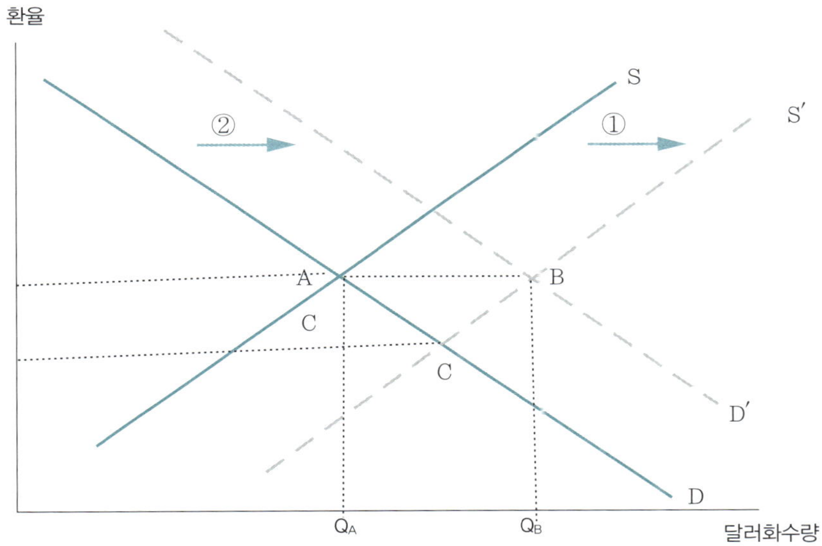

원달러화 외환시장에서 우하향하는 외환수요곡선(D)은 달러화의 원화가격이 높을수록 미국상품이 국내소비자에게 더욱 비싸져서 달러화 수요량이 줄어드는 것을 나타낸다. 반대로 외환공급곡선(S)은 국내 상품이나 금융자산을 미국거주자가 구매하는 경우 달러화가 공급됨을 보여주는데, 우상향곡선은 달러화의 원화가격이 높을수록 미국소비자가 국내에서 구매를 더 많이 하므로 달러화 공급량이 늘어남을 나타내준다.

NOTE

■ 중앙은행의 역할

중앙은행은 주로 일국의 통화량을 관리하고 통화정책을 집행하는 주체로서 물가안정 및 국민소득 증대를 책임짐. 한국은행은 화폐발행, 통화신용정책의 수립과 집행, 금융시스템의 안정, 민간은행의 은행, 정부의 은행, 지급결제제도의 운영과 관리, 외화자산의 보유와 운용, 경제조사와 통계작성 등의 업무를 수행함.

■ 우리나라의 환율정책 목표

- 관리변동환율제도(1980-1997년)하에서 환율정책의 목표는 명목환율 안정화보다 경상수지 균형 및 실질환율 안정화임. 즉, 1980년대 복수통화바스켓 제도에서는 경상수지균형을, 시장평균환율제도(1990-1997년) 동안에는 대내균형달성을 위한 실질환율안정을 목표로 삼음. 1992년 2월 자본시장개방 이후 자본유입의 급증으로 달러화 환율이 절하되어 경상수지를 악화시키는 요인이 됨.
- 자유변동환율제도(1997년 이후)하에서는 환율의 급격한 변동완화를 목표로 삼음. 외환위기 이후 물가안정목표제(Inflation Targeting)를 도입하여 통화정책을 운용하므로 환율이 정책목표가 아니라 인플레이션에 영향을 주는 정보변수가 되기 때문임.

• Critical Thinking : 여기서(원달러화 외환시장) 미국의 거주자나 소비자를 달러화를 사용하는 외국의 모든 거주자나 소비자로 확대 해석이 가능함?

외환시장에서 최초균형은 A점에서 이루어지고 이때 환율은 달러당 1,100원이며 외환수급량은 Q_A만큼이 된다. 만일 국내상품에 대한 미국의 수요가 늘어나 달러화공급이 S에서 S'으로 증가했다고 가정하자. 그러면 C점에서 새로운 균형이 형성되고 환율은 1,000원으로 하락된다. 환율하락은 미국소비자에게 국내상품을 더욱 비싸게 만들어 국내 상품의 해외 판매를 감소시키기 때문에 한국은행은 달러화를 구매하는 시장개입을 통해 달러화의 가치하락을 방지하곤 한다. 중앙은행이 달러화가치를 예전 수준으로 유지하기 위해 달러화를 매입하는 시장개입활동을 하면 외환수요가 D에서 D'으로 증가하여 새로운 균형점 B에 도달하게 되고 이에 따라 외환거래량은 Q_B로 증대하며 환율은 이전의 1,100원 수준으로 복귀한다.

이처럼 통화당국인 중앙은행의 외환시장개입은 은행간 외환시장에 직접 참가하는 것을 말하며 시장참가자의 예상을 변화시켜 환율수준이나 환율변동성에 영향을 주는데 외환거래에 대한 반대급부로 국내통화량에도 영향을 미치게 된다.

우리나라의 경우 경제력과 비교할 때 외환시장의 규모가 주요국가에 비해 너무 작아서 환율 불안을 키우고 있다는 분석도 나왔다. 2007년도 기준 우리나라는 GDP대비 외환거래량이 5.4%로 작은 편이다. 호주-34.1%, 노르웨이-17.3%, 미국-11.5%, 일본-10.6%, 남아공-10.1% 등과 비교해도 아주 낮은 수준에 머문다. 우리나라 외환시장은 선진국에 비해 규모가 협소하며 외부충격에 환율이 민감하게 반응하는 특징을 보인다. 그리고 환율변동이 국제상대가격 변화를 통해 경제전반에 영향을 많이 미친다. 이러한 점에서 환율정책의 운용은 기본적으로 외환시장의 수요와 공급에 따르는 시장원리에 일임하되 일시적인 수급불균형이나 외부충격 등으로 환율이 급등락하는 경우에는 중앙은행이 시장에 개입할 수 있을 것이다.

일상적으로 중앙은행은 비밀스럽게 움직이기 때문에 중앙은행의 활동은 공개적으로 잘 알려지지 않는다. 그러나 1990년대부터는 중앙은행의 정책적 투명성이 효과적인 요소로 인식되면서 학문적으로 많은 연구가 이루어져 왔다. 2000년도 이전에는 중앙은행의 정책적 비밀유지(불투명성)를 지지하는 경향이 많았지만 그 이후 중앙은행의 정책 투명성이 더욱 효과적이라는 견해가 늘어난다. 투명성이 경제적 편익을 가져오는지에 대한 논쟁은 아직 진행 중이다.

외환시장개입과 관련하여, 중앙은행의 비밀유지는 신호경로 측면에서 보면 정말 특이한 경우에 속한다. 신호경로에서 중앙은행은 우월한 정보를 제공하거나 미래환율에 대한 시장신호를 제시하면서 기대환율에 영향을 줄 수 있다. 중앙은행은 환율변동을 통제할 수 있는 권한을 가지고 있어서 정책발표만으로도 민간시장의 움직임에 영향을 미친다. 그렇지만 일일 외환거래량이 상당한 수준이므로 중앙은행은 정책적 신호없이 단지 외환을 매입이나 매도하면서 환율을 변경시킨다 그 결과로 중앙은행이 환율의 하락이나 상승을 지지한다면 민간경제주체들도 환율의 하락이나 상승 추세에 맞춘 예상을 하면서 적정한 행동을 자라할 것이다.

하지만 외환시장개입이 경제 펀더멘틀과 부합하지 않거나, 잡음(Noise) 외환거래량이 상당하거나, 또는 목적이 다른 재무부 같은 부처가 시장개입을 결정한 경우에 중앙은행의 시장개입은 비밀스럽게 진행될 것이다. 예를 들어, 중앙은행은 펀더멘틀에 관계된 목표를 진행시키는 반면 재무부는 수출증대를 위한 일정 환율수준을 목표로 삼을 수 있다. 또한, 중앙은행이 일정한 사적정보를 소유하며 자신의 목적을 수익성추구 및 환율목표제(Exchange Rate Targeting)에 둔다면 시장개입의 비밀우지가 선호될 것이다. 역으로, 중앙은행과 시장 사이에 정보의 비대칭이 상당하다면 시장개입의 비밀유지를 지속한다는 것은 바람직스럽지 않을 수 있다.

NOTE

■ **국제유동성(Liquid International Reserves)**
대외거래에 사용되는 국제통화로서 국제수지 불균형의 시정, 환율안정의 유지 등을 위해 통화당국이 이용할 수 있는 재원. 국제준비자산 또는 대외준비자산이라고 부름.

■ **중앙은행의 통화정책과 물가안정**
중앙은행은 기준금리(시중은행간 금융결제에 이용되는 이자율)를 조정하여 화폐량을 조정함. 금리가 높아지면 대출이나 투자가 줄어들어 시중 화폐량이 감소하는 반면 금리가 낮아지면 대출과 투자가 활성화되어 화폐량이 늘어남. 그런데 화폐량 증가는 물가 증가와 밀접한 관계가 있음. 중앙은행은 이자율 조정을 통해 통화량을 결정하고 안정된 물가수준을 달성함.

■ **통화안정증권과 외국환평형기금**
통화안정증권(monetary stabilization bond)은 시중 통화량을 조정할 목적으로 한국은행이 발행하는 유가증권임. 인플레이션을 예방하거나 통화량을 감소하려면 통화안정증권을 금융기관을 통해 발행하고, 경기를 활성화하거나 통화량을 늘릴 필요가 있으면 재구매하거나 만기 전에 상환해 줌. 반면 외국환평형기금(foreign exchange equalization fund)은 정부가 외환시장이나 통화의 안정을 위해 외국환평형기금채권을 발행하여 조성하고 운용하는 자금임.

외환시장 개입방식

• Teaching Tip : 순외화자산 증감과 본원통화 변화의 상호관계 차원에서 외환시장 개입을 살펴봄

자유변동환율제도하에서 기본적으로 중앙은행은 환율 및 외환시장에 크게 관여하지는 않는다. 오히려 기준금리를 통해서 국내 화폐경제를 활성화시키는데 우선적 관심을 둔다. 하지만 단기간에 환율변동이 큰 폭으로 변동되거나 시장의 불확실성이 심각할 때는 중앙은행이 어느 정도 개입할 것이다.

그런데 원달러화 환율의 변동성이 주요국 가운데 최고 수준인 것으로 나타났다. 2010년도 2분기(4~6월) 동안 원달러화 환율의 하루 변동폭과 전일 대비 변동폭이 각각 12.8원 및 10.9원이었고 전일대비 변동률로 측정한 환율변동성은 0.92%로 집계되었다. 미국 달러화에 대한 브라질 헤알화 0.89%, 호주 달러화는 0.85%, 멕시코 페소화는 0.72%, 유로화는 0.65%, 영국 파운드화는 0.53%, 일본 엔화는 0.52%, 싱가포르 달러화는 0.34% 등으로써 원달러화의 환율변동성은 이들 보다 높은 수준이었다. 따라서 과도한 환율변동성은 외환시장의 개입을 요구하게 되며 주로 통화당국인 중앙은행이 시장개입을 담당하고 있다.

우리나라는 외환시장의 자율적 기능에 의해 환율이 결정되지만 일시적인 수급불일치, 시장불안심리 등으로 인해 환율이 급변동하는 경우에 한국은행이 나서서 환율변동의 폭이나 속도를 조절하기도 한다. 이 경우 시장개입에 사용되는 자금수단 가운데 원화재원으로는 새로운 통화발행액, 통화안정증권 발행자금, 외국환평형기금채권 발행자금이 있으며 외화재원은 한국은행이 운용하는 외환보유액이 있다. 만일 한국은행이 국내에서 원화를 주고 외화를 매입하면 실제로 대부분 외환이 해외금융기관의 계좌에 존재하므로 한국은행의 해외계좌(해외 금융기관과 중앙은행에 보유한 계좌)로 이체받아서 외환을 보유하게 된다. 한국은행은 또한 수취한

외환으로 미국 국채 등 안정적인 선진국의 자산을 구매하여 운영한다. 국제적 통화나 금융자산은 현찰이 움직이는 것이 아니라 전부 전산 장부상으로 처리된다. 그리고 오늘날 몇몇의 중앙은행은 외환거래시 브로커를 사용하기도 하지만 전통적으로 약간의 시장조성자(딜러)와 거래하기를 선호하는 편이다.

- Further Study Tip : 우리나라의 외환시장 개입지수를 살펴보고 그동안 시장개입이 얼마나 효과적이었는지 살펴봄.

외환시장개입의 메커니즘은 중앙은행의 대차대조표를 이용하면 쉽게 설명 가능하다. 일정한 시점에 중앙은행의 대차대조표는 자산과 부채로 나누어지는데, 자산은 국내자산과 외화자산의 합으로, 부채는 본원통화, 국내부채 그리고 외화부채의 합으로 나타난다. 대차대조표를 [자산-부채]=순자산 형태로 변형하면 [순국내자산+순외화자산]=본원통화 같이 나타낼 수도 있다

중앙은행의 대차대조표

자산	부채
국내자산 외화자산	본원통화 국내부채 외화부채

중앙은행의 외환시장개입은 민간부문과의 외환매매에 대한 반대급부로 국내통화의 매매를 수반함으로서 본원통화의 증감을 초래하는데, 이에 어떻게 대응하느냐에 따라 태화 시장개입(Non-sterilized Intervention)과 불태화 시장개입(Sterilized Intervention)으로 크게 구분된다. 외환시장개입으로 외환거래의 반대급부로 국내 통화량이 영향을 받는데, 과잉 통화량에 영향을 중화시키는 개입을 불태화 시장개입이라 하며 그렇지 않은 경우를 태화 시장개입이라고 부른다. 우리나라를 비롯한 세계 각국은 불태

화 개입정책을 보통 취하고 있다.

먼저, 태화개입(비중화개입)은 통화당국이 국내자산을 대가로 외화자산을 매매하는 과정에서 순외화자산과 이에 상응하는 본원통화의 변동을 그대로 놔둠으로써 외화자산의 변동이 그대로 본원통화의 변동으로 나타나게 된다. 만일 순외화자산이 1백만 달러 증가하였을 경우 이는 그대로 1백만 달러만큼의 본원통화, 즉 통화 공급량 증가로 이어지는 것이다.

반면에 불태화개입(중화개입)은 중앙은행이 본원통화의 변동을 공개시장조작 등을 통해 완전히 상쇄시킴으로서 순외화자산의 변동이 국내통화량의 변화로 이어지지 않게 하는 것이다. 만약 순외화자산이 1백만 달러 증가한 경우 순국내자산의 여신을 동등한 금액만큼 감소시키면 본원통화의 증감에는 전혀 영향을 미치지 않는다. 이처럼 본원통화의 변동 없이 국내외 자산간의 구성변동만 가져오는 것이 불태화정책이다. 그러나 1백만 달러의 순외화자산의 증가 가운데 40%는 기타부채로 상쇄하고 나머지 60%의 본원통화 증가를 허용하면 이 경우는 태화정책의 한 예가 된다.

일반적으로 중앙은행이 환율을 상승시키기 위하여 외화자산을 매입하면 중앙은행이 보유한 외화자산은 증가하지만 이에 따라 본원통화가 증가하여 통화승수배 만큼 통화량이 증가한다. 이러한 통화량 증가는 물가상승 압력으로 작용할 수 있기 때문에 중앙은행은 과도한 통화량 증가를 회피하기 위해 불태화정책을 시행하게 된다. 환율상승을 위해 외화자산을 매입한 후 공개시장조작을 통해 본원통화 증가를 상쇄시키기 위해 중앙은행은 국내자산을 매각하면서 시중 통화량을 흡수해주면 본원통화가 불변이 된다. 불태화정책을 완전하게 실시하면 외환시장개입으로 늘어난 본원통화가 모두 상쇄되겠지만 그 이외의 경우에는 불태화되지 못한 부분이 본원통화의 증가로 나타날 것이다.

중앙은행의 외환시장개입

- ▶ 중앙은행의 대차대조표 : 순국내자산 +순외화자산 = 본원통화
- ▶ 태화개입: 외화자산의 매입과 증가 ⇒ 본원통화 증가 ⇒ 물가상승 압력
  외화자산의 매각과 감소 ⇒ 본원통화 감소
- ▶ 불태화개입: 외화자산 매입과 증가 ⇒ 국내자산 매각과 감소 ⇒ 본원통화 불변
  외화자산 매각과 감소 ⇒ 국내자산 매입과 증가 ⇒ 본원통화 불변

지금부터는 태화개입과 불태화개입의 메커니즘 차이를 중앙은행의 대차대조표를 이용하여 좀 더 살펴보자.

첫째, 중앙은행이 환율하락을 방지하기 위해 외화자산을 매입하는 태화 시장개입을 한다면 아래의 대차대조표처럼 외화자산과 이에 상응하는 본원통화가 증가하게 된다. 증가는 +로 감소는 -로 표시하며 증감분의 크기는 △로 표기해보자.

중앙은행의 대차대조표: 태화개입

국내자산 외화자산 △+	본원통화 △+ 국내부채 외화부채

⇒ △외화자산 = △본원통화

둘째, 중앙은행이 환율하락을 방지하기 위해 외화자산을 매입하는데 완전불태화 시장개입을 한다면 아래의 대차대조표처럼 외화자산은 증가하고 그 만큼 국내자산은 감소되지만 본원통화는 전혀 변화가 없다. 부채는 변동이 없고 자산만 국내자산이 해외자산으로 완전히 대체된다.

중앙은행의 대차대조표: 완전불태화개입

국내자산 △- 외화자산 △+	본원통화 국내부채 외화부채

⇒ △외화자산 = △국내자산, 또는 △외화자산+△국내자산 = △본원통화 = 0

셋째, 중앙은행이 환율하락을 방지하기 위해 외화자산을 매입하는데 불완전불태화 시장개입을 한다면 아래의 대차대조표처럼 외화자산은 증가하고 국내자산도 감소되지만 본원통화의 일부가 증가한다. 해외자산의 증가가 국내자산의 감소에 의해 모두 상쇄되지 못하여 일부는 본원통화의 증가 형태로 나타난다.

중앙은행의 대차대조표: 부분불태화개입 1

자산	부채
국내자산 △− 외화자산 △+	본원통화 △+ 국내부채 외화부채

⇒ △외화자산+△국내자산 = △본원통화

넷째, 우리나라의 경우는 불태화 외환시장개입을 시행하는데, 외환시장개입에 따른 통화량 증감을 상쇄시키기 위한 공개시장정책으로 국공채를 매각하거나 통화안정증권을 발행하고 있다. 즉, 한국은행은 본원통화를 일정수준으로 유지하기 위해서 국가나 지방자치단체가 재정상 수입을 목적으로 발행한 국채, 공채 등의 재정증권 같은 국내자산을 매각하는 대신에 통화안정증권 등을 발행하면서 국내부채를 증가시킬 수도 있다. 만일 중앙은행이 외화자산을 증가하는 동시에 국내부채를 증가시키는 부분불태화 개입정책을 수행한다면, 다음 대차대조표처럼 외환매입에 따른 외화자산의 증가는 일부 국내부채의 증가와 나머지 본원통화의 증가로 상쇄되어 나타난다.

중앙은행의 대차대조표: 부분불태화개입 2

자산	부채
국내자산 외화자산 △+	본원통화 △+ 국내부채 △+ 외화부채

⇒ △외화자산 = △본원통화 +△국내부채

지금까지 살펴본 불태화 외환시장개입은 외환시장개입과 공개시장조작이라는 두 개의 거래로 이루어져 있다. 참고로 선물환시장을 이용하여 외환시장에 개입할 수도 있다. 선물환을 이용한 외환시장개입은 선물환계약 하나로만 거래가 이루어진다. 예를 들어, 환율을 상승이나 하락시키려면 중앙은행이 선물환을 매입하거나 매도하면 거래상대방인 민간부분 입장에서 외화자산을 매도하거나 매입하는 것과 동등해진다. 선물환을 이용한 외환시장개입은 외환보유액에 영향을 미치지 않으므로 외환보유고의 변화를 염려하지 않고 수행할 수 있다는 장점을 지닌 반면 외환투기를 가중시켜 외환시장에 불안을 야기하기도 한다.

외환시장 개입효과

• Teaching Tip : 외환시장개입의 유효성 및 실제경험에 대해 알아봄.

중앙은행의 외환시장개입에 따른 경제적 효과에 대해서 살펴보자. 태화 외환시장개입을 이행한다면 외화자산이 증감되어 환율변동이 일어나고 이에 상응하여 본원통화도 변화된다. 시중 통화량의 변화는 이자율을 변동시켜서 자본유출입을 발생시키므로 환율변동에 영향을 준다. 또한 통화량 변화는 기대인플레이션을 변화시키기 때문에 환율변동에 영향을 주게 된다. 예를 들어, 환율의 급상승을 막기 위하여 중앙은행이 외환을 매도하는 시장개입을 한 경우 공적 외화자산은 감소되지만 민간부문이 중심이 된 시장에 외환공급이 늘어나서 외환가격인 환율이 하락된다. 이와 더불어 본원통화가 줄어들면서 시중 통화량 감소 때문에 이자율이 상승되어 자본유입이 증가되고 기대물가하락이 발생되면 환율이 하락될 것이다.

그렇지만 불태화 외환시장개입을 이행한다면 외화자산이 증감되어 환율변동이 일어나고 이에 상응한 본원통화는 변화되지 않거나 일부만 변화된다.

포트폴리오 밸런스 효과(Portfolio Balance Effect)에 따르면, 투자가들은 국내외 자산을 동등한 것으로 간주하지 않기 때문에 불태화 외환시장개입을 통해 국내외 자산 간의 상대적 구성비중이 바뀌면 투자가들의 행위도 영향을 받아서 환율도 변동된다. 만약 국내외 자산이 완전대체재라면 외환시장개입을 외화자산으로 하든지 국내자산으로 하든지 그 효과는 같다.

이에 반해서 신호효과(Signaling Effect)에 따르면, 외환시장개입을 하면 미래 금융정책에 대한 신호가 나타나서 투자가들의 예상이 변하고 이에 의거하여 환율이 변동된다. 예를 들어, 중앙은행이 외환매도를 통해서 환율을 하락시키려는 정책적 의지가 확실하다면 투자가들은 시장개입을 뒷받침할 수축금융정책이 추후에 실행되어 통화량이 감소할 것으로 예상하기 때문에 환율이 더욱 하락할 것으로 기대하고 지금 외환을 매도하고자 한다. 그 결과 환율이 더욱 하락하게 된다.

불태화 외환시장개입의 옹호자들은 포트폴리오 밸런스 효과, 신호효과 등 때문에 시장개입이 단기적으로 환율변동의 완화에 효과가 있다고 주장한다. 우리나라처럼 협소한 외환시장에서 시장개입의 효과가 더욱 크다고 본다.

하지만 국내 금융정책과 환율정책은 달성과정에서 서로 상충할 수 있다. 만일 중앙은행이 원화절상을 방지하기 위해 외환을 매입하는 시장개입을 시도하였다면, 이는 통화량을 증가시켜 물가상승압력을 야기할 수 있으므로 통화량을 흡수하는 불태화 시장개입을 하게 된다. 그런데 중앙은행의 불태화 개입용 채권매도는 채권가격을 하락시키고 이자율을 상승시키므로 자본유입(압력)이 심화되어 원화절상으로 이어질 수 있다. 이와 같이 통화량과 환율의 두 가지 목표를 동시에 달성하기가 어렵다. 둘 중 하나만 우선 선택해야 한다.

현실적으로 외환시장개입에 대해 반대하는 의견도 많다. 국내외 자산이 완전대체재이라면 국내외 자산의 외환시장개입 효과가 동등하기 때문에 불태화 외환시장개입은 투자가들의 행동에 아무런 영향을 주지 못한다. 또한 리카아도 동등성에 따르면 불태화 시장개입에 사용된 정부채권은 향후 언젠가 조세로 지불되어야 하는 자산이기 때문에 투자가들의 행위에 영향을 전혀 미치지 못한다. 그밖에 외환시장 거래규모가 매우 큰 경우에 외환시장 개입액이 너무 미약하면 개입효과를 내지 못할 것이다.

과거 외환시장개입의 경험을 살펴보면, 미국의 경우 1980년대 후반부터 적극적으로 개입하였다. 1985년에는 달러화 매도, 1987~1988년 동안은 달러화 매입, 1989~1990년 기간에는 달러화 매도를 통해 시장에 개입했다. 일본의 경우는 1998년에 달러화 매도를 제외하면 1990년대 동안 지속적인 엔화의 강세를 낮추기 위해 주로 달러화를 매입하는 시장개입을 하였다. 반면 우리나라의 경우 1997년 외환위기 당시 원화의 급락을 방지하기 위해 대규모의 달러화 매도를 통한 현물환시장 및 선물환시장에 개입이 이루어졌다.

외환시장개입의 효과에 대한 실증분석 결과에 따르면, 1980년대 중반 이전까지는 대체로 시장개입효과에 대해 부정적이었다. 하지만 1985년 플라자협정 이후부터 최소한 단기적으로 개입효과가 존재한다고 보았다. 특히, 선호효과가 포트폴리오 효과보다 더욱 유효하였고, 외국정부의 반응에 맞추어 다른 나라와 협조하면서 시장개입을 하면 더욱 효과적인 것으로 나타났다. 만일 중국이 경상수지 흑자를 지속하기 위해 달러화에 대한 위안화의 가치를 약세로 만들고자 할 때 미국도 경상수지를 개선하기 위해 달러화의 약세를 추진하면 외환시장개입의 효과가 사라지기 때문에 국가간 상호 협조가 필요하다. 또한 일단 외환시장개입을 시작하면 현실적으로 어렵겠지만 환율정책 의지가 시장참가자들에게 인식될 만큼 대규모의 지속적인 시장개입이 요구될 것이다.

- Critical Thinking : 환율제도가 자유변동환율제로 접근할수록, 그리고 자국통화가 기축적 국제통화에 가까이 갈수록 외환시장개입의 효과가 낮아지는가? 그 이유는?

정 리

- 중앙은행 외환시장개입 = 고정환율 유지, 외환시장(환율) 안정, …
- 시장개입 = 태화개입 + 불태화개입.
- 시장개입효과 = 포트폴리오 효과, 신호효과, 정책 비밀유지/투명성 효과, …

• Further Studying Tip : 본문내용을 정리하면서 비교해봄.

An Inside Look

우리나라 통화부문의 Macro-Data (2009년도)

1. 화폐공급(연말잔액)

화폐발행	37,346.2 십억 원
은행권	35,414.58 십억 원
주화	1,830.21 십억 원
본원통화	67,779.1 십억 원
M1	389,394.5 십억 원
M2	1,566,850.0 십억 원

** 국내총생산(명목GDP) 1,063,059.1 십억 원

** 외환보유액(미국달러화) 267 십억 원

2. 본원통화 구성내역(연말잔액)

본원통화	67,779.1 십억 원
현금통화	29,205.9 십억 원
중앙은행 대 예금취급기관부채	38,573.2 십억 원

3. 한국은행의 대차대조표(연말잔액)

자산	364,033.3 십억 원
국내자산	41,359.7 십억 원
현금	0.0 십억 원
대출금	13,102.4 십억 원
유가증권	12,670.1 십억 원
정부대출금	1,115.7 십억 원
고정자산	2,320.0 십억 원
환매조건부채권매입	1,794.1 십억 원
기타	10,357.4 십억 원
해외자산	322,673.6 십억 원
지금은	92.2 십억 원
외국증권	291,110.3 십억 원
외화예치금	19,574.8 십억 원
IMF특별인출권보유	4,357.3 십억 원
국제금융기구출자금	7,194.6 십억 원
외국환 등	344.4 십억 원
부채	357,825.5 십억 원
국내부채	342,568.6 십억 원
화폐발행액	37,346.2 십억 원
예금계	105,455.6 십억 원
중앙정부예금	4,820.4 십억 원
통화안정증권발행	149,169.8 십억 원
환매조건부채권매각	13,500.0 십억 원
충당금	137.8 십억 원
기타	31,549.9 십억 원
해외부채	15,256.9 십억 원
비거주자예금	4,495.0 십억 원
IMF특별인출권배분	4,385.2 십억 원
출자증권발행	621.2 십억 원
자본	6,207.7 십억 원

3-2 Section 외환보유고와 국제채무

1970년대 초반에 국제통화질서가 변동환율제도로 전환되면서 다양한 환율결정모형들이 제시되었고 환율에 대한 무수한 실증연구가 이루어졌다. 1980년대부터는 중남미 국가들이 외채위기를 겪자 외채위기의 원인과 해결에 대한 연구가 쏟아져 나왔다. 우리나라에서도 1997년 외환위기에 대하여 수많은 논의가 있었으며 적정한 외환보유고가 확보되지 못한 점을 가장 직접적인 원인으로 든다. 그리고 2007년도 미국발 서브프라임 모기지 사태는 이듬해 리만브라더스, 메릴린치, 베어스턴스 등 주요 투자은행들을 파산시켰고 일부 국가가 외채 지급불능상태에 빠질 수 있다고 하는 외환위기설이 제기되는 등 국제금융시장에 혼란을 가중시켰다.

본 절에서는 예상하지 못한 외자유출로 인한 위기에 대처할 수 있는 능력을 보여주는 외환보유고가 기타 주요 경제지표와 비교하여 어떻게 적정한 규모수준으로 규정할 수 있는 지에 대하여 알아보고, 과소한 경우의 잠재적 위험 및 과대한 경우의 사회적 기회비용을 평가해본다. 그리고 최근 외환보유액과 밀접한 관계를 가지는 대외 채권과 채무, 경상수지와 자본수지, 환율 등 가운데 외채의 특징에 대한 설명에 많은 부분을 할애할 것이다.

Key Concept

Property	Words	Examples
가용 외환보유액	정부와 중앙은행 보유한 외환보유액에서 국내금융기관의 해외예치액을 제외한 것	최소 외환보유액
(총)외채	정부, 기업 및 금융기관의 모든 해외 차입금	총 대외지불부담

대외준비자산

• Teaching Tip : 공적 외환보유액의 기능과 적정수준이 대해 논의함.

각국의 중앙은행과 정부가 보유한 국제유동성 대외준비자산은 자국의 외환보유액 크기 및 외채상환 수준을 나타나준다. 공적 대외준비자산(Official External Reserves)은 대체로 대외지급에 사용 가능하고, 자산가치가 안정적이며, 통화·외환정책의 수단으로 통화당국이 용이하게 이용할 수 있는 것을 말한다. 구체적으로 외환, 금, SDR, IMF 포지션(금지분 및 신용지분) 등이 포함된다.

그런데 한 나라가 대외준비자산을 보유한다는 것은 수익자산의 형태로 준비자산을 보유하고 있지만 그만큼 국내소득을 증대시킬 기회를 포기한다는 뜻이다. 즉, 외환준비자산 형태로 보유한 외환보유액(Foreign Exchange Reserves)은 일정한 수익은 얻지만 실물경제투자에 사용하지 못하는 만큼의 기회비용이 발생된다. 이때 외환보유액의 기회비용은 자본의 사회적 수익에서 외화자산의 수익을 공제한 부분이 된다.

외환보유고는 중앙은행, 외국 중앙은행 등에 예치된 대외준비통화다. 정부의 자산으로서 달러화, 유로화, 엔화 등이 준비통화로서 주로 구성된다. 전 세계 외환보유고는 2004년말 기준으로 미국 달러화가 65%이고 유로화가 25%를 차지했다. 우리나라의 경우 한국은행과 정부는 통화안정증권, 외국환평형기금 및 여타 채권을 발행하여 외환매입의 비용을 조달하며 이와 더불어 외환을 주로 채권형태로 보유하면서 이자수익을 얻는 반면 외환자금조달을 위해 발행한 채권의 이자상환 부담도 늘어난다.

그렇다면 미국 달러화 중심의 세계 화폐경제하에서 외국통화에 대한 발권력을 보유하지 않은 각국의 중앙은행이 대외준비자산을 보유하면서, 즉 공적 외환보유고를 유지함으로써 얻는 이익에 대하여 생각해 보자.

첫째, 자유변동환율제도로 접근함에 따라 환율변동에 의한 대외균형이 달성되므로 중앙은행이 개입하는 고정환율제도 보다 외환보유고의 필요성이 줄어든다. 부족한 대외지불로 인해 야기될 수 있는 손실을 방지하고자 예비적 동기의 외환보유액 정도만 보유하게 된다. 외환보유고는 대외결제자금의 부족을 대비해준다.

둘째, 국제수지의 불균형이나 외환의 수입과 지출에 대한 불확실성이 높아질수록 외환보유고는 증가할 것이다. 경제적 충격이나 교란은 국제수지의 불균형을 야기하며, 충격이나 교란이 크면 클수록 이를 완화시켜 줄 외화준비자산이 더욱 필요해진다. 외환보유고는 이러한 불확실성을 제거하여 국제거래를 활성화시켜준다.

셋째, 국제자본이동이 자유로울수록 외환보유고가 적게 필요하다. 자본이동이 자유롭다면 경상수지의 적자나 흑자가 자본수지의 흑자나 적자로 쉽게 상쇄되기 때문이다. 하지만 개도국의 경우 외환보유고가 많을수록 대외 신뢰도가 높아지는 경향이 농후하므로 대외 경상거래나 자본거래가 더 증가될 것이다.

넷째, 국제통화를 보유한 선진국은 기회비용이 높은 타국통화를 외환보유고로 보유할 동기가 낮고 개도국에 비해 외환보유고의 규모도 작을 수 있다. 미국은 달러화가 기축통화이어서 외환보유고 관리의 개념이 거의 없다. 단지 미국의 대외준비자산은 외채수준을 나타내주는 정도이다. 이와 같이, 각국의 외환보유고 규모가 자국통화 국제화의 미성숙된 부분을 채워준다.

다섯째, 경상수지가 지속적으로 흑자상태인 나라가 적자기조에 놓인 나라보다 외환보유고가 적을 것이다. 반면에 경상수지 적자의 지속성, 수입규모, 수입성향 등이 크다면 외환보유고가 커질 것이다. 그리고 대외채무, 이 가운데에서 상환기간이 1년 미만인 단기외채가 많은 국가의 외환보유고가 더욱 클 것이다.

그래서 외환보유고의 적정수준은 경상수지 적자상태와 단기외채 규모에 달려있다. 환언하면, 외환보유고가 경상수지의 적자기조나 단기외채 문제를 잠정적으로 유보시켜준다. 그밖에 국제간 통상증대, 외채문제해결

등을 위한 국제협력도 각국의 외환보유액 크기에 영향을 미친다.

전통적 화폐수요이론에서 화폐수요를 결정짓는 요인으로 크게 거래적 동기, 투기적 동기, 그리고 예비적 동기가 있다. 국제통화에 대한 수요도 이러한 세 가지 요인에 따라 결정된다고 볼 수 있다. 하지만 중앙은행의 외화준비자산 수요는 민간경제주체의 화폐수요와 조금 다르다. 일반적으로 중앙은행은 거래적 동기나 투기적 동기 보다는 예비적 동기에 의해 외환준비자산을 보유하고 관리한다. 중앙은행은 직접 대외거래와 이에 따른 결제에 참여하지 않으며 투기적 외환거래를 행하지 않기 때문이다.

한 나라가 보유한 외환보유액의 규모는 예상하지 못한 외국자본 유출이나 외환위기가 발생했을 때 그 나라가 대처할 수 있는 능력을 나타내준다. 만일 경상수지가 균형을 이룰 것으로 예상되더라도 외환의 유출입이 일정하지 않기 때문에 일정량의 대외거래용 외환을 보유하고 있어야 한다. 그러나 실제로 중앙은행이 보유한 공적 외환보유액의 적정규모를 추정하는 문제는 상당히 어려운 문제이다. 그 동안 많은 학자들이 중앙은행이 보유하는 대외준비자산의 수요를 조사해왔는데, 공적 외환보유액의 수요에 대한 판단에 영향을 미치는 요소에는 앞에서 살펴본 것처럼 환율제도, 경상수지 상태, 외국인 투자현황, 국제수지 불확실성, 한계수입성향, 대외 채권과 채무의 장단기 현황, 외환보유 기회비용 등이 포함된다.

국제통화 발행국인 선진국에 비해 개도국은 자국통화가 대외적으로 거래되지 않기 때문에 더욱 많은 외환이 필요할 것이다. 미국은 통화당국이 비상시를 대비하여 보유하는 외환보유고에 대한 관리개념이 거의 없지만 그밖에 나라에서는 자국에 적정한 외환보유고 크기가 연간수입액의 20~25% 정도라고 알려져 있다. 지속적인 경상수지 적자가 예상된다면 적정 외환보유액은 상향 조정될 것이다. 그리고 1년 미만 단기외채를 감안하여 추가적으로 외환보유액을 더 높여주어야 한다.

외환보유액의 규모는 일정기간 동안 누적된 국제수지 상태의 결과이면서 대외적 지불능력을 나타내주는 중요한 경제지표이다. 금융세계화의 결과로 1990년대 중반부터 개도국의 외환보유액 축적이 가속화되었다. 2000년대 동안 대한민국, 일본, 중국을 비롯한 동아시아 국가에선 수출중심의 경상수지 흑자의 결과로 상당한 외환보유액이 축적되었다.

그런데 외환보유액에서 전체자산 규모는 미국 달러화로 변환하여 표시 및 발표하지만 외환보유고의 구성은 주로 대외거래를 하는 외화의 비중에 좌우된다. 미국의 높은 대외거래비중, 달러화로 중동지역과 석유거래 등의 이유로 인해 달러화 비중이 유로화나 파운드화 같은 다른 나라의 통화보다 현저하게 높다. 전 세계 외환보유고 중 달러화의 비중은 1999년 71%에서 2004년 65.9%로 줄어들었다. 물론, 외환보유고를 구성하는 통화의 비중을 최적 선택해줄 수 있는 법칙은 아직까지 없다. 단지, IMF가 외환보유고상 각 통화의 적정한 비중을 발표하고 있으며 이를 권장하고 있다. 그 추정 방법론은 공식적으로 발표되지 않는다.

예를 들면, 2006년도 IMF의 발표기준에 따르면, 미국, 유럽, 영국, 일본, 스위스 등의 지역은 달러화 71.9%, 유로화 20.4%, 엔화 3.5%, 파운드화 2.5% 및 스위스 프랑화 0.2% 순인 반면에 여타 지역에는 달러화 59.7%, 유로화 29.6%, 파운드화 5.8%, 엔화 2.9% 및 스위스 프랑화 0.1% 순으로 국제통화 비중이 제시되었다. 그밖에 외환보유고로 외화가 아닌 금, SDR 및 IMF포지션이 약간씩 보유되고 있다.

IMF 권장 외환보유고의 통화비중(2006년도 기준)

	국제통화 보유국가	여타지역 국가
미국 달러화	71.9%	59.7%
유로화	20.4%	29.6%
일본 엔화	3.5%	5.8%
영국 파운드화	2.5%	2.9%
스위스 프랑화	0.2%	0.1%

자료원 : IMF

우리나라의 외환보유액을 살펴보면, 2009년 3월말 기준으로 외환보유액이 2,063억 달러에 이른다. 이 가운데에서 유가증권의 형태로 89.29%(1,842억 달러)를 보유하고 있으면 해외은행 예치금이 10.37%(214억 달러)를 차지하며 나머지는 SDR이 0.039%(0.8억 달러), IMF포지션이 0.266%(5.5억 달러), 금이 0.039%(0.8억 달러) 등으로 구성되어 있다. 한편, 외화 유가증권의 경우 국제통화 다변화 시도에도 불구하고 절반 이상을 달러화 표시 자산으로 보유중이다.

우리나라의 외환보유액 형태(2009년 3월말)

외환보유액	유가증권	해외은행 예치금	SDR	IMF포지션	금
2,063억 달러 (100%)	1,842억 달러 (89.29%)	214억 달러 (10.37%)	0.8억 달러 (0.039%)	5.5억 달러 (0.266%)	0.8억 달러 (0.039%)

자료원 : 한국은행

우리나라 외환보유액의 규모가 1976년부터 2010년까지 어떻게 변화해왔는지 그 추이를 아래 그림에 표시하였다. 외환보유액의 크기는 1997년 외환위기를 겪기 이전까지는 큰 변동이 없었지만 외환위기 이후 204억 달러까지 감소되었던 외환보유액은 2000년대에 들어 지속적으로 증가하였다. 2008년 1/4분기 말에는 2,642억 달러까지 증가하였다가 그 이후 미국발 국제금융시장의 불안과 함께 가파른 하락세를 보였다. 2009년도부터 다시 증가하여 2010년 3월말 현재 2,272억 달러 정도이다.

1997년 외환위기 이후 우리나라를 비롯하여 중국, 일본, 대븐 등 아시아 주요 국가들의 외환보유액은 빠르게 증가하는 추세를 보인다. 다음 표는 2009년도 2월말 기준으로 전 세계 외환보유액 상위 10개국의 외환보유고 동향을 나타낸 것이다. 서구 선진국들의 외환보유액 규모가 정체 상태인 반면 아시아 국가들의 외환보유액은 규모면에서 빠르게 증가하고 있다. 그리고 중국과 인도와 함께 BRICs를 구성하는 러시아와 브라질의

우리나라의 외환보유액 추이

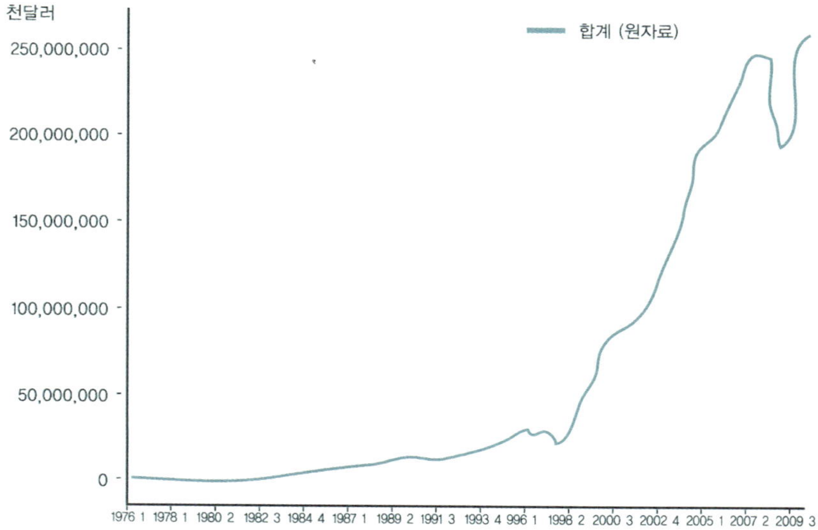

자료원 : 한국은행

주요 국가의 외환보유액 동향(2009년 2월말)

(단위: 10억 달러)

중국	일본	러시아	대만	인도	한국	브라질	홍콩	싱가폴	독일
1946.0	1009.4	384.1	294.2	249.3	201.5	186.9	177.1	167.1	143.5

자료원 : 한국은행

외환보유액 크기도 빠르게 늘어난다. 우리나라는 외환보유액이 2,015억 달러로 중국, 일본, 러시아, 대만, 인도에 이어서 세계 6위에 해당된다.

그렇지만 외환보유액의 증액은 사회적 비용(= 민간의 외자조달비용 - 외환보유액의 운용수익)이 그만큼 수반되며 외환보유고의 필요규모가 경제불안에 비례하여 커지기 때문에 적정한 규모수준을 추정하기가 어렵다. 즉, 외환보유액이 대규모 축적되는 경우 사전적 위기예방에는 도움이 되지만,

위기에선 더 많은 외환보유액이 있어야 완충역할을 하는 것처럼 경제적 불확실성(경제적 충격이나 불안정성)이 커져갈 때 필요한 외환보유액의 적정규모 자체가 더욱 증가될 수 있다. 따라서 예비적 동기(자기보험)의 외환보유액을 축적하는 동시에 단기외채의 축소, 경제의 건전성 확보 등을 통하여 외환의 최종대부자 기능에 과도하게 의존하는 것을 차단하는 일이 중요할 것이다. 여기서 단기외채의 축소란 신흥국의 외환위기는 대부분이 단기외채, 즉 단기 투자자금이 일시에 해외로 유출되는 경우에 발생되므로 외환보유액 대비 단기외채 비율을 일정수준 이하로 억제하는 것을 말한다. 그리고 경제의 건전성 확보란 외환보유액 증액 이전에 전반적인 경제활동 및 자본흐름의 건전성을 확보하는 것이 중요하다는 점을 말한다.

외환의 최종대부자(Lender of Last Resort) 기능이란 중앙은행이 금융위기시 민간경제에 대해 외화유동성의 공급으로 대응하는 것을 말한다. 즉, 대규모 외환보유액을 보유한 경우 사후적으로 최종대부자 기능을 어느 정도 수행 가능하다. 하지만 최종대부자 역할은 해당 국제통화에 대한 무제한 발권력을 보유한 경우에 가능하기 때문에 자국통화가 국제화되지 않은 개도국의 경우 아무리 외환보유액을 늘려도 중앙은행이 외환의 최종대부자 역할을 하는데 현실적인 한계가 있다.

결론적으로, 한 나라가 대규모 외환보유액을 보유하는 경우에 사전적으로 위기예방에는 도움이 되지만 사후적으로 외환의 최종대부자 역할을 수행하는데 한계가 있으며 외환의 최종대부자 기능이 일부 존재할 때 민간의 외자조달과정에서 모럴해저드를 초래할 수 있기 때문에 바람직하지 않을 수 있다. 이에 따라서, 적정한 외환보유액의 확보와 더불어 단기외채의 축소, 거시경제의 건전성 확보, 환율의 시장기능 확대 등을 통해 필요이상으로 외환보유액에 의존하는 것을 방지하는 것이 바람직할 것이다.

- Critical Thinking : 외환보유액의 적정규모가 거시경제의 구조적 특성(수출중심 경상수지, 자국통화의 국제화 정도,......)에 따라서 어떻게 달라질 수 있는가?

NOTE

■ **외환보유액의 적정규모**

- 외환보유액의 적정한 규모를 세 가지 방법으로 추정이 가능함. 첫째, 잠재적 외환지급수요(수입규모, 유동외채, 거주자의 자본도피규모, 외국인의 투자자금 회수가능성 등)를 기준으로 필요한 외환규모를 계산함. 둘째, 외환보유 총비용(=기회비용+위기비용)을 최소화하는 조건으로부터 필요한 외환규모를 도출함. 셋째, 사회적 효용을 극대화하는 조건(위기발생시 사회적 손실을 최소화하는 기준)으로부터 필요한 외환규모를 찾아봄. 이런 방법에 기초한 외환보유액 규모는 경제가 불확실해지거나 위기 가능성이 커져갈 때 비례적으로 증가함.
- 외환보유고는 정부와 중앙은행이 보유한 외환으로서 공적 외환보유고라고 부르며, 공기업, 민간기업 등이 보유한 외환은 포함되지 않음.

• Further Studying Tip : 중앙은행의 최종 외환 대부자 역할 및 외환보유고의 적정 규모 결정에 관련한 최신 논의를 더 살펴봄.

대외채무와 국가채무

• Teaching Tip : 외채(장단기외채)와 국가채무에 관련한 시대별, 국가별 경제적 특성을 살펴 봄.

제1차 세계대전과 대공황 사이의 기간 동안 그리고 제2차 세계대전 이후 수십 년 동안 개도국은 경제규모가 훨씬 크고 부유한 선진국으로부터 대규모 자본유입을 받아들였다. 제2차 세계대전 이후 선진국 간의 자본이동이 점차 증가되다가 브레튼우즈 체제가 붕괴된 후 개도국의 자본자유화 시작과 함께 개도국으로 자본이동이 주로 공적자본 형태로 늘어났다. 그 결과 지금은 상당한 규모의 대외부채(External Debts)를 지고 있다. 경상수지가 적자이거나 자본이 부족한 개발도상국은 외국에서 자금을 차입하여 적자를 메우거나 경제개발을 위해 국내저축 이상으로 외자를 도입하는 경향이 있다.

대부분의 개도국으로 자본이동은 1973년 이전에는 구호기간과 외국인 직접투자를 통한 보조금 대출의 형태로 이루어졌다. 1970년대에는 선진국의 민간은행들이 의욕적인 개발도상국에 경쟁적으로 자금을 대부했다. 국제기관 및 선진국의 공적기관도 차관을 확대하였고 중동 오일 수출국가에 오일가격 급등으로 자금이 쌓이자 선진국의 상업은행을 이용한 신디케이트 론의 형태로 외국투자가 증가하였다. 몇몇의 차입국가는 대규모 경상수지 적자를 보존하기 위해 차입한 결과 대외부채 증가로 국제신용이 훼손된 채무국으로 전락하였다. 1970년에 690억 달러에 달하던 개도국의 정부보증 중장기 공적채무가 1992년 말에는 1조 1522억 달러로 증가하였다.

1980년대에 들어오면서 개도국의 대외채무가 심각한 문제로 등장하였다. 국제금융조건이 악화되고 채무국이 자금활용을 적절히 하지 못해서

NOTE

■ 대외채무 vs. 국가채무

– 대외채무=(총)외채. 대외채무는 정부와 중앙은행(통화당국), 공기업, 금융기관 및 민간기업이 해외로부터 진 채무를 말함.

– 국가채무와 정부부채는 유사한 개념인데 정부가 진 국내외 채무를 말함. 예를 들어, 미국은 현재 가계부채뿐만 아니라 국가부채가 심각한 형편임. 가계부채가 2007년 말 현재 13.8조 달러로 GDP의 99.9%에 해당되며 국가부채는 2007년 9조 달러를 돌파해 2009년 현재 12조 달러에 달함. 뉴욕 타임스퀘어 벨라스코 극장 맞은편 빌딩 외벽에 설치된 미국 국가부채시계(국가부채액수, 가구당 평균부채액수)가 시민들의 경각심을 일깨워주고 있음.

대다수의 과중한 채무국들은, 특히 남미국가들은 부채상환에 어려움을 겪었다. 1981년 3월 폴란드가 이자 상환불능을 선포했고, 1982년 8월에는 멕시코, 브라질, 아르헨티나 등이 원리금을 상환하지 못했으며, 1983년에 필리핀은 경제파탄으로 외채위기를 경험했다. 1980년대 개도국의 수요부족, 국제 고금리 등이 형성된 10년 동안 IMF와 주요 선진국은 함께 채무국에게 국제수지 변동회복을 위한 정책을 고안하여 제공하면서 대출에 관여하였다. 1980년대 국제 외채위기는 비유동성보다 채무지급불능상태의 문제이었다. 국제채무위기의 해결책으로 브래디 플랜(Brady Plan)이 중남미 국가들의 경제회복에 기여했다는 평가이다. 브래디 플랜은 미국 재무장관인 브래디(N. Brady)가 1989년 발표한 개도국 채무구제방안을 말한다. 그 내용은 채무국의 채무를 일부 탕감해주는 한편 미국 정부가 지급보증한 장기의 브래디 채권을 발행하여 개도국의 채무상환을 도왔다.

개도국이 외채상환에 어려움을 겪으면 채무국뿐만 아니라 자금을 빌려준 선진국의 금융기관 나아가 세계경제가 어려움에 처하게 된다. 1990년대는 특히 신흥경제(Emerging Economies)라 불리는 중산층 개도국에서 민간부문의 자본이동 제약이 사라져가자 사적 자본시장이 크게 발달하였다. 개도국으로 자본이동은 1970년대에 상당하였고, 1980년대에 크게 감소되었다가, 1990년대에 채무(채권과 은행대출)와 포트폴리오 주식 형태로 다시 크게 늘어났다. 하지만 1990년대 후반에 들어 멕시코(1994년), 동아시아(1997년), 러시아(1998년), 브라질(1999년), 터키(2001년) 등 신흥경제국에 위기가 계속 발생하였다. 우리나라에서도 1990년대 이후 국내 자본시장의 개방화와 경상수지의 악화로 대외채무가 빠른 속도로 증가하다가, 특히 단기외채가 급증하고 가용 외환보유액이 급감하면서 1997년에 외환위기를 경험하였다.

개도국의 외채문제는 세계금융시장에 커다란 혼란을 가져다줄 수 있다. 심각한 외채누적과 외채상환불능은 채무국의 대외신뢰도 하락뿐만 아니라 자금공급자들의 급작스런 자금인출사태를 발생시켜 국제금융시장에 불확실성을 가중시킬 수 있다. 따라서 외채문제를 해결하기 위한 공동노력이 만들어지고 있다. 현재 개도국 대출의 상당부문이 미국계 금융기관에 의해 이루어져왔다. 개도국 외채에 대한 미국의 정부나 은행이 내놓은 대처방안이 주 관심사이다. 그리고 세계은행은 국제통화기금과 더불어 개도국의 경제발전과 외채문제의 해결을 위해 여러 조치를 취해왔다.

2000년대 후반부터는 미국발 글로벌 금융위기가 발생하고 이를 수습하는 과정에서 각국의 대외채무가 크게 증가하였지만 향후 경기위축, 경제성장 둔화, 조세수입 부진, 인구고령화 등 요인으로 인해 국가채무가 단기간내 줄어들기가 어려울 전망이다. OECD에 따르면 2010년도 선진국의 평균 대외채무가 GDP를 초과할 수도 있다는 전망이 나왔다. 국가채무는 보통 금융위기 이후에 증가하는 형태로 나타나는 현상이지만 최근에 과중한 대외채무가 장기화되면서 경제성장의 위축과 높은 인플레이션 압력으로 이어져 실물경제에 부정적인 영향을 초래하고 금융시장에서

우리나라의 대외 채무·채권 현황(단위: 백만 달러)

년 말	대외 채무	장기 외채	단기 외채	단기외채 ÷총외채	GDP	외채÷ GDP	대외 채권	순채권
1997	174,231	110,473	63,757	36.6%	532,300	32.7%	106,148	−68,082
2000	148,119	98,462	49,657	33.5%	533,500	27.8%	166,954	18,835
2001	128,687	88,394	40,293	31.3%	504,600	25.5%	163,675	34,988
2002	141,471	93,291	48,179	34.1%	575,900	24.6%	184,253	42,783
2003	157,394	106,589	50,805	32.3%	643,600	24.5%	230,086	72,691
2004	172,259	115,912	56,348	32.7%	722,400	23.8%	288,915	116,656
2005	187,882	121,971	65,911	35.1%	844,700	22.2%	317,070	129,188
2006	260,061	146,312	113,748	43.7%	951,100	27.3%	380,904	120,843
2007	383,152	222,903	160,249	41.8%	1,049,300	36.5%	420,557	37,405
2008	377,944	228,050	149,894	39.7%	930,900	40.6%	347,878	−30,066
2009	401,922	251,962	149,960	37.3%	832,900	48.3%	417,138	15,217

자료원 : 한국은행

는 불안요인으로 작용할 가능성이 아주 높다.

우리나라의 경우 2009년 말을 기준으로 대외채무는 총 401,922백만 달러, 대외채권이 총 417,138백만 달러로 집계되어서, 15,217백만 달러 순채권상태에 놓여 있다. GDP대비 대외채무는 48.3%에 달했다. 여타 국가에 비해 대외채무 비중이 높지는 않지만 2007년도 미국발 금융위기 이후 급증하는 추세다. 신흥시장국에서는 GDP대비 대외채무 비율이 60%를 초과하는 경우 경제성장율이 크게 하락되는 경향을 보인다. 또한, 총외채 중 단기외채가 차지하는 단기외채비율이 외환위기 직후인 1997년 말에 36.6%에 달한 이후 계속 감소되다가 2005년도부터 다시 증가하여 2006~2008년 동안은 40% 전후에 머물렀다.

다음단계로 우리나라의 대외채권 규모는 1997년 말 106,148백만 달러에 불과했지만 그 이후 지속적으로 증가해오다가 2008년 달 국제금융시장의 불안과 함께 급락하여 347,878백만 달러까지 감소했다가 다시 2009년 말 417,138백만 달러로 증가한 것으로 집계되었다. 한편, 1997년 말 174,231백만 달러였던 대외채무는 계속 줄어들어 2001년 말에는 128,687백만 달러까지 감소한 바 있다. 2000년 이후로는 대외채무가 지속적으로 증가하였지만 대외채권도 증대되면서 대외채무를 초과하여 상당한 순 대외채권 상태를 유지하였다. 하지만 국제금융위기의 여파로 2008년 말에는 순 대외채무 상태로 전환되었다.

그런데 한 국가의 국가채무는 이자부담을 감당할 수 있거나 GDP대비 국가채무비율이 중장기적으로 일정한 수준에 복귀할 수 있다면 지속가능한 것으로 평가한다. 각국 정부는 영구적이기 때문에 미래 특정시점에 국가채무를 전부 상환할 필요가 없고 단지 국가채무가 지속 가능하기만 하면 큰 문제가 없는 것으로 볼 수 있다. 하지만 최근 국제금융위기의 수습과정에서 각국의 국가채무 규모가 크게 증가하였으며 앞으로도 확대될 것으로 예상됨에 따라 국가채무의 지속가능성이 낮아지고 있다.

NOTE

■ 우리나라의 대외채무

대외채무는 2006년 3월말 2600억 6100만 달러에서 2010년 3월말 현재 4097억 5800만 달러로 늘어남. 특히, 금융위기 이후 경기부양을 위해 대외자금을 조달하면서 늘어난 정부와 공기업의 외채가 2010년 3월말 현재 324억 5300만 달러, 131억 6200만 달러로 각각 크게 급증하였음.

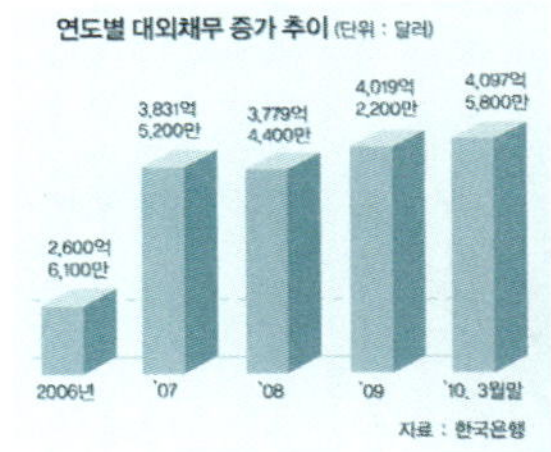

■ 우리나라 주식시장과 외환시장의 당면문제

2010년도 기준 주식시장에서는 주가하락과 환율변동 차액손실이 부담으로 작용하는 반면에 외환시장에선 은행의 단기외채 중심으로 유입된 해외자금이 쉽게 빠져나갈 수 있는 구조가 문제임.

NOTE

■ 우리나라의 포괄적 국가부채

2009년말 기준 공식 국가부채(중앙정부 부채+지방정부 부채)는 359조 6000억 원이지만 앞으로 부채로 전환될 가능성이 높은 잠재부채가 429조 6000억~454조 1000억 원 정도임. 따라서 포괄적 국가부채(공식국가부채+잠재부채)가 800조 원 정도에 도달함.

포괄적 국가부채현황

자료 : 예산결산특별위원회

▶공식국가부채	359.6조원(GDP대비 33.8%)
▶잠재국가부채	429.6조~454.1조원(GDP대비 40.4~42.7)
공적연금 미적립부채	303.2조원
민지투자사업 중 임대투자산업(BTL)	12.4조원
공공기관 잠재부채	89.6조~114.1조원
외평기금 누적손실	13.8조원
국민주택기금 부채 중 청약저축 예금잔액	10.6조원
▶포괄적(공식+잠재) 국가부채	789.2조~813.7조원(GDP대비 74.2~76.5%)

최근 들어 국가채무의 지속가능성에 대해 의구심을 주는 구조적 요인에는 재정수지의 지속적 적자, 실질금리의 상승, 인구의 고령화 등을 들 수 있다.

첫째, 주요국의 재정수지가 지속적으로 적자상태를 기록하고 있다. 경기회복 지연에 따른 조세수입의 부진이 장기화되는 가운데 재정적자가 지속될 전망이다. 이에 따라서 국가채무가 더욱 증가될 전망이어서 대규모 국가채무가 지속되기 어려울 수 있다.

둘째, 각국에서는 실질금리의 상승에 따라 국가채무에 대한 이자지불 부담이 증가하고 있다. 1990년대 후반부터 저금리 추세에 힘입어 실질금리가 대체로 경제성장률을 밑돌았다. 하지만 글로벌 금융위기 이후 잠재성장률이 떨어지는 가운데 실질금리가 경제성장률을 초과할 가능성이 높아져간다.

셋째, 향후 고령화가 심화되면 관련 재정지출 수요가 크게 증가할 전망이다. 고령화 문제는 국가채무가 이미 과다한 그리스, 스페인, 이탈리아, 일본 등에서 심각해질 것이라고 한다. 선진국에서 고령화 관련 재정지출을 감당하기 위해서는 연평균 GDP의 4.5%에 달하는 재정수지 흑자가 필요하다는 연구가 발표되기도 하였다.

과대한 국가채무가 장기화되면 국가채무를 지속하기가 어렵고 경제성과에도 부정적인 영향을 미치게 된다. 이와 같이 국가채무 비율이 일정 수준을 지나친 경우 국가위험 프리미엄 상승, 경제성장의 위축, 높은 인플레이션 압력으로 이어져 실물경제에 폐해를 초래하는 한편 재정정책과 통화정책의 상충문제를 야기하는 등 금융시장에서 불안요인으로 작용할 수 있다. 따라서 국가부채 수준이 과중해지지 않도록 유의할 필요가 있다.

첫째, 국가채무의 증가는 국내외 충격이나 불확실성에 대한 잠재적 취약요인으로 간주된다. 과중한 국가채무 보유국은 대외적으로 신뢰도가 하락되며 그 결과 국가위험에 대한 프리미엄의 상승을 유발시킨다. 국가채무의 과대성 여부는 GDP대비 국가채무비율로 쉽게 판정할 수 있다. 그리고 국가위험(Country Risk)은 국가채무, 외채, 외환보유액, 수출, 경제성장, 정치적 안정 등 일국의 전반적인 정치, 경제, 금융 상태를 평가하여 대외부채를 상환할 능력이 있는지 여부로 측정된다.

둘째, 국가채무의 증가는 단기적으로 민간투자의 구축효과로 인해 생산감소를 초래하는 반면 장기적으로는 실물자본의 축적을 저하하여 잠재성장율 하락을 유발시키고 경제성장률을 제약한다. 연구발표에 따르면, GDP대비 국가채무비율이 90%이하이면 경제성장률과의 관계가 미약하지만 90%를 초과하면 경제성장률이 하락한다. 특히 개도국의 경우 국가채무보다 대외채무에 민감한데 GDP대비 대외채무비율이 60%를 초과하면 경제성장률이 -2% 정도로 크게 둔화된다.

셋째, 과대한 국가채무의 증가는 인플레이션 압력으로 작용한다. 국가채무가 과중한 상태에서는 금리인상 같은 통화정책수단의 사용이 제한되므로 인플레이션 기대심리가 형성되고, 일부 국가에선 인플레이션을 통해 국가채무 부담을 덜어내려는 유인이 발생하기 때문이다. 대체로 선진국에서는 높은 국가채무비율과 인플레이션 사이에 체계적 관계가 없지만

NOTE

■ 국가위험 랭킹

'Euromoney Magazine'이 각국의 신용도에 순위를 매겨 국가위험의 순위를 일년에 두 번씩 발표함. 예를 들면, 1위-룩셈부르크, 2위-스위스, 3위-노르웨이, 4위-덴마크, 5위-미국,...... 34위-대한민국,......185위-북한의 순서임.

개도국에서는 GDP대비 국가채무비율이 90%를 초과할 경우 물가상승률이 급등하는 등 국가채무비율이 높을수록 물가상승률이 증가된다는 연구가 발표되었다.

적정 외환보유액

• Teaching Tip : 외환보유액의 적정수준에 대한 보편적 기준은 없음.

외환보유액은 정부나 중앙은행이 국제수지 불균형의 보전, 외환시장의 안정 등을 위해 언제든지 사용할 수 있는 대외지급준비자산이다. 외환보유액을 보유하는 목적은 유사시 외환수요를 대비하기 위함인데 외환부족의 완충장치 역할을 수행함으로써 외환부족사태를 막고 대외신인도를 높여준다. 따라서 외환보유액은 언제든지 사용할 수 있도록 유동성과 안전성을 우선적으로 고려하여 운용하지만 수익성 제고도 중요시하고 있다.

외환보유액의 적정규모에 대하여 다양한 연구이론들이 제시되고 있는데, 외환보유액의 적정수준은 각 나라의 환율제도, 자본자유화 정도, 외채규모 등 경제여건에 따라 달라질 수 있다. 모든 국가에 공통적으로 적용할 수 있는 보편적인 기준은 없으며 IMF도 각국의 사정을 고려해야 한다는 점을 강조하고 있다. 그러면 IMF기준과 대외계정기준 측면에서 외환보유액의 적정크기에 대하여 평가해보자.

첫째, IMF기준이란 경상거래 규모를 고려하여 외환보유액의 최소규모를 규정하는 기준으로서, 각국의 연간 경상수입액 가운데 3개월분 이상을 최소한의 외환보유액으로 확보할 것을 제의한다. 하지만 경상거래만 고려하는 기준은 자본거래가 크게 증대되는 최근의 상황에서는 실효성이 떨어질 수 있다.

둘째, 대외계정기준은 금융위기가 발생하여 신규외채의 차입이나 기존외채의 만기연장이 불가능하다는 전제하에서 1년 이내에 상환해야 할 외채의 원리금만큼을 외환보유액으로 최소한 보유해야 한다는 기준이다. 단기외채나 유동외채가 많을수록 외환보유액의 구모도 비례하여 증가시켜야 한다. 유동외채란 단기외채에 1년 이내에 만기가 되는 장기외채를 합한 것이다.

우리나라의 경우 외환보유고가 적정규모 수준이었는지 IMF기준과 대외계정기준을 중심으로 그 추이를 살펴본다. 즉, 우리나라의 외환보유액, 분기별 경상수입액, 그리고 단기외채가 각각 어떻게 변해왔는지 아래의 도표를 통해 알아보자.

우리나라의 외환보유액, 경상수입액, 단기외채(단위: 백만 달러)

년 말	외환보유액	경상수입액 (연간25%-1/4분기기준)	단기외채
1997	20,405	37,050	63,757
2000	96,198	38,830	49,657
2001	102,821	38,115	40,293
2002	121,413	33,788	48,179
2003	155,352	44,223	50,805
2004	199,066	52,798	56,348
2005	210,391	60,627	65,911
2006	238,956	72,542	113,748
2007	262,224	82,262	160,249
2008	201,223	106,053	149.894
2009	269,995	71,418	149,960

자료원 : 한국은행

우리나라의 외환보유액은 1997년도까지 경상수입액이나 단기외채 기준보다 낮은 수준에 머물렀다. 1997년 외환위기 이후 외환보유액의 규모가 빠르게 증가되면서 경상수입액이나 단기외채를 초과하였다. 최근 들어 외환보유액과 단기외채 간의 격차가 좁혀지는 것을 확인할 수 있다. 또한,

3개월분 경상수입액과 단기외채의 합을 외환보유고의 적정규모로 가정해보고 이를 실제 외환보유액과 비교한 결과, 2005년까지는 외환보유고가 적정수준을 초과하여 격차를 보였지만 2005년 이후에는 경상수입이 증가하고 해외투자 활성화로 단기외채가 늘어나서 그 격차가 좁혀졌다. 더 나아가 단기외채 대신에 유동부채를 중심으로 적정 외환보유액의 규모를 추정해보고 이를 실제 외환보유액과 비교하여 과다 또는 과소 여부를 평가할 수 있다.

우리나라의 대외준비자산의 규모는 1997년 외환위기 이후 지속적으로 증가하는 추세를 보여서 필요 이상의 외환보유액에 따른 사회적 비용과 더불어 외환보유액의 효과적 활용방안에 대한 논의가 활발하였다. 하지만 2007년 이후 국제금융시장의 위기와 수습과정에서 단기외채가 급증하자 다시금 외환보유액의 증대 및 적정규모에 대한 논의가 제기되고 있다. 나아가 달러화가 주축이 된 외환보유액의 구성통화비중을 대내외 경제상황에 적합하게 여타 국제통화의 비중을 신축적으로 높이는 방안에 대한 논의도 일부에서 제기된다.

- Further Studying Tip : 외환보유액의 적정규모결정 및 최적통화구성에 대한 최신 논의를 더 살펴봄.

정리

- **외환보유액 = 유가증권 + 해외은행 예치금 + SDR + IMF 포지션 + 금.**
- **적정 외환보유액 결정 = 예비적 동기, 사회적 비용, 단기외채, 외환 최종대부자 역할, 거시경제 건전성, …**
- **장기 과도한 대외채무의 폐해 = 인플레이션 압력, 금융시장 불안, 경제성장 위축 등.**
- **개도국 금융위기 :**

1) 1980년대 = 외채위기

2) 1990년대 = 외채위기 + (메이저)통화위기

3-3 Section 연습문제와 요약

국제금융시장 불안과 국내금융시장

01 원-달러화 환율이 2007년까지는 1달러당 1,000원 미만에서 비교적 안정된 움직임을 보였다. 하지만 2008년 이후 급상승하면서 한때 1,600원까지 상승하다가 연말에 1,200원대에 머물렀다. 2009년 초 다시 급등하여 3월 초에는 1,500원 이상으로 상승했다가 하락하는 등 극심한 변동성을 보이고 있다. 국제금융위기가 국내외환시장에 어떤 영향을 주었다고 생각하는가?

Answer 1. 국제금융위기가 원-달러화 환율을 비롯한 외환시장에 불확실성을 가중시킴.

02 우리나라의 종합주가지수는 2005년 이후 지속적으로 상승하여 2007년 한때 2,000선까지 접근했지만 2007년 이후에 외국인 투자자들의 이탈과 함께 급락하였다. 국제금융시장의 불안이 국내주식시장에 어떤 영향을 주었다고 생각하는가? 1997년 외환위기 이후와 유사한 양상을 나타내는가?

Answer 2. 국제금융위기와 외환위기설이 국내주식시장에 불확실성을 가중시킴. 1997년처럼 환율상승과 주가하락이 반복됨.

03 우리나라의 국제수지 변동을 경상수지와 자본수지로 구분해서 나타내보자. 경상수지는 1997년 외환위기 이후 흑자를 지속적으로 유지해왔지만 2008년에는 64.1억 달러 적자로 집계되었다. 반면 자본수

지는 적자와 흑자를 반복하는 등 급격한 변동성을 보였다. 2007년 동안 71.3억 달러 흑자를 기록했던 자본수지는 2008년에 100억 달러 이상 적자였다. 국제금융시장의 불안이 국제수지에 어떤 결과를 가져다주었는가?

Answer 3. 국제금융시장의 불안정 때문에 세계 실물경제 침체가 장기화되면서 국내 경상수지의 흑자기반이 축소되었고, 자본수지에선 신용경색으로 외국인 투자자금이 빠르게 유출됨.

04 우리나라의 외환보유액 대비 단기외채의 비율은 1997년 외환위기 직전에 300%를 초과하여 이는 당시 정부의 대외지급능력에 의문이 생길 정도다. 하지만 1997년 외환위기 이후에는 단기외채가 줄고 외환보유액이 계속 늘어나서 외환보유액 대비 단기외채 비율이 하락되었다. 2004년 말에는 30% 이하까지 떨어졌지만 2008년 말에는 60.5%까지 다시 상승하였다. 또한, 외환보유액 대비 유동외채 비율은 2008년 말 97.1%를 기록하였다. 최근 국제금융시장의 불안이 대외지급능력에 어떤 영향을 미쳤는가?

Answer 4. 미국발 금융위기로 인해 우리나라의 외화유동성이 악화될 우려가 높아짐.

외환보유고와 국가부채/대외채무

01 미국 중앙은행(Federal Reserves)의 자산(Assets)과 부채(Liabilities)가 아래와 같다고 가정해보자. 현재 유로당 달러화의 환율이 1.3달러이다. 이와 관련하여 외환시장개입에 관한 아래의 질문에 답하시오.

자산	부채
현금 2,000,000 유로	
채권 3,000,000 유로	
(유럽연합채권)	
× 1.3 달러화	통화 10,000,000 달러
6,500,000 달러	
채권 3,500,000 달러	
(미국재무성채권)	
총계 10,000,000 달러	

a. 현재 외환보유액의 비중(%)은 어느 정도인가?

b. 만일 중앙은행이 경기활성화를 위해 통화공급량을 증가시키려고 공개시장조작을 통해 재무성채권을 1백만 달러를 구입하였다. 변동된 외환보유액의 비중은?

c. b)의 경우 어떤 경로를 통해 국민소득에 영향을 미치는가?

d. b)의 경우 경상수지와 자본수지에 어떤 영향을 미칠 수 있는가?

e. b)에서 만약 국제수지가 적자가 되어서 유로화 가치가 상승하자 환율 안정을 위해 중앙은행이 유로화를 팔고 달러화를 1백만 달러 구입하였다고 하자. 변동된 외환 보유그의 비중은?

f. b)에서 e)와 달리 인플레이션 압력을 없애고자 국내통화의 변동 없이 환율안정을 추구하기 위해 불태화 외환시장개입을 한다면, 즉 유로화를 매각하는 동시에 재무성채권을 1백만 달러를 매입하였다면 외환보유고의 비중은?

Answer

1-a) 외환보유액의 비중은 6,500,000÷10,000,000 = 65%.

1-b) 변동된 외환보유액의 비중은 6,500,000÷11,000,000 = 59%.

자산		부채
현금	2,000,000 유로	
채권	3,000,000 유로	
(유럽연합채권)		
× 1.3 달러화		
	6,500,000 달러	통화 10,000,000 달러
채권	3,500,000 달러	+통화 1,000,000 달러
(미국재무성채권)		
총계	10,000,000 달러	
+채권	1,000,000 달러	

1-c) 통화량 증가는 이자율 감소와 투자 증가를 통해 국민소득을 증대시킴.

1-d) 통화량 증가로 인한 금리 감소는 외국인 투자유입을 감소시켜 자본수지를 악화시킬 수 있고, 국민소득 증대는 수입증가로 경상수지를 악화시킬 수 있음.

1-e) 변동된 외환보유액의 비중은 5,500,000÷10,000,000 = 55%.

자산		부채	
유로화	2,000,000 유로		
채권	3,000,000 유로		
(유럽연합채권)			
× 1.3 달러화			
	6,500,000 달러	통화	10,000,000 달러
채권	3,500,000 달러	+통화	1,000,000 달러
(미국재무성채권)		−통화	1,000,000 달러
총계	10,000,000 달러		
+채권	1,000,000 달러		
(미국재무성채권)			
−유로화	1,000,000달러		

1-f) 변동된 외환보유액의 비중은 5,500,000÷11,000,000 = 50%.

자산	부채
유로화 2,000,000 유로	
채권 3,000,000 유로	
(유럽연합채권)	
× 1.3 달러화	
6,500,000 달러	
채권 3,500,000 달러	
(미국재무성채권)	통화 10,000,000 달러
총계 10,000,000 달러	
	+통화 1,000,000 달러
+채권 1,000,000 달러	
(미국재무성채권)	
−유로화 1,000,000달러	
+채권 1,000,000 달러	
(미국재무성채권)	

02 우리나라 정부가 경제를 활성화시키기 위하여 재정적자(정부지출 증가나 조세감소)를 유지한다고 가정하자. 국제자본의 이동성이 높다면 단기적으로 환율, 외환보유고, 외채에 어떤 영향을 주는지 설명하시오.

Answer

2. 우선, 정부지출 증가는 경상수지 적자를 야기할 수 있고 높은 정부부채는 이자율 상승을 야기함. 국제자본 이동성이 높기 때문에 금리상승으로 자본유입이 증가하여 자본수지 흑자가 경상수지 적자를 보전해주면서 환율이 하락하기 시작함. 달러화 가치가 하락된다면 자국통화 대비 달러화 표시 외환보유고와 외채는 감소할 것임.

03 개도국 입장에서는 자국경제 규모와 비교하여 외환보유고 및 대외채무의 적정수준을 유지하는 것이 상당히 중요하다. 어느 정도가 최적 수준이 될 수 있는지를 각각 설명하시오.

Answer

3. 본문의 내용을 참조하여 정리하시오.

에세이 문제

01 우리나라에서는 외환위기(1997년)를 겪은 이후 변동환율제도를 채택하면서 급격한 환율변동성을 경험하고 있다. 외환시장에서 환투기 공격을 방어하기 위해 한국은행이 외환시장개입을 하려고 한다. 외환시장개입이 환율 및 대내외 균형달성에 미치는 경로를 설명하시오.

02 글로벌 금융위기(2008년) 이후 미국 등 주요 선진국이 경제침체에 직면하는 상황에서 신흥시장국도 자본유입의 감소와 수출수요 축소로 경기후퇴에 놓여있다. 신흥개도국의 금융위기 대응을 위한 정책대안에 대해 논하시오.

Answer 신흥시장국은 글로벌 금융위기로 대외적으로는 대외자금조달 제약에 직면하고, 대내적으로는 민간부문이 지급불능사태에 처하거나 과도한 부채로 구조조정 압력에 직면하고 있음. 따라서 첫째, 선진국의 금리인하에 동조하여 금리를 인하하거나 중앙은행의 최종대부자 기능으로 유동성공급을 확대할 필요가 있음. 둘째, 외환보유액은 외환시장 질서회복, 환율 급등락 방지, 부도위기 처한 국내은행에 외환유동성 공급 등의 목적으로 활용함. 셋째, 국가채무 수준이 지속가능하고 자금조달이 가능하여 재정건전성이 악화되지 않았으면 경기활성화를 위한 확장적 재정정책을 사용할 필요가 있음.

국제금융기초

1 Unit

Chapter Overview

Chapter 1 외환과 환율
Chapter 2 국제수지
Chapter 3 외환보유액과 국제채무
Chapter 4 환율제도

Focus & Teach

- **Before** 외환시장개입과 거시경제정책운용(외환보유고와 국제채무 중심)에 대해 살펴봄
- **Present** 국제통화제도의 변천과정을 통해 역사적 의미(운용방식 등)를 검토해봄
- **After** 국제평가관계(구매력평가와 이자율평가)의 전제조건 및 의미를 찾아봄

International Monetary Fund

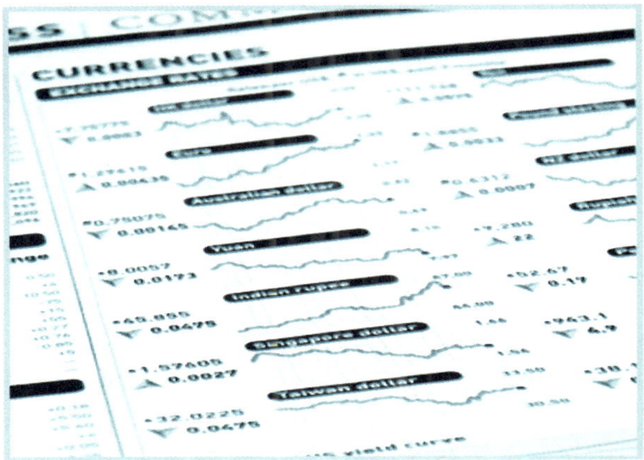

Lesson Plan

LESSONS AND OBJECTIVES	PROFESSIONAL DEVELOPMENT	PACE (60분)
4-1 환율제도의 선택 (pp. 176-193) - 화폐제도: 금본위제와 관리통화제 - 화폐제도와 환율제도의 연관관계 - 환율제도의 비교	- 통화가치와 통화제도의 관계에 대해 살펴 봄 - 화폐제도와 환율제도 사이의 연관관계를 파악해 봄 - 환율제도의 현황 및 장단점을 비교함	1
4-2 국제통화제도의 변천 (pp. 197-219) - 국제통화제도의 역사성 - 19세기 이후 국제통화제도의 역사적 발전과정 - 국제결제시스템 차원에서 통화제도의 특징	- 국제금융질서의 형성배경과 내용(목표, 기능 등) 및 경제전반에 미친 영향을 강조함 - 환율제도별 경제적 기능 및 기축통화의 역할을 시대별로 제시함	2
현행 환율제도의 비교 (pp. 213-219) - 범세계적 환율제도의 운용현황 - 우리나라의 환율제도 - 새로운 국제금융질서 모색	- 최적 통화지역이론 등을 중심으로 국제거시경제협력의 여러 제약적 형태를 살펴 봄. 이를 통해 향후 질서를 가늠해 봄	1
Resources	'IMF의 환율제도 분류'를 검토함	0.2
Review	- 정리 및 요약	0.5
Assessment	- 연습문제 풀이	0.3
Total		5.0

Chapter 4 환율제도

사회제도는 상호 약속 가운데서 질서가 유지되면 건전한 사회를 이루지만 약속이 파기되면서 질서가 파괴되면 혼란스러운 사회로 변한다. 개별경제나 중앙은행의 움직임을 지배하는 국제통화제도의 선택에 따라 국제금융시장이나 외환시장의 운용과 구조, 참가자의 행태, 각국 정부의 정책 등은 대부분이 달라진다. 경제운영 및 경제이론에 대한 논의가 필연적으로 시장의 제도적 요인에 대한 이해를 필요로 하는 것과 마찬가지다.

그렇다면 환율제도는 어떤 측면을 중심으로 선택되어야 하는가? 각 환율제도마다 장단점이 있어서 경제여건에 따라 선택기준이 달라질 수 있기 때문에 환율제도의 선택에 대해 아직까지 의견의 일치는 보지 못하고 있다. 이 장에서는 국제결제시스템 차원에서 19세기 후반 이후 생성된 국제통화제도의 역사적 현황을 소개하고, 각 환율제도의 특징을 크게 고정환율제와 변동환율제로 나누어서 어떤 점에서 차이가 나는가, 그리고 다루는 핵심내용은 무엇인가를 설명하고자 한다. 그런데 오늘날 국제금융이론도 변동환율제도를 기반으로 발전해간다.

이에 제1절에서는 화폐경제를 통하여 어떻게 각 통화제도가 선택되는지 그 방법과 속성을 제시해본다. 그밖에 통화제도와 국제준비통화의 상호관계도 파악한다. 제2절에서는 국제통화제도의 역사적 발전과정을 소개하면서 각 제도별 특징을 비교해보고 그 특성이 경제와 어떻게 연계되는지 알아본다. 그리고 각국이 채택한 환율제도의 현황을 비롯하여 우리나라 환율제도의 변천과정을 소개한다. 끝으로 본장의 내용을 토대로 미래의 환율제도를 가늠해본다.

Main Ideas/Issues

- 환율제도는 각국에서 어떻게 운영되어 왔는가?: 화폐제도와 환율제도의 연관성 등
- 국제통화제도의 역사적 변천과정
  1. 환율제도별 긍정적 요소와 부정적 요인 또는 장단점은?
  2. 고정환율제와 변동환율제의 경제적 역할 비교
- 현행 환율제도의 운영현황을 비롯하여 우리나라의 환율제도를 살펴봄. 나아가 장래에 실현가능한 환율제도를 가늠해봄.

Contents

- 제1절 환율제도의 선택
- 제2절 국제통화제도의 변천

▶Study Guide : 환율제도별 선택배경, 운영방식, 경제적 역할이나 특성에 대한 기본내용을 각각 정리해봄.

Preview

외환보유고와 외채

● **Directions** : 마인드맵을 이용한 브레인스토밍 방법론을 통하여 역사적으로 선택 가능했던 국제통화제도를 나열해보고 나아가 미래에 출현할 환율제도에 대해 자신의 아이디어를 추가시켜본다.

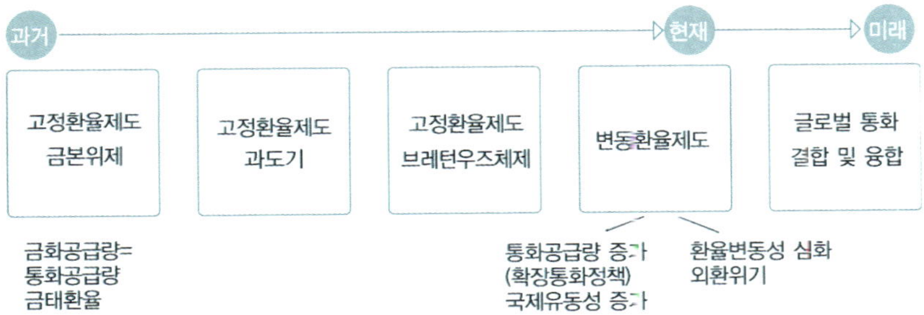

● **Directions** : 고정환율제도와 변동환율제도가 각각 경제에서 차지하는 역할이 무엇인지 생각해보자. 현실적으로 전 세계 180여 개 나라들 가운데 이 두 가지 제도를 절충한 환율제도가 상당히 많은 이유를 제시해보자.

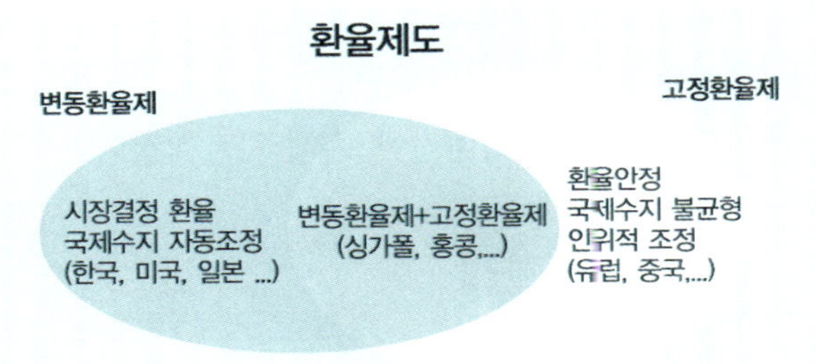

4-1 Section 환율제도의 선택

경제활동에 화폐가 도입되고 각국의 화폐가 국제 간에 교환되면서 수많은 형태의 화폐와 더불어 다양한 통화제도가 존재해왔다. 모든 것들이 화폐단위로 표시되는 화폐경제를 대체할만한 대안적 제도가 아직 없기 때문에 안정적 통화를 만들어 유지하는 방법이 제도적 차원에서 여전히 중요하다.

그런데 국제금융시장의 구조, 역할, 기능 및 정부정책 등에 영향을 미치는 통화제도는 국가마다 그 선택이 다르고 시대별로 변해오고 있다. 제도별로 영향을 주었던 요인들이 시대적 상황에 따라 다르게 작동되기 때문이다. 국제통화제도의 선택과 관련해서, 고정환율제에서부터 잠시 변동환율제가 채택되고 다시 고정환율제로 복귀하는 등 역사적 과정을 거쳐 오늘날 주요 선진국은 변동환율제를 채택하여 운영해온다. 우리가 다루는 국제금융의 기본개념과 이론도 대부분이 변동환율제를 기반으로 삼는다. 하지만 각 나라들은 현실적으로 고정환율제나 변동환율제를 채택하거나 이 두 가지를 절충한 제도를 사용하는 경우가 많다. 그렇다면 환율제도를 어떻게 선택해야 하는가의 문제가 생긴다. 하지만 각 제도의 장단점에 대해 경제학자들 간에도 이견이 존재하는 실정이다.

Key Concept

Property	Words	Examples
자연경제(Natural Economy)	자급자족 경제나 물물교환 경제	중세봉건시대
화폐경제(Money Economy)	경제생활이 화폐의 교환과 유통에 의해 이루어지는 경제	현대사회

화폐경제제도 : 금본위제와 관리통화제

• Teaching Tip : 화폐제도과정에서 나타난 불완전성과 불안정성을 강조함.

경제가 발달된 선진사회일수록 화폐와 신용을 통한 거래가 더욱 활성화되어 있는데, 화폐경제도 상업의 발전에 따라 성장해왔다. 무엇보다 산업혁명 이후 대규모의 화폐제조가 가능하기 시작하자, 19세기 중반부터는 근대국가의 성립과 함께 국가가 드디어 화폐를 선언하는 힘을 소유하면서 주화와 지폐가 사용되었다. 프랑, 리라, 마르크 등 현대적 화폐단위도 나타났다. 화폐의 소재가치와 상관없이 종이라는 가치 없는 소재로 화폐가 만들어지게 되었다. 화폐위조를 처벌할 수 있는 법화도 출현했다. 또 화폐로 납세, 자산축적, 거래결제 등이 가능해졌다.

그런데 정부지폐가 국가화폐로 먼저 자리를 잡고 얼마간 시간이 흐른 다음 민간금융기관의 은행화폐(은행권)가 생겨났다. 그 후 여러 은행권이 발행되어 혼란을 일으키자 오늘날처럼 중앙은행이 화폐발행을 독점하게 된다. 이 경우에도 처음에는 금본위제도(Gold Standard System)하에서 은행권과 금의 교환비율을 정하여 은행권을 제시하면 금으로 바꾸어주는 태환을 의무화했다. 중앙은행은 은행권 발행잔고에 대해 일정 수량의 금을 보유하였으며 사람들은 언제든지 은행권을 금과 바꿀 수 있었다.

금본위제도 시대는 전 세계 주요국들이 국내에서 금본위제도를 채택하고 이에 따른 통화의 교환비율을 정하고 통화정책을 시행하던 시대를 말한다. 고전적 금본위제도(Classical Gold Standard)는 국제적으로 대략 1880년부터 1914년(제1차 세계대전 발발)까지 지배하였다. 금, 은을 보유하면 국가가 망해도 언제든지 금과 은을 매각할 수 있으므로 과거에는 금을 중심으로 각국의 화폐가치가 결정되었다. 금본위제를 1819년 채택한 영국에서는 금 1온스당 4.25 파운드, 1879년 채택한 미국에서는 1온스당 20.67 달러였다. 이에 따라 이국 통화 간 교환비율인 환율도 정해졌다. 금을 중심으로 각 국가의 화폐가치가 정해지고, 정부의 금 보유량에 근거

NOTE

산업혁명(Industry Revolution)

아놀드 토인비가 처음 사용한 용어인 '산업혁명'은 18세기 중엽부터 19세기까지 영국에서 시작된 기술혁신과 이에 수반된 사회·경제의 큰 변화를 일컬음. 산업혁명은 유럽, 미국, 러시아 등으로 확산되어 전 세계를 크게 바꿔 놓음.

하여 태환이 가능한 화폐공급량이 확정지어지며, 환율도 이에 고정되는 화폐제도다.

하지만 오늘날 화폐제도는 금본위제도 대신 금이나 은의 보유고와 직접적 관련이 없는 관리통화제도(Managed currency System)를 실시하고 있다. 대개 화폐제도란 통화의 발행과 유통을 규제하는 제도를 뜻한다. 화폐의 소재, 형태, 발행조건 등을 규정하는 법제 관행적 총체를 말한다.

• Critical Thinking : 고전적 금본위제도의 생성배경 및 한계점이 화폐제도에서 중요한 이유를 생각해봄.

금본위제와 관리통화제

금본위제도	관리통화제도
• 금 보유량 증감에 의해 화폐량 조절 • 자국통화의 금평가(태환권) 설정 유지 • 금의 자유로운 국제 간 이동에 따른 대외균형과 환율안정이 우선적 목표 • 경기변동의 국제파급에 노출되고 대내균형의 희생을 요구	• 경제정책목표에 따라 화폐량 관리 • 국내경제균형(완전고용과 물가안정)의 달성이 우선 목표 • 대외균형과 환율안정은 부차적 목표

다시 말하면, 금본위제도란 자국통화와 금 사이에 교환비율(금평가)을 설정하여 이를 유지하면서 금 보유량의 뒷받침 아래 화폐를 발행하는 제도이다. 일정한 수량의 금을 기준으로 단위당 화폐가치가 결정되었으며 통화당국은 정해진 금평가를 기준으로 금과 화폐의 매매에 제한 없이 응해주었다. 또한, 시민에 의한 금의 수출입은 자유로웠지만 대내적으로 금의 보유량에 의거하여 시중에 화폐를 공급하므로 화폐공급량이 제한되었다. 이 경우 금이라는 제한된 실물재화에 기초한 통화공급이 안정적일 수 있다. 하지만 각 국가는 독자적으로 경제상황에 따라 통화량을 조절하는 정책을 실시할 수 없었고 금이 급격히 변동하면 통화량도 급변하였다. 만

약 금광이 발견되면 금 생산량의 증가로 통화량이 증가되고 인플레이션이 유발될 수도 있었다.

이러한 이유로 인해 금본위제는 사라졌고 관리통화제가 나타났다. 제1차 세계대전 이후 19세기의 세계경제기구가 해체되는 전환기에 새로운 화폐관리제가 요구되었다. 참고로 금본위제도는 역사적 변천과정에서 중앙은행이 화폐를 금화로 발행하여 유통시키는 제도(금화본위제), 금화의 도난방지와 운반편의를 위해 국내에선 금화대신 은행권을 사용하여 금태환을 해주고 대외결제 수단으로 금을 보유하는 제도(금지금본위제) 및 중앙은행이 금화본위제나 금지금본위제를 채택한 국가의 화폐와 교환이 약속된 은행권을 발행하는 제도(금환본위제)로 분류해볼 수 있다.

관리통화제도란 통화관리당국의 재량에 의해 금보유량의 증감에 무관하게 통화량을 탄력적으로 조절하는 제도다. 전후 영국의 금본위제로 복귀를 반대하면서 1923년 케인즈가 제창했다. 그 후에 영국을 비롯해 세계 각국은 관리통화제를 채택하여 오늘에 이른다. 각 나라는 관리통화제도 아래 국내경제의 안정과 균형을 달성하는 것을 주요 경제목표로 삼고, 국제경제의 발전을 위하여 새로운 세계경제기구로 국제통화기금, 세계은행 등을 설립하게 된다.

다시 요약해보면, 영국에서 1819년에 금본위제도가 성립된 이후, 많은 나라가 과도기로 금과 은의 복본위제도를 채택하였으며, 1870년대가 지나면서 세기가 바뀔 때까지 세계적으로 금본위제도를 채택하였다. 하지만 제1차 세계대전 이후 금화본위제를 유지하기 어렵게 되자 많은 국가들이 금지금본위제나 금환본위제를 따르기도 했다. 1930년대 뒤에 모든 나라가 금태환을 정지하고 관리통화제도로 전환하였다. 또한 금본위제의 붕괴와 더불어 세계통화체제는 혼란에 빠졌다가 제2차 세계대전 다음에 국제금융질서의 안정을 위해 국제통화기금이 창설되었다.

- Further Study Tip : 관리통화제도하 통화정책으로서 통화량, 이자율, 인플레이션, GDP 등의 목표제를 살펴봄.

지금까지 살펴본 현실 화폐경제하에서 실제로 인플레이션이나 디플레이션이 발생되어왔는데 그 원인은 화폐경제에서 모든 것들이 화폐단위로 표시되기 때문이다. 따라서 화폐의 기능 가운데 하나가 바로 가격의 계산단위, 즉 계산화폐(Numeraire)의 역할이다. 계산화폐란 여타의 모든 교환가치를 표시해주는 기준이 되는 것을 말한다. 어떤 상품 1단위가 1,000원 지폐 3장과 교환되면 그 상품의 가격은 3,000원이다. 그래서 인류는 안정적인 화폐를 추구해왔다. 국민경제의 근간이 되는 양화(Good Money)의 필요성을 강조한다. 안정된 통화가 불안정한 통화보다 더욱 큰 생산성과 번영을 가져다주기 때문이다.

산업혁명 전후에 자유방임주의 자본주의 경제는 안정된 화폐를 기틀로 삼았다. 1971년도 이전 금본위제나 고정환율제에서 안정된 통화가 경제를 주도했었다. 하지만 그 이후 변동환율제가 채택되면서 각국 통화들의 끊임없는 불안정은 불가피한 시장의 반응이었다. 극단적인 통화대란의 사례를 들어보면, 제2차 세계대전 후 독일에서는 심각한 인플레이션으로 마르크화가 휴지조각이 되자 담배를 화폐처럼 사용했으며 이탈리아에서는 1970년대의 과도한 인플레이션 시기에 사탕을 잔돈대신 사용하기도 했다. 또한 외환위기는 1980년대 남미, 1994년 멕시코, 1997년에는 태국에서 시작되어 인도네시아, 말레이시아, 필리핀 및 한국에서, 1998년에는 러시아, 브라질 등 주로 개도국에서 발생했다. 통화대란이나 외환위기는 글로벌 투자가에게 큰 손실을 입히고 국제적 투자활동을 위축시킨다.

화폐제도와 환율제도 : 외환시장

환율제도와 화폐제도는 외환시장에서 상호 밀접한 관계에 놓여 있다. 금본위제에서 중앙은행은 금에 연동된 고정환율을 변동시킬 수 없고 대외거래 결과로 나타난 공적 외환보유고 결정에 대한 재량권을 가지고 있지 않다. 금본위제에서 중앙은행은 고정환율 및 통화정책에 대한 재량권이 없다.

외환보유액과 국제통화의 관점에서 환율제도와 화폐제도의 상호관계에 대해 살펴보자. 금본위제에서는 금이, 대공황 전후 금환본위제와 제2차 세계대전 전후 브레튼우즈체제에서는 금과 미국 달러화가 국제결제통화용 외환보유고로 사용되었다. 특별히, 제2차 세계대전이 종결된 이후 1950년대 동안에 달러화의 세계적 수요가 크게 늘어났다. 1960년대 후반에 들어서서 미국은 베트남전쟁에 필요한 전비를 마련하기 위해 달러화의 공급을 더욱 증가시켰고 설상가상으로 무역수지적자와 재정적자가 지속적으로 확대되었다. 이에 따라 가치절하가 예상되는 달러화를 금으로 태환하려는 각국의 압력이 거세졌고 급기야 닉슨정부는 1971년 8월에 금태환 정지를 선언하였다. 이는 고정환율제에서 변동환율제로 전환되는 계기가 되었다.

이후 1970년대 중반부터는 외환보유고를 구성하는 국제준비통화가 달러화를 위시하여 다양해지기 시작했다. 국가 간 결제수단 및 대외지급을 위한 준비자산의 역할을 수행하는 국제통화 가운데 기축통화로 달러화가 대표적이지만 유로화, 파운드화, 엔화, 스위스 프랑화 등의 다른 메이저통화의 비중도 높아지는 추세다. 그런데 법정화폐가 자국내 화폐공급 과정에서 시뇨리지 이득을 얻는 것처럼 기축통화나 국제통화는 범세계적 유통을 통해 시뇨리지 이익을 얻을 수 있다. 하지만 국제통화에 대한 시뇨리지 효과는 아주 높은 편은 아니라고 한다.

- Critical Thinking : 기축통화나 국제준비통화 발행국의 시뇨리지 이득은 어느 정도 크기일까?

● 국제통화의 변천(19세기말 ~ 현재)

▶ 금화 ⇒ 금화와 파운드화/달러화 ⇒ 달러화와 기타 메이저통화 ⇒ 미래?

본래 시뇨리지(Seigniorage)란 화폐을 제조하여 유통시킬 때 화폐 발행업자가 취득하는 실질적 재원과 비용 간의 차이를 뜻하는 화폐주조이익이다.

첫째로, 일상적인 시뇨리지는 금을 예로 들어보면 무이자 대출이 된다. 또, 어떤 화폐가 닳아서 액면가액으로 회수하면 이자없이 그 화폐 발행시 얻은 수익과 일치한다. 하지만 현재 불태환 법정화폐의 시뇨리지는 중앙은행의 총화폐발행액에 대한 이자수령액으로 단순히 정의할 수 있다. 더구나 발행된 화폐가 중앙은행에 되돌아오지 않는다면 낡았거나 훼손된 화폐를 액면가액으로 구매할 필요없이 계속해서 시뇨리지 총이득을 얻는다. 미국에선 1999년에 25센트 동전의 50개 주 시리즈를 새로 발행했다. 25센트 주화는 50개당 12.50달러에 판매되지만 제조 생산비는 25센트 주화당 5센트에 불과했다. 만약 국민들이 동전을 구입하지만 소비지출에 사용하지 않고, 더 이상 당국의 위폐방지비용, 훼손된 동전회수 등의 추가 비용이 없다면 정부의 시뇨리지는 25센트 주화 50개당 10달러에 달할 것이다. 이때 미국 재무성은 25센트 동전의 발행을 통해 약 46억 달러의 시뇨리지 수익을 얻을 것으로 추정했다.

둘째로, 세금으로서 시뇨리지는 화폐소유자에게 부과되는 세금의 형태로 간주해볼 수 있다. 세금은 화폐발행업자의 실질재원이 된다. 통화공급량이 증가되면 장기적으로 인플레이션을 야기하므로 화폐자산 보유자의 실질적인 부는 줄어들지만 정부의 화폐발행액에 대한 부채는 감소하기 때문이다. 화폐를 보유한 민간의 부가 정부로 재분배되는 꼴이다. 미국 정부는 시뇨리지 혜택이 가장 높은 국가인데 2000년에 약 250억 달러의 시뇨리지 수익을 얻었다. 반면 짐바브웨에서는 2008년 7월, 연 24,000%에 달하는 초인플레이션이 발생하여 정부수입의 절반 이상이 시뇨리지 수익이었다. 하지만 대부분의 정부는 법정화폐와 신용으로부터 시뇨리지를 얻는 대신에 세금이나 다른 수단을 통해 기본적인 수익을 얻으려고 노력하는 편이다.

그런데 한 나라의 화폐제도는 역사적으로 다양한 형태였지만, 크게 금속본위제도(또는 상품본위제도)와 관리통화제도로 구분할 수 있다. 자본주의 초기에는 은이 화폐로 많이 사용되었고 그 다음 영국에서 금본위제를 채택하면서부터 금화 중심의 금본위제가 국제적으로 널리 사용되었다. 과도적으로 금과 은을 함께 사용하는 복본위제를 채택하기도 했었다. 금속본위제도 이후에는 자국통화의 금태환이 정지되고 통화량이 금 보유고와 전혀 무관한 관리통화제로 전환되어 오늘날에 이른다.

관리통화제도에서 불태환 통화제도(Fiat Money System)는 몇 가지 특징을 지닌다. 화폐의 가치는 금 같은 물리적 상품에 기반을 두지 않고 화폐의 상대적 희소성과 화폐를 사용하는 사람의 믿음에 의해 결정된다. 또한, 화폐는 얼마든지 창출하여 공급할 수 있어서 신용창조에 제한이 없다. 그리고 통화공급량은 정부가 당장 상환할 필요가 없는 정부부채이다. 따라서 실물경제에 비해 신용의 이용도가 빠르게 성장하면 처음에는 기업이윤과 자산가격도 커지면서 경기가 좋아지지만 때로는 신용팽창의 경제적 이익보다 거품이 꺼지면서 야기되는 경제침체로 고통을 받기도 한다. 지난 2007년도에 미국에서 발생한 서브프라임 모기지(Subprime Mortgage) 사태는 신용팽창으로 방만하게 경영하던 초대형 모기지론 대부업체가 파산하면서 미국만이 아니라 전 세계에 금융위기 상황을 불러왔다. 세계경제는 2008~2009년도에 1929년도 대공황 이후 최대의 위기를 맞았다.

화폐제도와 관계가 깊은 국제적 통화제도는 화폐가 거래에 도입되었던 오래 전부터 존재하였다. 하지만 1800년대를 지나면서 자유무역이 본격적으로 확대됨에 따라 각국 통화 사이에 환율결정의 문제가 대두되었다. 일반적으로 말하는 국제통화제도(International Monetary System)는 19세기 후반 이후에 만들어진 국제결제차원의 환율제도를 지칭한다. 원래 국제통화제도란 실물이나 자본이든 국제거래에 따른 화폐의 지불을 원활하게 하기 위한 체계로서 국제무역 확대, 국내외 경제균형 달성 등을 목표로 삼는다. 이에 따라, 국제 간 자본이동을 촉진시키고 원활한 결제를 도모해주도록 국제유동성을 공급하고, 국제수지의 거시경제정책으로 자율적 조정을 부여해주며, 통화가치의 신뢰성을 높여주는 환율 안정성을 돕는 기능 등을 수행한다.

국제통화제도는 환율의 결정방법을 기준으로 고정환율제와 변동환율제로 대분할 수 있다. 먼저, 고정환율제는 정부나 중앙은행이 환율을 일정 수준으로 고정하여 유지하는 제도다. 균형환율 결정이 보장되지 않는 일종의 합의환율을 낳는다. 금본위제와 브레튼우즈체제가 이에 속한다. 반면에 변동환율제는 환율이 외환시장의 수요 · 공급 원리에 따라 결정되는 제도다. 시장균형 환율의 결정과 변동이 보장된다. 자유변동환율제에서는 외환의 자유로운 수요와 공급만으로 환율이 정해진다면 관리변동환율제에서는 중앙은행의 시장개입을 허용한다.

끝으로 앞에서 살펴본 화폐제도와 환율제도의 연동관계를 다시 정리해보자. 금(속)본위 화폐제도는 고정환율제도와 연계되어진다. 통화의 금태환 비율에 따라 각국 통화 간 교환비율이 이미 정해지기 때문이다. 반면에 관리통화 화폐제도는 경우에 따라 고정환율제도 또는 변동환율제도와 연결될 수 있다. 나아가 금속본위제 가운데 금본위제는 중앙은행이 환율변경에 영향을 줄 수 없는 고정환율(Hard Peg)이지만 금환본위제(브레튼우즈체제)는 중앙은행이 환율변경에 영향을 미치는 고정환율(Soft Peg)을 채택하고 있다.

화폐제도와 환율제도의 관계

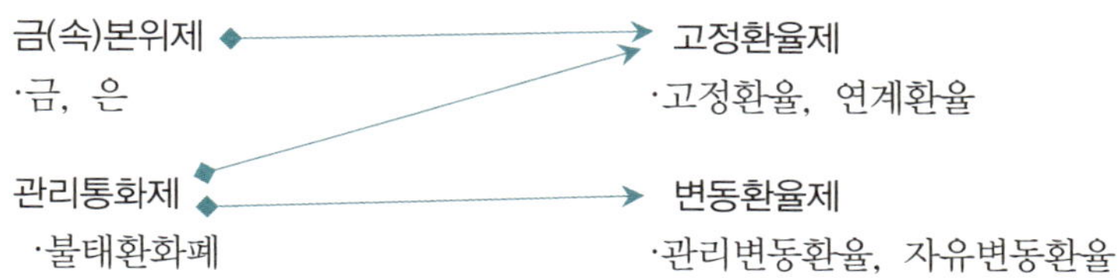

• Further Study Tip : 대내외균형의 달성원리와 국제통화제도의 관계를 생각해봄.

정 리

- 화폐제도 = 금속본위제 + 관리통화제.
- 고정환율제 = Hard Peg + Soft Peg.
- 금본위제

1) 통화량 : aM = PG, 여기서 M=통화공급(액), P=자국통화 표시 금의 가격, G=금의 수량(+ 여타 태환가능한 통화), a=0과 1 사이의 비중정도 표시 상수.
2) 환율 : S = P/P*, 여기서 S=환율, P=자국통화 표시 금가격, P*=외화 표시 금가격.
3) 중앙은행 대차대조표 : PG+B=M, 여기서 B=정부발행 채권 보유량.

환율제도의 비교

- Teaching Tip : 현행 환율제도의 분류, 우리나라의 환율제도 현황, 환율제도의 장단점 순으로 살펴봄.

오늘날 각국은 자국의 경제여건을 고려하여 다양한 환율제도를 채택하고 있다. 고정환율제 국가가 있는가 하면, 변동환율제 국가도 있고, 두 가지의 중간형태를 유지하는 국가도 있다. 각각에 대하여 IMF의 분류에 따라서 간단하게 설명해보자.

첫째, 고정환율제도는 개별국 법정통화가 없는 제도(No Separate Legal Tender), 통화위원회(Currency Board), 전통적 고정 페그(Conventional Fixed Peg)로 세분화된다. 개별국 법정통화가 없는 제도는 다른 나라의 법정통화를 자국의 지불수단으로 사용하거나 자국이 속해 있는 통화연합 공용의 법정통화를 사용하는 것을 말한다. 통화위원회에서는 자국통화를 통화위원회에서 정해준 고정환율로 외국통화와 교환하며 외국통화의 유출입에 따라 자국통화가 비례적으로 변하도록 하는 제도다. 이에 반해, 전통적 고정 페그란 환율이 하나의 통화나 여러 통화의 묶음에 대하여 고정되어 있는 경우다. 목표환율을 유지하기 위해 정부의 적극적 시장개입이 요구된다.

둘째, 중간형태 환율제도는 수평밴드(Horizontal Bands), 크롤링페그(Crawling Pegs) 및 크롤링밴드(Crawling Bands)로 나눌 수 있다. 수평밴드에서는 환율이 정해놓은 목표 기준환율을 중심으로 약간 변동되는 것이 허용된다. 크롤링페그는 주기적으로 미리 정해진 비율 이내에서 환율이 조금씩 조정되어, 즉 고정된 기준환율이 가끔 약간씩 조절되도록 한 제도다. 반면 크롤링밴드는 주기적으로 정해진 기준환율을 중심으로 일정한 변동폭 이내에서 환율이 유지되도록, 즉 목표환율대가 조금씩 조정되도록 허용한 제도다.

셋째, 변동환율제는 운영방식에 따라 관리변동환율제(Managed Floating)와 자유변동환율제(Independently Floating)로 분류할 수 있다. 관리변동환율제는 환율이 외환시장에서 결정·변동되지만 중앙은행이 시장에 개입하여 환율의 안정을 꾀하는 제도다. 한편, 자유변동환율제는 중앙은행의 개입 없이 시장의 수요와 공급에 의해서만 자유롭게 환율이 결정되는 것을 말한다.

세계의 환율제도

환율제도	IMF의 환율분류	분류체계별 회원국
고정환율제도	개별국 법정통화가 없는 제도	·타국 법정통화-에콰도르, 팔라우 등 ·CFA프랑-베냉, 세네갈, 토고, 기니아비소 등 ·CAEMU- 카메룬, 콩고, 가봉 등 ·유로화- 독일, 프랑스, 벨기에, 이탈리아 등
	통화위원회	아르헨티나, 브루나이, 홍콩, 리투아니아 등
	전통적 고정 페그	·단일통화 페그-바레인, 이란, 말레이시아 등 ·복수통화 페그- 피지, 말타, 쿠웨이트 등
중간형태 환율제도	수평 밴드	이집트, 리비아, 베트남, 사이프러스 등
	크롤링 페그	볼리비아, 니카라과, 코스타리카, 짐바브웨
	크롤링 밴드	온두라스, 이스라엘, 우루과이, 베네수엘라
변동환율제도	관리변동환율제	인도, 러시아, 싱가포르, 파라과이, 수단 등
	자유변동환율제	한국, 미국, 일본, 영국, 호주, 멕시코 등

신축성 정도 +

현재 전 세계는 국제금융시장의 발전을 고려해 환율의 신축성이 필요하다는 인식에 따라서 고정환율제도에서 변동환율제도로 전환되어 가는 추세다. 선진국의 환율제도가 유로화지역을 제외하면 자유변동환율제도에 근접해 있다고 볼 수 있다. 하지만 경제대국으로 부각된 중국을 비롯한 개발도상국의 환율은 아직 자국 경제정책목표를 달성하기 위해 필요한 정책수단으로 간주되는 실정이다.

우리나라의 환율제도는 그동안 경제상황과 국제환경의 변화에 맞추어 몇 차례 바뀌었다. 해방 이후 1980년대까지 고정환율제도, 단일변동환율제도, 복수통화바스켓 제도를 도입하였다. 1990년에 들어와서는 시장평균환율제도를 시행해왔고 IMF 외환위기로 외환시장의 기능이 마비되면서 1997년말부터 자유변동환율제로 이행되어온다.

우리나라에서는 1945년 해방 이후부터 시행된 고정환율제가 1964년 5월에 미화 1달러당 130원을 끝으로 폐지되었고 달러당 255원을 하한으로 하는 단일변동환율제도가 시행되었다. 이는 외환시장의 수급을 반영해 공정환율의 실세화를 유도한 것으로 볼 수 있다. 그러나 사실상 환율이 미국 달러화에 연동되어 고정된 형태로 운용되었다. 1969년 11월의 4.5% 평가절하, 1971년 6월의 13% 평가절하, 1974년 12월의 21.3% 평가절하 등 여러 번의 평가절하가 있었지만 환율은 1979년말까지 고정되어 있었다.

1980년 2월에는 복수통화바스켓 제도를 도입하여 변동환율제를 이행하는 중간단계를 거치게 되었다. 복수통화바스켓 제도는 달러화를 포함한 주요 교역상대국 통화의 가치변동에 원화가치를 연동시키는 제도이다. 원화환율은 과거의 평가절하를 통한 환율조정방식에서 벗어나 국내외 경제상황 등 외환의 실세를 반영해 환율의 국제수지 조정기능을 높이고자 하였다.

하지만 복수통화바스켓 제도가 시장 여건을 충분히 반영하지 못하자 1990년 3월에는 시장평균환율제도를 도입하여 환율의 일일변동 허용폭을 점차 확대해나갔다. 시장평균환율제도에서 원달러화 환율은 은행간 거래 환율을 해당 거래량으로 가중 평균하여 산출되어 다음 영업일의 기준환율로 공표되었다. 이 기준환율을 중심으로 일정범위 이내에서만 변동이 허용되었다. 초기 1990년 3월에는 일일환율 변동범위가 상하 0.4% 이내로 제한되었다가 이후 점차로 확대되었다. 1997년도에 들어와 국내경제가 침체되고 외환보유액이 고갈되어 외환위기에 처하자 투기적 요인에 의한 큰 폭의 환율변동을 인정하면서 변동폭이 1997년 11월에 10%까지 늘어났다.

그렇지만 시장평균환율제도는 일일변동 제한폭 확대만으로 미흡한 시장기능을 충분히 제고하지 못하였다. 따라서 1997년 12월 변동제한폭을 완전히 제거하여 자유변동환율제도를 이행하였다. 외환거래와 관련된 규제가 대폭 제거된 자유변동환율제를 시행한 이후 환율의 시장기능이 더욱 제고되었지만 일시적 충격으로 단기간에 급등락하는 환위험에 크게 노출되기도 한다.

우리나라의 환율제도

시행기간	환율제도 형태
1. 1945년 10월-1964년 5월	고정환율제도
2. 1964년 5월-1980년 2월	단일변동환율제도
3. 1980년 2월-1990년 2월	복수통화바스켓 제도
4. 1990년 3월-1997년 12월	시장평균환율제도
5. 1997년 12월-현재	자유변동환율제도

신축성 정도 +

각 환율제도마다 장단점이 있기 때문에 환율제도의 선택에는 이견이 남아있다. 환율제도의 장단점을 살펴보면 변동환율제는 환율변동에 의해 시장기능의 제고 및 경제정책의 자율적 수행이 용이하지만 환율변동성으로 경제가 교란될 수 있는 반면에, 고정환율제는 환율변동에 따른 충격을 완화시킬 수 있지만 국제유동성과 경제정책의 자율성이 제한을 받게 된다.

특별히 변동환율제도의 특성에 대해 강조해보자. 장점으로는 첫째, 환율이 외환시장의 수요와 공급에 의해 결정되고 국제수지 불균형도 환율변동에 의해 조정 가능하다. 국제수지 불균형을 시정하기 위해 국내정책목표와 충돌되는 가격이나 소득정책을 사용할 필요가 없다. 둘째, 국제 간 이동되는 인플레이션이나 디플레이션의 파급을 환율변동을 통해 효과적으로 방지할 수 있다. 대내정책에 우선적으로 집중할 수 있게 해준다. 셋째, 대외균형을 달성하기 위한 국제적 경제정책협력과 국제유동성 공급이 많이 필요하지 않으며 과도한 외환보유고가 필요 없다. 이에 반해, 단점으로는 첫째, 환율변동에 대한 불확실성 때문에 국제 간 거래가 위축된다. 둘째, 높은 환율변동성은 환투기와 물가불안 등으로 이어져 경제를 교란시킬 수 있다.

NOTE

대내균형(Internal Balance) vs 대외균형(External Balance)

보통 대내균형은 일국 자원이 완전히 고용되고 물가가 안정될 때 그 국가는 대내균형 상태에 있다고 말함. 반면, 대외균형은 일률적으로 정의하기가 어렵지만 일국 경상수지(국제수지)가 균형 또는 심각한 적자/흑자가 아닌 경우에 대외균형 상태가 달성된다고 볼 수 있음.

고정환율제와 변동환율제의 비교

	고정환율제도	변동환율제도
1. 대외불균형 해소	정부개입 통한 대외균형 달성	환율변동에 의해서 대외균형 달성
2. 해외충격 흡수	해외충격이 고정환율 유지과정에서 국내 물가나 소득에 영향	해외충격이 환율변동으로 흡수
3. 환위험·환투기	환위험 감소하지만 환율조정이 예상되면 환투기 발생	환변동에 따른 환변동위험과 환투기가 성행
4. 정책수단	재정정책 효과적임	통화정책 효과적임

세부적으로 이슈별 환율제도의 장단점을 살펴보자. 변동환율제의 장점이 고정환율제의 단점, 변동환율제의 단점이 고정환율제의 장점으로 어떻게 나타나는지 알아본다.

첫 번째, 대외균형을 유지하기 위해서는 대체로 변동환율제도가 선호된다. 자유로운 환율변동을 통해 국제수지의 과도한 불균형을 해소하는 것이 대외균형을 달성하는 간편한 방법으로 인식된다. 대외균형 달성을 위한 국제유동성이나 국제협력의 필요성도 적은 편이다. 그런데 경상수지 적자는 과소비와 해외차입을 의미하므로 대규모 경상수지 적자는 외국 투자가의 신뢰를 감소시키고 대출위기를 초래할 수 있다. 경상수지 흑자는 해외자산을 축적하고 있음을 의미하므로 대규모 경상수지 흑자는 해외대출 회수불능이나 외국과 정치적으로 불편한 관계에 놓여 차별적 보호무역 조치의 목표물이 될 수 있다. 하지만 변동환율제를 반대하는 입장에서는 수출입의 가격탄력성이 작은 경우에 환율변동만으로 대외균형을 달성하기가 어렵다는 사실을 강조한다. 그리고 J-커브 효과로 인해 평가절하가 오히려 국제수지를 악화시킬 수 있다. 반면에, 고정환율제도에서는 대외균형을 유지하려면 대내균형을 희생시킬 우려가 있다. 대내외균형 달성방식이 서로 상충될 수 있기 때문이다. 대외균형 달성을 위해 정부가 긴축 통화/재정정책을 사용하면 실업증가나 불황이 유발될 수 있고 확장정책을 사용하면 인플레이션 상승을 초래할 수 있다.

● 대외균형 유지

▶ 변동환율제 : ·경상수지 과도한 적자 ⇒ 환율인상 ⇒ 수출증가/수입감소 ⇒ 경상수지 개선
·경상수지 과도한 흑자 ⇒ 환율인하 ⇒ 수출감소/수입증가 ⇒ 경상수지 균형복귀

▶ 고정환율제 : ·경상수지 과도한 적자 ⇒ 긴축정책 ⇒ 국내물가하락 ⇒ 실질환율인상 ⇒ 수출증가/수입감소 ⇒ 경상수지 개선
·경상수지 과도한 적자 ⇒ 팽창정책 ⇒ 국내물가상승 ⇒ 실질환율인하 ⇒ 수출감소/수입증가 ⇒ 경상수지 균형복귀

두 번째, 변동환율제도를 택하는 이유는 고정환율제가 디플레이션이나 디플레이션 압력을 유발시킬 가능성이 크기 때문이다. 고정환율제에서 국제수지 적자국은 긴축수요관리정책으로 물가가 하락되면서 디플레이션의 가능성이 증가하지만 국제수지 흑자국은 국제유동성의 지속적인 축적이나 확장수요관리정책으로 물가상승이 생길 수 있다. 이에 비해, 변동환율제에서는 국제수지 적자국이 환율변동에 의해 대외균형을 회복하는 대신 대내균형 회복을 위해 확장정책을 사용하면 물가상승으로 인플레이션이 유발

되며, 국제수지 흑자국은 외환유입 증가로 물가상승에 이은 인플레이션을 초래한다. 실제로 변동환율제가 물가상승을 더 많이 유발하는지는 아직 해결되지 않은 문제이지만 대체로 인플레이션을 초래하는 경향이 있다.

• Further Study Tip : 2010년도 현재 미국의 경우 국제수지 적자국이고 국내불황을 타개하기 위해 확장정책을 사용하고 있지만 달러화 하락을 통한 국제수지 균형으로 조정은 물론 대내균형의 회복이 달성되지 않고 있음. 그 이유는 어떻게 설명할 수 있는가?

세 번째, 국제수지 불균형에 따른 국내통화량의 변화가 없게 되어 통화정책의 자주성이 보장되는 변동환율제가 선호된다. 중앙은행이 환율고정을 위해 더 이상 외환시장에 관여할 필요가 없다면 그 대신 대내균형을 유지하기 위한 자율적 통화정책에 전념할 수 있게 된다. 더욱이 고정환율제와 달리 환율변동으로 인해 국제 간 이동되는 인플레이션이나 디플레이션의 파급이 자국에 수입되도록 강요받지 않는다.

네 번째, 변동환율제는 환율변동위험과 환투기로 경제에 불안정을 초래한다. 환율의 빈번한 변동은 환위험을 야기하여 국제거래를 위축시키므로 환율안정이 요구된다. 하지만 변동환율제에서는 수시로 불균형이 조정되지만 고정환율제에서는 고정환율이 경제상태와 괴리되어 있는 경우에 가끔 대규모의 불균형 조정이 요구된다. 또한 변동환율제에서는 환율변동성에 따른 환투기가 성행한다. 환투기자들이 추세적 예상을 한다면, 즉 달러화가치가 하락될 때 계속 떨어질 것으로 예상한다면 달러화를 매도함으로써 달러화는 더욱 하락되므로, 환율변동을 더 심화시킬 것이다. 하지만 오버슈팅모형처럼 회귀적 예상을 한다면, 즉 달러화 가치가 하락될 때 이제는 상승국면이라고 예상한다면 달러화를 매입함으로써 달러화 가치는 하락을 멈추므로, 환율변동이 안정적이 될 수도 있을 것이다. 이에 반해, 고정환율제에서는 환위험이 감소하지만 고정환율이 경제상태와 괴리되어 환율조정이 예상되면 환투기가 발생한다. 멕시코는 1980년대에 고정환율제를 채택했었는데 당시 대외적자가 심화되자 폐소화의 평가절하를 예상한 환투기가 성행했었다.

다섯 번째, 자본이동이 자유로운 상태에서 변동환율제에선 금융정책이 사용 가능한 수단이지만 고정환율제에서는 재정정책이다. 케인즈의 IS-LM 모형을 개방경제로 확장시킨 먼델-플레밍모형에서 제시된 환율제도와 사용 가능한 정책수단에 대해 살펴보자. 먼저, 변동환율제도에서 금융정책은 자본이동이 완전해질수록 커지는 반면 재정정책은 자본이동정도가 클수록 그 효과가 작아진다. 이에 반해, 고정환율제도에서 금융정책은 자본이동 여부와 무관하게 효과가 없는 반면 재정정책은 자본이동이 완전해질수록 영향력이 커진다. 선진국의 경우는 변동환율제를 채택하고 자본이동이 자유로운 편이라 금융정책이 효과적이지만 개도국의 경우에는 아직 환율제도와 자본이동 정도가 다양하므로 자신들의 경제상황에 맞도록 사용 가능한 정책수단을 선택할 필요가 있다.

끝으로, 해외충격이 국내경제에 교란요인으로 작동되지 않는다는 점에서 변동환율제가 선호된다. 변동환율제에서는 금융위기 같은 해외충격이 환율변동에 흡수되기 때문에 국내경제에 대한 교란요인으로 작동되지 않는다. 하지만 해외충격은 자본이 자유롭게 이동되는 경우 환율제도와 무관하게 국제적으로 전파되므로 국제협력이 더욱 중요해진다. 또한, 변동환율제에서는 고정환율제에 내재된 비대칭성이 사라질 것이다. 모든 나라는 환율에 영향을 미치는 데에 있어서 동등한 기회를 갖는다.

정리

- **환율체계 = 고정환율제 + 변동환율제 + 중간형태 환율제.**
- **변동환율제 장점 = 고정환율제 약점.**
- **변동환율제 단점 = 고정환율제 강점.**

• Further Studying Tip : 환율제도별 세부적 특징은 변동환율제도를 중심으로 본문을 통해 숙지함.

An Inside Look

"그림으로 살펴본 다양한 환율결정원리"

With a *hard peg*, a currency's price is held permanently at a fixed level. For example, the Chinese Yuan.

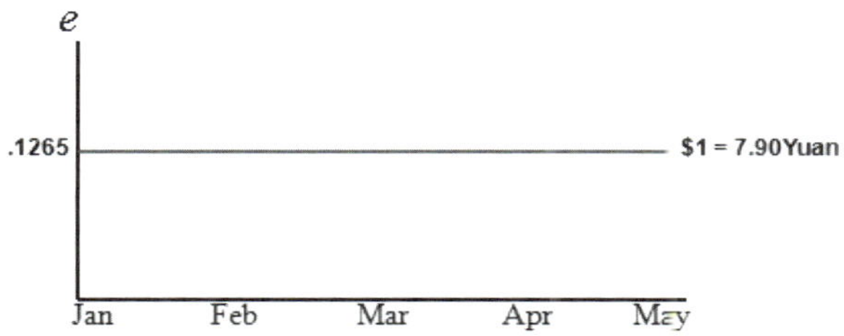

With a *soft peg*, a currency's price is returned to the predefined parity at regular intervals (monthly, weekly, etc). For example, the Algerian Dinar.

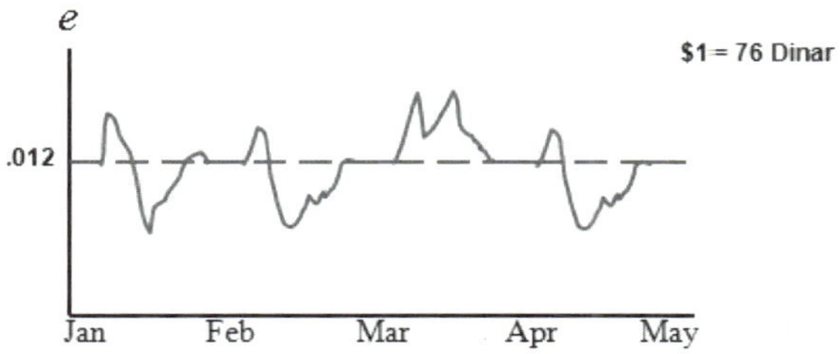

With an *adjustable peg*, the parity price is adjusted as circumstances warrant (monthly, weekly, etc). The Bretton Woods System was an adjustable peg

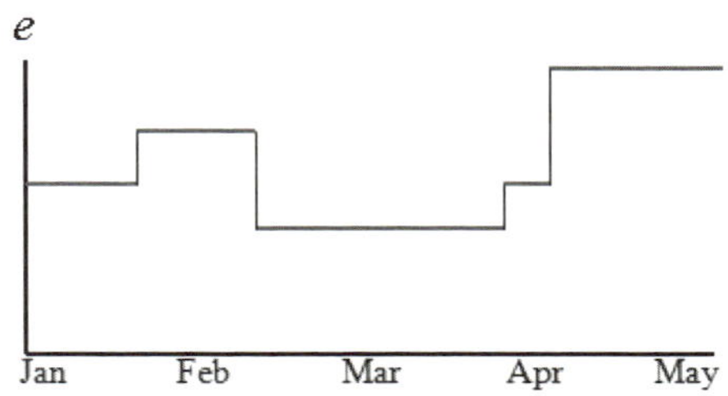

With a *crawling peg*, a currency's price is held permanently at a fixed level, but that parity level has prescheduled changes For example, the Mexican Peso followed a crawling peg in the 1990s

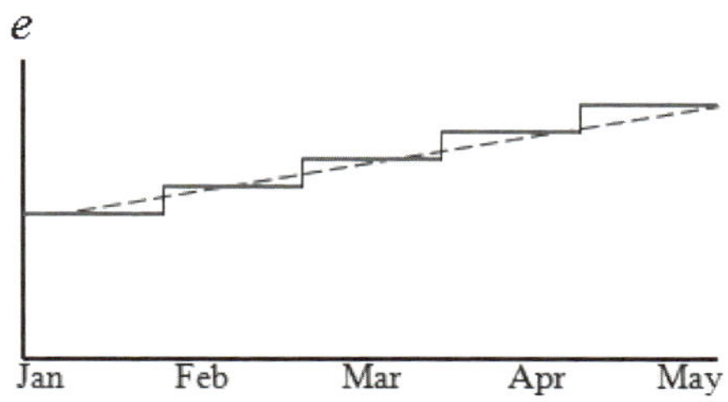

With a *target zone*, a currency's price is held permanently between an upper and lower bound. The Bretton Woods system used 2% bands

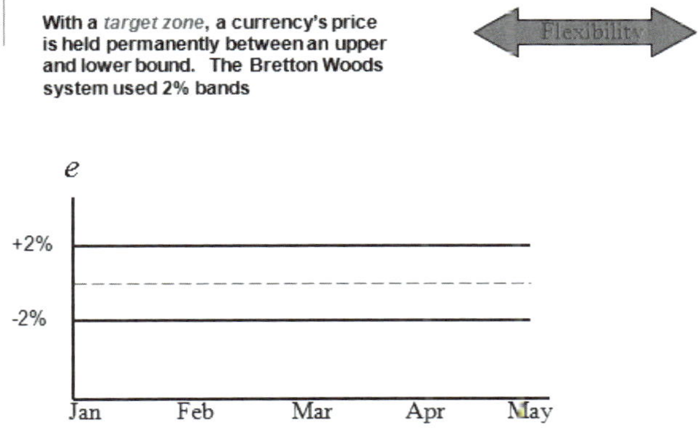

From 1971 until 1987 the US followed a policy of *managed floating* (market based exchange rate with periodic "re-alignments"). A *pure float* would have no such re-alignments.

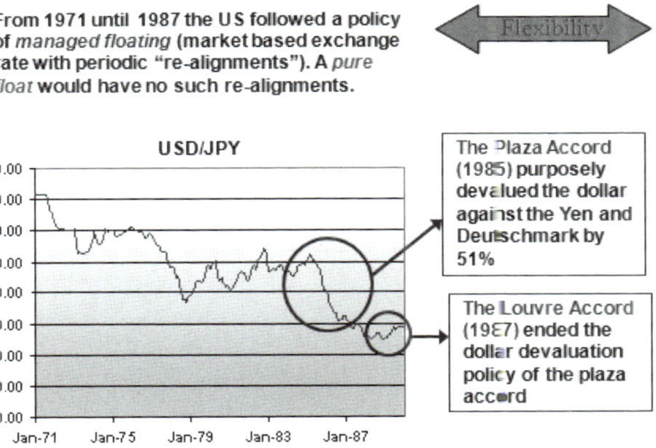

4-2 Section 국제통화제도의 변천

2008년 9월 미국의 투자은행 리먼 브러더스의 파산으로 촉발된 세계금융위기와 이로 인한 세계경제의 동반 침체는 최근 국제금융체제의 불안을 잘 나타내준다. 그런데 국제금융통화질서는 국가가 채택한 통화와 연동된 국제통화제도가 기본적으로 환율안정성과 국제자본 유동성을 확보할 수 있을 경우에 효율적이고 성공적인 질서로 정착되어진다.

시장의 범위는 통화의 사용범위에 달려 있는데 통화제도의 진화와 더불어 기존의 제도가 새로운 상황과 충돌하여 변화를 모색하는 과정에서 국제통화제도가 발전해왔다. 이 절에서는 국제통화제도의 역사적 변천과정을 보면서 환율제도가 어떻게 선택되었는지 살펴본다. 다음의 주요 네 기간 동안 환율제도가 어떻게 거시경제의 형성과 업적에 영향을 주었는지 검토한다. 금본위시대, 양차 세계대전 사이, 브레튼우즈 체제, 그리고 변동환율제도. 이러한 역사적 형성배경을 통해 국제금융질서의 내용을 알아보고 새로운 질서를 모색해본다.

Key Concept

Property	Words	Examples
국제통화제도	무역·자본거래에 따른 국제 화폐지불을 원활히 하기 위한 체계	금본위제, 변동환율제 등
변동환율제도	시장에서 외환의 수요와 공급에 따라 환율이 결정되고 변동됨	한국, 미국, 영국, 일본 등
고정환율제도	정부가 인위적으로 환율을 일정하게 유지함	유로지역, 중국, 북한 등

환율제도의 선택

• Teaching Tip : 환율제도의 선택이 어려운 이유를 찾아봄.

환율제도의 선택은 중요하면서 오래된 논쟁거리이다. 환율제도의 정확한 채택방식을 모두 고려하기 보다 크게 고정환율제와 변동환율제를 양극단으로 하여 두 가지를 절충한 형태로 분류해볼 수 있다. 하지만 각 환율제도는 장단점을 가지고 있고 역사적 환경에 따라 채택기준이 달라질 수 있기 때문에 환율제도의 선택은 현실적으로 어려운 문제다.

앞에서 살펴본 것처럼 고정환율제는 환율변동의 충격을 제거시켜주므로 통화가치 신뢰성을 확보하고 어느 정도만 대내 거시정책 자율성을 갖는다. 하지만 환율이 고정되어 있기 때문에 대외균형 목표를 달성하기 위해 대내균형을 희생하게 된다. 또 국가 간 자본이동의 제약으로 인해 국제유동성이 제한받고 대외 불균형이 지속되거나 기초경제여건이 악화되면 일시적으로 환투기의 공격을 받기도 한다.

이에 반해 변동환율제는 외부충격이 환율변동에 자동으로 흡수 반영됨으로써 통화정책 같은 국내거시정책의 자율성을 확보하며 자유로운 자본이동으로 국제유동성 흐름이 더욱 용이해진다. 하지만 환율변동성이 높아져서 통화가치의 신뢰성이 떨어지기도 한다. 국제통화에 대한 외환수요의 의존도가 높고 외환시장의 규모는 작아서 외부충격을 흡수할 능력이 부족한 개발도상국의 경우 환투기 등 경제적 교란요인에 노출되기 쉽다.

국민경제의 발전을 위한 환율제도의 최적 선택기준은 전통적으로 대외거래비용의 최소화, 국내물가의 장기적 안정, 외부충격에 대한 거시경제의 조정촉진을 들 수 있다. 그런데 각국은 자국의 경제환경에 적합하도록 고정환율제나 변동환율제를 선택한다. 대외교역량이 많은 소국경제(홍콩 등)는 교역비용의 최소화에 가치비중을 높게 두는 반면 인플레이션을 많이 경험한 국가(아르헨티나 등)는 국내물가의 안정에 가치비중을 크게 둔다. 따라서 환율제도는 시대별 또는 국가별로 각각의 최적제도가 선택될 것이다.

크루그만은 환율제도의 선택을 삼각의 딜레마로 설명했다. 삼각의 딜레마(Trilemma)란 아래 그림에서 각 모서리에 표시된 세 가지 선택 가능한 기능 중에서 2가지 이외에는 각각 받아들이기 어렵거나 불리한 선택을 말한다. 크루그만은 1998년 "The External Triangle"에서 아래와 같이 소개하였다.

삼각의 딜레마

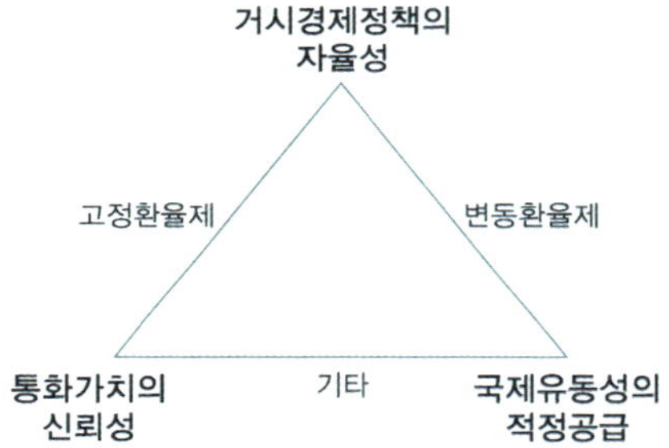

고정환율제도를 선택하면 통화가치의 신뢰성과 더불어 거시경제정책의 자율성이 어느 정도 보장되지만 국제유동성에 제한을 받을 수 있다. 변동환율제에서는 거시경제정책의 자율성과 국제유동성의 확보가 확실히 이행되지만 통화가치의 변동성이 너무 크다.

이밖에 금본위제, 통화위원회제 및 통화동맹은 기타 항목에 포함된다. 금본위제도는 일국의 통화량을 금에 일정한 비율로 고정시켜서 공급함으로 국제유동성도 확보하고 자국통화의 환위험도 방지할 수 있지만 국내통화정책의 자율성에 제약을 받는다. 통화위원회제도에서는 국내통화를 미국 달러화 등 국제통화에 고정시킴으로 유동성을 확보하고 환위험을 방지할 수 있지만 외환공급에 따라 국내통화가 연계되어 공급되므로 통화정책의 자율성이 매우 제한된다. 유로존의 국가들처럼 통화동맹의 경우에 공동 단일통화를 사용하여 환위험을 제거하고 유동성을 확보하지만 개별 회원국의 경제정책 자주성이 크게 제약받는다.

NOTE

■특별인출권(Special Drawing Right)

SDR은 1968년에 IMF가 창출하였음. SDR은 주요통화들의 가중치로 만들어져 각 통화 대비 현물환과 선물환으로 평가됨. 당시 미국에게 달러화의 금태환 요구, 런던 금시장에서 달러화의 금으로 전환 및 달러화와 금에 대한 투기거래 유발 등으로 달러화 중심의 고정환율제 국제통화질서가 흔들리기 시작했고, 국제무역이 증가되어 금융확대가 필요했었음. IMF는 SDR을 통해 국제유동성을 공급하고 달러화의 국제신뢰도를 회복하려고 노력했음.

부연 설명하면, 케인즈의 IS-LM곡선 모형에 BP곡선을 추가하여 대내외 균형조건을 제시한 먼델-플레밍 모형에 의하면 자유로운 자본이동, 환율안정, 그리고 독립적 통화정책 간에 삼각의 딜레마가 성립된다. 아래의 그림처럼 각 모서리의 환율제도를 선택할 경우 인접한 두 변의 정책목표는 달성 가능하지만 다른 변에 위치한 정책목표는 달성하기가 어렵다.

삼각의 딜레마

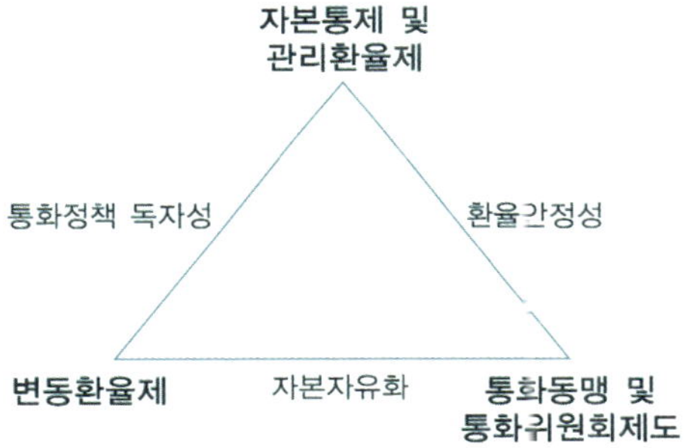

지금까지 살펴본 환율제도의 평가기준에 따르면 고정환율제와 변동환율제는 각각 장단점이 있다. 극단적인 고정환율제(달러라이제이션, 통화통합)는 대외거래비용을 감소시켜 주는 이점이 있지만 고정환율제와 변동환율제 보다 국제거래비용을 더 줄여준다는 점은 아직 확실하지 않다. 이에 비해, 고정환율제는 변동환율제 보다 낮은 인플레이션을 유지하는 편이다. 물론 인플레이션의 안정화는 고정환율제에서 중앙은행의 환율선택 및 변동환율제에서 통화공급의 여부에 달려있다. 끝으로, 단기에 물가와 임금이 경직적이므로 단기적 거시경제충격은 국민소득을 불안정하게 만든다. 이런 상황은 어느 정도 환율제도에 따라 달라질 수 있다. 총수요충격은 환율이 내생변수로 자동안정화장치 기능을 하는 변동환율제에서 더 안정적이지만 화폐충격은 통화공급이 내생변수로 자동안정화 역할을 하는 고정환율제에서 더욱 안정적이다.

NOTE

■ **중상주의(Mercantilism)**
16세기부터 18세기 후반 자유주의에 이르기까지 서유럽에서 채택한 경제정책과 경제이론임. 근대자본주의가 산업혁명에 의해 지배되기 이전 초기단계에 상공업을 중시하고 국가보호 아래 계속 수출을 장려하여 정화보유 국부를 증대하려는 경제사상임.

NOTE

■ **국제통화와 국제유동성**
국제통화란 국제간 결제에 자유롭게 사용되는 미국 달러화 등의 통화를 말함. 국제통화로 이루어진 국제결제수단이 일종의 국제유동성임. 국제유동성은 금, 외환 및 기타 유동성 대외자산(IMF 리저브 포지션, SDR 등)으로 구성된 대외준비임.

국제통화제도의 변천

• Teaching Tip : 국제통화제도의 변천과정별 시대적 특징을 상호 비교하면서 국제금융질서의 발전방향을 제시함.

중상주의 시대에서는 금과 은의 보유량이 국부를 의미했다. 중상주의자들은 수출을 장려하고 수입은 억제하는 보호무역정책을 강조했다. 국제수지를 흑자상태로 유지하여 금과 은 같은 국부를 축적하는 것이 목표였기 때문이다. 하지만 중상주의에 반기를 든 흄(D. Hume)이 말한 대로 어느 나라든지 국제수지 흑자를 영구적으로 누리는 것은 불가능할 것이다.

그런데 18세기 중엽 영국에서 시작된 기술혁신과 이에 수반하여 발생된 사회 · 경제구조의 변화를 의미하는 산업혁명 이후 국제간 무역, 자본이동 및 노동력이동이 확대되었다. 산업혁명을 이룬 영국, 미국, 독일, 프랑스 등의 선진국과 아직 전통적 기술을 사용하는 아시아, 남미, 아프리카 등의 후진국 사이에 공업생산기술의 격차가 확대되었다. 그 결과 선진국은 후진국에 공산품을 수출하고 후진국으로부터 농산품을 수입하는 국제 분업체계가 형성되었고, 선진국에서는 경제성장으로 자본축적이 이루어지고 축적된 자본은 자본이 부족한 후진국으로 이동되었다. 특히, 1870~1913년 사이에 국제 간 자본이동 및 노동력이동이 활발하였다. 유럽에서 미국, 호주, 아르헨티나 등 토지가 풍부한 국가로 생산요소의 이동이 확대되어 후진국의 경제성장이 촉진되었다.

1800년대 이후 국제간 재화와 자본의 이동이 확대됨에 따라 국가간 결제를 원활하게 하기 위한 금융결제의 체계가 필요하였다. 국제통화제도(International Monetary System)는 국제유동성의 적정공급, 환율안정, 국제수지조정의 기능을 수행하면서 국제무역의 확대 및 국제자본이동의 원활화를 지원하는 제도이다. 이 제도의 궁극적 목적은 각국의 대내외 경제활동의 조화를 통하여 범 세계적인 완전고용과 소득증대 및 자원배분의 효율성을 도모하는 것이다. 역사적으로 국제통화제도는 세계경제의 구조

변화, 선·후진국 간 이해상충, 각국의 경제력과 정치적 영향력 등에 따라 선택되어 왔다. 지금부터는 주요 기간 동안 환율제도가 어떻게 거시경제의 형성과 업적에 영향을 주었는지 자세하게 설명을 하도록 하겠다. 이러한 역사적 과정을 통해 국제금융질서의 내용을 알아보고 새로운 질서를 모색해본다.

NOTE

■ **정화(Specie)**
소재가치가 액면가치와 일치하는 본위화폐를 말함. 금본위제에서는 금화, 은본위제에서는 은화를 지칭함

● 국제통화제도의 역사적 과정

금본위제도(1821~1914년)

금본위제(Gold Standard)는 화폐 한 단위의 가치가 일정량의 금 가치에 결부되어 있는 화폐제도다. 자국화폐의 단위가치를 일정량의 순금에 고정시켜 표시하여 통화 간 상대가치도 고정시키고, 금화의 자유로운 수출입을 허용하면서 일국의 금 보유량에 따라 통화량이 좌우되며, 현금통화를 제한 없이 금화와 교환해주는 제도이다. 대규모 금광의 발견과 더불어 당시에 금이 가장 적합한 화폐수단이었다. 최초의 금본위제도는 경제대국 영국에서 1816년에 주조법이 만들어지고 1821년에 영란은행이 정화(Specie) 지불을 시작하면서 성립되었다. 이후 금본위제로 이행한 국가는 1871년 독일, 1873년 미국, 1875년 네덜란드, 1878년 프랑스, 1897년 일본 등이었다. 미국의 경우 남북전쟁 중에 발행한 Greenbacks로 불리는 지폐가 1879년 금과의 법정 교환비율을 회복하면서 실질적인 금본위제가 시작되었다. 이때부터 제1차 세계대전까지를 고전적 금본위제도라고 부른다.

19세기말 유럽 선진공업국에서는 통화당국이 발행한 지폐 및 금으로 주조된 주화가 통용되었는데 법으로 정한 일정량의 순금과 태환이 가능하였다. 파운드화, 달러화, 프랑화, 마르크화 등의 단위통화가치는 순금 일정량과 동일시되었다. 하지만 결제용 금은 수송비 등의 거래비용이 높기

NOTE

■ **은본위제도**
일정량의 은을 본위화폐로 삼는 제도임. 금본위제보다 오래되었지만 금의 산출량 증가로 금과 은을 동시에 사용하는 복본위제가 채택되다가 16세기경 은이 다량 산출되어 은값이 하락하면서 주요 국가들이 금본위제도로 전환함.

때문에 국내외거래에서 금보다 지폐나 어음 같은 신용화폐가 더 많이 사용되었다. 또한, 금 태환성(Gold Convertibility)을 보장하기 위한 법률들이 제정되었는데, 영국 영란은행은 1844년에 국내 통화공급량이 금 보유고에 1,400만 파운드를 더한 금액을 초과하지 못하도록 규정지었다. 발행된 통화량은 금태환 요구를 만족시키지 못하는 상황에 대비하여 어느 정도 금 보유고와 연동시킨 것이었다.

무엇보다 금본위제는 중앙은행의 움직임을 지배하는 특징을 지녔다. 첫째, 자국통화와 금과의 교환가격 및 태환화폐가 공표되었다. 둘째, 사적 금의 수출입은 제약을 받지 않았다. 셋째, 금과 태환 가능한 여타 통화의 보유액에 일정 비율만큼 통화량을 공급했다. 넷째, 공적외환보유고 결정에 대하여 중앙은행은 재량권을 가지고 있지 않다. 외환보유고는 전반적인 국제수지의 결과이다. 다섯째, 중앙은행은 환율고정에 간여하지 못하는 대신 금의 가격을 고정시켰다.

예를 들어, 미국에서 금 1온스가 23달러화에 교환되고 영국에서 금 1온스가 5파운드화라면 파운드-달러화의 환율은 파운드당 4.6달러($\frac{23달러}{5파운드}$)가 된다. 엄밀하게 말하면, 양국간 금의 공정가격비율인 금평가로 나타난 환율, 파운드당 4.6달러가 그대로 환율이 되는 것이 아니라 환율은 금평가를 중심으로 금의 수입점과 수출점 사이에서 결정된다. 만일 미국과 영국 간의 금 1온스 수송비가 40센트라고 하면 파운드당 달러화의 환율은 4.52달러($\frac{22.6}{5}$)와 4.68달러($\frac{23.4}{5}$) 사이에서 결정되는 경향을 보인다. 미국 외환시장에서 달러화의 환율은 금평가를 중심으로 금 수입점을 하한으로 금 수출점을 상한으로 한 범위내에서 변동하게 된다.

금본위제는 중앙은행이 간여하지 못하는 고정환율(Hard Peg)과 국제자본의 완전한 이동으로 특징지어진다. 환언하면, 본위제란 금의 자유로운 국제이동과 금의 국제적 단일가격, 금 준비율에 기초한 통화공급, 금 태환성의 보장이라는 전제조건하에서 금의 가격이 환율을 결정하는 전통적인 고정환율제였다. 그러면 금본위제의 경제적 기능을 크게 국제유동성공급, 국제수지조정, 환율안정성으로 구분하여 조금 더 살펴보자.

첫째, 금본위제는 국내 통화공급량이 공적 금보유와 연계되어 있으며 국제유동성 공급은 금 생산과 금의 국제 간 이동에 의해 유지되었다. 금의 공적 보유량이 늘어나면 통화공급량이 증가하게 되고 금 보유량이 줄어들면 통화량이 감소한다. 그리고 국제통화, 즉 국제유동성으로서의 금이 최종 국제결제수단 또는 대외준비자산으로 사용되면서 국제거래가 촉진되었다. 그러나 금의 공급량에 의해 국제유동성은 한정되었다. 금의 고갈로 인한 국제유동성 위기는 중앙은행의 개입을 통해 해결하였다. 이에 반해, 보통 경기가 호황이면 거래량이 증가하여 금의 수요가 늘어나므로 중앙은행이 보유한 금이 시중에 유출되는 반면 경기가 불황이 되면 중앙은행의 금 보유량은 늘어난다.

둘째, 18세기 중엽 흄에 의해 제기된 금본위제의 국제수지 조정과정을 가격-정화-이동 메커니즘이라 부른다. 국제수지 불균형이 금의 국가간 자유로운 이동 때문에 지속적인 적자나 흑자상태에 머물지 않고 시간이 흐르면 자동적으로 균형으로 되돌아감을 나타낸다. 만일 경상수지가 흑자면 금이 국내로 유입되어 국내 화폐공급이 증가하고 국내 물가가 상승하므로 수출품의 상대가격 상승으로 수출은 감소하고 저렴해진 수입품의 수입이 증가하면서 금의 유출은 늘어나고 경상수지가 악화된다. 반대로 경상수지가 적자라면 금의 유출로 인해 화폐량이 감소하고 물가가 하락되어 수출은 늘고 수입은 줄어들면서 금의 유입과 함께 경상수지가 개선된다.

추가적으로 금괴발견 등으로 인해 금이 유입되어 자본수지가 흑자상태이면 국내 화폐공급이 증가하여 금리가 하락하므로 자본유출이 증가하게 된다. 역으로 금이 유출되어 자본수지가 적자이면 화폐공급이 감소하고 금리가 상승하므로 자본유입이 늘어나면서 자본수지가 개선된다. 경상수지와 자본수지도 동시에 고려하면 금의 이동규모 역시 커지고 국제수지의 조정속도가 더욱 빠른 속도로 진행될 것이다. 다시 말해, 금본위제도에서 국제수지의 적자나 흑자는 그에 따른 통화량과 물가의 변동에 따라 자율적으로 조정된다. 흑자국에서는 금의 유입으로 통화량이 늘어나고 물가가 상승하면서 국제수지를 악화시키는 반면 적자국에서는 금의 유출과 함께 통화량이 줄어들고 물가가 하락하면서 국제수지 균형을 회복한다.

셋째, 금본위제는 금평가에 따라 환율이 결정되는 고정환율제이므로 환율변동이 안정적이었다. 현실적으로 금에 대해 고정된 환율을 마음대로 변경하지 못하도록 영국이 중심국가로서 감시하는 역할을 맡았다.

금본위제도는 산업혁명, 세계무역증대 등에 힘입어 국제금융 분야가 빠르게 성장하는데 기여하였다. 특히, 정부의 재량적 통화증발이 허용되지 않아 인플레이션 위험에 빠지지 않았으며, 환율고정으로 환위험이나 환투기가 거의 없어서 외환시장이 안정되었고, 국제수지의 균형달성으로 국제협력과 국제통화질서의 안정에 기여하였다. 그러나 실제로 금본위제 기간 동안 영국의 경상수지 흑자는 평균 GNP의 5.2%로서 상당히 높은 수준이었으며 많은 국가들이 경상수지 조정문제에 대해 방임주의 태도를 취하였다. 또한, 이 기간 사이에 금본위제를 채택한 국가들의 물가수준이 제2차 세계대전 이후만큼은 상승하지 않았지만 인플레이션과 디플레이션을 번갈아가며 변동이 심하였다. 완전고용에도 많은 기여를 하지 못하였다.

금본위제도는 경제가 성장함에 따라 경제활동을 뒷받침할 만한 규모의 필요한 통화량을 공급하지 못하는 제도적 모순을 가지고 있었다. 경제의 성장률이 금 생산의 증가율보다 앞서기 때문에 구조적으로 통화량이 부족하였다. 마침내 1914년 제1차 세계대전이 발발하면서 금본위제는 그 기능이 정지되었다. 금의 수출입이나 해상수송이 곤란해지고, 각국은 전쟁수행을 위한 재정지출비용을 마련하기 위해 통화를 증발시켜서 더 이상 자국통화를 금에 태환이나 고정시킬 수 없게 되었기 때문이다.

과도기 : 금환본위제도(1925~1931년)

제1차 세계대전 동안 여러 국가들은 금본위제를 중지하였고 막대한 전비를 화폐발행으로 조달하였다. 그 결과 초고속 인플레이션을 경험하게 되었고 노동력과 생산능력도 상당히 저하되었다. 미국을 제외한 유럽국가의 경제가 파괴되고 패전국 독일에서는 배상비용을 지불하기 위해 통화를 증발하다가 1919년부터 1923년까지 물가가 4,815억 배나 상승하는 초인플레이션이 발생하여 독일통화는 휴지조각이 되어 버렸다. 유럽의 경제적 부담과 피해로 인해 국제경제의 중심이 미국으로 이동되었다.

제1차 세계대전과 전후 회복기간 동안 금본위제가 붕괴된 후 잠시 변동환율제가 출현하였다. 1918년 제1차 세계대전이 종료한 후 미국은 1919년 금본위제로 복귀하였고 다른 국가들도 1920년대 초반에 금융안정을 위해 금본위제로 복귀를 갈망하였다. 그러다가 1922년 이탈리아 제노바(Genoa) 회의에서 금 부족 문제를 해결하기 위하여 금환본위제도의 시행을 권고하게 되었고, 1925년에 미국과 영국의 합의일치로 금환본위제도로 복귀하였다. 제노바 회담에서는 대국들은 대외준비자산이 전부 금으로 구성되지만 소국들은 대국들의 화폐를 준비자산의 일부로 보유할 수 있도록 하는 부분 금환 본위제를 허용하였다. 미국, 영국, 프랑스 등의 국가는 자국통화를 금 가격에 고정시킨 금본위제를 채택하지만 이들을 제외한 대부분의 국가들은 불환통화국 위치에서 금환본위제에 합류하게 되었다.

금환본위제(Gold Exchange Standard)는 금본위제의 한 형태이지만 금본위제와 달리 본위화폐를 발행하지 않지만 국가가 금 및 금태환이 보장된 통화를 화폐발행 준비자산으로 삼는다. 주요 금본위제 국가의 금화나 화폐를 일정한 시세로 매매함으로써 자국화폐 한 단위와 금의 일정량 사이에 등가관계를 유지하려는 제도다. 금을 본위화폐나 준비통화로 사용하지 못하는 나라들이 대외적으로 금본위제에 속하는 것과 동일한 기능을 나타내는데 이용하였다. 이 제도는 1893년 인도에서 최초로 채택되었고 러시아, 필리핀, 파나마, 멕시코 등에서 이용되었다.

NOTE

■ 화이트안 vs. 케인즈안

브레튼우즈 국제통화체제는 2차대전 이후의 국제통화제도 형성에 주도적으로 참여하던 영국을 대표한 케인즈(J.M. Keynes)와 미국을 대표한 화이트(H.D. White) 사이의 협상을 통해 그 이론적이념적 틀이 만들어졌는데, 이 협상에서 케인즈안이 거부되고 화이트안이 기본안으로 채택되었다. 화이트의 안정화기금(Stabilization Fund)안에 따라 전후의 국제통화체제가 형성되었다. 이에 비해, 케인즈가 설립하자고 제안했던 국제청산동맹(International Clearing Union)안은 국제화폐인 방코를 도입하고, 국제결제는 청산거래방식을 따르며, 국제수지불균형은 흑자국과 적자국이 책임분담 형식으로 조정하고, 국제자본이동을 통제할 수 있는 방안 등을 포함하고 있었음.

금환본위제도는 화폐발행 준비자산을 신축적으로 증가시킬 수 있었기 때문에 과도한 통화의 공급은 억제하면서 금본위제보다 더 많은 통화의 공급이 가능하였다. 하지만 1929년 미국 주식시장이 붕괴된 이후 파급된 대공황(Great Depression)으로 불황이 심화되자 금본위제가 붕괴되고 각국은 관리변동환율제를 도입하였다. 지속된 불황 가운데 경쟁적인 자국통화의 평가절하는 문제를 더욱 악화시켰으며 평가절하 없이 금본위제를 유지한 국가들이 대공황시기에 큰 피해를 당했다. 영국의 경우 파운드화의 해외 보유자들이 보유한 파운드화를 금으로 태환하기 시작한 1929년에 금본위제를 포기하였으며, 미국의 경우 1933년에 금본위제를 포기하였다가 1934년에 다시 복귀하여 금 온스당 달러화의 가격을 20.67달러에서 35달러로 인상하였다.

브레튼우즈 체제(1946~1971년)

제2차 세계대전이 종료될 무렵인 1944년 7월 세계경제제도의 재건을 위해 미국 뉴 햄프셔(New Hampshire)의 브레튼우즈(Bretton Woods)에서 열린 44개국 대표자 회의에서 브레튼우즈 체제라고 불리는 새로운 국제통화제도가 출범하였다. 양차 세계대전 사이의 대혼란 때문에 대내균형 달성을 비롯해 국제무역을 제한하지 않으면서 대외균형을 달성시킬 수 있는 국제통화제도가 절실히 필요했었다. 그 당시 영국의 안은 케인즈가 제시한 변동환율제였는데 미국의 안으로 화이트가 제시한 고정환율제가 채택되었다. 이는 세계경제에서 유럽은 초라해지고 미국은 더욱 중요해지고 있음을 부각시켜준다. 이 시기에는 또한 선진국의 식민지들이 제2차 세계대전 이후 독립하기 시작하였으며, 미국이 소련 등 공산권에 대항해 시장경제 질서유지 및 경제회복에 상당한 비용을 지출하였다.

브레튼우즈 체제(Bretton Woods System)는 미국 달러화를 기축통화로 삼고 달러화만 금에 고정시키고 다른 통화는 달러화에 대해 고정시킨 달러화 중심 금환본위제이다. 금의 달러화 가격을 온스당 35달러에 고정시켜 놓고, 회원국은 대외준비자산을 금이나 달러화자산으로 보유하였고 미국 중앙은행에 달러화를 팔아 금으로 교환할 수 있는 권리를 갖고 있었다. 달러화는 항상 금 태환이 가능해 달러화가 금의 역할을 담당해주기 때문에 금본위제에서 각국의 통화량이 부족한 문제를 해결할 수 있었다. 그리고 미국 이외 다른 국가들의 화폐와 금과의 교환은 달러화를 통해 간접적으로 이루어졌다. 각국의 환율에 대하여 예를 들면, 파운드당 2.80달러, 달러당 4.20마르크, 달러당 3.50프랑스 프랑 등이었다. 그리고 각국은 합의된 1% 변동범위 이내에서 외환을 사고팔면서 고정환율을 유지하였다.

브레튼우즈체제를 채택한 주요국은 당시 국제무역과 자본이동의 제약이 높았다. 하지만 브레튼우즈체제 기간 동안 점차로 국제무역의 제약은 사라진 반면 자본이동의 제약은 오래 지속되었다. 따라서 브레튼우즈체제는 Soft Peg와 불완전 자본이동으로 특징지어진다. 특히, 제2차 세계대전 후반인 1949년에 미국은 전세계 화폐성 금의 약 75%를 보유하고 있었으며 높은 경제규모와 크게 발전된 금융시스템으로 달러화는 기축통화가 되었다. 또한, 새롭게 창설된 국제통화기금(IMF)을 통해 감시되었다.

브레튼우즈 체제의 경제적 기능을 국제유동성공급, 국제수지조정, 환율안정성으로 구분하여 더 살펴보자.

첫째, 국제유동성의 대부분이 금과 달러화인데, 유동성 공급은 달러화의 유출을 통해 이루어진다. 기본적으로 미국의 국제수지 적자를 통한 달러화 유출은 미국 이외 지역에서 경제성장의 결과이며 국제유동성 수요를 충족시킨다는 측면에서는 바람직하다. 하지만 한편으로 미국의 국제수지 적자누적 및 해외 달러화 잔고의 누적은 달러화의 금 태환성을 위협하는 일이다.

둘째, 고정환율제도에서 국제수지 조정에는 정부개입이 절대적이다. 만일 국제수지가 적자상태라면 디플레이션 정책을 통해 국내물가를 하락시켜서 수출을 늘리고 수입은 줄여서 국제수지를 개선해나간다. 반대로 국제수지가 흑자이면 인플레이션 정책을 통하여 국내물가를 상승시키고 이에 따라 국제수지 균형으로 복귀한다. 이러한 국제수지 조정 메커니즘을 바탕으로 국제수지의 일시적 불균형은 유동성(통화량)조절이나 IMF의 신용공여로 해소하고 국제수지의 기초적·구조적 불균형은 IMF와 협의한 환율평가조정으로 해결해나간다.

셋째, 미국 달러화는 금과의 가치만 유지하면 되고 여타 통화와 환율을 유지하는 의무에서는 수동적이다. 단기적으로 IMF 가맹국들은 달러화에 대한 자국통화의 평가를 유지하는 의무를 통하여 고정환율을 유지해나갔다. 환언하면, 미국 중앙은행은 금의 달러가격을 고정시키는 책임을 지는 반면에 나머지 국가들의 중앙은행이 외환시장의 개입을 통하여 자국통화의 대달러화 환율을 고정시키는 책임을 맡는다. 달러화는 다른 나라의 통화와 자유롭게 태환될 수 있어서 국제무역에 널리 사용되었기 때문에 기축통화의 역할을 계속 차지하였다.

이에 따라 미국을 비롯하여 모든 나라의 환율이 대미 달러화 환율의 비교를 통해 일정 수준으로 고정되면서 결정된다. 예를 들면, 미국 달러화가 금 1온스당 35달러의 고정비율로 금과 교환될 수 있을 때 영국통화가 달러당 0.2파운드에, 일본통화가 달러당 300엔에 고정되어 있다면 파운드화-엔화의 환율은 파운드당 1,500엔($\frac{300\text{엔}}{0.2\text{파운드}}$)으로 고정 · 결정된다.

그밖에 브레튼우즈 체제에서 중앙은행은 금본위제와 달리 외환보유고와 통화공급에 대한 재량권을 보유하고 시장에 개입하였다. 그리고 금본위제에서는 경상수지나 자본수지 거래에 금태환 제약이 없었지만 브레튼우즈 체제에서는 자본수지 거래에 따른 태환성에 확실한 제약이 존재하였다. 이와 더불어, 브레튼우즈 체제는 고정환율제를 유지하되 어느 정도는 환율변동을 용인하였고, 자금난을 겪는 국가에게 IMF을 통하여 단기자금을 대부해주었고, 만성적인 경상수지 적자국에게는 자국통화의 평가절하를 허용하는 등 세계경제질서를 위해 운영되었다. 또한, 세계은행

(World Bank)을 통하여 개도국에게 장기자금을 지원하였다.

하지만 1960년대에 들어와 범세계적 국제수지 위기가 빈번해졌고 이로 인해 환투기 공격이 가시화되었다. 실제로 파운드화의 평가절하가 임박했다는 소식이 전해지자 평가절하에 대한 기대로 파운드화 자산을 팔고 안정적 통화로 바꾸려는 환투기가 시작되었다. 외환수요의 급증으로 환율이 급상승하자 영국 중앙은행은 환율방어를 위해 외환보유고를 팔아 파운드화를 매입했지만 외환보유고가 고갈되면서 더 이상 시장에 개입할 수 없게 되었다. 결국 파운드화의 가치는 평가절하되었다. 이어서 프랑화도 평가절하되었다. 특히, 1960년대에는 유럽과 일본은 경제적으로 다시 부활했지만 미국경제는 만성적인 경상수지적자와 재정적자의 확대로 악화되고 있었다. 설상가상으로 베트남 전쟁 이후 국내물가의 급등 및 해외 달러화 잔고의 누적으로 금 보유량은 절반 이상으로 감소하였지만 달러화를 계속 찍어 발행할 수밖에 없었다. 이에 따라 1970년대에 들어와서 달러화에 대한 신뢰성이 점차 상실되면서 각국의 금태환 요구가 늘어났고, 달러화 평가절하의 압력과 금값의 상승으로 달러화의 태환성이 결여되기 시작했다. 급기야 미국의 금보유량이 급격히 감소하자 1971년 8월 15일 닉슨 정부는 달러화를 금으로 더 이상 교환해주지 않는다는 금태환 정지를 선언하기에 이른다. 금태환 중지를 선언하면서 브레튼우즈 체제는 종말을 고하고, 지속적인 평가절하와 함께 고정환율제는 1973년 3월에 붕괴되었다.

- Critical Thinking : 브레튼우즈 체제동안 미국 달러화 준비자산보유가 증가한 원인은 무엇이라고 생각하는가?: 민간수요, 중앙은행의 욕망 또는 미국의 통화공급량 증가?

변동환율제도(1973년~현재)

1970년대 초반 일부 고정환율제로 복귀하려는 노력은 있었지만 자국의 경제여건을 고려해 다양한 환율제도를 채택하게 되고 주요 선진국들은 변동환율제를 도입하였다. 브레튼우즈 체제를 개선·유지하려는 노력으로 스미소니안 체제(Smithsonian Agreement)가 1971년 12월 출범하였다. 각국이 기준율을 금, SDR, 타가맹국 통화로 신축적으로 표시 가능하도록 하였고, 미국 달러화의 금평가 가격을 과거 온스당 35달러에서 38달러로 평가절하시키고, 환율변동폭을 과거 ±1%에서 ±2.25%로 확대하는 스미소니안 협정이 체결되었다. 하지만 스미소니언 체제는 출범한지 6개월 만에 혼란만 가중시키고 끝나버린 변동환율제로 가는 과도기 체제였다. 영국은 1972년 6월에, 일본, 스위스, 이탈리아는 1973년 2월에, 그리고 1973년 3월에 대부분의 통화가 변동환율제로 전환되었다.

브레트우즈 체제 와해 후 IMF는 국제통화질서 회복계획을 마련해왔는데, 1976년 1월 자메이카의 킹스턴(Kingston)에서 1973년을 전후하여 세계 각국이 실시해 온 변동환율제로의 이행을 인정하는 선언을 했다는 점에서 의미를 지닌 새로운 IMF 개혁안이 마련되었다. 킹스턴 체제의 기본내용은 변동환율제의 인정, 금의 폐화, SDR(특별인출권)의 기능과 이용도 제고, 자국의 환율제도 선택재량권 부여 등이었다. 금과 달러화가 가치기준으로서 기능을 상실함에 따라 대신 SDR를 국제통화 가치단위로 사용토록 하였다. 하지만 특정 국가에 속하지 않는 SDR의 역할은 제한적이었다.

변동환율제도는 변동환율과 완전한 자본이동으로 특징지어진다. 변동환율제는 외환시장에서 외환에 대한 수요와 공급에 따라 환율이 결정되고 변동되는 제도다. 그 경제적 기능으로는 첫째, 미국 달러화 및 주요 메이저통화 중심의 국제유동성을 공급한다. 둘째, 환율변동을 통해 국제수지가 자동으로 조정된다. 경상수지가 적자이면 외환수요가 공급보다 크므로 환율이 상승하여 수출이 증가하고 수입이 감소되면서 경상수지가 개선되는 반면에 경상수지 흑자면 환율인하로 수출감소와 수입증가가 이어져 경상수지 균형에 복귀한다. 셋째, 환율은 변동성이 커서 불안정하다.

무엇보다 변동환율제의 장점은 첫째, 외환시장에서 외환의 수요와 공급에 의한 환율변동에 의해 국제수지가 자율적으로 균형에 달성된다는 것이다. 그리고 국제수지의 조정책임이 적자국과 흑자국 모두에게 부담되므로 과도한 외환보유고가 필요 없다.

둘째, 대내정책을 우선적으로 독자적으로 수행할 수 있다. 먼저 국제수지 불균형을 개선하기 위해 국내정책 목표와 상충되는 가격이나 소득정책을 사용할 필요가 없다. 또한 대외균형에 얽매이지 않고 재량적 통화정책이 가능하다는 점이다. 고정환율제에서는 통화량이 화폐수요에 따라 내생적으로 결정되고 통화정책은 무력하지만 변동환율제에서 통화정책은 강력한 효과가 있다. 그 밖에도 변동환율제는 인플레이션과 디플레이션의 국가간 파급 등 국제적 충격을 효과적으로 방지해준다.

이에 반해, 변동환율제의 단점으로는 첫째, 환율변동에 대한 위험 때문에 국제교역이 저하되고 국제자본이동이 위축된다. 환율변동의 불확실성 때문에 국내에서도 물가불안을 비롯해 기업경영상 불안이 초래될 수 있다. 그밖에 명목환율의 변동은 실질환율변동으로 이어지고 그 결과 소득분배가 크게 변동될 우려가 높다. 예를 들면, 환율이 상승하면 수출업자나 국내 노동력과 원료로 생산하여 외국에 판매하는 자는 이익을 보지만 수입업자나 원자재를 수입하여 생산하는 국내생산업자는 손해를 본다.

둘째, 불황이나 실업의 축소 등을 목표로 사용되는 통화정책이 환율의 불안정성 때문에 방만해지고 인플레이션의 발생가능성이 높다. 그리고 물가상승은 명목임금의 인상을 수반하여 실업이 거의 줄지 않을 수 있다.

셋째, 선진국들이 실업이나 인플레이션 문제를 해결하기 위해 거시경제정책을 독자적으로 실시한 결과로 세계경제의 불황이 심각해질 수 있다. 만일 일국에서 확장 통화정책을 사용하면 그 결과 다른 나라의 경기를 악화시킬 수 있다. 이것은 이웃을 거지로 만드는 효과(Beggar-Thy-Neighbor Effect)라 부른다. 만일 일국의 통화공급이 증가하면 국내물가가 상승하고 환율이 인상되어 수출이 증대되고 수입이 감소된다. 이는 타국의 수출감소와 수입증가를 가져와 산출과 고용을 위협한다. 나아가 각국

NOTE

■ **플라자합의**

1985년 9월 22일 뉴욕 플라자 호텔에서 미국, 영국, 프랑스, 독일, 일본 등 선진 5개국의 중앙은행 총재가 미국의 달러화 상승 및 무역수지 적자에 따른 세계경제 불균형을 해소하기 위해 모여 도출한 합의. 환율시장의 불안정을 지적하고 일본 엔화와 독일 마르크화의 평가절상을 유도했는데, 엔화는 합의 당시에 달러당 260엔 정도에서 1987년말에는 달러당 123.33엔으로 크게 절상됨. 이후 일본경제는 잃어버린 20년이라 불리는 경기불황의 늪에 들어감.

의 경쟁적 평가절하는 이러한 상호작용이 반복되면서 환율의 불안정성, 국제무역의 축소 및 세계경제의 불황을 유발할지도 모른다. 반대로, 1970년대 말 제2차 오일쇼크가 터지자 인플레이션이 더욱 심화될 것에 대비하여 미국 통화당국은 긴축통화정책을 사용하였다. 이에 따라 금리가 상승하여 자본이 유입되고 달러화 가치가 상승하므로 개도국의 외채상환부담을 가중시키기도 하고 수입이 늘어나면서 인플레이션을 더욱 악화시켰다. 그 결과 1980년대 미국과 유럽은 대공황에 견줄 만한 불황의 수렁으로 빠져들었다.

넷째, 변동환율제에서 재정정책은 효과가 약화된다. 확장 재정정책을 사용하면 총수요가 증가하지만 이에 따라 금리가 상승하고 국제자본이 유입되어서 환율인하를 통해 수출이 감소하고 수입이 증가하기 때문에 재정정책의 효과는 줄어든다.

1973~1980년 동안 변동환율제도는 제 기능을 잘 발휘한 것처럼 보인다. 1970년대 두 차례의 오일파동으로 발생된 스테그플레이션으로 각국의 경제는 심각한 타격을 받았다. 고정환율제였더라면 유지하기가 어려웠을 것이다. 미국의 경우 제1차 오일파동 때 실업을 우려해 확대정책을 실시하였고 제2차 오일파동 때 인플레이션을 우려해 긴축정책을 사용하였다. 그 가운데 1976년 이후 달러화가치가 급격히 하락하였다가 1980년에서 1985년 초반 동안에 달러화의 대규모 절상이 야기되었고 경상수지 적자문제가 심각해졌다. 미국은 심각한 대외불균형을 해소하기 위해 국제적인 정책공조의 필요성을 느끼고 플라자협정을 체결하게 된다. 각국의 달러화 가치하락을 위한 공동 개입을 통해 달러 가치가 안정을 찾게 되었다.

1973년 이후 환율의 변동성은 변동환율제도 옹호자의 예상보다도 큰 폭으로 증가하였다. 그 원인으로 미국의 오락가락했던 거시경제적 충격, 환율의 오버슈팅 현상, 과점적 시장구조 등을 들 수 있다. 과점적 시장구조로 인해 환율변동이 수출품 가격에 전부 반영되지 않는 대신에 생산업자의 이익을 조정하여 가격변동을 억제하는 경향을 보여주기 때문에 환율변동에도 가격경쟁력 격차가 줄어들지 않아서 경상수지 불균형이 해소되지 않고 환율변동이 지속되어 간다. 하지만 과도한 환율변동성으로 국제무역이나 국제자본이동의 규모가 위축되었다는 증거는 별로 없다. 나아가 1990년대 들어서 발생된 국제금융체제의 불안은 주요 통화 사이의 환율불안정이라기보다는 급격한 자본이동이 야기한 외환·금융위기에서 초래되었다. 환율안정을 위한 국제간 공조를 비롯하여 국제 금융위기를 방지하기 위한 국제간 정책공조가 매우 필요한 실정이다.

국제통화제도의 새로운 경험 및 개편방향

• Teaching Tip : 최적통화지역이론을 토대로 유럽과 동아시아의 통화협력에 관한 경험을 살펴보면서 새로운 제도를 가름해봄.

브레튼우즈 체제가 붕괴된 후 각국은 국제협의 없이 거시경제정책을 상당히 펼 수 있었다. 브레튼우즈 체제 이후의 국제통화제도는 크게 2가지로 나누어볼 수 있다. 첫째, 국제자본이동의 제약과 함께 선진국은 변동환율제를, 개도국은 고정환율제를 유지하였다. 1970년대 후반부터 주요 선진국이 자본수지를 개방한 반면 대다수의 개도국은 1980년대 후반에 들어 자본자유화가 이루어졌다. 둘째, 그대로 존속된 IMF에 새로운 국가들이 가입하였고 회원국의 개별 쿼터규모가 늘어났다. IMF는 국제자본대출을 통해 개도국의 일시적 국제수지의 불안정을 해결하도록 도와주었다. 그런데 환율이 각국의 경제여건과 동떨어져 불안정한 상태로 움직이고 있으며 게다가 국제자본이동이 활발해지면서 국제 외환·금융위기도 빈번해지는 경향을 보이고 있다. 이는 현행 국제통화제도의 구조적 문제점을 드러내주는 것이다.

보통 고정환율제는 대외적 개방도 및 무역의존도가 높을수록 적합한 것으로 알려져 있는 반면 변동환율제는 경제규모가 크고 인플레이션이 더 분산될수록 바람직하다는 견해가 많다. 1990년대 아시아 외환위기의 여파로 이들 국가의 환율제도에 고정환율제를 강화하는 경향도 나타났다.

한편, 환율제도의 선택이 거시경제정책의 자율적 운용, 국제통화 유동성의 확보, 환율안정을 통한 통화가치의 신뢰성 확보 등을 목표로 이루어지지만 이들 간에는 삼각의 딜레마에 빠지게 된다. 기본적으로 국제통화제도가 효율적이고 효과적인 제도로 성공하기 위해서는 환율안정성과 국제유동성을 확보할 수 있어야 한다. 고정환율제에 가까워질수록 환율은 안정적이지만 누적된 환율변동 압력으로 환투기나 외환위기가 발생할 수도 있다. 이에 비해, 자유변동환율제로 나아갈수록 적정한 국제통화 유동성이 확보되어 예금인출사태(뱅크런)를 보강해줄 수 있지만 환율의 불확실성과 함께 급작스러운 자본유출이나 자본도피로 외환위기를 초래할 수도 있다.

1990년대 10여 년 동안 빈발했던 금융위기로 현행 국제통화제도의 재편에 대한 여러 제안이 나왔다. 그렇지만 국가차원의 거시경제정책에는 우선적인 관심을 두지 않고 그 대신 국제자본이동, IMF의 움직임, 향후 국제금융제도의 지배법칙에 초점을 맞추었다. 이러한 국제통화제도의 재편에 관한 제안들은 국제거시경제협력(International Macroeconomic Cooperation)의 최소 제약적 형태로 볼 수 있다.

국제거시경제협력 가운데 가장 제약적인 것이 통화협력(Monetary Unification)이다. 통화협력은 개별국가의 환율정책과 통화정책을 효과적으로 제거시켜주고 재정정책에도 상당한 제약을 가한다. 대표적인 통화협력의 형태로 유로연합의 유로화 도입을 들 수 있다. 이에 따라 지역통화협력의 대표적 이론인 최적통화지역(Optimum Currency Area)은 먼델(R. Mundell)이 1961년도에 공동통화 사용지역의 최적규모를 설명한 거시경제이론으로 이후 맥키논, 케넨 등에 의해 발전된 통화협력에 대한 연구이다.

최적통화지역이란 단일 공동통화가 사용되기에 가장 이상적인 지역크기를 의미한다. 최적통화지역이론에 따른 통화통합의 편익에는 환율변동위험의 소멸과 외환거래비용의 감소로 인한 국제무역증가, 해외직접투자증대, 자원의 효율적 배분 등이 포함된다. 반면에, 통화통합의 비용으로는 통화정책과 환율정책을 사용할 수 없기 때문에 비대칭적인 충격이 발생하는 경우에 이를 흡수할 조정수단의 부재로 경제의 안정성이 위협받을 수 있다. 하지만 대칭적 충격에 직면할 경우 공동의 정책을 사용하여 충격을 흡수할 수 있기 때문에 오히려 이익이 늘어난다. 각국이 통화통합지역에 참여할 지 여부는 통화 효율성을 통한 이득과 경제 안정성을 통한 손실 간의 차이에 의하여 결정될 것이다.

그런데 최적통화지역을 결정하는 조건은 가격과 임금의 유연성, 생산요소 이동성, 자본·금융시장 통합도, 경제 개방도와 무역, 생산과 소비의 다양성, 물가수준의 유사성, 정부재정 통합도, 충격반응의 유사성, 경제정책상 협조성, 정치적 통합도 등이다. 이 조건들이 충족될수록 통화통합을 설립하는데 따른 편익이 증가하거나 비용이 감소하므로 최적통화지역이 성립되기 쉬워진다. 각국은 상호 밀접하게 연결된 지역경제 내부의 공동 고정환율지역에 참가하기를 원할 것이다. 나아가 요즈음처럼 자본이동이 자유로울 경우 환율은 대외불균형을 조정하는 정책수단이기 보다는 투기성 자본공격의 대상이 되어 금융시장의 불안정을 초래할 수 있다는 측면에서 통화통합의 편익이 더 커진다. 그리고 물가가 안정된 국가의 안정적 통화를 역내통화로 사용하면 여타 회원국들의 물가안정을 진작할 수도 있다.

하지만 최적통화지역이론은 정치적 요인을 배제하고 경제적 요인에 치우쳐 분석하고 있기 때문에 실제 통화통합의 설립 가능성을 적절하게 제시하지 못하고 있다. 통화통합 설립에 영향을 미치는 주요 정치적 요인에는 통화통합 참여국의 영향력 균형성, 역내 리더십, 역내지역 공동체 의식, 통화동맹협상과 연계된 여타 협력분야 여부, 각국의 통화동맹 지지집단과 반대집단의 정책결정에 대한 영향력, 각국의 선거제도 등이 있다.

유럽연합(European Union)의 11개 회원국은 1999년 1월 1일 공동통화인 유로(Euro)를 채택하여 통화통합지역, 일명 유로존(Eurozone)을 만들었다. 유로존은 유럽연합의 단일화폐인 유로를 국가통화로 도입하여 사용하는 고정환율 지역을 통칭하는 말이다. 유로존의 통화정책은 유럽중앙은행이 담당하는데 유로존에 가입하려는 국가는 2년 동안 유럽의 환율변동을 조정하여 통화안정성을 확보할 목적으로 유럽환율 메커니즘에 참여해야 한다. 유럽연합 국가가 고정환율을 선호하는 것은 통화통합이 국제경제에서 그들의 위상을 더 높여줄 것이며 유럽공동시장 설립을 목표로 삼는 유럽연합의 발의를 보충해줄 것으로 믿기 때문이다.

유럽연합 회원국들은 유럽통화제도의 기본골격인 유럽통화단위와 환율조정 메커니즘을 통해 환율안정과 통화통합을 모색하였다. 이후 마스트리히트 조약에 의거 통화동맹을 추진한 결과로 1999년에 마침내 통화통합을 이루어냈다. 하지만 유럽연합이 최적통화지역의 모든 기준을 충족시키는 것으로 생각되지 않는다. 국제금융질서가 달러화에 버금가는 유로화라는 새로운 국제통화의 등장으로 상당한 변화가 나타날 것으로 기대되면서 유로화의 가치는 상당히 상승하였다. 반면에 미국발 금융위기에 뒤이은 2010년도 유럽발 금융위기 조짐으로 나타난 일부 유럽국가의 재정위기로 유로화 가치는 급락하기도 했다.

유로화는 국제시장에서 1999년도부터 거래되었지만 실제로 2002년 1월 1일부터 사용되었다. 유로화라는 새로운 국제통화 창설에는 경제적 차원뿐만 아니라 정치 · 외교 · 군사적 요인이 배경이 되었는데, 유로화는 발족 당시 달러화에 대해 약세이었지만 2002년 11월부터 우위에 서게 된다. 유로 경제권의 높은 생산력과 무역흑자로 달러화에서 유로화로 자금이 대거 이동하기도 했다. 미국과 긴밀한 관계인 영국에서는 빅뱅정책으로 런던금융시장이 세계 최대로 발전하였는데, 영국은 통화통합에 참가하지 않는 대신 런던을 유로거래의 중심지로 만들어가고 있다.

동아시아지역에서도 1990년대 후반 외환위기 이후 위기재발 방지, 지역주의 확산대응, 지역경제 지속적 활성화 등을 목적으로 통화·금융에 대한 협력의 필요성이 대두되고 있다. 그동안 동아시아 지역은 빠른 속도로 경제성장을 이룩해왔고 세계경제의 성장에도 기여한 바가 크기 때문에 새로운 투자가 계속 활성화되는 편이다. 이에 반해 투자자금이 부족하고 자본시장이 발달되지 못하고 있어서 세계금융시장을 통해 부족한 투자자금을 조달하는 실정이다. 동아시아 지역에서 통화와 금융협력을 통해 자본시장을 발달시키면 역내 경제성장을 촉진하는 효과가 배가될 것이다.

동아시아지역에서는 동남아시아국가연합(ASEAN) + 3(한국, 중국, 일본)회의를 중심으로 치앙마이 이니셔티브(Chiang Mai Initiative), 아시아 채권시장 이니셔티브(Asian Bond Market Initiative) 등 구체적인 역내 금융협력 노력이 1990년대 이후 진전을 이루고 있다. 아시아 개발은행(Asian Development Bank)도 지역 경제 · 사회발전을 위해 많은 공헌을 하고 있다.

먼저 AMF(Asian Monetary Fund)의 구상이 일본에 의해 1997년 9월 제안되었다. AMF는 회원국이 보유 외환을 출연해 중앙기구를 설립하면서 발족될 수 있으며 경제정책 조정과 점검 기능을 수행하게 된다. 하지만 동아시아지역에서 IMF의 역할을 담당하려던 AMF의 구상은 국제금융기구를 통해 세계를 지배하는 미국의 반대로 무산되었다.

그 다음 ASEAN+3 회의는 1997년 12월 말레이시아 콸라룸푸르에서 최초로 형성되어 역내 협력강화를 위해 정기적으로 개최하기로 합의하였다. 이 가운데 하나의 결실은 2000년 5월 태국 치앙마이에서 ASEAN+3 재무장관 회의에서 역내 외환위기를 방지하기 위해 체결한 국제통화 교환(스왑)협정인 치앙마이 이니셔티브(CMI)이다. 역내 금융시장 안정을 도모하자는 게 CMI 다자화의 기본목적이다. 특정 아시아 국가에서 달러화 유동성의 부족사태가 발생할 경우 IMF 등에만 의존하지 말고 아시아 국가들이 스스로 자금지원과 통화스와프 등의 제도 장치를 마련하여 위기에 대응하자는 취지에서 논의가 시작되었다.

CMI의 주요내용은 기존 ASEAN 국가 간의 통화스왑협정을 확대함과 더불어 ASEAN과 한국, 중국, 일본 사이에도 통화스왑과 환매조건부 거래

NOTE

■ 통화의 국제화

한 국가의 화폐가 국경을 벗어나 다른 지역에서 자유롭게 유통되는 것을 말함. 통화가 국제화되면 자유롭게 자본을 교류할 수 있고 금융시장이 발전하는 등 이점이 있지만 금융시장과 국내경제가 교란되는 위험이 발생하기도 함. 중국 위안화를 글로벌 기축통화로 승격시키는 작업이 시작되어 아시아 통화체제에서 위안화와 일본 엔화 간에 충돌할 전망임. 반면 우리나라 원화의 경우 원화 결제 무역거래 비중이 1%도 못 미치는 수준으로 원화의 국제화는 미약한 형편임.

NOTE

통화동맹(Monetary Union)
통화통합이란 여러 국가가 경제 공동체를 형성하여 공동의 통화 정책을 수립·집행하고 단일통화나 완전 대체적 복수통화를 유통시키는 경우를 말함.

마스트리히트 조약(Maastricht Treaty)
1991년 12월 10일 유럽연합 국가 지도자들이 마스트리히트의 더치시에서 경제통화동맹 추진에 대한 개정안에 동의함. 이에 따라서 1999년 1월 1일 이전에 단일 유럽통화와 유럽중앙은행을 설립하는 규정이 만들어짐.

망을 구축하여 약정금액의 한도 이내에서 위기시 달러화를 서로 지원받을 수 있도록 만든 것이었다. 처음에는 양자간 방식이었지만 2007년부터 다자간 지원체계가 확고해졌다. 금융위기가 발생하면 모든 협정국들이 즉각 회의를 소집하여 지원을 결정하고 집행하는 집단적 지원체제로 전환되었다. 다자간 CMI가 2009년 2월 합의되어 발표되었으며 그 기금규모가 1,200억 달러로 늘어났고 한·중·일이 80%, 아세안이 20% 분담하기로 했다.

이와 더불어 2003년도에는 동아시아 채권시장의 발전방안인 아시아 채권시장 이니셔티브가 채택되어 운영되고 있다. 채권시장의 발달은 위험자산의 투자를 안정자산의 투자로 전환시키고 증권화처럼 자본시장 발전에 공헌한다는 관점에서 중요하다. 이와 같이 역내 금융협력은 꾸준히 발전되어오는 추세다. CMI의 다자간 기금 및 지역 금융안전망 기금을 IMF가 지원해주는 방안도 G20 정상회의에서 논의되고 있다.

그렇지만 EU와 같은 단일경제권 창설을 의미하는 아시아 중앙은행 설립, 공동통화 창설, 단일 통화·신용정책 등에 대한 통화협력은 아직까지 구체화되지 않고 있다. 2006년 아시아개발은행 회의에서 아시아 지역통화(Regional Currency Unit)의 도입을 논의하기도 했지만, 아시아 공동통화(Asian Currency Unit), 공동통화바스켓(Common Currency Basket), 달러라이제이션(Dollarization) 등 구상들만 난무하여서 지속적인 연구가 필요한 형편이다. 아시아 공동통화에 대한 구성과 활용, 정보교환과 감시감독체계의 연계 등의 연구가 계속적으로 행해지고 있다.

더 나아가 선진국 사이에 진행중인 국제거시경제협력은 G-8(선진 7개국 + 러시아) 간의 정책조화과정이다. 경제규모가 커다란 선진 공업국의 잠재적 정책이 거시경제의 유출효과(Spillover)를 다른 나라에 전파시켜준다. 참고로 국제통화제도의 재편에 관한 제안들을 정리해보면 이렇다. 환율이나 통화 측면에서는 현행 변동환율제를 유지할 것인가 아니면 새로운 제도로 전환할 것인가를, 새로운 국제통화제도로 이행한다면 대안으로 달러화, 유로화 등을 기초로 삼는 통화바스켓 고정환율제도, 목표환율대제도, 유로존 같은 다통화블럭제도 등이 제시될 수 있다. 금융협력 측면에서 개선논제로는 환율안정과 금융안정이 긴밀한 관계에 있다는 인식하에서 긴급 국제유동성 지원 협력방안 및 금융·자본규제, 감독강화, 투명성제고 등 국제금융체제의 효율성과 안정성 제고방안이 논의되고 있다.

● 동아시아 금융협력 방향

▶ 양자간 CMI ⇒ 다자간 CMI ⇒ AMF 발족 ⇒ 아시아 중앙은행설립/공동통화창설/단일통화정책

정리

- 환율제도 선택시 삼각의 딜레마란 국제유동성, 환율안정성, 거시정책 자율성 가운데 2가지 이외에는 받아들이기 어려운 선택을 말함.
- 환율제도 선택의 전통적 기준 = 대외거래비용의 최소, 국내물가의 장기적 안정, 피할 수 없는 외부충격에 대한 거시경제의 조정촉진, …
- 브레튼우즈 체제는 세계대전 이후 팽배했던 경쟁적 평가절하와 무역제한을 피하기 위해 뉴케인지안 시각에 따라 만들어짐.
- 국제통화제도의 주요 역사적 과정 : 금본위제도, 브레튼우즈 체제, 변동환율제도, 국제통화제도 재편의 제안.

An Inside Look

"유로존"

유로존(Eurozone)은 국가 통화로 유로를 도입해 사용하는 국가나 지역을 통틀어 부르는 말이다. 유럽 중앙 은행이 이 구역 내의 통화정책에 책임을 맡고 있다. 다른말로 유로에리아(Euroarea)나 유로랜드(Euroland)라고 부르기도 한다.

1998년에 11개의 EU 회원국이 모여 통화 단일화에 대한 규범을 마련했다. 그리고 유로존은 1999년 1월 1일에 유로화의 공식적인 도입과 함께 탄생하게 되었다. 그리스가 2000년에 통과하여 2001년 1월 1일부터 허가 받았고 동전과 지폐가 2002년 1월 1일에 만들어졌다. 슬로베니아는 2006년에 통과하여 2007년 1월 1일부터 허가 받았고 몰타와 키프로스는 2008년 1월 1일에 가입했으며, 슬로바키아는 2009년 1월 1일에 가입했다. 현재 16개 국가, 약 3억 3천만명이 넘는 사람들이 유로존에 속해 있다.

유로화를 쓰지 않는 열한개 국가 : 덴마크, 스웨덴, 영국, 불가리아, 체코, 에스토니아, 헝가리, 라트비아, 리투아니아, 폴란드, 루마니아. 덴마크와 영국은 유럽 연합에 관한 원래의 마스트리흐트 조약에서 특별한 감손을 받았다. 두 나라는 법률적으로 그들의 정부가 의회 투표나 국민 투표를 결정하지 않는 한 유로존에 가입해야 한다.

현 덴마크 정부는 리스본 조약의 결정에 따라 국민투표를 실시할 예정이다. 스웨덴은 가입하기 위한 기준의 적합성에 효과가 없는 법률의 틈새를 찾아내어 사실상의 옵트 아웃을 얻었다. 그러므로 유로화를 강요하는 것이 불가능하게 되었다. 이것은 위원회에 의해 묵인된 국민투표에 의거한 스웨덴 정부의 유로존 가입 거부 때문이다. 하지만 위원회는 미래의 회원국들이 같은 방법으로 거부를 하고자 하는 것에는 엄격하게 대응할 것이다.

유로존에 가입하기 전에, 가입을 원하는 국가는 2년동안 유럽 환율 메커니즘에서 보내야 한다. 2008년 1월 1일부터 다섯 개의 국립 중앙 은행들은 메커니즘에 참가했다. 남아있는 통화들은 가능한 한 빨리 규범에 맞게 따라갈 예정이다 폴란드와 루마니아는 2013년 지나서의 가입을 생각하고 있다. 인플레이션 문제에 닥친 에스토니아의 가입은 2007년을 넘어 2011년까지 예상하고 있다. 다른 나라들 또한 경제적인 문제 때문에 원래의 예정을 넘어서고 있다.

협정하에 유로를 쓰는 지역: 유럽연합 이외의 국가중에 유로를 통화로 쓰는 곳이 있다. 조폐권을 포함한 공식적인 도입은 금융적인 협정이 결말지어져야 가능하다. 협정하에 사용하는 국가는 모나코, 산마리노, 바티칸 시국이다. 바티칸과 산마리노는 이탈리아 리라에 환율 고정된 자국의 통화(바티칸 리라와 산마리노 리라)가 있었다. 그리고 모나코는 프랑스 프랑과 1:1로 환율 고정된 모나코 프랑이 있었다. 이러한 국가들은 EU와 그 소속 국가(산마리노와 바티칸은 이탈리아, 모나코는 프랑스)간의 협정을 통해 유로의 사용과 조폐권이 허락되었다. 하지만 지폐 조폐권은 허용되지 않았다. 이와 비슷한 협정이 안도라와 예정되어 있다. 이 협정은 프랑스의 두 해외영토에도 적용되었다. 캐나다 해안가에 위치한 생피에르 미클롱과 인도양에 위치한 마요트는 EU의 바깥에 있지만 유로를 기본 통화로 사용하도록 허용되었다. 하지만 이 두 지역은 조폐권이 허용되지 않았다.

협정없이 유로를 쓰는 지역: 안도라는 공식 통화가 없었다. 따라서 유로화를 사용하게 되었다. 이전에는 프랑스 프랑과 스페인 페세타를 사실상의 법적인 통화로 여겨왔다. 여기에는 프랑스와 스페인과의 어떠한 통화 협정도 없었다; 하지만 EU와 안도라는 현재 유로를 공식 통화로 하는 것에 대해 협상중이다. 안도라 정부에 의하면, 2006년에 자신만의 동전 주조권이 최초로 주어졌고, 2005년 12월에 일부분은 은행의 비밀을 핑계로 아직은 이루어지지 않았지만, 2008년부터는 시행할 예정이다.

몬테네그로와 코소보는 세르비아 디나르보다 독일 마르크가 더 많이 쓰이던 때인 국가가 만들어졌을 때부터 유로를 사용했다.

이는 정치적인 문제와 관련이 있는데, 세르비아가 정권을 불안정하게 하여, 서양의 원조를 받아 마르크를 사용하게 되었다. 마르크에서 유로로의 전환은 유럽 중앙 은행과의 협정 없이 이루어졌다. 오히려 세르비아가 이미 자금 순환에 있어서 유로에만 매달리는 실정이었다. 또한 코소보는 세르비아 소수민족이 거주하는 지역에서 세르비아 디나르를 아직도 사용하고 있었다. 이 지역에서의 유로의 사용은 경제 안정화에 도움을 주었다. 키프로스의 군사 주둔지인 아크로티리 데켈리아는 이전에 키프로스 파운드를 사용하고 있었다. 이곳은 영국의 군사 주둔지였지만 유럽 연합의 외부이고 군사적인 관할지였다. 하지만 그들의 법—통화를 포함하여—은 키프로스의 헌법과 같은 태도를 취하여 유로화의 도입을 이끌어 냈다. 키프로스의 UN 완충지의 북쪽에는 북키프로스 터키 공화국이 아직도 터키 리라를 사용하고 있었다.

북키프로스는 터키를 제외하고 어떠한 국가로부터 인정되지 않은 국가로 북부지역은 EU에 소속되지 않은 지역이었다. 남부 키프로스만의 유로화 도입 반대에도 불구하고, 국경 무역에서 이미 널리 퍼진 키프로스 파운드와 유로의 사용이 유로화의 도입에 높은 기대를 가져왔다. 유로의 사용은 키프로스 내부 무역을 후원하고, 터키의 의존도가 감소하는 것처럼 보인다. 유로의 사용과 함께 국경을 가로질러 경제적 통합을 돕고, 유로의 출현으로 인해 섬의 통일과 안정된 평화에 있어서의 주요 이점이 생겨났다. 그리스어와 터키어를 사용한 키프로스의 유로 동전은 섬의 특정 지역을 향한 어떤 편견도 배제하는 방향으로 디자인되었다. 아이슬란드의 외무부 장관이었던 사람이 2007년 1월 15일에 한 인터뷰에서 아이슬란드가 EU에 가입하지 않고 유로를 썼으면 바란다고 말했었다. 장관은 유럽 경제 구역에서의 작은 경제안에서 독립적인 통화를 유지하는 것이 얼마나 어려운 것인가를 알고 있었다. 2007년 9월 11일에 실시된 여론조사에서, 53%의 응답자가 유로를 도입하자는 의견이었고, 37%는 반대의 입장이었고, 나머지 10%는 잘 모르겠다는 의견이었다.

무역통화로의 유로: 1998년, 쿠바가 국제 무역에 있어서 공식 통화로 달러를 유로로 대체한다고 발표했다. 2002년 12월 1일, 북한이 동일한 발표를 했다. 시리아 역시 2006년에 그 뒤를 따랐다. 2003년의 이라크 전쟁 이전에, 사담 후세인 이라크 대통령은 이라크산 석유의 가격을, 주요 무역거래국이 미국이 아닌 EU, 인도, 중국으로 바뀌는 때부터 미국 달러가 아닌 유로로 책정할 예정이라고 발표했다.

(자료원: 위키백과사전)

An Inside Look

An Inside Look :"Oversea Seigniorage today"

American currency has been circulating around the world for most of the 20th century. Certainly in World War II, the amount of currency in circulation was increased several fold. However, the modern era of huge printings of the United States one hundred-dollar bill started with the fall of the Soviet Union in 1991. Production was quadrupled with the first ever trillion dollar printing of this bill. As of the end of 2008, roughly twenty $100 banknotes and twenty $20 banknotes per person were in circulation, but the overwhelming majority of $100 bills circulate overseas.

The American $100 bill has some competition, primarily from the €500 note. The larger value of the banknote makes it easier to transport larger amounts of money. As an example if you are trying to carry $1 million in currency on board an airplane, and itis in $100 bills, the weight of the money is 22 pounds. It is difficult to carry this much weight without a briefcase with some physical security. Since it is against IRS regulations to carry more than $10,000 without reporting it, you would be very unlikely to be able to get it through security unnoticed. The same amount in €500 notes would weigh less than three pounds, and you could probably disperse it in your clothing and various places in your luggage without attracting attention or alerting a security device. For many illegal operations the problem of transporting currency is more difficult than transporting cocaine because of the size and weight of the currency. The ease of laundering banknotes makes the European market very attractive to Latin American drug cartels.

The Swiss 1000 franc note, is probably the only other banknote that is in circulation outside of its home country.

It is worth slightly less than US$1000. However, to the non Swiss it doesn't provide a significant advantage over the €500 note as there are 20 times as many of the €500 note circulating and they are more widely recognized. As a reserve currency it is roughly 0.1% of the currency composition of official foreign exchange reserves.

Governments differ radically in their issuance of large banknotes. As of August 2009, the number of 1000 Franc Swiss banknotes circulating is over 3 times the population of Switzerland. In comparison the number of £50 banknotes circulating slightly less than 3 times the population of UK. But the 1000 franc banknote is worth roughly £600. The British government has traditionally been wary of large banknotes since the counterfeiting operation Operation Bernhard in WW2 which caused the Bank of England to withdraw all notes larger than £5 from circulation, and not reintroduce other denominations until the early 1960s (£10), 1970 (£20) and March 20, 1981 (£50). Circulation rates are so low that Britain could stop printing the £50 note and much of the population wouldn't notice.

There is a banknote for 500 Latvian latswhich is currently the most valuable note in the world, as it is worth more than $1000, but it is unlikely to be acceptedoutside of Latvia. Other currencies in Europe, like the British pound, and the Scandinavian currencies do not issue large value banknotes. Iceland in particular has never needed much currency since electronic transactions are commonplace, and their population is small with over 60% of the population living in one metropolitan area. Their largest banknote is worth less than €28.

South Korea is an example of a country with a very high Human Development Index that fears counterfeiting so much that they don't take advantage of large banknotes.

They have a larger purchasing power parity per capita than Latvia, but until recently their largest banknote was only worth about US$8 which was a severe impediment to routine business. On June 23, 2009 they issued a new banknote worth five times as much.

The American treasury considered re-issuing a US$500 banknote when the Euro banknotes began circulating. There was concern that the high value banknotes would provide competition. However, recognition that the $500 banknote would provide huge advantage to worldwide criminal operations and dictatorships, the decision was made not to pursue this option.

Canada briefly issued a $1000 Canadian dollar bill in 1992, but the Royal Canadian Mounted Police was able to successfully argue against the continued printing of this bill in 2000. It is still legal tender but no more are being printed, and it will diminish as older bills are destroyed. It was not widely circulated outside of Canada.

자료원 : Wikipedia encyclopedia

4-3 Section 연습문제와 요약

국제통화제도 선택

01 국제통화제도의 변천과정을 통해 각 환율제도의 장단점이 대내외적 여건변화에 어떻게 작용했는지를 알 수 있다. 국제통화제도의 역사적 과정을 살펴보시오.

a. 대외지불수단으로서 (금속)물품화폐 형태의 금과 은을 동시에 사용하는 복본위제도(Bimetallism)가 1875년까지 지속되었다. 영국의 경우 복분위제도를 채택하다가 은본위제인 중국과 교역과정에서 차를 수입하고 은을 결제대금으로 지불했는데, 은의 심각한 대외유출로 은값이 급상승하게 되자 나중에는 사실상 금본위제가 되었다. 여기에 적용되는 경제원리로서 그래삼의 법칙(Gresham's Law)은 무엇을 의미하는가?

b. 전통적 금본위제가 1875년부터 제1차 세계대전까지 약 40년 동안 지속되었다. 대부분의 나라들은 금화동전을 거래수단으로 사용했고, 지폐와 같은 자국통화를 금의 가치에 고정시켜서, 국내통화가치가 금의 대외 유출입 흐름에 따라 상승 또는 하락하였다. 만일 금 1온스가 영국에서 6파운드와 프랑스에서 12프랑에 고정되었다면 파운드-프랑화 환율은 어느 정도인가?

c. b)에서 다른 조건이 일정할 때 시장환율이 일시적으로 파운드당 1.8프랑으로 파운드화가 평가절하되었다면 차익거래 이익의 크기는 500파운드화 기준으로 얼마나 되겠는가?

d. c)에서 차익거래를 통해 균형환율로 어떻게 복귀하게 되는가?

e. 금본위제도의 장점과 단점을 비교 설명하시오.

f. 양차대전 기간(1915~1944년)은 국제통화제도가 제대로 작동되지

않으면서 정치적으로나 경제적으로 상당히 불안정한 시기였다. 1930년대에 들어와 각국이 금본위제를 포기하기 시작한 배경은 무엇인가?

g. 브레튼우즈 체제(1945~1972년)는 2차대전 이후 만들어진 달러화 기반의 금환본위고정환율제도이다. 브리튼우즈 체제의 장·단점에 대해 각각 서술하시오.

h. 변동환율제(1973~현재)로 이행되면서 금이 더 이상 대외준비자산으로 사용되지 않게 되고 개도국은 IMF로부터 더 많은 지원을 받게 되었다. 변동환율제의 장점과 단점에 대하여 논하시오.

Answer

a. 그래삼의 법칙은 "악화(Bad Money)가 양화(Good Money)를 밀어낸다"라는 것이다. 여기서 악화는 액면가치가 실제화폐가치보다 높은 것을 말하고 양화란 화폐의 실제가치가 액면가치보다 높은 것이다. 따라서 양화는 액면가격이 귀금속으로서 실제가치보다 더 낮기 때문에 그냥 동전을 녹이거나 하여 귀금속으로 사용하길 원해 더 이상 유통되지 않는 반면에 악화만 통화로서 유통되게 됨.

b. 균형환율은 파운당 2프랑으로 결정됨.

c. 먼저 영국에서 500파운드로 금 83.33온스를 구매하여, 금을 프랑스에 999.96프랑(83.33x12프랑)에 판매함. 다시 999.96프랑을 현행환율을 적용하면 555.53파운드(999.96프랑÷1.8)가 됨. 따라서 차익거래 이익은 55.53파운드임.

d. 차익거래 결과로 프랑스에 금의 유입량이 많아져 프랑화가 증가하여 프랑화가치가 하락되는 반면 영국에선 금의 유출량이 늘어나 파운드화가 감소하여 파운드화의 가치가 상승하게 되면서 원래의 균형환율 파운드당 2프랑으로 복귀할 것임.

e. 장점으로는 통화량이 고정되어서 물가안정을 구현하고 가격-정화-이동 메커니즘으로 국제수지의 자동적 조정이 가능함. 단점으로는 통화량 증가가 어려워 디플레이션 압력을 유발할 수 있고 각국이 금을 단념하면 금본위제는 지속될 수 없음.

f. 범세계적으로 1930년대에 대공황, 은행파산, 주식시장붕괴 등이 야기되었으며 금의 국제적 유출입이 둔화되었고 보호무역의 증가로 국제무역이 크게 위축됨.

g. 이점을 보면, 단기적으로 대외결제용 준비자산에 부족한 금과 더불어 국제간 이전이 쉬운 미국 달러화를 포함시켰고, 대외준비자산용 금은 이자수익이 없지만 중앙은행은 달러화자산을 통해 이자수익을 얻을 수 있고, 환율의 안정성을 유지하여 1950년대와 1960년대에 국제무역과 국제투자의 활성화 및 세계경제의 발전을 촉진시킴. 반대로 단점을 살펴보면, 장기적으로 브레튼우즈 체제는 불안정하였는데, 1960년대 달러화가 과대평가시 달러화가치를 절하시킬 수 없었고 달러화 대비 여타 통화가치를 절상시킬 수도 없었음.

h. 장점으로는 통화정책의 유효성과 통제, 통화의 실제가치가 수요와 공급에 의해 수시로 결정, 환율에 의한 자동적 국제수지 불균형 조정 등이 포함됨. 반면에 단점으로는 환율변동성의 확대 및 다국적기업에 환위험 가중, 중앙은행에 의한 확대통화정책의 남용 등이 있음.

02 우리나라에서는 1980년대 이후 환율의 변동성이 증가해왔는데, 1990년대 후반 외환위기를 경험하면서 변동환율제도로 이행되었다. 그 결과 국제유동성은 제고되었지만 급격한 환율 변동성을 경험하고 있다.

a. 우리나라는 자유변동환율제 이행의 전초 단계로 시장평균환율제도를 채택하였는데(1990년 3월~1997년 12월), 시장평균환율이 어떻게 산출되는지 아래에서 답하시오. 은행간 시장의 거래환율이 달러당 800원인 경우 외환거래량이 3백만 달러이고 거래 환율이 달러당 800.50원인 경우 외환거래량이 1백만 달러이라면 시장평균 환율은?

b. 달러화 중심의 우리나라 외환시장에서 환율의 결정요인을 장·단기적 관점으로 구분하여 설명하시오. 변동환율제도 기간(1997년 12월~현재)을 중심으로 보이시오.

c. 한국은행은 외환시장에서 환투기 공격이 발생되면 이를 방어하기 위하여 강력한 외환시장개입을 실시하고 있다. 고정환율제와 변동환율제 하에서 환투기 공격 가능성과 그 전개과정을 설명하시오.

Problem-Solving Tip : 고정환율제하에서 통화정책이 고정환율 유지에 전념되므로 국내 거시경제 목표달성에 사용할 수 없지만 변동환율제하에서는 중앙은행이 외환시장에 개입할 수 있고 통화정책도 효과적이라는 사실에 염두를 둠.

Answer

a. [3백만달러*800원 +1백만달러*800.50원]÷[3백만달러+1백만달러] = 800.125원(달러당).

b. 제6장 환율결정원리를 참조함.

c. 외환위기를 회피하려면, 확실하게 고정환율을 유지하거나 또는 통합된 국제자본시장에서는 자유변동환율을 유지하는 것이 방법임. 자세한 사항은 제8장 외환위기과정을 참조함.

03 다국적 기업의 해외현금 흐름을 기능별로 크게 4가지로, 즉 수출입, 해외직접투자, 해외증권투자나 단기금융, 국제주식투자나 장기금융으로 대별 가능하다. 다국적 기업이 직면할 수 있는 각각의 외화현금 흐름을 간단히 나타내시오.

Answer 수출은 해외현금유입이, 수입은 해외현금유출이 발생됨. 해외직접투자로 현재의 해외현금유출은 미래 현금유입을 위한 것임. 대체로 해외증권투자나 단기금융은 유로통화시장이, 중장기금융은 유로신용시장과 유로채권시장이, 장기 자금조달운용은 국제주식시장이 이용됨.

04 일반적으로 한 나라는 아래의 3가지 조건 가운데 2가지만 얻을 수 있는 삼각의 딜레마에 빠지기 쉽다. 3가지 조건이란 고정환율, 자유로운 국제자본이동, 독립적 통화정책을 말한다. 주요 국가별로 어떤 형태의 삼각의 딜레마에 놓여 있는지 보이시오.

Answer 첫째, 변동환율제도를 채택한 국가들(미국, 영국, 유르, 대한민국, 일본 등)은 자율적으로 독립적 통화정책과 자유로운 국제자본이동을 경험하지만 환율을 고정시킬 수 는 없음. 둘째, 자국통화를 미국 달러화에 고정시킨 통화위원회제도를 채택한 국가들(홍콩, 아르헨티나 등)은 고정환율과 자유로운 자본이동을 허용하지만 재량적 통화정책을 사용할 수 없음. 셋째, 고정환율제 국가들(중국 등)은 고정환율과 독립적 통화정책은 유지하지만 자본이동을 통제해야 함.

통화·금융협력

01 유럽국가들이 통화통합을 추진해오다가 마침내 유럽통화시스템이 지역공동 단일통화인 유로화로 대체되었다. 유로화 출현에 따른 주요한 이점과 불이익을 서술하시오.

Answer 우선 장점은 소비자, 기업 및 정부 모두에게 상당한 환전관련 거래비용을 감소시켜주며, 환위험제거로 헤징비용이 절약되고, 지역내 기업인수 및 합병이나 리스트럭처링 등 기업활동이 촉진될 수 있음. 반면에 단점으로 각국은 국내통화정책이나 환율결정을 수행할 수 없고 비대칭적 충격에 노출될 수 있음.

02 1990년대 후반 동아시아 국가들이 연쇄적으로 외환위기를 겪으면서 통화 및 금융의 협력에 대한 다양한 논의들이 제기되고 있고 나아가 국제통화제도의 개편논의가 전개되기도 한다.

a. 통화통합의 경제적 손익에 대하여 논하고 유럽에 비해 열악한 동아시아 통화통합의 여건 및 가능성에 대하여 서술하시오.

Problem-Solving Tip : 최적통화지역이론을 토대로 동아시아 경우를 유로존과 비교하여 설명해 봄.

b. 동아시아에서는 통화협력에 비해 금융협력은 꾸준히 전개되어 발전되어오고 있다. 가장 대표적인 치앙마이 이니셔티브의 전개과정과 그 의미에 대해 서술하시오.

c. 환율제도와 외환위기 사이의 관련성을 서술하고 현재 진행 중인 범세계적 국제통화제도의 개편논의와 연결하여 논하시오

d. 대표적인 대외준비자산인 미국 달러화 공급량의 증가와 범세계적 인플레이션 간의 관계를 실증분석결과를 토대로 설명하시오

Answer a. c, d. 본문의 내용을 토대로 이슈별로 정리해봄.

b. 치앙마이 합의에서는 역내 국제통화 유동성 지원 장치를 수립하기 위한 통화스왑협정을 체결함. 외환이 긴급히 필요한 상황에서 약정한 한도 이내의 달러화를 양국 간에 지원받을 수 있음. 2007년 현재 약 800억 달러 규모의 계약이 체결됨. 2007년 이후 역내 다자간 협약형태로 전환되고 약정체결금액도 늘어나고 있음. 치앙마이 합의는 동아시아 금융협력 과정에서 진일보하고 있고 중요한 협정이라고 평가됨.

에세이 문제

01 글로벌 금융위기 이후 달러화의 기축통화 지위 및 달러화 중심의 국제통화 금융체계가 악화될 수 있다는 견해가 나온다. 향후 기축통화의 전망에 대해 논하시오.

Answer 실제로 세계경제에서 미국 달러화의 중요성이 줄어들지 않았음. 최근 유로화, 위안화, SDR 등이 달러화를 대체할 국제통화로 거론되고 있으나 금융시장에서 달러화의 국제 유동성이 높고 방대하기 때문에 대체 가능성은 아직 희박함.

02 국제통화체제는 범세계적으로 달러화가 세계준비통화로, 그리고 유럽에서는 유로화, 아시아에서는 엔화와 더불어 위안화가 지역준비통화로 역할이 강화되고 있다. 다통화 국제통화체제로 이행될 전망의 가능성 및 효과에 대해 논하시오.

Answer 다통화 국제통화체제는 1920년대 등 역사적 선례가 있음. 다통화 체제는 세계경제의 안전성 제고 및 규율 강화에 기여할 수 있을 것으로 예상됨.

Part 2 국제금융이론

개방이란 세상을 향해 모든 것을 드러내면서 외부의 상당한 부분을 받아들이는 것이다. 생산물시장의 개방으로 국내총지출에 해외지출(순수출)이 더해지지만 자본시장이 개방되면서 국제자본시장이 통합된다. 그런데 국제적 자본은 국내저축이 부족할 때 투자자금으로 이용되며, 또 국제자본 이동은 글로벌 차원에서 수익확대와 위험분산이 가능하지만 일부지역에 외화유동성의 부족이나 외환위기를 가져다주기도 한다.

국제금융이란 생산물의 이동에 따른 대금결제나 해외차입과 해외투자에 따른 금융자산이동이 국경을 넘어서 이루어지는 것을 말한다. 국제금융은 국제무역과 자본거래에 따른 채권과 채무를 원활하게 이루어지도록 해준다. 이에 따라서 국제거래가 더욱 활성화된다. 보통 국제금융 분야에서 다루는 이슈로는 크게 3가지로 구분할 수 있다. 첫째, 금리, 환율 등의 금융시장가격이 어떻게 결정되며 여타 경제변수와 어떤 관계를 나타내는지 등에 초점을 둔다. 둘째, 시장가격의 변화에 대한 기업의 의사결정과 관련하여 환위험관리, 자금운용과 조달 등에 대해 초점을 맞춘다. 셋째, 외환·금융위기와 같은 시장실패가 발생되는 경우 그 해결을 위해 정부의 정책적 대응이 요구된다. 관련된 제도, 정책, 규제 등을 살펴볼 필요가 있다.

본 편에서는 국민경제 간의 의존성이 더욱 밀접해진 시점에서 국제금융현상의 동향을 관심대상 거시경제변수의 움직임을 통해 설명한다. 다시 말하면, 금융시장, 상품시장, 요소시장의 개별균형 및 동시균형을 거쳐 특정변수가 균형값을 갖는 기본분석의 틀을 설명한다. 제5장에서는 개방국민경제균형의 기본개념을 다룬 후 개방경제에서 국제평가이론이 얼마나 중요한지 알아보자. 제6장에서는 고정환율제에서 변동환율제로 이행되면서부터 심각한 문제로 부각되어 온 환율의 결정과 변동에 대하여 다양한 각도의 접근방식을 제시한다. 제7장에서는 환율에 대한 지식을 기반으로 환율변동위험에 대한 헤지방안, 외환시장의 효율성가설, 그리고 환율예측방법에 대해 살펴본다. 끝으로, 제8장에서는 자본자유화와 이로 인해 발생되는 국제금융위기를 재조명해본다. 우리나라의 경험을 비롯해 글로벌 위기의 원인과 그 영향에 대해 분석해본다.

Unit 2

국제금융이론

Chapter Overview

Focus & Teach

- **Before** 국제통화제도의 역사적 변천과정을 통해 환율제도를 검토함
- **Present** 완전한 개방경제를 가정한 국제평가이론의 질서 및 의미를 살펴봄
- **After** 환율결정에 대한 전통적 견해 vs 현대적 접근방식을 비교함

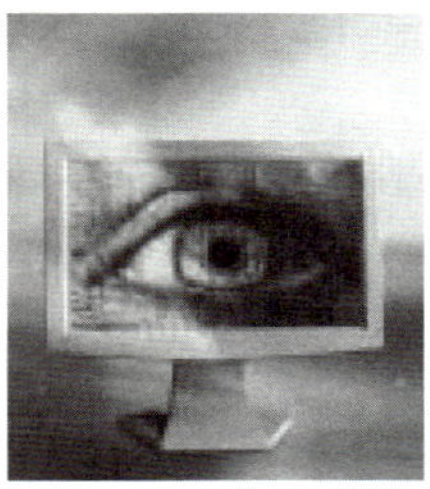

Lesson Plan

LESSONS AND OBJECTIVES	PROFESSIONAL DEVELOPMENT	PACE (60분)
5-1 국제실물시장에서 구매력평가 (pp. 237-248) - 국제실물 차익거래와 장기균형 - 절대적 구매력평가설 - 상대적 구매력평가설	- 완전한 생산물시장 개방 하에서 실질환율의 움직임을 보여줌 - 구매력평가가 잘 성립되지 않는 이유를 통해서 현실경제를 설명할 수 있음	1.5
5-2 국제금융시장에서 이자율평가 (pp. 249-268) - 국제자본 재정거래와 단기균형 - 유위험 이자율평가설 - 무위험 이자율평가설	- 완전한 국제금융시장에서 수익추구 투자활동을 보여줌 - 이자율평가가 성립되는 바람직한 국제금융시장에서의 경제활동에 따른 유익한 점을 찾아 봄	2.0
기타 국제평가관계 -피셔효과, 실질금리평가 등	- 국제금융시장의 여러 가지 현상을 이해하는데 도움을 주는 개념들을 정리해봄	0.5
Resources	- 물가, 이자율, 환율 등 핵심적 개방거시경제변수의 통계 자료값을 통해 이들의 관계를 살펴 봄	0.3
Review	- 정리 및 요약	0.4
Assessment	- 연습문제 풀이	0.3
Total		5.0

Chapter 5 경제균형과 국제평가이론

생산물시장에서 수출입은 국내외 재화의 상대가격이나 실질환율의 영향을 받는다. 국내상품이 외국상품의 가격에 비해 실질절하되면 수출에 도움을 주지만 실질절상되면 수입에 이롭다. 반면, 금융(자본)시장은 역동적이다. 단기간에 실적과 성과가 나타난다. 국제금융시장에서 수익률과 위험의 영향을 받는 국제자본은 대개 금리의 차이에 따라 이동된다. 국내금리가 외국에 비해 높으면 자본이 국내로 유입되지만 국내금리가 낮은 편이면 자본이 해외로 유출된다. 이런 측면에서 단장기적인 경제균형에 더 많은 관심을 쏟고 새로운 기회와 도전을 살펴볼 필요가 있다.

국제거래를 결정하는 중요한 거시경제변수는 물가, 이자율, 환율 등인데, 이들이 연계된 균형관계를 국제평가관계라고 부른다. 국제평형관계는 체계적인 경제이론은 아니지만 재정거래에 기초한 균형관계를 나타내며 국제금융시장의 여러 현상을 분석하고 이해하는 데 기본적인 틀이 된다. 이 장에서는 개방국민경제 및 국제금융시장의 기본적 특성에 대해 알아보고자 국제 간 차익거래에 따른 시장균형이론을 소개한다. 첫째, 구매력평가설을 통해 국제생산물시장에서 국제 간 상품거래의 균형관계를 보여준다. 이는 장기차원에서 양국의 물가수준과 환율 사이의 성립관계를 설명해준다. 둘째, 이자율평가설을 이용하여 국제금융시장에서의 금융거래상 균형관계를 나타낸다. 이는 단기차원에서 양국의 금리와 환율의 변동관계를 설명해준다.

Main Ideas Issues

Main Ideas/Issues

- 국민소득계정과 국제수지의 관계 및 실질환율의 움직임을 살펴봄
- 국제실물시장의 균형을 나타내는 구매력평가설을 설명함
  1. 절대적 구매력평가설
  2. 상대적 구매력평가설
- 국제금융시장의 균형을 나타내는 이자율평가설을 설명함
  1. 유위험 이자율평가설
  2. 무위험(환위험헤지) 이자율평가설

Contents

- 제1절 생산물교역과 구매력평가
- 제2절 자본이동과 이자율평가

▶Study Guide : 국제실물시장과 국제금융시장의 균형을 각각 나타내 주는 핵심 개방거시경제변수들 간의 연계적 관계를 가격(시장)질서 측면에서 파악함.

Preview

개방경제

Directions : 전 세계적으로 생산물이 국내시장처럼 완전히 자유롭게 교역된다면 국민경제에 유익한 점은 무엇일까? 국제상품시장에서 실질환율의 움직임과 그 영향을 역사적 과정에서 생각해보자.

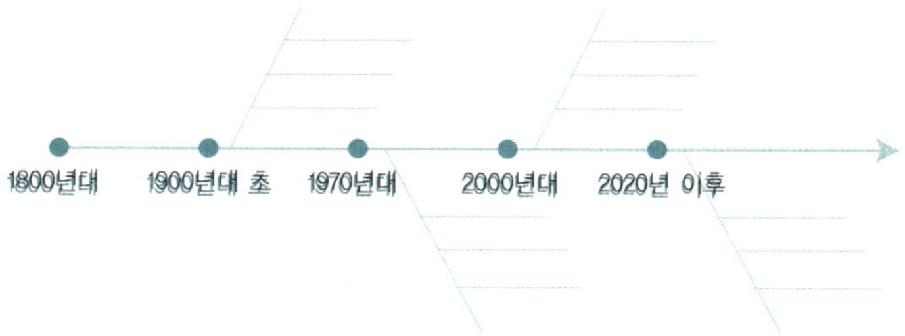

Directions : 유로달러시장은 원래 냉전의 산물이었다. 제2차 세계대전 이후 미국과 소련간의 냉전시대에 소련과 위성국들이 자신이 보유한 미국 달러화자산을 미국에 예치하면 인출이 동결될 가능성이 있으니 유럽에 있는 은행에 예치하였다. 미국과 상관없이 제3국이 달러화를 예금하고 이는 다른 제3국에 대출되면서 달러화자금이 움직이는 역외시장이 형성되었다. 유로달러시장은 대표적인 역외통화시장(유로커런시시장)이다. 이와 같이 국가 간 자본이동이 완전해지는 단계를 어떻게 설명할 수 있는가?

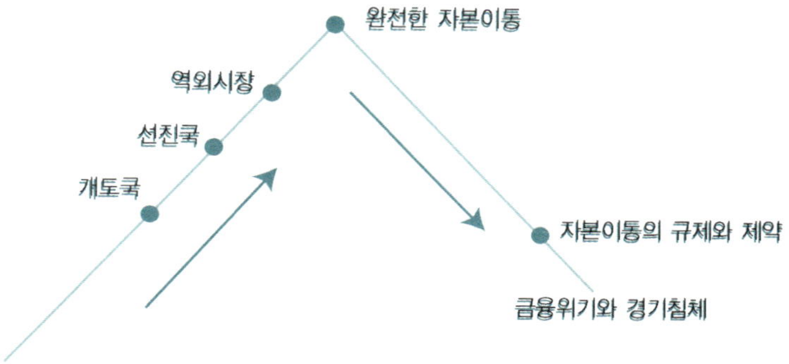

5-1 Section 생산물교역과 구매력평가

국제무역이 점차 확대되면서 각국의 경제발전에 큰 영향을 주고 있다. 범세계적 다자간 협정체결을 통한 WTO체제가 성립되면서, 그리고 양자간 · 지역별 자유무역협정(FTA)이 확산됨에 따라 세계적인 교역확대가 가속화 되고 있다. 그런데 수량적 측면에서 나타낸 재화와 용역 및 자본의 국제적 이동은 그 거래가 이루어지는 가격적 측면도 함께 다루어져야 한다. 가격적 측면은 환율이 나타내준다고 볼 수 있다. (명목)환율이 화폐간의 교환비율을 말한다면 실질환율은 상품 간의 교환비율을 나타낸다.

본 절에서는 구매력평가에 기초한 실질환율의 움직임을 통해 개방생산물시장의 균형을 살펴볼 것이다. 균형을 이루는 물가수준과 환율의 결정관계를 차익거래의 실현과정을 통해 검토해본다.

생산물시장의 균형

• Teaching Tip : 국민소득계정항등식을 통해 핵심 거시경제변수들 사이의 연관관계를 살펴봄.

제2차 세계대전 이후 GATT와 이를 대체한 WTO에 의해 실물부문

Key Concept

Property	Words	Examples
재정거래(Arbitrage)	동일한 물건을 위험 없이 저가로 매수하여 고가에 매도함으로 일시적으로 이익을 얻는 차익거래	상품 차익거래
구매력평가설(PPP)	국제상품시장의 균형을 환율과 국내외 물가의 관계로 나타냄	실질환율

NOTE

■ GATT(General Agreement on Tariffs and Trade) & WTO(World Trade Organization)

-GATT(관세 및 무역에 관한 일반협정)는 무역장벽을 제거하고 자유무역을 증진하기 위해 1947년 제네바에서 미국 등 23개국이 조인하여 설립된 국제무역협정임. 전 세계 120여 개국이 가입했고 우리나라는 1967년 4월부터 정회원이 됨. 창설 이래 제네바 라운드를 비롯해 수많은 다자간 무역협상을 체결했으며 우루과이라운드를 끝으로 1995년 1월에 WTO로 대체됨.

-WTO(세계무역기구)는 우루과이 각료회의에서 설립된 자유무역 추진 및 무역분쟁처리를 위한 기구임. GATT에 의한 협정들을 공식국제기구로 통합하여 무역 세계화의 기반을 조성하였고 다자주의 원칙이 힘을 얻음. WTO의 목적으로 세계무역의 자유화, 협상을 통한 무역장벽의 축소, 분쟁해결의 수단제공이 있음.

의 범세계적인 통합화가 진전되어 왔다. 이에 따라 각국에서는 세계시장의 안정적 확보, 대외신인도 향상, 산업의 고부가가치화 촉진, 서비스산업의 발전, 해외투자의 확대, 글로벌 스탠더드의 적용확대, 통상마찰의 완화, 지역경제의 허브역할 등이 가능해졌다.

우리나라도 GDP대비 수출입의 비중이 1970년대와 1980년대를 거쳐서 2000년대까지 지속적으로 크게 증가하는 추세이다. 우리나라는 2009년도 기준, GDP=1,063,059.1십억 원, 원달러화 기준환율=1,276.4원, 수출=363,533,560천 달러, 수입=323,084,522천 달러를 기록했다. GDP대비 수입비중이 38.8% 정도이고 수출비중은 43.6%를 넘는다. 이는 GDP대비 수출입 비중으로 측정되는 생산물시장의 대외개방도가 상당히 높다는 것을 나타낸다.

하지만 수출입 비중은 일국 실물시장의 개방도를 측정하는 데는 유용하지만 국가간 경제 개방도를 비교하기에는 미흡하다. 수출입 비중이 국가의 규모나 지리적 여건 등에 따라서 영향을 많이 받기 때문이다. 소국은 대국에 비해 대외의존도가 높아서 수출입 비중이 크고, 주변시장에 가까운 나라도 멀리 떨어진 국가보다 수출입 비중이 높다. 그래서 각 국가의 경제 개방도를 생산물 가운데 교역재가 차지하는 비중으로 측정해 보는 것이 더욱 유용할 수도 있다.

지금부터는 개방경제에서 GDP와 관련한 국민소득계정 항등식(National Income Accounting Identity)을 아래와 같이 소개해보자.

$$Y = C + I + G + X - M$$

여기서 일정기간 동안 Y는 국내총생산을, 우측의 네 부문은 국내총생산에 대한 지출로 C는 가계 소비, I는 기업 투자, G는 정부 지출, 그리고 X-M은 외국인의 순수출이다. 해외부문에서 순수출이란 수출(X)과 수입(M)의 차이로서, X는 국내생산물의 해외수출이고 M은 해외생산물의 국내수입이다.

첫째, 위의 항등식은 특정기간 동안 생산된 생산물과 이에 대한 지출이 일치됨을 나타낸다. 항등식 내부에서 Y - (C + I + G) = (X - M)은 전체소득(Y) 가운데 민간지출(C+I)과 정부지출(G)을 뺀 나머지가 순수출(X - M)임을 나타낸다.

둘째, 간단히 수출과 수입의 차이를 경상수지(CA)라고 할 수 있다. 즉, CA = X - M. 만약 X > M이면 경상수지가 흑자라고 말하며, 만약 X < M이면 경상수지가 적자이다.

$$Y - A = CA$$

셋째, 해외순자산(NFI)은 내국인이 취득한 외국자산과 외국인이 취득한 국내자산의 차이를 말한다. 그리고 순수출과 해외순자산 사이에는 (X - M) = NFI라는 항등적 관계가 성립한다. 만약 국내총지출(A), A = (C + I + G)이 국내총생산(Y)을 초과했다면 경제는 수출에 비해 수입이 더 많음을 의미한다. 이것은 해외차입이나 순해외자산의 감소를 뜻한다. 반대로 국내지출이 국내총생산보다 작다면 대외 순수출은 양의 상태로서 해외대출이나 순해외자산의 증가를 가져온다.

$$CA = NFI$$

넷째, 저축(S) 또는 국민저축은 민간저축과 정부저축의 합으로 구성된다. 민간저축(SP)은 국민소득(Y)에서 조세지출(T)과 소비지출(C)을 공제한 것이다. 즉, SP = Y - T - C. 반면에 정부저축(SG)은 조세수입(T)에서 정부지출(G)을 공제한 부분이다. 즉, SG = T - G. 따라서 저축은 민간저축과 정부저축의 합 또는 국민소득에서 소비지출과 정부지출을 공제한 부분으로 나타난다. 즉, S = SP + SG = Y - C - G.

$$S = Y - C - G$$

다섯째, 저축과 투자나 순수출 사이에는 S = I + CA 또는 S = I + NFI라는 항등적 관계가 성립한다. 어떤 나라가 국내투자보다 저축을 더 많이 한다면 경상수지의 흑자를 통해 순해외자산이 증가된다. 역으로, 국내투자가 저축을 초과한다면 이는 국내투자를 위한 대외차입과 경상수지의 적자를 뜻한다. 참고로 폐쇄경제에서는 Y = (C + I + G) 및 S = I라는 형태로 쓰이게 된다.

$$S = I + NFI$$

끝으로, 경상수지를 민간저축, 투자, 그리고 정부재정의 관점에서 나타낼 수 있다. CA = S - I = SP - I - (G - T). 여기서 (G - T)는 정부지출이 정부수입을 초과한 정부의 재정적자를 의미한다. 따라서 미국처럼 경상수지가 대규모 적자인 경우는 민간저축이 투자보다 적고 정부의 재정적자가 심화되어 정부저축이 부족함을 반영한다. 경상수지적자와 재정적자가 동시에 발생되는 것을 쌍둥이 적자라 부른다. 이에 비해 한국, 중국, 그리고 일본은 저축이 투자를 초과하기 때문에 경상수지의 흑자를 기록하고 있다. 현재 이들이 미국의 재정적자에 대한 재원을 조달해주고 있는 실정이다.

$$CA = SP - I - (G - T)$$

• Critical Thinking : 현실경제에서 (X – M) = NFI 관계가 성립되지 않는다면 상기의 설명은 어떻게 변하겠는가?

더 나아가 중앙은행이 보유한 공적 외환보유고와 국제수지 사이의 관계에 대해 살펴보자. 앞장에서 공부한 국제수지표를 보면 경상수지의 적자는 자본수지의 흑자를, 경상수지의 흑자는 자본수지의 적자를 의미함을 나타내준다. 일국의 경상수지 흑자는 해외대출의 형식으로 자본유출을 발생시키지만 경상수지 적자는 해외차입의 형식으로 자본유입을 야기하기 때문이다. 이러한 회계적 관점에서 국제수지는 항상 균형을 이룬다. 즉, 경상수지(CA)는 공적 외환보유고를 배제시킨 순자본이동(NF)과 상호 대칭적으로 움직인다.

만약 중앙은행이 외환시장에 전혀 개입하지 않아서 공적 외환보유고의 변동분(dRH)이 0이라면, CA > 0은 NF < 0, CA < 0은 NF > 0과 직접 결합될 수 있다.

$$CA = -NF$$

하지만 중앙은행은 공적으로 외환보유고를 보유한다. 일반적으로 미국 달러화, 유로화, 파운드화, 엔화 등으로 표시된 단기채권 형태로 외환을 보유하고 있다. 우리나라의 경우 한국은행은 주로 미국 달러화 표시 단기채권의 형태로 외환보유고를 구성하는 편이다.

$$dRH = CA + NF \quad \text{또는} \quad CA + NF - dRH = 0$$

여기서 CA + NF > 0이라면 dRH > 0이 성립되어 외환보유고의 보유액이 증가됨을 나타낸다. 반면, CA + NF < 0이라면 dRH < 0으로 외환보유고가 감소됨을 나타내준다. 특히, 기축통화이자 외환보유고의 구성통화인 미국 달러화의 경우 미국의 국제수지가 적자가 되면 외국의 중앙은행들은 달러화 표시 자산의 보유고를 증가시킨다. 반면 미국의 국제수지가 흑자를 달성하면 외국의 중앙은행들은 달러화 표시 자산의 보유고를 줄이게 된다.

그런데 중앙은행은 대체로 국제수지 불균형에 따라 국내통화량이 변

NOTE

■ 미국의 국제수지 적자심화와 타국의 외환보유고 증대

미국의 달러화는 글로벌 금융위기에 더욱 큰 파워를 보여줌. 글로벌 위기에 기축통화인 달러화의 역할이 중시되고 그 가치가 높아짐. 글로벌 차원에서 미국의 국제수지적자는 1980년대 일본의 국제수지흑자를 통한 달러화 중심 외화보유고 축적과 연계되었고, 2000년대부터는 중국, 중동 국가들의 외환보유고 축적으로 이어졌음.

하는 것을 원하지 않는다. 통화량 변동이 국내물가나 경기에 미치는 영향력을 우려하기 때문이다. 이에 따라서, 중앙은행이 외환보유고 관리와 연계된 불태화 정책(중화정책) 또는 불태화 시장개입을 하게 된다. 불태화 정책이란 대외거래에 따른 국제수지의 흑자나 적자가 통화량에 미치는 영향을 정부가 인위적으로 방지하는 정책을 말한다. 이와 달리, 국제수지 불균형으로 인한 통화량 변동을 그대로 허용하는 것을 태화정책이라고 한다.

만일 경상수지가 흑자를 달성하면 외화공급량이 증가되면서 동시에 통화량도 증가하여 물가상승 압력이 발생할 수 있다. 따라서 중앙은행은 불태화정책의 일환으로 공개시장조작을 통해 국내자산을 시중에 매각하면서 통화량을 전부 또는 일부 흡수할 수 있다. 또한, 과도하게 환율이 하락하거나 심각한 경상수지 적자를 경험하는 경우, 중앙은행이 외환시장에 개입하여 국내통화를 지급하면서 외환을 흡수해주면 환율이 안정되고 경상수지 적자가 해소될 수 있는 반면 통화량이 늘어나 물가상승 압력으로 나타날 수 있다. 따라서 정부는 불태화 외환시장개입의 형태로서 외환시장 안정을 위해 늘어난 통화량을 국내자산 매각을 통해 다시 흡수할 수 있다.

실질환율의 움직임

명목환율은 상이한 통화 간의 교환비율이지만 실질환율은 동일한 재화의 양국 간 교환비율을 말한다. 실질환율(Real Exchange Rate)은 다른 나라와 비교한 일국의 재화와 서비스에 관한 상대가격을 요약 측정한 것이다.

보통 실질환율이란 국내물건의 관점에서 외국물건에 대한 상대가격을 뜻한다.

$$R = \frac{SP^*}{P}$$

여기서 P는 국내물가수준, P*는 외국물가수준, S는 명목환율, 그리고 R은 실질환율을 나타낸다. 실질환율은 한 단위의 외국생산물을 구매하기 위해 요구되는 국내생산물의 단위 수를 측정해준다. 예를 들어, 원달러화 명목환율이 달러당 1,050원일 때 우리나라의 물가를 대표하는 어떤 옷의 가격은 10,000원이고 같은 옷의 미국내 가격은 10달러라고 하자. 그러면 이 옷의 국내가격은 10,000원이지만 원화로 표시된 미국내 옷의 가격은 10,500원이다. 따라서 옷으로 측정한 실질환율은 1.05(10,500원÷10,000원=1.05)가 된다. 이는 미국에서 구입 가능한 옷 한 벌로 한국에서는 1.05만큼의 옷을 살 수 있다는 것을 말해준다. 실질환율을 지표로 사용하면 동일한 물건이 나라들 사이에서 어떤 값에 팔리고 있는지를 알 수 있다.

위 식에서 알 수 있듯이 일반적으로 실질환율은 품목별로 각 가격을 따로 계산하지 않고 양국의 물가지수를 이용하여 계산한다. 명목환율이 변동하지 않더라도 외국에 비해 국내물가가 더 빨리 상승한다면 실질환율이 하락하게 된다. 실질환율의 하락은 외국물건이 상대적으로 국내물건에 비해 더욱 저렴해져서 국내물건으로 외국물건을 살 수 있는 구매력이 상승했음을 의미한다. 반대로 실질환율의 상승은 외국물건에 대한 국내물건의 구매력이 하락되었다는 것을 말한다.

다시 말하면, 일정한 기간 동안 실질환율이 일정하다면 그 기간 동안 국제상품시장에서 자국의 가격경쟁력에 변동이 없다는 것을 말한다. 하지만 실질환율이 인하되었다면 자국의 물건가격이 상대적으로 높아져서 그만큼 대외 가격경쟁력이 떨어졌음을 의미한다. 반면에, 실질환율이 인상되었다면 자국의 물건가격이 상대적으로 싸져서 그만큼 가격경쟁력이 높아진 것을 뜻한다.

현실에서 우리는 여러 나라들과 교역을 한다. 이에 따라 특정 기축통화를 기준으로 한 환율로 물건의 가격경쟁력을 측정하기보다 교역 상대국 통화들과의 개별적 환율을 근거로 국내재화의 가격경쟁력을 평가할 수 있었다. 실효환율이 대표적이다. 실효환율이란 여러 교역 상대국 가운데 개별환율을 각국의 교역량을 가중치로 기하평균시켜서 하나의 지수형태로 나타낸 환율이다. 그리고 실질실효환율은 실질환율을 이용하여 실효환율을 계산한 지표이다.

● 실질환율변동

▶ 실질환율인상 : 국내상품의 대외적 구매력하락, 국내상품의 대외 가격경쟁력 향상
▶ 실질환율인하 : 국내상품의 대외적 구매력상승, 국내상품의 대외 가격경쟁력 하락

정리

- **중앙은행의 외환보유고에는 보통 국제통화 표시 단기채권 형태로 외환이 보유됨.**
- **공적외환보유고의 증감관계는 dRH = CA +NF이지만 공적 외환보유고가 없다면 CA = −NF임.**
- **실질환율은 동일한 물건에 대하여 국내상품의 관점에서 외국상품에 대한 상대가격을 나타냄.**

구매력평가설

• Teaching Tip : 구매력평가설의 2가지 전제조건 및 평형관계의 의미를 살펴봄.

구매력평가이론은 국제 간 실물거래에서 균형관계를 보여주는데, 구매력 평가(Purchasing Power Parity : PPP)란 물품교역이 자유롭게 일어날 경우 재화나 서비스에 대한 통화의 구매력이 두 국가에서 동일해짐을 말한다. 경제 전체를 대표하는 물가지수를 사용하여 모든 재화에 대해 명목환율로 표기된 구매력의 평가가치가 SP* = P가 되면 동일한 화폐로 측정할 때 양국 간 국내외 물가수준이 같아진다. 하지만 실질환율이 단위

값을 벗어난다면, 즉 R = $\frac{SP^*}{P}$ = 1이 성립되지 않는다면 구매력 평가는 편차를 띈다. 이를 통해 국제금융시장에서 실물시장의 역할을 이해할 수 있다.

구매력 평가설(PPP)의 기본적 전제조건은 완전한 생산물시장의 개방(거래비용, 무역장벽 등이 존재하지 않음) 및 일물일가의 법칙이 적용된다는 것이다. 이론적 출발점인 일물일가의 법칙이란 경쟁적 국제상품시장에서 동일한 물건의 값은 어디에서나 하나의 가격만이 성립된다는 것이다. 거래비용이나 무역장벽이 전혀 없는 완전경쟁시장에서는 국내외 교역상품이 균등한 완전대체재이다. 국제 금값이나 원유값 등은 전 세계적으로 동일해지는 경향이 높으므로 일물일가의 가정에 가장 가깝다. 만일 일물일가의 법칙이 성립되지 않는다면 재정거래, 즉 누군가가 물건을 저렴한 곳에서 사다가 비싼 곳에 되파는 차익거래가 발생되고, 이에 따라 싼 곳에선 수요가 늘어 가격이 오르고 비싼 곳은 공급이 늘어나 가격이 떨어져서 궁극적으로 가격이 같아진다.

이를 간단히 설명하기 위해 세계경제는 한국과 미국만 존재하고 동질의 금 하나만 생산하여 자유롭게 교역한다고 가정하자. 만약 국내 금값이 2,000원이고 미국 금값이 2달러라면 구매력의 평가가치(SP* = P)에 따라 원달러화 환율은 달러화당 1,000원이 된다. 하지만 환율이 900원이라면 국내 금값은 2,000원으로 원화표시 미국 금값 1,800원보다 높기 때문에 차익거래를 노리는 무역업자들의 금에 대한 국내수요는 줄어들고 미국수요가 늘어나서 점차로 국내 금값은 하락하고 외국 금값은 상승하여 새로운 균형을 회복하게 된다. 반대로 환율이 1,100원이면 금의 국내가격은 미국가격보다 낮아서 국내수요가 늘어나고 외국수요는 감소하면서 새로운 균형에 도달한다.

이러한 재정거래 과정에서 동일한 화폐로 표시했을 때 두 재화의 가격은 어디에서나 같아지게 된다. 환율(S), 국내물가(P), 외국물가(P*) 사이의 관계식은 아래처럼 표시된다.

$$P = SP^* \quad \text{또는} \quad S = \frac{P}{P^*} \quad \text{또는} \quad \frac{SP^*}{P} = 1$$

일정기간 동안의 이와 같은 평가조건을 절대적 구매력 평가(Absolute PPP)라 부른다. 이 식은 동일화폐로 측정된 물가수준이 양국 사이에 균등하고, 환율은 장기적으로 소비재 상품바스켓에 기초된 물가수준의 상대적 비중에 의해서 결정되며, 외국물가를 국내화폐단위로 환산했을 때 통화의 구매력이 양국 간에 동등함을 나타낸다.

하지만 실제로 국가 간 운송비용이나 무역제한은 엄연히 존재하며 가격에 대한 정보도 불완전하기 때문에 절대적 구매력 평가가 현실에서는 성립되기 어렵다. 절대적 구매력 평가가 성립되지 않는 이유는 다음과 같다.

첫째, 물가지수를 계산할 때 사용되는 일부 재화나 서비스 품목은 나라마다 다르다. 이로 인해서 각국의 물가수준으로 국가별 통화의 구매력을 정확히 비교하기 어렵다.

둘째, 물가바스켓에 존재하는 품목이 동일하더라도 국가마다 가중치 적용방식이 다르다. 국가마다 요소부존도의 차이, 기호의 차이 등과 같은 사회 전반의 차이로 가중치 부여가 다를 수 있다. 또 각국은 자국에서 생산·소비되는 품목에 더 높은 가중치를 두면서 물가지수를 계산한다.

셋째, 현실경제에서는 운송비용, 무역제한조치, 독과점의 가격 차별화 등으로 인해 일물일가의 경쟁적 규범이 왜곡된다. 그리고 국내외 생산물이 완전히 균등하다고 인식하는 경우도 거의 없다.

넷째, 국가 간에는 교역되지 않는 상품과 서비스가 상당하다. 환율은 교역재 간의 교환비율에 관계하지만 비교역재(Non-tradable)는 국내물가의 계산에는 포함되고 국제 간에 거래되지 않는 상품이므로 비교역재가 존재하게 되면 구매력 평가가 성립되지 않는다. 비교역재의 가격상승으로 인한 물가상승은 환율에 거의 영향을 미치지 못한다.

절대적 구매력 평가를 표시한 위의 식의 양변에 자연로그를 취하고 시간으로 미분해보자. 그러면 시간에 따른 변화분의 선형관계 형태로 상대적 구매력 평가(Relative PPP)가 나타난다.

$$\%\hat{P} = \%\hat{P}^{*} + \%\hat{S} \quad \text{또는} \quad \%\hat{S} = \%\hat{P} - \%\hat{P}^{*}$$

여기서 $\%\hat{P}$는 국내물가변화율(백분율), $\%\hat{P}=(P_{t+1}-P_t)\div P_t$, $\%\hat{P}^{*}$는 외국물가변화율(백분율), $\%\hat{P}^{*}=(P^{*}_{t+1}-P^{*}_{t})\div P^{*}_{t}$, $\%\hat{S}$는 환율변화율(백분율), $\%\hat{S}=(S_{t+1}-S_t)\div S_t$를 의미한다. 절대적 구매력 평가는 절대적으로 $P = SP^{*}$의 관계가 성립되어야 하는 반면에 상대적 구매력 평가는 이보다 훨씬 완화된 조건을 충족하면 됨을 알 수 있다.

이 식은 일정한 t시점에서 t+1시점까지 장기 차원 환율변화율이 양국 간 인플레이션의 차이와 같아짐을 나타낸다. 즉, 환율변동이 양국 간 화폐구매력 변동의 차이에 의해 결정된다. 만약, 국내 물가변화율이 외국 물가변화율보다 크다면 환율이 상승하여 국내통화가치가 하락되지만 국내 인플레이션이 외국 인플레이션보다 작다면 환율이 하락된다. 지난 1년 동안 국내물가상승률이 6%, 미국물가상승률이 4%면 구매력 평가설을 성립시켜주는 원달러화 환율의 증가율은 2%가 된다.

구매력 평가설은 장기적 관점에서 양국 간 환율과 인플레이션의 관계를 설명해준다. 구매력평가가 성립된다면 실질환율은 항상 일정해야 한다. 하지만 현실적으로 실질환율은 일정하지 않고 수시로 변동된다. 실질환율의 변동의 원인을 연구자의 입장에 따라 장기균형으로부터의 일시적 이탈이나 균형상태의 변화로 해석한다. 실제 자료를 이용하여 구매력 평가설을 검증해보면, 단기에는 구매력 평가가 잘 성립되지 않지만 장기적으로 상대적 구매력 평가가 성립되는 경향을 보인다.

정리

- 구매력 평가 = 동등한 화폐의 실질가치 = 일정한 실질환율.
- 구매력 평가설 = 절대적 구매력평가설 + 상대적 구매력평가설.
- 절대적 구매력 평가설 = 실질환율의 고정(두 통화는 양국에서 동등한 구매력 보유함)
- 구매력 평가의 실패는 일반적 현상.

• Further Study Tip : 비교역재와 물가측정문제의 관점에서 구매력 평가의 편차에 대한 실증분석연구들을 찾아 봄.

5-2 Section 자본이동과 이자율평가

범세계적인 자본시장의 통합화, 일명 자본자유화는 1980년대 선진국 중심으로, 1990년대부터는 아시아국가, 동유럽국가 등의 개발도상국에서 진전되어 왔다. 국제자본의 자유로운 이동으로 인해서 환율, 국제수지, 주식, 투자 등 국민경제전반이 영향을 받는다. 그런데 국제자본 이동의 형태는 금융시장의 상황과 경제 여건에 따라 다양하게 이루어진다. 그리고 국제자본 이동은 국민경제에 자금의 대여나 차입을 제공할 뿐만 아니라 여러 국가에 분산투자를 통해 위험을 줄여준다. 하지만 국제금융시장이 불안정해지면 국제자본 유동성의 부족 때문에 대외 채무불능이나 외환위기에 처할 수 있다.

국가 간의 자본이동에 대해 점차 아무런 제약이 없어져가면서 한 나라의 이자율은 금리 재정거래로 인해 국제 이자율과 같아지게 된다. 본 절에서는 이와 같은 완전한 금융시장의 단기균형을 살펴보기 위해 국내외 금리수준 차이와 환율의 연관관계를 차익거래의 실현과정을 통해 검토해본다.

Key Concept

Property	Words	Examples
국제금융시장	국제간 금융거래가 이루어지는 시장(단기자금거래 중심)	상업어음거래
국제자본시장	국제 장기자본의 이동을 촉진하는 시장(증권거래 위주)	해외직접투자
이자율평가설	완전한 국제자본시장에서 환율과 국내외 이자율의 관계	유위험이자율평가

국제투자와 자본이동

• Teaching Tip : 국제금융시장에서의 자금운용방식과 자본이동현황을 살펴 봄.

오늘날 국제 자본이동의 증가와 국제금융시장의 통합은 새로운 국제금융질서의 특징으로 자리 잡았다. 보통 국제자본의 유입은 국내 투자를 활성화해주고 경제성장을 촉진시켜준다. 하지만 자본유입은 국내 통화량을 늘려 물가상승을 유발한다. 또 자본유입으로 수입수요가 증가하면 경상수지가 악화될 수 있다.

국제자본이동(International Capital Flows)은 1870년대부터 제1차 세계대전까지가 더욱 활발했었다. 이 시기는 금본위제도에서 영국 파운드화가 기축통화의 역할을 담당했는데, 당시 경제대국인 서유럽에서 북미와 오세아니아 등으로 대규모 투자자본이 이동했다. 하지만 1914년에 시작된 제1차 세계대전, 1917년의 러시아 프롤레타리아혁명과 사회주의체제, 더욱이 1930년대의 세계 대공황과 보호무역은 국제자본의 이동을 크게 위축시켰다. 그러다가 1970년대부터 주요 국가들이 변동환율제를 채택하면서 자본이동에 대한 제약을 철폐하고 나아가 1973년도 제1차 석유파동(오일쇼크) 이후 산유국이 오일달러화를 풀면서 국제자본 이동이 다시 활발해지기 시작하였다. 1980년대에는 주요 선진국의 일관된 금융규제 완화정책 및 정보통신기술의 발달로 국제자본이동이 확산되었다. 1990년대 들어서는 여러 개발도상국들이 자본시장의 자유화를 촉진하면서 개도국으로 자본이동이 가속화되었다. 그리고 2000년대는 신흥시장 개도국이 경상수지 흑자를 선진국에 재순환하는 과정에서 자본흐름이 일어나고 있다.

자본은 기본적으로 수익에 따라 움직인다. 수익률이 낮은 곳에서 높은 곳으로 이동한다. 국제자본이 이동하는 가장 큰 이유는 수익과 위험을 고려하여, 위험이 낮고 수익이 높은 투자기회 또는 동일한 위험에서 최대수익을 얻는 투자기회를 찾기 때문이다. 또 해외투자가 국내보다 기대수익이 더 높을 수 있기 때문이다. 예를 들어, 오늘 아침 우리나라의 회사채 3개월물 연수익률이 10%이고 런던에서 달러화표시 3개월 LIBOR 금리가 6%인 경우 런던에서 한국으로 자본이동이 생긴다. 투자위험 등 다른 조건이 일정하다면 유럽에서 차입하여 한국에 투자하면 일년 동안 4%의 수익률 차익을 얻을 수 있다. 투자위험에는 가격변동, 환율변동, 채무불이행 등의 위험형태가 포함되는데 이는 다음 장에서 다룬다.

국제자본은 국내외 경제여건에 따라 다양한 형태로 이동된다. 자국민이 해외의 유가증권을 취득하거나 부동산을 구매, 외국인이 국내에 공장을 설립, 정부가 외화자금을 차관, 국제은행 간 차입과 대여, 외국투자가가 국내은행에 예금, 수출입업자가 결제대금을 받거나 주는 경우 모두 국가 간에 자본이 이동된다. 이러한 국제자본이동의 형태는 해외간접투자와 해외직접투자로 크게 구분하여 설명할 수 있다. 해외간접투자(Foreign Indirect Investment)는 국가 간 대부와 차입이 주로 특정국통화 표시 금융자산을 타국에서 구입하는 투자이다. 국제 간 증권투자가 대표적이다. 반면에 해외직접투자(Foreign Direct Investment)란 타국에 자회사를 설립하거나 현지기업을 인수하여 투자가가 다국적 기업의 형태로 해외에 진출하고 투하된 자본에 대한 관리권을 지닌다. 따라서 국제자본의 이동은 투자목적 측면에서 볼 때 (기대)수익만을 목적으로 하는 국제포트폴리오증권투자(International Portfolio Investment)와 경영권참여나 기업운영을 목적으로 삼는 해외직접투자(FDI)로 크게 분류된다.

국제증권투자

국제증권투자는 포트폴리오증권투자나 분산증권투자(Diversification Investment)로도 불리는데 단기 수익을 목적으로 주로 주식에 투자하는 것을 말한다. 모든 달걀을 한 바구니에 담지 말라는 말로, 분산투자의 아이디어를 묘사하기도 한다. 증권투자에서는 수익(률)과 위험을 동시에 고려하여 투자하는데, 투자대상의 적절한 조합을 통해 수익을 보상받고 위험을 축소시키는 것을 강조한다. 증권투자는 1990년대 주요 현상이었고

NOTE

■ 우리나라의 자본자유화
1997년 말부터 시작된 외환위기로 인해 외자조달과 국제자본거래의 활성화가 필요했던 정부는 1998년 3월말 자본거래의 전면자유화를 앞당겨 실시함.

■ 피셔방정식(Fisher Equation)
-시장 명목금리는 실질수익률(자본의 생산성)에 물가상승률과 위험도를 감안한 가격임.
-일반적으로, 명목이자율 = 실질이자율 + 기대인플레이션율.

■ 채권(Bond)
채권이란 정부나 기업이 자금차입을 위해 발행한 국채, 지방채, 사채 등 확정이자부 유가증권임. 채권은 단 한 번의 만기에 액면가와 이자액을 지급하는 할인채(Discount Bond)와 만기일까지 고정이자액이 지급되고 만기에 액면가를 지급하는 이표채(Coupon Bond)로 구분됨. 기업의 단·장기 자금조달과 투자가에게 자금운용의 역할을 함.

■ 주식(Stock)
주식이란 주식회사의 자기자본금액으로 이를 전제로 한 주주의 권리와 의무(주주권)를 표창하는 유가증권(주권)임. 기업에 장기투자자금을 조달해주고 투자자에게 자금운용의 역할을 해줌.

거래량이 당시 FDI보다 컸다. 1990년대는 자본시장의 규제완화와 자본통제의 축소, 정보통신기술의 발달 등으로 국제 간 자본이동이 증가했기 때문이다.

국제포트폴리오 증권투자의 이익을 측정하기 위해서 먼저 위험회피적 국내투자가가 수익률과 위험만 고려하여 단 하나의 외국자산에 투자한다고 가정해보자.

$$Rd = R_f + e$$

여기서 R_d는 국내통화 표시 투자수익률(%), R_f는 외국통화 표시 투자수익률(%), e는 환율변화율(%)을 나타낸다. 따라서 투자수익률은 해외자산 수익률과 환율변동률이 합해져서 구해진다. 위험 등 다른 조건이 동일할 때, 투자가는 국내통화로 표시된 해외 수익률이 높을수록 해외자산에 투자할 것이다. 일본 주식에 투자했을 경우에 주식수익률이 4% 증가하고 엔화가 5% 절상되었다면 원화 표시 수익률은 9%(= 4%+5%)이다.

반면에 투자위험은 낮을수록 좋은데, 위험은 분산으로 측정 가능하다. 통계에서 분산(Variance)이란 변량이 평균으로부터 떨어져 있는 정도를 나타내는 값이다. 실수값을 지니는 변량 X의 평균값을 기대연산자 E로 정리하여 E(X)라 할 때, $\{X-E(X)\}^2$의 평균값이 분산(σ^2)이다. $\sigma^2=0$일 때 자료는 모두 평균값에 집중되어 있어서 흩어짐이 없다.

$$Var(R_d) = Var(R_f) + Var(e) + 2Cov(R_f, e)$$

여기서는 $Var(R_d)$가 분산으로 측정한 국내통화 환산 투자수익률의 위험 또는 변동성, $Var(R_f)$가 외국통화 투자수익률의 위험, Var(e)는 환율변동위험, Cov(Rf, e)는 공분산으로 측정한 외국통화 투자수익률과 환변동위험이 함께 움직이는 정도를 나타낸다. 통계에서 공분산(Covariance)이란 두 변수가 함께 움직이는 관계정도를 나타내는 값이다. 실수값을 지니는 2개의 변량 X와 Y에 대해서 변량 X의 평균값을 E(X), Y의 평균값을 E(Y)라 할 때 공분산은, Cov(X, Y) = E((X- E(X))(Y- E(Y))로 정의된다. 공분산이 양의 값을 가지면 X가 큰 값을 가질 때 Y도 큰 값을 갖는 경향을 보이지만, 음의 값은 X와 Y 가운데 하나의 값이 커지면 다른 값은 적어지는 경향을 의미한다. X와 Y가 통계적으로 독립이라면 공분산은 0이 될 것이다.

이처럼 분산은 개별변수의 변동성 및 변수들의 동시적 변동성에 의존하여 결정되는데, 분산값이 낮을수록 위험도가 적어진다. 윗 식은 환율의 변동성이 불확실한 경우 투자위험을 보여준다. 이에 비해, 환율이 완전히 확실하거나 고정환율이라면 Var(e) = 0과 $Cov(R_f, e) = 0$이 성립되기 때문에 $Var(R_d) = Var(R_f)$이다. 유럽에서 독일이 프랑스에 투자하는 경우가 이에 해당된다. 환율이 확실할 때 $Var(R_f) = 0.00605$이라면 $Var(R_d) = 0.00605$이다.

위험회피적 국내투자가가 두 가지 외국자산에 분산하여 투자한다면 투자수익률은 아래와 같다.

$$Rp = aR_{d1} + bR_{d2}$$

여기서 Rp는 국내통화 표시 분산투자 수익률(%), R_{d1}은 외국통화 표시 자산1의 수익률(%), R_{d2}은 외국통화 표시 자산2의 수익률(%), a와 b는 자산1과 2에 대한 각 분산투자 비중도를 나타낸다. a + b = 1. 이에 따라, 국제포트폴리오 투자수익률은 개별투자 수익률의 가중 평균값이 된다. 유리한 국제포트폴리오 투자기회를 제공하는 요인에는 국내시장보다 빠르게 성장하는 해외시장, 국내시장과 상이하게 움직이는 외국시장, 환차익 기회 등이 있다.

그리고 불확실성이나 위험은 분산이나 표준편차로 측정 가능한데, 분산으로 측정된 국제포트폴리오투자의 위험은 아래와 같다.

$$Var(Rp) = a2Var(R_{d1}) + b2Var(R_{d2}) + 2abCov(R_{d1}, R_{d2})$$

이 식은 2개의 개별 투자자산 수익률의 분산과 더불어 이들의 투자자산 수익률의 공분산에 의해 국제포트폴리오 투자수익률의 위험이 결정됨을 보여준다. 참고로 표준편차는 분산값에 제곱근을 취한 값이다. 예를 들어, $R_{d1} = 0.1$, $R_{d2} = 0.08$, $Var(R_{d1}) = 0.00605$, $Var(R_{d2}) = 0.00545$, $Cov(R_{d1}, R_{d2}) = -0.004825$, $a = 0.5$, $b = 0.5$이라고 하자. 그러면 국제포트폴리오 투자수익율(Rp)은 0.09 (= 0.5×0.1 + 0.5×0.08) 그리고 국제포트폴리오 위험(Var(Rp))은 0.0004625 (= 0.25×0.00605 + 0.25×0.00545 + 2×0.25×-0.004825)로 측정된다.

- Critical Thinking : 증권분산투자에 대한 평균(기대수익)-분산(위험) 기준 의사결정은 일종의 투자표준임. 증권분산위험은 국내외 자산 간의 상관관계에 전적으로 의존하는데 최적 헤지비율은 어떻게 구할 수 있겠는가?

국제분산 증권투자는 여러 국제자산을 결합하고 각 수익을 합하여 이익을 얻지만 그 위험도는 개별자산의 위험에 비해 낮은 편이다. 포트폴리오투자가 비체계적 위험을 제거해주기 때문이다. 비체계적 위험(Nonsystematic Risk)은 특정한 자산, 기업, 산업, 그리고 국가에만 유일하게 존재하는 위험을 지칭한다. 하지만 포트폴리오투자도 체계적 위험은 제거할 수 없다. 체계적 위험(Systematic Risk)이란 모든 투자기회에 존재하는 위험으로서 개별적인 분산투자로 제거할 수 없는 위험을 말한다. 경기변동위험, 정치 · 사회적 위험 등이 체계적 위험에 해당된다.

특히 국제포트폴리오 증권투자의 이익은 국가나 투자자산 간의 상관관계에 달려 있다. 상관관계가 낮을수록 분산투자로 얻는 이익이 커진다. 상관관계가 높을수록 분산투자이익이 작다. 통계에서 상관관계(Correlation)

란 두 변량 가운데 한쪽이 증가함에 따라 다른 한 쪽이 증가나 감소하는 두 변량 관계를 말한다. 증가할 때를 양의 상관관계, 감소할 때를 음의 상관관계라고 한다. 두 변량 X와 Y에 대한 상관관계를 숫자 값으로 나타내주는 상관계수는 이처럼 정의된다. Corr(X, Y) = $\frac{Cov(X, Y)}{\sqrt{Var(X)Var(Y)}}$. $-1 \leq Corr(X, Y) \leq 1$. 절대값이 1에 가까울수록 2변수 간 상관관계가 높아지고 0에 근접할수록 상관관계가 없어진다. 그리고 양의 값이면 정의 상관관계를, 음의 값이면 역의 상관관계를 의미해준다. 상기의 실례를 그대로 계산에 적용시켜보면, Corr(R_{d1}, R_{d2}) = -0.84 정도로 측정되므로 2개의 투자자산 수익률 간의 상관관계가 역의 방향으로 높은 편이다.

보통 상관계수 척도를 이용하여 실증분석을 해보면, 국내자산 사이의 상관관계가 국내외 자산 간 상관관계보다는 크다. 이는 국제포트폴리오투자를 수행하면 국내투자에 비해 이익이 커짐을 암시해준다. 하지만 실증분석결과에 따르면 현지의 불확실성이나 추가적 대외거래비용 및 환율변동성이 해외투자의 위험에 상당한 부정적인 영향을 가중시키기도 한다. 이는 국제포트폴리오 증권투자에 대한 반론이 된다.

추가로 앞에서 살펴본 국제포트폴리오 증권투자의 결정과정을 요약해보자. 국제증권투자의 주요 동기는 분산투자에 따른 위험감소와 수익이 높은 투자기회를 찾아내는 것이다. 투자성과를 극대화하기 위해서는, 먼저 적정한 투자자산에 배분하도록 개별금융자산, 국가, 통화 사이의 구성비중을 결정해야 한다. 다음으로 투자자산의 포트폴리오를 구성할 때는 기대수익률이 높은 자산을 선택할 뿐만 아니라 수반된 위험을 최소화하기 위한 결정도 동시에 이루어져야 한다. 위험관리를 위해 다양한 헤징방식이 이용될 수 있다. 자세한 헤징기법이나 대상 금융상품은 7장에서 다룬다.

• Further Study Tip : 국제증권투자에서 자산시장 균형가격이 중요한 역할을 하는데 균형가격 결정이론으로 알려진 국제자본자산가격결정이론(CAPM), 국제차익가격결정이론(APT) 등을 살펴볼 필요가 있음.

해외직접투자

다음은 해외직접투자(FDI)에 대해 알아보자. 국제증권투자가 경영권의 지배나 통제의 목적이 아닌 단지 배당금이나 이자수입을 목적으로 국제적 주식, 채권, 펀드 등을 구매하거나 판매하는 것에 반해 해외직접투자는 경영권 참여나 기업운영에 목적을 두고 외국에 자회사를 설립하거나 현지기업을 인수하여 다국적 기업의 형태로 해외에 진출하는 것이다. 미국의 경우 10% 이상의 주식을 구입하면 FDI로 간주하고 10% 미만의 주식거래는 증권투자에 속한다.

제2차 세계대전 이전에는 해외투자 가운데 간접투자가 주류를 이루었지만 제2차 세계대전 이후부터는 FDI가 급격히 늘어나기 시작했다. 1980년대에는 선진국 간의 FDI가 주종을 이루었고, 1990년대 초반에는 선진국으로부터 아시아 위주의 개발도상국으로 대개 FDI로 자본유입이 이루어졌다. 1990년대 이후 세계화, 민영화와 규제완화, 운송과 통신의 발달, 경기순환요인 등 때문에 FDI가 상당히 늘어났고 다국적기업이 크게 성장해왔다. 선진국 자회사의 상당수가 개도국에 위치하였다. 또한 1990년에서 2000년까지 FDI를 가장 많이 유치한 국가가 미국이었다.

국제증권투자가 위험제약에서 수익추구에 관심을 두는 반면 FDI는 시장의 불안정성 제약하에서 수익추구, 신기술이나 생산노하우의 습득, 수출에 보완적 역할 등을 추구한다. 만약 글로벌시장이 완전경쟁시장이라면 국내기업은 해외에 자회사나 공장 등을 설립하기보다는 단지 금융상품거래를 통한 국제 간 자본이동을 지향할 것이다. 하지만 미국의 코카콜라가 전 세계에 공장을 가지고 있는 것처럼 수많은 다국적 기업이 국내로 진출하고 있고 국내기업은 해외로 나가고 있다. 특히 FDI는 국제무역처럼 환율변화에 민감하다. 과거 1980년대 후반에 엔화의 가치가 2배로 상

해외 간접투자와 직접투자

	국제증권투자	해외직접투자
목적	단기적 수익추구	기업경영권 지배
대상	주식, 채권, 펀드, 예금, 파생상품	주식(경영권이전)
국제이동	금융자본	금융자본, 기술, 경영노하우

승했을 때 엔화자본이 미국 등으로 유출되었다.

다시금 국제수지상 자본계정(Capital Account)에서 해외투자와 자금이동을 정리해보자. 주식, 채권, 부동산, 비즈니스 등의 국내자산을 해외에 판매한다면 그 결과로 자본이 유입되고 자본수지계정의 대변에 기록된다. 반대로 국내에서 해외자산을 매입하면 자본이 유출되고 자본계정의 차변에 기입된다. 특별히 FDI는 해외에서 기업을 운영하거나 경영권을 지배하려는 시도인 반면 국제증권투자는 외국자본시장에서 단지 수익을 얻으려는 것이다. 최근 국제증권투자는 자본통제 규저완화로 자본이동성이 커져가고 늘어나는 국제적 분산투자로 인해 증가되는 추세다. FDI와 증권투자 이외에 기타투자 형태로는 현금통화, 단기성 예탁증서(CD), 무역증서 등의 국제 간 이동을 들 수 있다.

국제적 자본이동성

국제적 자금조달은 국내외 금융시장에서 금융상품을 이용해서 자금을 조달하는 것을 말한다. 하지만 자금의 사용대가로 지불되는 자본비용(자기자본비용 - 주식, 타인자본비용 - 채무 등)은 재무구조의 적정성을 결정하는 기준이 된다. 국제자금조달 과정에서는 자기자본 대 부채 간의 최적부채비율, 부채조달방식, 구체적인 금융상품, 자본이용 가능성, 조세제도 차이, 분산투자 효과, 환변동 위험 등이 함께 고려되어야 한다.

이에 반해 국제자본이동성(International Capital Mobility)이란 국가

NOTE

자국편중현상(Home Bias)
자국편의란 외국자산에 비해 국내자산의 투자를 더욱 선호하는 현상임. 그 이유는 해외투자시 부당한 세금 가능성, 통화와 인플레이션 위험, 투자자의 비합리성, 과도한 거래비용(외국증권 수수료, 법률장벽, 언어장벽, 정보획득비용 등)이 존재할 수 있기 때문임.

자본유출입규제
자본수지의 높은 변동성과 더불어 자본유출입 규제의 필요성은 은행의 급증된 단기외채와 국제증권투자에 초점을 둠. 국제증권투자의 규제는 현재 주요국에서 금융거래세라는 형태로 검토 중임. 자본유출입 규제는 도입방식 차원에서 너무 급진적으로 도입하거나 일시적 미봉책을 사용한 과거의 경우에 모두 실패로 끝남. 자본유출입에 대한 규제를 반드시 도입한다면 여타 규제와의 일관성과 규제의 실효성을 얻을 때까지 부작용을 최소화하면서 단계적으로 도입해야 함. 정부규제는 기본적으로 시장질서를 해치지 않는 범위 내에서 시장실패를 보완해주는 수단이기 때문임.

간에 국내처럼 자본이동이 얼마나 자유로운지의 정도를 지칭하는 말이다. 국제자본이동성은 이자율평가관계의 성립여부, 각국 소비의 상관관계, 저축과 투자에 대한 상관관계 등으로 판정 가능하다. 이자율평가에 의한 방법은 주로 단기자본 이동성의 측정에, 저축과 투자의 관계는 장기자본의 이동성에 초점을 둔다. 자본이동성의 정도에 따라 경제모형의 설정이나 경제정책의 유효성이 크게 영향을 받기 때문에 자본유동성은 정확히 측정해야 한다.

자본통제가 완화되거나 자본자유화가 가속화되고 국가 간 거래비용이 낮을수록 자본의 국제적 이동성은 완전해진다. 국제 자본이동성이 완전하다면 소득변동에 따른 소비변동의 위험을 분산할 수 있기 때문에 각국의 소비 간에는 완전한 상관관계를 보인다. 하지만 현실에선 국제분산투자가 완전히 자유롭게 이루어지지 못하고 있다. 이와 같은 사실은 주식투자의 자국편중현상으로 설명할 수 있다. 최근에는 국제적 자본이동성이 증가되면서 국제금융시장에 불안정성이 가중되고 이에 따른 외환·금융위기가 연이어 발생했고 경제성장에도 위협이 되기도 한다.

그런데 1980년대 후반부터 신흥경제들은 공통적으로 자본유입 현상을 경험하였다. 하지만 자본유입(Capital Inflow)은 몇 가지 장단점을 지닌다. 자본유입은 국내 경제성장을 촉진시키는데 필요한 하부구조 자금을 지원해준다. 하지만 단기간 동안 상당한 자본유입이 생기면 국내통화의 가치가 상승하여 수출경쟁력을 떨어뜨린다. 또한, 자본유입은 국내통화량을 증가시킴으로서 인플레이션(압력)이 발생된다. 그래서 자본유입이 국내 긴축재정정책을 야기할 수 있으며 자본(유입)통제나 외환거래규제의 원인이 될 수 있다. 이에 비해 대규모의 자본유출(Capital Flight)은 개도국에서 종종 중요한 문제로 등장하고 있다. 개도국에서 투자위험이 높아지면 기대수익이 낮아지고 그 결과 자본유출(Capital Outflow)이 일어난다. 1977년에서 1987년 동안 아르헨티나에서 발생된 대량 자본유출이 대표적이다. 당시에 총 460억 달러의 부채 중에서 200억 달러가 빠져나갔다. 대규모 자본유출을 발생시키는 원인으로 정치적 불안정, 금융위기나 경제불안정, 과도한 자본통제, 조세증가, 자국통화 가치하락 등을 들 수 있다.

국제금융시장통합

국제금융(International Finance)은 국가 간의 자금유통을 말한다. 국제무역, 해외투자, 자금대차거래 등에 수반되는 외환이나 금융자산의 이동이 국제적으로 행해지는 현상이다. 따라서 국제금융시장(International Finance Market)은 국제금융이 지속적으로 이루어지는 장소나 거래메커니즘이 된다. 국제금융시장은 금융 중심지나 그 지역의 금융거래소를 지칭하기도 하고 국제자금의 수요와 공급을 연결시켜주는 작용원리·구조를 총칭한다.

국제금융시장은 각국의 금융시장, 역외시장, 그리고 외환시장을 포괄하고 있는데, 이들 간의 거래는 SWIFT(Society for Worldwide Interbank Financial Telecommunications) 같은 국제금융결제기구가 실제로 연결시켜준다. 전통적으로 국제금융시장은 기업의 생산활동, 실물교역 및 경제성장을 활성화시키도록 국가 간 자금거래를 원활하게 해주는 역할을 수행해왔다. 하지만 오늘날 세계화시대에서는 실물거래와 상관없이 국제금융자산을 운용하여 이익을 창출하고 금융자산을 발행하여 국제자본을 형성하고 배분하는 등의 기능이 중시되고 있다.

1980년대 이후 국제금융시장에서 자본이동이 대규모로 이루어지고 있다. 금융시장의 개방과 자본거래의 자유화로 국제자본 이동성의 확대, 은행을 통한 예금·대출 같은 간접금융보다 주식이나 채권의 발행으로 자본을 직접 형성하는 직접금융적 증권화, 파생금융상품의 개발확대 같은 금융기법의 발달 등으로 인해 국제금융시장은 급속히 성장하여 왔다. 국제자본이동이 활발해짐에 따라 각국의 금융시장도 통합되어 가고 있다.

국제금융시장의 통합정도가 진전됨에 따라 각국 금융시장의 움직임이 동조화되는 경향을 크게 보이고 있다. 단기간 내에 자본의 대규모 이동이 늘어나면서 국제자본의 급작스런 유입과 유출 과정에서 외환위기가 발생할 가능성도 높아졌다. 외환위기는 과거부터 발생했었는데 1990년대에 들어 유럽, 멕시코 그리고 아시아에서 잇따라 발생하였다. 이는 각국의 금융·자본 자유화와 국제금융·자본시장의 통합화가 빠르게 진전된 결과로 볼 수 있다. 자세한 사항은 8장에서 다루기로 하자.

무엇보다, 외환시장과 단기국제금융시장은 하나의 실체처럼 긴밀하게 연계되어 있다. 예컨대 원화를 매도하고 미국 달러화를 매입하는 외환거래는 원화표시 예금이나 단기자산이 줄고 달러화표시 단기자산이 늘어나는 국제금융거래를 수반한다. 따라서 외환시장의 참여결정은 환율뿐만 아니라 두 통화의 금리를 고려하여 이루어진다. 특히 외환시장과 단기금융시장의 상호연계성은 정부규제가 적고, 시장규모가 크고, 그리고 가격정보가 명확·신속하게 전달될수록 더욱 강해진다. 그래서 자국 통화권의 통치영역을 벗어나 금융거래가 이루어지는 유로통화시장(Eurocurrency Market)이 국내시장보다 외환시장과 더욱 밀접하게 연결되어 있고 이자율 평가관계가 더욱 높게 이루어진다. 이와 같이, 각국의 국내 단기금융시장이 외환시장 및 유로시장을 통해 상호 연결됨으로서 금융의 세계화를 이루고 있다.

● 국제금융시장

▶ 거래: 투자가 ⇔외환시장 ⇔ 예금·대출시장/장·단기자본시장 ⇔ 외환시장 ⇔ 차입자
▶ 참가자: 차입자, 투자자, 금융중개인, 국제딜러(은행)
▶ 구조: • 외환시장(현물환, 선물환)
• 신용(금융)시장 = 국내시장(단·장기금융시장, 주식시장) + 역외시장(유로본드, 유로커런시)
• 지역별: 미주시장 + 유럽시장 + 아시아시장, 유로시장

NOTE

■ 금융시장: 화폐시장과 자본시장

금융시장은 단기금융시장인 화폐시장(Money Market)과 장기금융시장인 자본시장(Capital Market)으로 구분함. 화폐시장은 만기 1년 이하 또는 만기와 무관하게 유동성이 높고 위험(신용, 가격변동 등의 위험)이 적은 화폐성 자산(콜자금, CD, CP, RP, 유로달러예금 등)을 취급함. 반면 자본시장은 만기 1년 이상 또는 장기 여유자금이나 장기 투자자금을 주식, 국채, 회사채, 유로채 등의 거래를 통해 매개해줌.

■ 역외금융시장: 유로시장과 내외분리형 역외시장

역내금융시장(Onshore Financial Market)은 내국인과 외국인 또는 외국인 사이의 거래가 금융기관 소재국의 통화로 이루어지는 경우를 말함. 반면 역외금융시장(Offshore Financial Market)은 금융기관 소재국 이외의 통화로 거래가 이루어지는 경우로서, 유로시장(Euro Market)과 내외분리형 역외시장으로 구분 가능함. 유로시장은 직접금융인 유로증권시장(유로채, 유로예금, 유로대출 등)과 간접금융인 유로커런시시장(유로달러화 등)으로 대별하고, 내외분리형 역외시장은 유로시장의 일부로서 반드시 거래대상이 비거주자임. 역외금융시장으로 런던, 미국의 IBF(international banking facilities), 룩셈부르크, Isle of Man, Antilles제도, 바하마, 버뮤다, 케이만군도, 파나마, 바레인, 동경 JOM(Japan offshore market), 싱가포르, 홍콩 등이 있고 싱가포르는 아시아 달러시장의 중심지임.

정리

- 국제 간 자본이동은 투자목적에 따라 해외직접투자와 국제증권투자로 구분 가능함.
- 자본이동의 장점은 해외에서 필요한 자금을 조달하여 투자하며 국가간에 위험을 분산시킨다는 점을 들 수 있음. 반면 자본이동의 단점은 국제금융시장의 불안과 외화유동성 부족으로 외환위기에 처할 수 있는 것임.
- 국제금융시장이란 투자가나 차입자가 외국인이거나 금융기관이 외국에 소재하는 경우의 금융시장을 말함. 국제단기금융시장에는 유로커런시시장과 주요국의 국내단기금융시장이, 국제자본시장에는 국제채권시장과 국제주식시장이 포함됨.

• Further Study Tip : 오늘날 국제금융시장의 구조와 동향을 비롯하여 자금조달 및 운용을 파악해봄. 그리고 파생금융상품을 포함한 국제금융상품의 개요에 대해 살펴봄.

이자율평가

• Teaching Tip : 이자율평형가설의 2가지 전제조건 및 평형관계의 의미를 찾아봄.

자본시장이 통합되면 모든 자본시장에서 동일한 통화로 계산된 투자의 기대수익률이 균등해져야 하는데 이를 이자율 평가라고 부른다. 이자율 평가(Interest Rate Parity)란 완전한 자본이동 하에서 동등한 금융상품에 대해 동일한 화폐로 환산된 국내외 투자수익률이 같아진다는 것을 말한다. 이자율 평가설은 완전한 국제자본이동에 따른 금융거래의 균형관계를 나타내어 국내외 금리차이와 환율 사이의 단기적 관계가 설명되어지는 이론이다.

이자율 평가설의 기본적 전제조건은 완전한 자본이동 및 동일한 금융상품의 가격(기대수익)이 동등함을 가정한다. 균등한 금융상품이란 위험

크기, 만기, 유동성 등이 무차별함을 말한다. 만일 동일한 금융상품 간에 가격이 다르면 차익거래가 발생하여 그 결과 금융상품의 가격인 금리를 비롯해 환율이 변화되면서 균형을 다시 이룬다. 이 가정은 일종의 금융시장에서 일물일가의 법칙이며 국내외 동일한 금융자산의 완전한 대체를 뜻한다.

이자율 평가는 투자의 기대수익률이 환율변동위험을 수반하는지 여부에 따라 유위험 이자율 평가와 무위험 이자율 평가로 구분한다. 그밖에 실질 이자율 평가도 있다. 유위험 이자율 평가설(Uncovered Interest Rate Parity)은 이자율 및 기대환율변화를 통해 단기자금시장과 외환시장 간의 균형을 불확정적인 관계로 나타난다. 이와 달리 무위험 이자율 평가설(Covered Interest Rate Parity)은 이자율 및 선물환계약을 이용한 환율변화를 통해 시장균형을 확정적인 관계로 설명한다. 이에 따라 국제 단기금융시장, 특히 유로시장과 외환시장이 하나의 통합된 시장을 이루고 있음을 유도할 수 있다.

유위험 이자율평가

유위험 이자율 평가는 자본이동에 대한 제약이 없을 때 국내외 투자에 대한 기대수익률이 같아짐을 나타낸다. 만약 국내채권과 외국채권만 존재한다면, 투자가들은 두 채권에 대한 투자의 기대수익을 비교하여 어느 채권을 구매할 것인가를 결정할 것이다. 국내채권은 1원을 1년 동안 투자할 경우 1년 후에 (1+i)원을 지급하지만 외국채권은 1달러를 투자하면 1년 후에 (1+i*)달러를 지급한다. 여기서 i와 i*는 각각 국내금리와 외국금리를 대표한다.

따라서 다른 모든 조건이 일정할 때 1,000원을 국내채권에 투자할 경우 1년 후의 기대수익은 (1+i)×1,000원이 된다. 반면에 현재 환율(S)이 1달러화=1,000원이라면 1,000원을 1달러화로 환전하여 외국채권에 투자할 경우 1년 후의 기대수익은 (1+i*)달러화가 된다. 두 채권에 대한 기대수익을 비교하기 위해서는, 첫째로 국내금리와 외국금리의 가격을 알아야 하며, 둘째로 달러화 가치를 국내통화 가치로 환산하기 위해 필요한 1년 후의 기대환율(S^e)을 예상해야만 한다. 극단적으로 1년 후의 기대환율이 1달러화=1,000원 수준에 변동 없이 그대로 머문다면 외국채권의 기대수익은 (1+i*)×1,000원이 된다. 나아가 두 채권에 표시된 이자율이 동일하다면 (1+i)×1,000원 = (1+i*)×1,000원이 성립되어 양국의 기대수익률은 같아진다.

일반적 형태로 다시 말하면, 국내채권에 1년 동안 투자할 경우 1년 후에 얻는 단위 기대수익은 (1+i)원이고, 1년 동안 외국채권에 환전하여 투자한 후에 국내통화로 다시 환산한 단위 기대수익은 $(1+i^*)\dfrac{S^e}{S}$원이 된다. 투자가는 두 채권의 기대수익을 비교하여 높은 투자대상을 선택하기 때문에 국내채권의 기대수익이 외국채권의 기대수익보다 높다면 외국채권을 판매하고 그 대신 국내채권을 구입하려고 하므로 그 결과 국내채권가격이 비싸지면서 국내금리는 하락하고 상대적으로 외국채권가격이 저렴해져서 외국금리는 상승한다. 역으로 국내 기대수익이 외국 기대수익보다 낮다면 국내채권을 팔고 외국채권을 사려고 하기 때문에 국내금리는 상승하고 외국금리는 하락한다. 결국 금리차익에 의한 자본이동은 두 투자기회로부터의 수익률이 일치할 때까지 계속될 것이고 그 결과 양국의 채권에서 얻을 수 있는 기대수익은 서로 같아진다.

$$(1+i_t) = (1+i_t{}^*)\frac{S^e_{t+1}}{S_t}$$

여기서 it는 현재 t시점에서 1년 동안의 국내금리(국내통화표시금리), i_{t^*}는 t시점에서 외국금리(외화표시금리), S_t는 t시점에서 환율, 그리고 S^e_{t+1}는 장래 1년 후 t+1시점의 환율에 대하여 t시점에서 예상된 미래환율을

NOTE

■ **합리적 기대가설**(Rational Expectation)

- 경제주체가 이용 가능한 모든 정보를 최적으로 이용하여 형성한 기대를 말함. 1970년대 루카스 등이 케인즈의 유효수요이론에 반기를 들면서 제창함. 사람들은 최대한 합리적으로 미래 경제현상을 판단할 수 있기 때문에 어떤 경제정책을 펴더라도 미리 합리적으로 예상하여 행동하므로 정책효과가 떨어짐. 예를 들어, 물가에 대한 합리적 기대는 물가에 대한 결정요인, 관련 경제정책, 영향요소변화 등을 모두 감안하여 형성됨. 그래서 미래물가에 대한 합리적 기댓값은 현재 이용할 수 있는 모든 정보를 활용해서 형성된 조건부 기댓값임. 이러한 기대에는 체계적 오차는 발생되지 않고 단지 예측오차만 발생 가능함.
- 요즈음은 합리적인 인간이 합리적으로 판단하지 않을 때가 많다는 주장이 설득력을 얻기도 함.

나타낸다. 상기의 균형관계식은 일정기간 동안 투자한 채권이나 예금에 대한 국내외 기대수익이 균등해지는 관계를 보여준다. A_t가 t시점의 투자원금을 나타낸다면, 국내투자 기대수익, $A_t(1+i_t)$이 국내통화로 환산된 외국투자 기대수익, $A_t(1+i^*)\frac{S^e_{t+1}}{S_t}$과 일치하고 있다.

또한 상기의 평가식은 $\frac{(1+i_t)}{(1+i_t^*)}=\frac{S^e_{t+1}}{S_t}$ 이나 $\frac{(1+i_t)}{(1+i_t^*)}-1 = \frac{S^e_{t+1}}{S_t}-1$의 형태로 변형한 후에 정리하면, $\frac{(i_t-i^*)}{(1+i_t^*)}=\frac{S^e_{t+1}-S_t}{S_t}$가 되는데, 계산의 편의상 좌변 분모의 값을 1에 근접하는 것으로 간주하면, 즉 $(1+i^*)\fallingdotseq 1$, 그 결과 단순한 형태의 평형관계를 구할 수 있다.

$$\frac{S^e_{t+1}-S_t}{S_t}=i_t-i_t^* \quad \text{또는} \quad \frac{S^e_{t+1}-S_t}{S_t}+i_t^*=i_t$$

위와 같은 관계는 유위험 이자율평가를 근사식으로 표현한 것이다. 위의 식은 국내금리가 외국금리와 기대환율절하율의 합과 같아짐을 의미한다. 그리고 기대환율변동율 또는 기대환율절하율이 양국 간 금리차이로 설명됨을 의미한다. 따라서 양국의 금리차이가 일정하다면 기대환율변동분도 일정할 것이다. 역으로 금리차이가 일정하지 않다면 기대환율변동분도 불안정해진다.

예를 들어, 국내 예금금리가 연10%, 미국 예금금리가 연5%, 원달러화 환율이 달러당 1,000원이라고 하자. 국내 투자가가 1백만 원을 국내예금에 1년간 투자한다면 기대수익은 1백만 원×(1 + 0.1) = 110만 원이다. 반면 투자가가 미국예금에 1백만 원을 현행 환율로 환전하여 투자하면 달러화 표시 기대수익은 1,000달러×(1 + 0.05) = 1,050달러가 된다. 그러면 국내화폐로 환산해서 이자율평형조건을 충족시켜주는 1년 후 기대환율은 달러당 1047.62원 정도로 상승될 것이다. 투자기간 1년간 기대환율변동율은 대략 $\frac{1047.62-1,000}{1,000}\times 100 = 4.76\%$가 된다.

실증분석한 경험적 결과들에 따르면 유위험 이자율 평가는 대체로 성립되지 않는다. 유위험 이자율 평가설에 따르면 이자율이 낮은 통화는 이자율이 높은 통화에 대해 상대적으로 가치가 하락해야 한다. 하지만 실제로는 이와 상반되는 결과를 볼 수 있는 경우가 대부분이다. 유위험 이자율 평가설이 성립되지 않는 원인에는 불완전한 국제자본이동성, 국제금융상품간 불완전한 대체, 환위험 프리미엄 등이 포함되지만, 이 가운데에서도 환위험 프리미엄(Exchange Risk Premium)이 대표적이다. 투자가의 입장에서 보면 외국투자 기대수익에는 환율변동으로부터의 위험이 내포되어 있기 때문에 실제 투자수익은 달라질 수 있다. 이에 따라 투자가는 외국투자시 환위험을 보상받을 만큼의 대가인 환위험 프리미엄을 요구하게 된다.

NOTE

■환율결정에 기대이론
특정통화의 약세나 강세에 대한 예상에 의해 수요와 공급에 영향을 미쳐 환율결정에 영향을 줌. 현재의 선물환율은 장래 계약만료 시점의 현물환율 예측값과 동일해진다는 설임.

무위험 이자율평가

일반적으로 환율변동 위험은 선물환계약을 통해 축소나 제거될 수 있다. 투자기간이 지나 만기에 발생되는 외화표시 투자수익을 미리 정해진 환율에 국내통화와 매매하는 계약을 체결해두면 국내통화로 환산한 외국투자수익의 가치를 환율변동과 상관없이 미리 확정시킬 수 있다. 이러한 행위를 선물환계약을 이용한 헤징이라 부른다.

외환시장에 가서 은행과 선물환계약을 맺고 거래하는 선물환에 적용되는 환율을 선물환율(Forward Exchange Rate)이라고 부른다. 그런데 앞에서 언급된 외국투자의 기대수익을 국내통화로 환산하려면 투자기간 이후 장래 만기의 현물환율을 미리 알 수 없으므로 선물환계약을 이용하여 선물환율로 만기 현물환율을 미리 정해놓으면 외국 기대수익에 환변동위험이 수반되지 않을 것이다.

NOTE

■환위험 헤지(Hedge)
환율변동위험을 감소나 제거시키는 것을 헤지라고 함. 헤지방법은 크게 기업의 내부적 방법과 외부적 방법으로 구분 가능함. 주요 외부적 헤지수단으로서 선물환, 통화선물, 통화옵션, 통화스왑, 환변동보험 등을 이용하면 환위험을 헤지할 수 있음.

만약 국내채권에 1년 동안 투자할 경우 1년 후에 얻는 단위 기대수익은 $(1+i_t)$원이고, 1년 동안 외국채권에 투자한 후에 원화로 환산한 단위 기대수익은 $(1+i_t*)\frac{S^e_{t+1}}{S_t}$원이 된다. 하지만 현재 t시점에서 1년 후 기대환율, S^e_{t+1} 및 1년 후의 현물환율, S_{t+1}이 얼마가 될지는 정확히 알 수가 없다. 따라서 원화로 표시된 외국채권 기대수익은 불확실해진다. 하지만 이러한 환변동 위험은 외국채권을 구매할 때 선물환계약을 체결함으로써 제거될 수 있다. 투자 초기에 1년 후 환수할 외화표시 해외투자액을 매도하기로 선물환계약을 체결해놓으면 계약만기 시점의 미래(현물)환율이 선물환율, F_t로 바뀌어서 확정되므로 기대수익은 $(1+i_t*)\frac{F_t}{S_t}$원으로 고정된다. 만기에 수령할 외화표시 투자액은 환율수준과 무관하게 앞서 정해진 계약된 선물환율, F_t를 적용해서 국내통화로 환전하기 때문이다. 이 경우 투자수익률에 아무런 위험이 수반되지 않기 때문에 국내외 투자에 대한 기대수익을 더욱 정확하게 비교할 수 있다.

만일 두 투자기회가 서로 다른 수익률을 가진다면 수익이 낮은 곳에서 높은 곳으로 자본이 이동될 것이다. 만일 국내채권 기대수익이 외국채권보다 더 높다면, 해외로부터 국내로 투자자금이 유입될 것이며, 이는 국내금리를 하락시키고 외국금리는 상승시킨다. 결국 양국 간 수익률이 동일해질 때까지 이자율 차익거래가 발생되면서 아래와 같은 균형관계가 형성된다.

$$(1+i_t)=(1+i_t*)\frac{F_t}{S_t} \quad \text{혹은} \quad \frac{F_t-S_t}{S_t}=i_t-i_t*$$

위 식에서 $\frac{F_t-S_t}{S_t}$는 선물환율이 현물환율로부터 이탈되는 정도를 보여주는 선물환할증(Forward Premium)이며, 한편 이 값이 음수이면 선물환할인(Forward Discount)이라고 부른다. 엄밀하게 선물환할증은 $(\frac{F_t - S_t}{S_t})(\frac{360}{n}) \times 100$을 이용하여 측정된다. n은 계약 만기일까지의 날짜를 나타내는데, 1개월이 남았으면 30일, 2개월은 60일, 12개월은 360일 등으로 기재된다. 따라서, 선물환할증은 그 측정된 값이 양수이면 기준통화나 외국통화의 절상기대를, 음수라면 상대통화나 국내통화의 절상기대를 암시해준다.

앞에서 사용된 예제를 다시 이용해보자. 국내 예금금리가 연10%, 미국 예금금리가 연5%, 원달러화 환율이 달러당 1,000원인 경우, 1백만 원을 국내예금에 1년간 투자한다면 기대수익은 110만 원이고 미국예금에 1백만 원을 환전하여 투자하면 달러화표시 기대수익은 1,050달러이다. 만일 선물환율이 달러당 1,047.62원이라면 대략 무위험 이자율 평형조건이 충족될 것이다. 이때 선물환할증은 $\frac{1047.62 - 1,000}{1,000} \times 100 = 4.76\%$ 정도가 된다.

다른 예제로서 유로시장에서 엔화표시 1년 만기 유로채의 수익률이 연2%, 달러화표시 1년 만기 유로채는 5%, 달러화당 엔화의 환율을 이용한 선물환할인이 2%이라고 하자. 엔화를 보유한 투자가의 경우 엔화채 수익률은 2%이지만 달러채 수익률은 5%-2%=3%로서 달러채를 선호하게 된다. 반면 달러화 보유자는 엔화채 수익률이 2%+2%=4%이고 달러채 수익률은 5%이므로 달러채를 역시 선호한다. 이러한 두 투자기회에서의 수익률 차이는 달러채를 선호하는 차익거래를 발생시켜 달러화표시 채권가격이 상승하고 달러화 금리가 하락되면서 곧 균형관계를 회복할 것이다.

무위험 이자율 평가는 유위험 이자율 평가의 경우처럼 정부규제와 자본이동의 불완전성, 상이한 조세율, 정치적 위험, 거래비용 등이 존재하는 경우 성립되지 않는다. 하지만 실증분석의 결과들은 완전경쟁에 가까

NOTE

■ **금리와 환율**

보통 고금리통화가 저금리통화에 비해 평가절상되는 경향을 보임. 하지만 이자율평형가설이 성립되면 저금리 통화가 평가절상되어 감. 그리고 이자율평형가설의 현실적 이탈은 국제자본의 캐리트레이드 관점에서도 설명 가능함.

■ **캐리트레이드**

캐리트레이드(Carry Trade)란 저금리 통화를 차입하여 고금리 통화에 투자해 금리차익을 얻으려는 행위를 말함. 일본 엔화처럼 금리가 낮고 환율변동성이 낮은 국제통화가 캐리트레이드용 조달통화가 됨. 요즈음 달러화가 전통적 조달통화인 엔화를 상당부분 대체하고 있음. 달러화 캐리트레이드가 미국의 초저금리 정책으로 달러화가 과잉 유동성을 띄자 신흥시장으로 이동하면서 나타남.

운 유로커런시시장에서는 무위험 이자율 평가가 대체로 성립됨을 보여주고 있다.

끝으로 환위험 프리미엄에 대해 구체적으로 알아보자. 외국투자와 관련된 환위험 프리미엄은 미래 환율의 불확실성과 환위험에 대한 시장 참가자의 태도에 달려 있다. 선물환계약의 경우 환위험 프리미엄은 일종의 보험 프리미엄처럼 선물환율에 내재되어 있다. 선물환율이 미래 예상현물환율과 차이가 나는 만큼이 환위험 프리미엄이다. 환위험 프리미엄(RF)은 보통 선물환율(F)과 미래 기대현물환율(S^e)의 백분율 차이로 측정된다. 즉, RF = (F - S^e). 만일 위험회피적 투자가가 직면하는 미래환율에 불확실성(위험)이 존재한다면 (F - S^e) ≠ 0. 이는 환위험헤징의 필요성을 암시해준다. 실제로 대개 RF > 0가 성립된다. 반면 미래환율에 불확실성이 전혀 없다면 (F - S^e) = 0. 그리고 투자가가 위험중립적이라면 (F - S^e) = 0.

• Further Study Tip : 기타 국제평가관계(실질이자율평가, 피셔효과, 선물환평가, 선물환PPP 등)를 종합해서 정리해 봄.

정리

- 이자율평가 = 환율과 금리 간의 강한 단기 상관관계를 암시함.
- 이자율평가설 = 유위험 이자율평가설 + 무위험 이자율평가설.
- 유위험 이자율평가와 투자가 기대 때문에 환율은 단기 오버슈팅 현상(환율 변동성)을 보임.

An Inside Look

'확률분포와 기대수익/위험의 측정'

확률분포

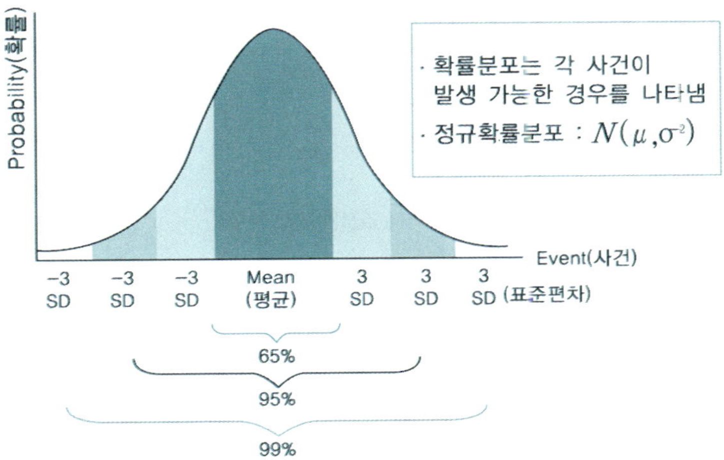

확률분포특성 · 곱셈

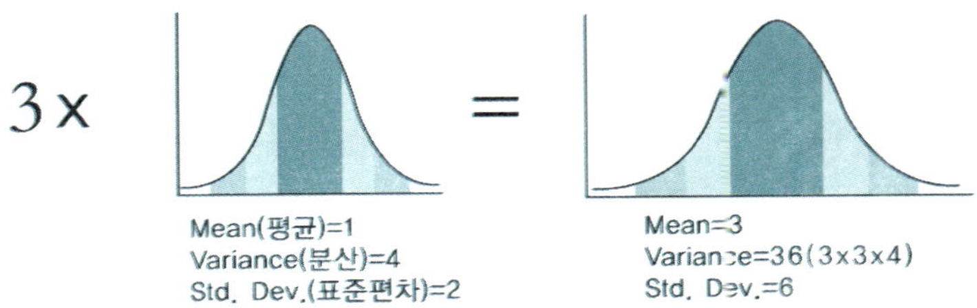

확률분포특성 · 덧셈

$$\begin{cases} x \propto N(\mu_x, \sigma_x^2) \\ y \propto N(\mu_y, \sigma_y^2) \\ x+y = N(\mu_x+\mu_y, \sigma_x^2+\sigma_y^2+2cov_{xy}) \end{cases}$$

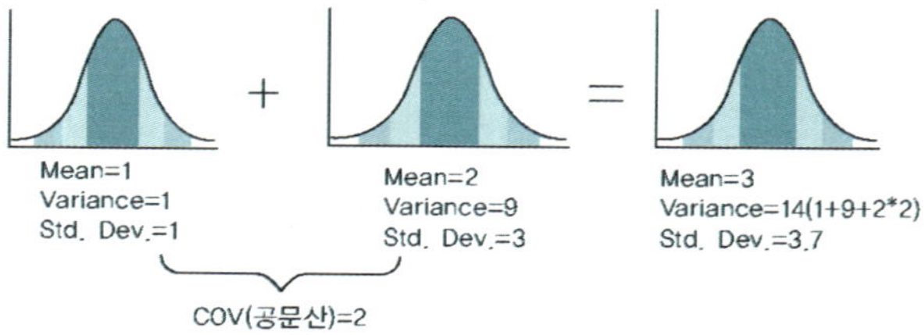

월급이 초과근무 일당에 따라 결정된다고 가정함

월급= $20,000 + $2,000 (초과근무일당)

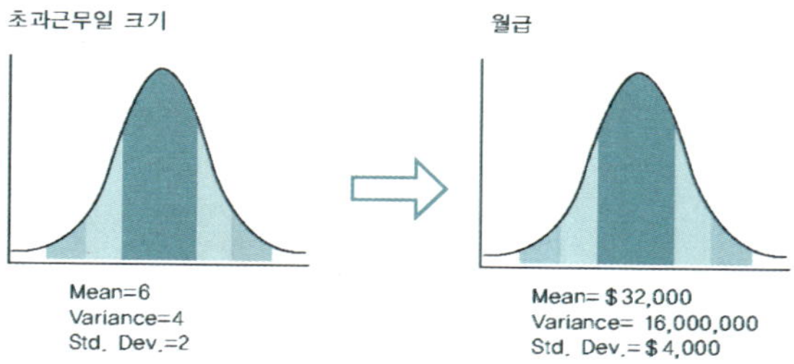

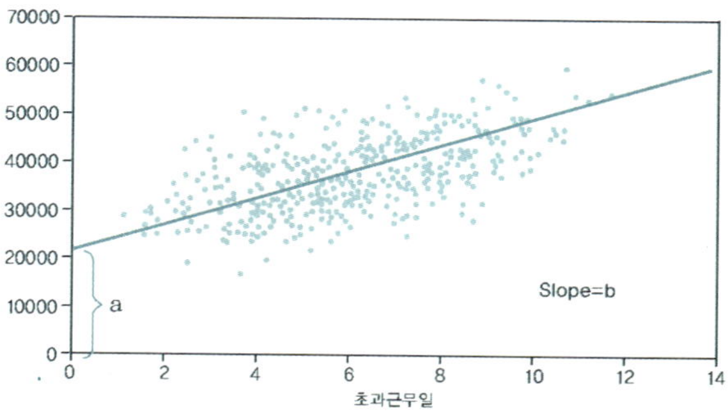

월급=a+b*(초과근무일)+오차항 $error \propto N(0, \sigma^2)$

오차항(error)을 최소화하는 계수 'a'and'b'를 측정함?

회귀분석 결과			
변수	계수	표준편차	t값
상수항	45415.65	1650.76	27.51
초과근무일	1014.75	257.21	3.94

보통 t값이 2~3보다 커야만 추정계수가 유의적임

실증분석 결과, 아래의 추정값을 얻을 수 있음

Mean= $ 45,415 + $ 1,014*(초과근무일) + 오차항

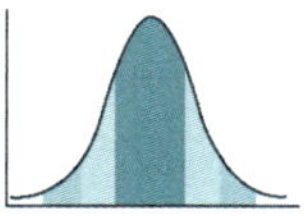

Intercept (a)
Mean= $ 45,415
Std. Dev. = $ 1,650

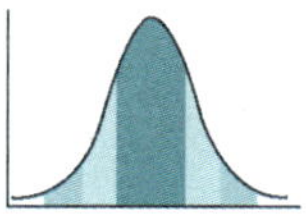

Shoe (b)
Mean= $ 1,014
Std. Dev. = $ 357

회귀분석통계관	
R^2	1,17
Standard Error	111673,01

초과근무일로 설명된 월급분산값(%)

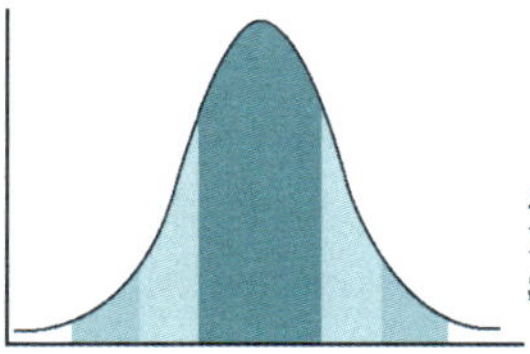

오차항
Mean=0
Std. Dev. = $ 11,673

회귀분석을 이용하여 월급을 예측해봄

(초과근무일: 50 가정)

월급 = $ 45,415 + $ 1,014*(초과근무일) + 오차

$ 45,415	$ 1,014*(초과근무일)	오차
Mean= $ 45,415 Std. Dev.= $ 1,650	Mean= $ 1,014 Std. Dev.= $ 357	Mean= $ [illegible] Std Dev= $ 11,673

$$Std\ Dev = \sqrt{(1,650)^2 + (50)^2(257)^2 + (11,673)^2} = \$\,17,438$$

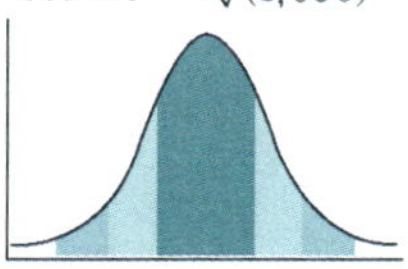

항후 예상 월급
Mean= $ 96,115
Std. Dev. = $ 17,438

5-3 연습문제와 요약

실질환율의 움직임

01 넓은 의미에서 실질환율은 일국이 생산한 재화와 서비스의 가격을 타국의 생산물 관점에서 요약하여 측정해주는 것이다. P는 국내물가 수준, P*는 외국물가 수준, S는 명목환율, 그리고 R이 실질환율을 나타낸다면, R = $\frac{SP^*}{P}$.

a. 실질환율이 인상된다면 대외적 구매력과 교역에 어떤 영향을 주겠는가?
b. 대외 구매력과 교역에 실질환율의 인하가 미치는 효과는 무엇인가?
c. 다른 조건이 일정할 때, R=1이라면 동일한 화폐로 측정한 양국 간 구매력은 동등하겠는가?
d. 현실경제에선 실질환율이 R=1을 벗어나는데 그 의미는 무엇인가?
e. 실질환율은 화폐나 실물의 충격에 영향을 받는다. 이러한 경제적 충격에 해당되는 것은?
f. 화폐충격과 실물충격이 일시적이거나 영구적인 경우 실질환율에 어떤 변화를 가져다 주는가? 단기와 (중)장기 및 정의 충격과 부의 충격을 구분해서 설명하시오.

Answer
a. 해외물건에 대한 국내물건의 구매력이 하락됨(해외물건 구매값이 국내물건에 비해 더 비싸짐). 이에 따라 상대적으로 더 저렴한 국내상품의 대외 가격경쟁력이 향상됨. 따라서 수입이 줄고 수출이 증가될 수 있음.
b. 국내상품의 대외 구매력이 상승하고 국내상품의 대외 가격경쟁력이 하락됨.
c. 양국 간에 구매력 평가가 성립됨.
d. 실질환율이 일정하지 않게 변동됨을 말하므로 양국 간 구매력 평가에 편차가 발생됨.

e. 화폐충격은 통화공급량의 변화가, 실물충격은 상대가격이나 교역조건의 변동이 대표적임.
f. 다른 조건이 일정할 때 자국에서 정의 충격을 중심으로 살펴보면,
- 일시적·영구적 화폐공급 증가
  (단기) ⇒ 금리 인하 ⇒ 명목환율 인상(오버슈팅) ⇒ 실질환율 인상
  (장기) ⇒ 국내물가 인상 ⇒ 실질환율 인하
  * 최종 장기균형에서 명목환율 인상분과 국내물가 인상분이 같다면 실질환율은 변화가 없음.
- 상대가격(P*/P)인상 (장기) ⇒ 실질환율 인상

해외투자

01 국제 자본이동성이 크게 높아진 1990년대의 자본이동에선 다국적기업에 의한 FDI보다는 개인이나 기관에 의해 이루어진 국제증권투자가 대표적이다. 투자가는 증권투자를 국내에서나 국제적으로 분산시키면서 위험을 줄여 이익을 얻을 수 있다.

a. 그렇다면 증권투자를 국제적으로 분산시키는 이유는 무엇이라고 생각하는가?
b. 증권투자에 대한 국제 간 상관관계가 국내보다 낮은 원인은 무엇 때문인가?
c. 우리나라와 외국 사이의 주식에 대한 상관관계가 미국(40%), 일본(35%), 중국(38%), 유럽(25%) 등으로 나타났다면 두 나라 간 분산투자가 가장 효과적인 방안은 무엇인가?
d. 샤프지수(Sharpe Index)는 주식(시장)의 성과를 측정하는 지표이다. 단, 샤프지수 = (투자수익률-무위험수익률)/ 표준편차. 이는 단위 위험당 초과수익률을 측정해준다. 만일, 미국에서 주식시장의 투자수익률이 1.26%, T-bills의 무위험수익률이 0.55%, 주식시장의 표준편차가 4.43이라면 샤프지수로 측정한 위험대비 수익률은 얼마인가?

Problem-Solving Tip : 샤프지수는 트레이너지수(Treynor ratio), 젠센지수(Jensen's ratio)와 함께 위험을 감안하여 투자성과를 측정하는 방법임.

e. d번과 비교하여, 우리나라 주식시장의 투자수익률이 1.71%이고 주식시장의 표준 편차가 7.28이라면 미국과 우리나라 중에서 어느 쪽이 더 선호되겠는가?

Answer 1.a. 증권 투자기회에 대한 상관관계가 낮을수록 분산투자로 위험을 줄이면서 이익을 더 얻을 수 있음. 투자수익에 대해 국제적 분산이 국내보다 상관관계가 낮음. 예를 들어, 미국내에서만 주식을 분산시키는 것에 비해 국제적으로 분산투자하는 것이 2배정도 위험이 감소된다고 함.

b. 국가 간에는 정치, 제도, 생산요소 등이 달라서 외환시장과 단기금융시장, (탈)규제, 경제상태, 경기순환주기, 정치적 이슈, 중앙은행 이슈, 재정·금융정책, 산업구조 등이 상이하다. 이러한 원인 때문에 증권수익에 관한 국가 간 상관관계가 국내보다 낮은 편임.

c. (우리나라 + 유럽)에 분산투자하는 것이 상관관계가 가장 낮으므로 위험이 가장 적음.

d. (1.26−0.55)/ 4.43 = 0.160

e. 미국과 한국 가운데, 투자수익률은 한국이 더 높고 표준편차로 측정한 위험도 한국이 더 큼. 나아가 샤프지수로 측정한 수익률은 한국이 (1.71−0.55)/ 7.28 =0.159로서 미국과 거의 동등함.

02 국제증권투자와 해외직접투자의 차이점은 무엇인가? 어떤 측면에서 해외직접투자가 국제증권투자와 비슷한가? 그리고 어떤 측면에서 해외직접투자가 국제증권투자와 다른지 설명하시오.

Answer 2. 교재내용을 정리함.

평가이론

01 금융시장에서 대체로 이루어지는 재정거래(Arbitrage)의 개념을 정의하시오.

Answer 1. 재정거래란 일시적인 가격차이를 이용하여 위험없이 이익을 획득하는 차익거래임. 증권이나 외환의 가격차이를 노려서 투자는 하지 않고 저가 구매와 고가 판매를 동시에 체결하면서 무위험 이익을 추구함.

02 국제평가조건(International Parity Condition)의 성립요건을 효율적 시장가설(Efficient Market Hypothesis)과 연관 지어서 설명하시오.

Answer

2. 국제평가는 효율적 시장가설에 토대를 두고 이루어짐. 외환시장이나 증권시장에서 외환이나 증권의 가격이 모든 가능한 현재의 정보를 반영할 만큼 효율적이고 그리고 재정거래의 기회가 존재하지 않는 경우에 이 시장을 효율적이라고 함. 따라서 재정거래기회가 없고 시장이 균형일 때 국제평가조건이 성립됨.

03 실물시장에서 일물일가의 법칙 또는 가격 균등화가 성립되지 않는다면 재정거래가 발생되어 평가조건을 회복할 것이다. 관련된 구매력 평가설을 설명하시오.

a. 1온스의 금이 미국에서는 578.5달러이고 영국에서는 304파운드에 거래된다. 금의 구매력 평가로 측정한 파운드-달러화의 환율은?
b. 영국의 이코노미스트지는 1986년 이래 각국의 맥도널드 빅맥 햄버거가격을 조사하여 구매력평가설에 입각한 균형환율을 산출하여 발표한다. 만일 빅맥가격이 미국에서 개당 5달러이고 우리나라에서는 5,000원이라면 빅맥지수로 살펴본 균형환율은 어느 정도인가?
c. a의 경제상태에서 금이 1온스당 영국에서 300파운드로 하락되어 거래된다면 어떤 일이 생기겠는가?
d. PPP가 성립되지 않으면 실질환율은 변등된다. 상대적 PPP 기준으로 우리나라의 연기준 인플레이션율이 6%이고 미국의 인플레이션율이 4%라면 원화가치는 달러화에 비해 어떻게 변동되겠는가?

Critical Thinking : 1980년대 중반에 미국 달러화는 PPP로 설명하기 어려울 정도로 평가절상되었음. 미국의 인플레이션율이 다른 나라들에 비해 아주 낮지 않았기 때문임. 달러화의 강세를 어떻게 설명할 수 있겠는가?

Answer

3.a. 환율은 파운드당 1.903달러임.
b. 빅맥지수가 1,000으로 원달러화 환율은 달러당 1,000원.

NOTE

■ 국제피셔효과(유위험이자율 평가)

환율의 기대변동율이 양국 간 명목금리 차이와 동일한 양만큼 변동되지만 서로 다른 방향으로 변함. 만일 일정시점에서 한국 금리가 미국 금리보다 5% 높아진다면 현재 환율이 1,200원일 때 향후 1,260원으로 원화가치가 5% 떨어지게 됨. 원화표시 증권에 투자한 투자가들은 만기시 원화표시 원리금을 달러화로 전환할 때 예상되는 원화가치 하락폭만큼 높은 금리로 상쇄하고자 하기 때문임.

c. 현행 환율을 이용하여 달러화로 계산할 때 1온스의 금이 미국에서는 578.5달러이고 영국에서는 570.9달러에 거래되고 있음. 따라서 다른 제약사항이 없다면, 영국에서 동질의 금을 구입하여 미국에 되파는 무위험 차익거래가 평형을 이룰 때까지 지속됨.

d. 원화는 일년 동안 2% 절하되고 달러화는 2% 절상될 것임.

04 단기금융시장에서 주로 성립되는 이자율 평가설에 대한 아래의 질문에 답하시오.

Problem-Solving Tip : 미국을 자국으로 생각하면 편리하게 계산할 수 있음.

a. 미국에서 재무성채권(T-bills)의 금리가 연 8%, 독일에서는 채권금리가 6%, 그리고 캐나다에서 채권금리는 10%라고 하자. 이자율 평가를 기준으로 수익률을 비교하시오.

b. T-bills 금리가 미국에서는 연 6%, 영국에서는 9%, 그리고 환율이 파운드당 1.5달러라고 하자. 이자율 평가설에 의하면 파운드의 가치에 변동이 생기겠는가? 이 경우 환위험을 제거시켜 주는 선물환율의 적정수준은?

c. 만일 b에서 이자율 평가가 성립되지 않아서 투자 당시 선물환율이 1.47이라면 투자가는 기대한 투자 기회에 어떻게 행동하겠는가?

d. 달러-유로화의 현물환율이 달러당 1.2762유로인 경우에 1개월물 선물환율이 1.2786, 3개월물 선물환율이 1.2836, 6개월물 선물환율이 1.2905라면 각각의 선물환할증을 계산해보고 달러화 기준 유로화 선물환계약이 어떻게 판매되는지 비교하시오.

e. 외환시장과 단기금융시장에서 거래되는 상품과 가격(환율이나 수익률)이 다음과 같을 때, 3개월물을 기준으로 무위험 투자수익률을 계산하고 투자이익을 얻는 방법에 대해 생각해보세요.

Problem-Solving Tip : 단기금융시장 가운데 유로(채권)시장의 입장에서 두 투자기회를 살펴봄.

Currency Markets (환율)

Money Markets (년 이자율)

Euro/USD 1.2762		LIBOR(달러화표시)		EURO LIBOR(유로화표시)	
1개월 선물환	1.2786	1개월	5.08%	1개월	2.82%
3개월 선물환	1.2836	3개월	5.21%	3개월	3.00%
6개월 선물환	1.2905	6개월	5.31%	6개월	3.09%

NOTE

■ LIBOR(London Inter-bank Offered Rates)

런던 금융시장의 은행 가운데 신뢰도가 높은 은행들끼리 단기 자금거래를 할 때 적용하는 대표적인 금리임. 리보금리는 국제금융거래의 기준금리로 활용되고 있음.

Answer

4.a. 미국과 독일 채권에 대한 투자의 경우는 평형관계가 8%(미국금리) = 6%(독일금리) +2%(독일통화 가치상승기대)임. 이는 미국과 독일 간 명목이자율의 차이인 2%는 앞으로 1년 동안 독일통화의 기대가치상승을 반영함. 반면에 미국과 캐나다 투자의 경우는 평형관계가 8%(미국금리) = 10%(캐나다금리) − 2%(캐나다통화 가치하락기대)임.

b. 6%(달러금리) = 9%(파운드금리) − 3%(파운드 가치하탁기대)가 형성되므로, 이자율 평가를 충족시키는 선물환율은, F = 1.455 정도임.

c. 선물환할증(할인)은 (1.47−1.5)/ 1.5 = −0.02(2%)임. 이에 따라 영국의 기대수익은 (9%−2%)=7%가 되어 미국의 기대수익인 6%에 비해 %가 높다. 따라서 영국에 투자가 선호될 것임.

d. 1개월물 선물환율에 대한 선물환할증은 {(1.2786−1.2762)/ 1.2762}*12 =0.0226(2.26%)이므로 달러화 대비 1개월 유로 선물환은 2.26%의 할인상태(역으로 유로화 대비 1개월 달러화 선물환은 2.26%의 할증상태)에서 판매되고 있음. 반면 3개월물 선물환은 2.32%, 그리고 6개월물 유로 선물환은 2.22%의 할인상태에서 판매됨.

e. 선물환할증은 {(1.2836−1.2762)/ 1.2762}*4 = 0.0232(2.32%)이므로 런던금융시장에서 유로화 무위험 기대수익율은 3% − 2.32% = 0.68%, 한편 달러화 무위험 기대수익률은 5.21% +2.32% = 7.53%에 달함. 유로시장에서 달러화표시 채권이나 예금에 투자가 이익임.

에세이 문제

01 만약 한국은행이 조사한 연구에서 원화의 변동성이 우리나라 경제성장에 부정적 영향을 미친다는 사실을 발견했다고 하자. 하지만 정부는 환율안정에 대한 조치보다 통화공급량을 조절하는 인플레이션 타켓팅 정책을 지속적으로 사용하면서 6%대의 경제성장을 달성하는데 모든 관심을 부어넣고 있다. 장단기차원에서 상기의 두 정책이 산출물, 명목환율, 실질환율, 통화량, 물가 등에 어떤 영향을 줄 수 있는

지 정책적 제언을 하시오. 두 정책이 현재의 경제상태에서 성공 또는 실패한 정책이라면 그 이유는 무엇인가?

02 1번 문제의 연속으로서 정부가 시행하고 있는 현행 정책 가운데 환율안정을 위한 방안은 존재하는가? 급작스런 자본유출이나 외환위기에서 볼 수 있듯이, 환율안정이 경제에서 얼마나 중요한지 그 이유에 관하여 제언하시오.

03 변동환율제도에서 국제 간 자본이동성이 완전한 경우와 불완전한 경우의 통화·재정정책의 효과에 대해 환율변동과 함께 각각 논하시오. 그리고 고정환율제도에서 국제 간 자본이동성이 완전한 경우 통화정책이 효과가 없는 이유에 대해 소국과 대국 차원에서 논하시오.

국제금융이론

2 Unit

Chapter Overview

Focus & Teach

- **Before** 국제평가관계를 통해 금리, 물가, 환율 등의 평형관계를 살펴봄
- **Present** 국제통화제도가 변동환율제로 이행되면서 중요해진 환율 결정이론을 알아봄
- **After** 환율변동위험의 관리방식을 비롯하여 외환시장의 효율성 여부를 찾아봄

Lesson Plan

LESSONS AND OBJECTIVES	PROFESSIONAL DEVELOPMENT	PACE (60분)
1–1 국제수지 결정과 전통적 환율결정 (pp. 284–300) – 환율의 결정·변동과 기초경제여건 – 환율결정의 기본원리 – 평가절하와 국제수지 조정 – 국제수지 접근방식의 환율결정	– 변동환율제도 채택 이후 시대별로 외환의 수급에 영향을 미쳤던 요인이 무엇인지를 강조함 – 전통적 환율결정이론의 발전과정을 소개하면서 최적이론을 유추해 봄	1.5
1–2 현대적 환율결정이론과 새로운 접근방식 (pp. 302–323) – 환율의 결정·변동과 자산시장 접근방식 – 뉴스와 투기적 거품을 통한 예상의 역할 – 시장구조와 참가자의 행태	– 환율의 결정과 변동에 관한 다양한 이론을 시간대나 관점별로 살펴 봄 : 장기 vs. 중기 vs. 단기 접근 그리고 거시 vs. 미시 접근 – 현대적 환율결정이론을 소개하면서 최적이론을 찾아 봄	2.0
환율결정과정	– 환율결정과 관련한 메이저통화 및 시장조성자의 힘을 생각해보자	0.5
Resources	– Reuters, Wall Street Journal 등의 환율리포트를 살펴 봄	0.3
Review	– 정리 및 요약	0.4
Assessment	– 연습문제 풀이	0.3
Total		5.0

Chapter 6 환율결정이론

환율(명목환율)은 외국 돈과 비교한 우리 돈의 가치를 나타낸다. 제2차 세계대전 이후 세계금융질서를 유지해오던 브레튼우즈 체제가 1970년대 초반에 무너지고, 선진국을 중심으로 환율제도가 고정환율제에서 변동환율제로 이행되면서 환율결정에 대한 관심이 더욱 높아졌다. 하지만 환율의 결정과 변화는 우리의 생각보다 훨씬 복잡한 외환수급 과정을 거친다. 기본적으로 외환시장에서 외환가격인 환율은 외환에 대한 수요와 공급에 의해 결정된다. 그런데 외환의 수급은 국제수지나 국제자본이동, 통화량, 이자율, 물가상승률, 경제성장 같은 거시경제 기초변수, 외환시장의 구조나 시장참가자의 영향력 같은 미시적 요건, 정치·사회적 안정여부 등 여러 가지 복합적인 요인들에 의해 영향을 받는다.

현실적으로 우리가 종종 사용하는 환율은 달러화 같은 극제통화에 대한 자국통화의 교환비율, 또는 국제통화 간의 교환비율이다. 변동환율제에서 환율의 자율적 변동은 자연스러운 시장질서의 기능이지만 급작스런 변동은 경제의 여러 분야에 악영향을 미치게 된다. 경제에 충격이 적도록 환율을 가능한 한 안정되도록 하는 것이 바람직스럽다. 과거 프리드만은 환율의 불안정성을 경제구조가 불안정해지는 징후로 보았다. 변동환율제를 옹호한다는 것은 바로 환율에 의한 시장질서가 안정되어 경제질서의 올바른 작동에 기여하는 일이기 때문이다.

이 장에선 환율의 결정요인이나 원리에 대하여 시대상황별로 설득력을 갖도록 만들어진 수많은 이론을 심도 있게 설명하기르 한다. 새로운 노력으로서 뉴스와 투기적 거품을 포함하여 미시적 접근법드 제시하기로 한다.

Main Ideas Issues

Main Ideas/Issues

- 환율결정의 기본원리
  1. 외환의 수요·공급과 환율의 움직임
  2. 국제통화의 수요와 공급에 미치는 요인들
- 환율결정이론
  1. 국제수지 접근방식
  2. 자산시장 접근방식(통화론자모형, 오버슈팅모형, 포트폴리오모형 등)
  3. 뉴스와 투기적 거품을 통한 기대
  4. 외환시장의 구조와 참가자(은행 등)의 거래행태

Contents

▶Study Guide : 국제통화 중심의 외환시장에서 환율결정에 대한 전통적, 현대적, 그리고 최근의 접근방식을 비교·설명하면서 환율결정에서 가장 중요한 사항이 무엇인지를 찾아봄.

Preview

"외환시장질서"

● **Directions :** 변동환율제도에서 환율은 원칙적으로 외환의 수요와 공급에 의해 결정되고 변동된다. 외환의 수요와 공급에 영향을 주는 복합적인 요인들은 무엇인지를 생각해보자.

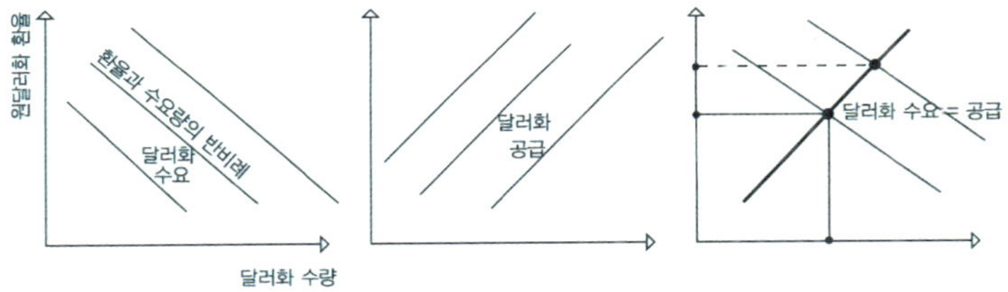

● **Directions :** 미국 달러화 같은 기축통화, 기타 메이저통화, 그리고 비메이저통화가 직면하는 외환시장의 질서는 서로 다를 수 있다. 국제통화의 변천과정을 통해 시장지배 질서를 추측해보자.

6-1 Section 국제수지결정과 환율결정

희소한 자원에 무한대 욕망을 충족시키려는 경제적 행동은 예산제약 경제주체의 가격변동에 대응한 재화의 대체를 암시해준다. 소비기호, 생산기술, 조세나 보조금 및 기타자원이 변동되면 재화의 상대적 수요와 공급이 변화되어 상대가격이 변동된다. 또, 국제 상대가격이 변동되면 국제무역 흐름이 바뀌어 무역수지가 변한다. 이와 같이, 환율변동은 국제 상대가격을 변동시켜 국제수지의 변화에 영향을 준다. 역으로, 일정기간 동안 일국의 국제수지 상태가 외환의 수요와 공급을 결정하여 환율을 결정해 준다. 즉, 국제수지표상 외환의 지급과 수취 항목에 따라 환율이 결정되고 변동된다.

본 절에서는 우선 환율결정의 원리를 비롯한 전통적 환율이론의 발전과정을 분류해본다. 먼저 평가절하와 국제수지의 관계를 살펴본 후에 기초 환율결정 접근방법 중 하나로서 환율결정에 대한 국제수지의 주요한 특징을 검토해본다.

Key Concept

Property	Words	Examples
환율결정에 거시적 접근	환율을 거시적인 현상으로 보고 환율의 결정과 변동을 경제기초변수(펀더멘털)로 설명함	중장기 환율결정
1. 국제수지 접근법	환율의 결정과정을 경상수지나 국제수지로 설명하려는 시도	케인즈이론
2. 자산시장 접근법	환율의 결정과정을 투자가의 금융자산으로 설명하려는 시도	통화론자이론

환율결정의 원리와 이론적 발전

• Teaching Tip : 환율결정의 기본원리와 이에 영향을 미치는 요인들을 강조함.

환율은 기본적으로 외환의 수요와 공급에 의해 결정되고 변동된다. 외환시장의 질서는 외환에 대한 수요와 공급의 힘과 외환의 가격이 경쟁상태 등과 결합되면서 형성되기 때문이다. 따라서 균형환율이 외환 수요와 공급이 일치될 때 결정되는 반면, 외환 수요가 공급보다 큰 초과수요 상태에선 환율인상(자국통화 가치절하), 공급이 수요보다 커서 초과공급이면 환율인하(자국통화 평가절상)가 유발된다.

그런데 외환의 수요와 공급은 국제수지, 통화량, 물가상승률, 이자율, 경제성장 등의 거시경제 기초변수를 비롯해, 뉴스나 투기적 거품, 시장구조나 참가자 행태 같은 미시적 요건 및 정치·사회적 안정여부 등 복합적인 요인에 의해 영향을 받는다. 이에 따라 환율결정에 대한 전반적 이론은 거시적 접근과 미시적 접근으로 크게 구분할 수 있다.

예를 들어, 외환의 수요와 공급에 영향을 주어 환율변동을 유발시키는 경제기초변수들은 다음과 같은 기능을 수행한다.

첫째, 국제수지 가운데 경상수지상 상품과 서비스의 수입은 외환수요를 증가시켜 환율상승을 야기하지만 수출은 외환공급을 증가시켜 환율하락을 가져다준다. 자본수지상 해외자산에 대한 국내구매는 외환수요를 가증시켜 환율을 상승시키지만 국내자산의 해외판매는 외환공급을 늘려서 환율하락을 이끈다.

둘째, 국내물가인상 또는 물가상승률(인플레이션)이 상승되면 자국통화 실제가치(구매력)가 하락하고 교역조건 변동을 통한 수출감소와 수입증가로 인해 외환수요가 증가되므로 환율이 오른다. 반대로 물가인하 또는 물가상승률이 하락하면 환율이 떨어진다.

셋째, 국내통화(공급)량의 증가 또는 통화량 증가율이 상승되면 물가가 오르면서 환율이 상승되지만 통화량 감소 또는 통화량 증가율이 하락

NOTE

■ 환율의 결정과 변동

환율은 기본적으로 외환에 대한 수요와 공급에 의해 결정됨. 외환의 수요와 공급이 일치할 때 균형환율이 결정됨. 외환의 수요와 공급이 변하면 환율이 변동됨. 즉 새로운 균형에서 균형환율이 결정됨.

■ 완전자유변동환율제도하 외환시장질서

자유변동환율제란 원칙적으로 외환의 가격인 환율과 외환에 대한 수요와 공급의 힘에 의해 외환시장의 질서가 형성되는 체제임. 아래 그림에서 보듯이 외환의 수요와 공급이 일치되는 시장균형에서 균형가격으로서 환율이 결정됨. 만약 외환수요 증가요인이 발생하면 초과외환수요로 수요곡선이 우측으로 이동하여 균형환율이 인상되고, 외환공급 증가요인이 발생하면 초과외환공급으로 공급곡선이 우측으로 이동하면서 환율이 인하됨.

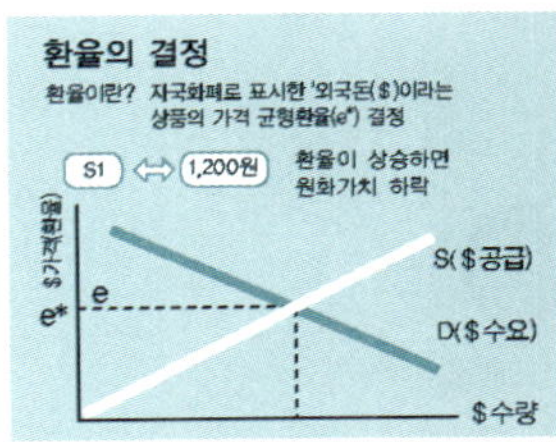

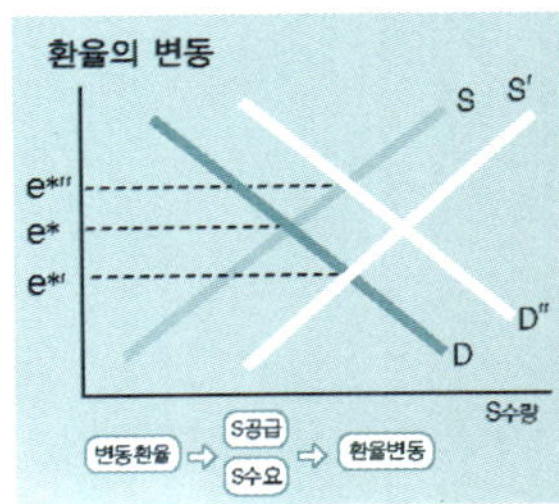

NOTE

■ **환율결정에 대한 국제대차설**

환율은 외환의 수요와 공급에 의해 결정되는데, 외환의 수요와 공급은 국제간 대차관계를 결제하면서 결정됨을 주장함. 1755년 깡띠용이 처음 주장하고 고센에 의해 체계화됨.

NOTE

■ **환율변동**

외환시장의 상황에 따라 (균형)환율은 수시로 결정되고 변동됨. 따라서 시간대별 환율변동값을 아래의 그림처럼 나타낼 수 있음

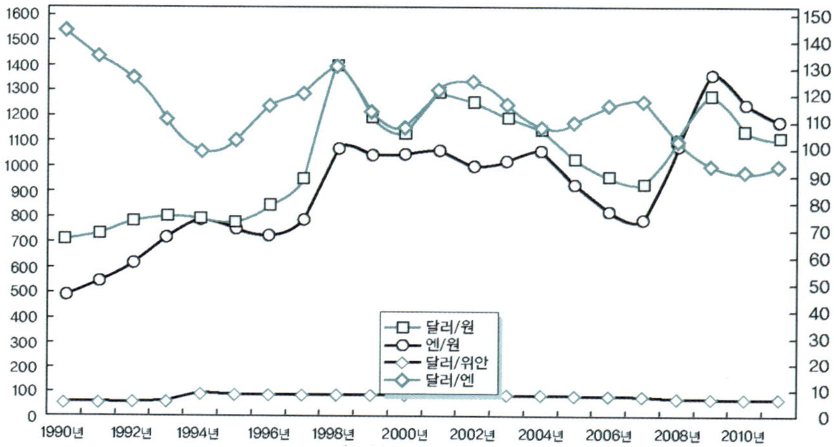

되면 환율이 하락된다.

넷째, 물가나 통화량이 장기적으로 환율에 영향을 미친다면 양국 간 이자율의 차이는 단(중)기 차원에서 환율에 영향을 준다. 만약, 국내금리가 외국에 비해 상승하면 자국통화 표시 금융자산의 기대수익률이 높아져 그 수요가 늘어나면서 국제자본이 유입되어 환율이 하락된다. 금리가 하락하면 자본유출이 일어나서 환율이 상승된다. 그렇지만 금리가 상승하면 투자가 줄어들어 경제성장률이 떨어지고 그 결과 환율상승을 가져올 수 있다.

다섯째, 경제의 생산성이 성장하여 총생산이 확대되고 경제성장률이 올라가면 경제의 신뢰도가 높아져서 환율이 하락한다. 경제성장률이 떨어지면 환율이 상승한다. 경제성장은 최장기적으로 환율에 영향을 주게 될 것이다. 하지만 이 경우에 총생산 확대로 국민소득이 증가하면 수입수요 증대에 따른 외환수요 증가로 환율이 상승하고 국민소득이 감소하면 환

율이 하락되기도 한다.

여섯째, 정부의 총수요관리정책이 환율변동에 영향을 준다. 확장통화정책은 금리인하, 물가상승 및 국민소득증가를 가져와 환율변동을 유발시킨다. 아마도 확장통화정책으로 금리인하는 단기차원 환율인상을, 물가상승은 장기차원 환율인상을, 그리고 국민소득증가는 최장기차원 환율인하를 유발시킬 수 있다. 반면에 확장재정정책은 금리인상, 물가상승 및 국민소득 증가를 가져와 환율변동을 야기할 수 있다. 아마 금리인상은 단기차원 환율인하를, 물가상승은 장기차원 환율인상을, 그리고 국민소득증가는 최장기차원 환율인하를 유발할 것이다.

일곱째, 이론상의 완전자유변동환율제를 제외하고 중앙은행은 환율안정 등 정책적 목적을 위해 외환시장에 개입한다. 중앙은행이 자국통화를 매도한 대가로 외환을 매입하면 외환수요가 증가되고 시중통화량이 늘어나서 환율이 상승한다. 중앙은행이 외환을 매도하면 환율이 하락된다.

끝으로, 개도국의 외환보유고 크기, 외환위기 등은 환율에 영향을 준다. 국제거래에서는 미국 달러화 위주의 국제통화가 중심통화의 역할을 하고 있다. 따라서 국제통화를 보유하지 않은 개도국들은 대외거래를 위해 적정한 외환을 보유한다. 개도국의 외환보유고가 많을수록 대외신뢰도가 높아져 환율이 하락되지만 외환보유고가 적어지면 환율이 상승한다. 또, 자국에 외환위기가 발생하면 위험자산의 회피와 경기침체의 우려로 국제통화의 환율이 상승한다. 2010년도 그리스를 위시한 남유럽발 금융위기의 가능성이 글로벌 차원에서 달러화의 가치를 일시적으로 상승시켰다.

이와 같은 기초경제변수의 움직임을 토대로 삼는 거시적 접근방법은 개방거시경제이론을 이용하여 환율의 결정과정을 설명하려는 시도이다. 환율결정에 관한 거시적 접근법은 국제수지접근법(Balance of Payment View of Exchange Rate)과 자산시장접근법(Asset Views of Exchange Rate)으로 대별 가능하다. 세부적으로 전통적인 국제수지접근법에는 구매력평가설, 케인즈의 탄력성모형, 먼델-플레밍모형이 포함된다. 이에 비해,

현대적인 자산시장접근법은 통화론적 접근과 포트폴리오균형 접근으로 크게 구분된다. 통화론적 접근에는 신축가격통화모형, 경직가격통화모형(오버슈팅모형), 통화대체모형이 제시되고 포트폴리오균형 접근에는 소국모형, 자국자산선호모형, 선호단일모형이 포함된다.

하지만 거시적 접근방법을 통해 환율의 움직임을 정형화시키기 어려웠다. 어떤 현상이 시장참가자의 기대에 따라 환율의 하락요인이 되기도 하고 상승요인이 되기도 하기 때문이다. 그리고 어떤 통화가 장기적으로 강세나 약세 요인에 영향을 받더라도 단기적으로는 그 반대로 움직이는 경우가 많기 때문이다.

거시적 접근법에 기초한 수많은 경험적 연구의 설명력이 크게 떨어지자 뉴스와 투기적 거품을 통해 예상의 역할을 강조하면서 그리고 은행의 포지션 변동, 주변국 환율변동 등으로 실시간의 환율변동, 즉 단기차원 환율결정을 설명하려는 시도가 도입되었다.

예를 들어, 첫째, 북한의 핵문제 뉴스가 발생되면 안전한 국제통화를 선호하는 환율상승 기대가 형성되어 외환수요를 증가시켜 환율을 인상시킨다. 정치·경제 뉴스는 외환시장동향, 경제전망, 당국의 정책방향 등에 영향을 받는 기대변화를 통해 환율에 영향을 주기 때문이다.

둘째, 앞단 환율인상에 대한 당초의 예상은 자기실현적 기대로 사후적으로 들어맞게 된다. 이런 과정이 지속되면 환율이 기초경제변수의 움직임과 상관없이 과도하게 상승하는 투기적 거품을 형성하다가 갑자기 하락할 수 있다.

셋째, 외환거래에 가장 큰 영향을 주는 참가자가 바로 은행이다. 은행의 외환포지션 변동이 환율에 영향을 준다. 은행이 외환포지션을 매도초과로 쇼트포지션을 유지하는 경우에 환율이 하락하면 은행에 이익이 되지만 매입초과로 롱포지션인 경우에 환율이 상승하면서 은행에 이익을 줄 수 있다.

끝으로, 주변국의 환율변동으로서 만약 수출경쟁국의 통화가치가 하락하여 수출경쟁력이 높아지면 상대적으로 자국의 수출경쟁력이 낮아져 수출이 감소하고 그 결과 외환공급이 감소하여 환율이 상승한다. 향후 중국의 위안화의 가치가 높아지면 우리나라의 수출경쟁력이 높아져 수출이 늘어나고 그 결과 환율은 하락하고 원화가치는 상승할 것이다.

더 나아가 환율의 움직임을 잘 설명하기 위해서 기초경제변수는 물론 경제주체의 예상이 중요하지만 동시에 시장참가자의 행태가 강조되어야 한다. 최근 활발하게 이루어지고 있는 미시적 접근방법은 외환시장의 구조와 및 참가자의 행동에 초점을 두고 새롭게 환율이론을 정립하기 위한 시도이다. 예를 들면, 참가자의 비합리성과 이질성, 정보의 비대칭 등에 주목하고 외환시장에서 거래량, 매수매도 스프레드, 거래주문흐름 등을 이용하여 환율변동의 원인을 찾아내려고 한다.

● 환율의 결정·변동 요인

- (최)단기적 요인 : 거래량, 매수·매도 스프레드, 거래주문 흐름
- 단기적 요인 : 기대, 뉴스, 딜러의 포지션조정, 주변국 환율..
- (중)장기적 요인 : 물가수준변동, 교역조건변화, 경상수지흐름
- (최)장기적 요인 : 생산성변화, 경제성장.
- 기타요인 : 정치·사회적 불안정, 금융위기 등의 해외문제.

≒ 환율의 책정과 평가자 : 시장조성자(은행), 중앙은행

NOTE

환율의 결정과 변동에 영향을 주지 못하는 외환거래

-중앙은행이 공적 외환보유액을 운용하여 벌어들인 이자수입은 외환보유액으로 귀속되어 은행을 통한 (자국통화) 외환시장에 공급되지 않기 때문에 환율에 영향을 주지 못함.

-다국적 기업이 수출대금 등을 해외예치나 외화예금의 형태로 보유하는 경우 시장에 공급되지 않기 때문에 환율에 영향을 주지 못함.

-기업이 국내에 외국자본을 들여오면서 외환스왑계약을 통해 원화를 수취하면 환율에 영향을 거의 못 줌. 은행의 입장에서는 외화자산이 늘어나는 동시에 외화부채가 늘어나 외환포지션에 변동이 없어 이 외환을 시장에 매각하지 않기 때문임 등등.

외환시장의 딜러(은행)

딜러는 거래특징별로 시장조성자(Market Makers), Leverage Trades, Prop traders, Senior risk-takers 등으로 구분 가능함.

평가절하와 국제수지조정

• Teaching Tip : 평가절하가 경상수지를 개선시키는 원리와 제약사항.

앞에서 언급된 환율과 국제수지의 관계와 더불어, 우리는 국제수지가 흑자나 적자상태에 놓이는 외환시장의 질서를 정확히 이해하기 위해서 여전히 환율, 무역 및 국제수지의 상호적 움직임을 예측하려고 노력한다. 실제로 반드시 성립하지는 않지만 자국통화의 평가절하가 국제수지를 개선시킨다는 입장에서 환율결정모형을 제시할 수 있다. 이러한 접근방법의 일환으로 환율변화가 국제수지의 조정에 미치는 영향을 설명하는 모형에

는 탄력성 접근방법과 총지출 접근방법이 대표적이다.

탄력성접근법

탄력성접근법(Elasticity Approach)은 자국통화의 가치절하가 수출입재화의 (상대)가격을 변화시켜 국제수지의 변동에 영향을 준다는 점에 초점을 맞춘 부분균형분석이다. 본국통화의 가치절하는 보통 상품수지 개선으로 이어진다. 이를 설명하기 위해 특정기간 동안의 유량변수인 국제수지(BP)는 경상수지(CA)로 대표하고 경상수지는 수출(X)과 수입(M)의 차이로 표현해보자. 수입은 환율(S)을 이용하여 외국의 수출(X*)로 나타내보자.

$$BP = CA = X - M = X - S \cdot X^*.$$

만약 자국통화에 평가절하가 일어나면, 국제상대가격의 변화를 통해 외화표시가격을 낮추므로 수출이 증가되고 동시에 외국상품의 국내통화표시가격이 높아지므로 수입량은 줄겠지만 환율상승으로 수입(액)은 감소 또는 증가할 수 있다. 따라서 평가절하가 경상수지를 개선하려면 평가절하에 따른 수출 증가액과 수입 감소량이 충분히 커서 수입단가 상승분에 의한 경상수지의 악화요인을 제거시켜야 한다.

이처럼 환율변화가 국제무역에 미치는 효과는 교역재의 수요와 공급의 탄력성에 의존할 것이다. 평가절하가 경상수지를 개선하려면 만족시켜야 할 요구조건이 있는데 이 조건을 마샬-러너 조건(Marshall-Learner Condition)이라고 한다. 이 조건은 다른 기타조건이 일정한 경우에 실질환율에 대해 수출량과 수입량이 충분히 탄력적이라면 자국통화의 실질절하가 경상수지를 개선시킨다는 것을 나타내준다.

$$\eta + \eta^* > 1$$

NOTE

■ 가격변동에 대한 수요탄력성
가격에 대한 수요의 탄력성, ed = [% 수량변화 ÷ % 가격변화]로 정의되며, ed 〉 1이면 탄력적, ed 〈 1이면 비탄력적, ed = 1이면 단위탄력적임.

여기서 η은 실질환율에 대한 수출수요의 탄력성이고 η*은 실질환율에 대한 수입수요의 탄력성을 정의한다. 상기의 마샬-러너 조건은 자국통화의 실질절하가 실질환율에 대한 수출수요탄력성과 수입수요탄력성의 합이 1보다 큰 경우에 경상수지를 개선시킨다는 것을 나타낸다. 하지만 두 탄력성의 합이 1보다 작다면 실질절하가 경상수지를 악화시킨다는 것을 말한다. 2008년도 기준 우리나라의 경우, 환율에 대한 수출의 탄력성이 1995년까지는 0.5이상을 유지했지만 1990년대 후반 외환위기 이후에는 0.3이하로 하락되었다. 이는 평가절하를 통한 수출증대 효과가 약해졌다는 의미다. 환율에 대한 수입의 탄력성도 1995년도 전후 0.5정도였지만 외환위기 이후에는 0.5이하를 기록했다. 외환위기 이후 평가절하의 수입감소 효과도 악화되었음을 보여준다.

평가절하가 경상수지 개선에 효과적이지만 현실경제에선 그 효과가 나타나지 않는 경우가 많다. 평가절하가 단기적으로 효과를 나타내지 못하는 이유를 J-곡선(Curve)이 설명해준다. J-곡선효과는 1967년 영국이 파운드화를 절하시키고 그 효과를 찾아보는 과정에서 논의되었으며, 1970년대 초반 변동환율제로 이전된 후 환율변동에 따른 상품수지 효과를 분석하면서 활발히 논의되었다.

J-곡선효과란 평가절하가 단기적으로 국제수지를 오히려 악화시키고 일정기간이 지나야 국제수지를 점차 개선시키는 현상을 J자 형태의 곡선으로 나타낸 것이다. 실질환율에 대한 수출수요탄력성과 수입수요탄력성이 낮기 때문에 J-곡선효과가 야기된다. 시간이 경과되어 탄력성이 높아지면서 국제수지가 개선되어간다. 단기에 탄력성이 낮은 이유는 평가절하를 할 경우에 가격변화는 즉시 일어나지만 이에 따른 수출입 수량변동이 조정되는데 시간이 소요되기 때문이다. 평가절하가 이루어져도 기체결된 계약은 그대로 진행되고, 대부분의 수입재는 생산용 중간재로 비탄력적이고, 실제로 수출입은 시간경과가 상당히 소요되고, 그리고 환율이 변동되는 것보다 소비자와 생산자의 행동은 서서히 변화되기 때문이다.

NOTE

■ J-곡선효과

수출입 수량이 단기에 고정되어 있고 자국통화로 수출입을 결제하는 경우 아래 그림과 같이 평가절하의 효과과정을 나타냄.

J-곡선효과

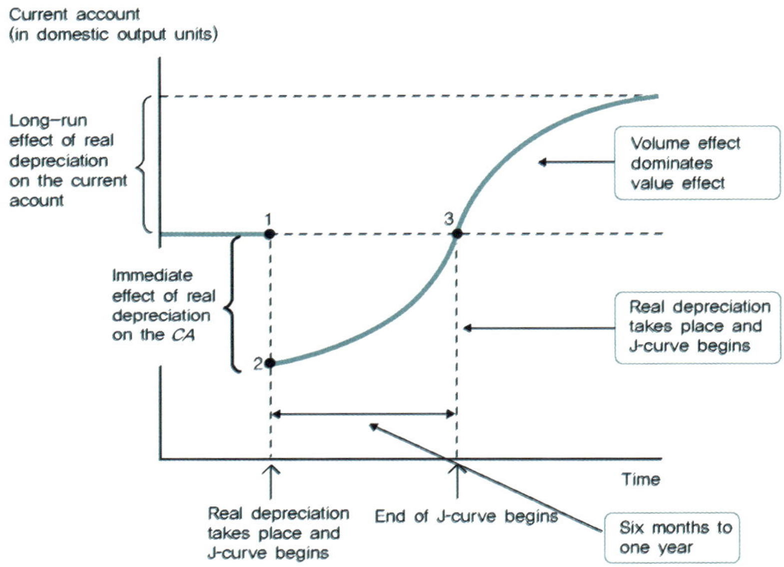

Note 그림에서 보듯이 시간을 횡축에, 그리고 국제수지를 종축에 표시된 이차원평면상에 알파벳 J자 형태로 J곡선이 그려진다. J-곡선효과는 특정 t_0 시점에서 자국통화가치를 절하시키는 경우 국제수지가 일시적으로 더 악화된 후 시간이 경과함에 따라 점차로 개선되는 것을 나타낸다.

더 나아가 평가절하가 무역계약 체결 후에 이루어졌다면 국제수지에 미치는 효과가 계약통화에 따라 달라질 수 있다. 만약 한 나라가 외화표시 수출입계약을 맺었다면 평가절하가 수출과 수입을 증가시킬 수 있다. 단, 초기에 흑자상태라면 경상수지는 개선되지만 초기에 적자상태이면 경상수지는 악화된다. 반면에 외화표시 수출계약과 자국통화 표시 수입계약을 체결한 경우에는 평가절하가 수출은 증가시키지만 수입에는 변동이 없다. 이에 따라 경상수지는 개선된다. 역으로 자국통화 표시 수출계약과 외화표시 수입계약을 맺었다면 수출은 변동이 없지만 수입은 증가되어 경상수지가 악화된다. 또한, 자국통화로 수출입계약을 체결한 경우에 수출입의 변동이 없고 경상수지도 변화가 없다. 따라서 J-곡선효과 현상이 발생되는 필요조건은 외화표시 수입계약의 체결이다.

또한 평가절하가 단기적으로 효과를 나타내지 못하는 또 다른 이유는 환율전가(Pass-through)의 효과가 미약하기 때문이다. 환율전가란 환율변동으로 인해 수출입재화의 가격이 변하는 정도를 말한다. 예를 들어, 환율의 수입가격에 대한 환율전가 효과란 자국통화의 가치가 1% 변동될 때 수입가격이 몇 퍼센트 변동되는지 측정하는 것이다. 실제로 각국의 가격차별화 때문에 환율전가효과는 100%보다 낮다. 만일 자국통화가 10% 평가절하되면 국내에서 판매하는 외국기업은 자신의 국내시장 점유율을 지키기 위해 국내가격을 10%까지 상승시키지 않는다.

이처럼 환율전가가 불완전하다면 평가절하에 따른 가격변화의 효과가 충분히 나타나지 않기 때문에 평가절하의 효과가 느리거나 낮게 나타난다. 국내 원화가치가 하락되어도 외국에서 국내 자동차 수출가격의 절하는 환율변동폭에 비해 미미할 수 있다. 그리고 환율변동의 전가기간은 평가절하 후에 환율변동이 소비자에게 전가되고 재화가격이 새로운 균형으로 조정되어가는 시기를 말한다. 그래서 평가절하가 국내외 재화가격에 미치는 환율전가효과는 수출입의 공급과 수요의 탄력성에 의존하게 된다. 만일 초기에 수입수요가 비탄력적이라면 평가절하로 높아진 수입가격이 수입수량을 제한하기보다는 수입(액)을 증가시킨다. 이에 따라 J-곡선의 초기 경상수지 악화에 관한 필요조건은 국내수입수요의 비탄력성이 된다.

2008년도 우리나라의 경우, 평가절하의 수출전가율, 즉 평가절하의 수출가격전가율(평가절하로 외화표시 수출가격 인하)과 평가절하의 수출물량 탄력성(수출가격 인하로 수출물량 증가) 측면에서 감소하는 추세를 보였다. 또한, 평가절하로 인한 경제성장율도 낮아졌다.

다시 말하면, 평가절하가 탄력성조건을 만족, 즉 수출입재화 모두가 실질환율 변동에 대해 탄력적이어야 국제수지를 개선시켜 준다. 탄력성의 크기는 국가별로 시대별로 달라지기 마련인데, 시간이 지나면서 서서히 탄력적으로 변해가는 성향을 보인다. 그런데 일반적으로 자국통화의 절하는 실업이 존재하는 경우에 생산활동을 촉진시켜 경상수지를 개선(흑자증가나 적자감소)해준다. 반면에 평가절하는 완전고용 상태에선 외국인의 국내생산물 수요증가로 인해 경기과열과 인플레이션을 야기한다.

총지출접근법

지금까지 살펴본 탄력성접근법이 수출입재화의 교역조건 변동을 통해 국제수지를 변화시키는 부분균형분석인 것에 비해, 총지출접근법(Absorption Approach)은 평가절하가 소득과 지출을 변화시켜 국제수지의 변동에 영향을 미치는 과정을 국민소득 항등식을 기초로 설명하는 일반균형분석이다. 총지출접근법을 설명하기 위해 국민소득 항등식을 총지출(A)과 경상수지(CA)의 관계로 나타낼 수 있다. 국민소득(Y)은 소비(C), 투자(I) 및 정부지출(G)의 합을 나타내는 총지출에 경상수지를 대표하는 수출(X)과 수입(M)의 차이를 합한 것으로 정의된다. 즉, $Y = C + I + G + (X - M)$. 그러면 국민소득 항등식을 총지출(A=C+I+G))과 경상수지(CA)의 관계로 나타내보자.

$$CA = X - M = Y - (C + I + G) = Y - A$$

이 식은 수출입으로 대표된 경상수지가 국민경제내 생산과 지출의 차이로 정의됨을 보여준다. 생산과 지출의 차이가 국제수지의 불균형을 초래한다는 것에 초점을 둔다. 경상수지 흑자국은 생산이 지출보다 큰 상태이지만 적자국은 생산이 지출보다 작은 상태다. 따라서 자국통화의 평가절하로 생산을 자극하여 나타난 소득증가가 지출보다 크다면 경상수지는 개선될 것이다.

그런데 평가절하가 경상수지를 변화시키는 경로를 소득경로와 지출경로로 구분해볼 수 있다. 첫째, 국내통화가 절하되면 수출경쟁력 상승에 따른 수출확대로 수출재산업의 생산이 증가되고 수입가격 상승으로 수입대체재 산업의 생산도 증가된다. 이에 따른 총생산의 증가분이 국민소득 증가로 인한 수입지출 증가분을 초과하여 경상수지를 개선할 것이다. 둘째, 평가절하의 총지출을 통한 효과는 다소 모호하다. 평가절하가 발생되면 수입물가의 상승이 국내물가를 상승시킬 수 있다. 물가상승으로 실질통화량이 감소되어 소비지출이 감소될 수 있는 반면 물가상승과 더불어 명목임금이 증가된다면 소비지출이 늘어날 수도 있다. 따라서 평가절하의 효과는 소득효과가 크고 지출효과가 낮다면 경상수지를 개선시킬 수 있다.

앞에서 살펴본 J-곡선과 환율전가의 효과는 평가절하가 단기차원에서 효력을 나타내지 않을 수 있는 이유를 제시하고 있다. 이에 비해 장기차원에서 평가절하의 효과가 나타나지 않는 이유를 제시하는 것이 교두보효과(Beachhead Effect)이다.

교두보효과란 기업이 외국에 투자, 설비, 판매망 등 교두보를 구축했는데 환율이 변하더라도 기업이 이에 반응하지 않기 때문에 환율변동이 경상수지에 영향을 주지 못하는 현상이다. 기업이 해외에 본사, 공장 등을 건립하는 경우가 많은데 적자가 발생해도 쉽게 이들을 포기할 수 없는 것처럼 교두보를 한번 구축해놓으면 매몰비용이 너무 커져서 환율변동에 쉽게 대처하지 못한다.

그 밖에도 국제수지를 개선하고 경제성장을 도모하려는 평가절하는 여러 가지 현실적인 문제점을 내포하고 있다. 첫째, 평가절하는 소득재분배를 가져다준다. 환율인상으로 외국 교역재의 국내가격이 상승하면 국내생산요소는 비교역재 산업에서 교역재 산업으로 더 많이 이동되고 비교역재 산업의 요소소득에 비해 교역재 산업의 요소소득이 더 높아질 것이다. 둘째, 평가절하는 실질환율 상승을 통해 국내재화의 수출은 늘리지만 외국재화의 수입단가를 높여 국민후생을 떨어뜨린다. 셋째, 수입비중이 높은 국가에선 평가절하로 수입재의 국내가격이 오르면 인플레이션이 유발될 수 있다. 국내물가가 오르면 대외 가격경쟁력을 위해 또 다른 평가절하가 요구될 것이다. 넷째, 평가절하는 차후 평가절하에 대한 기대를 더 만들면서 외환투기를 가중시킨다. 평가절하로 환율이 인상될 것으로 예상된다면 외환의 투기적 수요가 급증하여 원하지 않는 환율의 급상승으로 이어질 수 있다. 다섯째, 외채가 상당한 국가에선 평가절하를 이행하면 국내통화로 상환해야할 비용이 늘어난다. 이로 인해 외채부담이 가증되면 경기침체를 가져올 수 있다. 끝으로, 각국이 경쟁적으로 평가절하를 실시한다면 근린궁핍화 현상으로 인해 세계교역량을 줄여 경기침체를 가져올 수 있다.

국제수지접근법

• Teaching Tip : 외환수급과 환율에 영향을 주는 요인을 국제수지에 초점을 맞춤.

앞에서 살펴본 이론은 환율변동이 국제수지의 상태를 변화시킨다는 점에 초점을 맞추었지만, 반대로 국제수지의 상태가 환율의 결정과 변동에 영향을 준다. 그래서 환율결정이론은 국제수지에 기초한 전통적 접근방법으로부터 시작되어 여러 형태의 화폐나 자산 관련 기초경제변수에 의존하는 거시적 접근방법이 시도되면서 그 틀이 형성되었고 최근에는 시장구조나 참가자의 행태에 초점을 맞춘 미시적 접근법이 시도되고 있다.

이 가운데 환율결정의 국제수지접근법(Balance of Payment Approach)은 가장 기초적인 환율결정이론으로서 환율이 국제수지가 균형을 이루는 수준에서 결정된다고 보는 견해다. 그래서 유량변수인 국제수지가 흑자를 이루면 외환이 많아진 초과공급으로 환율이 하락되고 반대로 국제수지가 적자면 외환이 부족해진 초과수요로 환율이 상승한다. 즉 국제수지가 균형을 이루면서 균형환율이 결정되고 국제수지가 불균형을 거치면서 새로운 균형환율로 변동되는 것이다.

케인즈모형

환율결정이론은 1950년대 말까지 국제수지 가운데 경상수지의 결과에 따라 환율이 결정되는 모형이었다. 환율결정에서 국제적 자본이동의 역할은 거의 배제되었다. 각국은 1960년대까지 단기자본이동을 대체로 통제하였기 때문에 상품수지에 비해 자본수지는 그 거래비중이 아주 적었다. 대표적인 경상수지모형으로 케인즈 접근법을 들 수 있다. 케인즈 환율모형은 변동환율제도 하에서 국제수지를 경상수지만으로 나타내면서 환율의 결정과 변동을 설명한다.

$$BP = CA = X - M = 0$$

여기서는 국제수지(BP)를 경상수지(CA)만으로 나타낼 때 수출(X)과 수입(M)이 일치하여 균형을 이루는 수준에서 환율이 결정된다. 그리고 수출이 수입보다 늘어나 흑자가 되면 외환공급이 외환수요에 비해 많아져 환율이 하락된다. 반대로 수입이 수출보다 늘어나 적자가 되면 외환공급이 외환수요에 비해 줄어들어 환율이 상승된다.

그런데 환율의 변동이 경상수지의 불균형을 조정할 수 있느냐 하는 문제가 대두된다. 균형환율이 안정되기 위해서는 환율의 변동으로 경상수지의 불균형이 균형으로 개선되어야 한다. 균형환율의 안정조건은 마셜-러너 조건과 동일하다. 마셜-러너 조건이 충족된다면 환율은 국제수지의 균형조건에 의해 결정될 수 있다.

따라서 외환의 수요와 공급에 영향을 주는 요인들을 파악하여 이를 기초로 케인즈 환율결정모형이 구현되었다. 다시 말하면, 수출입이 어떤

NOTE

■ 자유변동환율제도하에서 국제수지 조정

원칙적으로 자유변동환율제 하에서 국제수지의 불균형은 환율의 변동에 의해 자동적으로 균형으로 조정됨. 예를 들면, 국제수지가 흑자이면 환율이 하락하여 경상수지가 악화되고 그 결과 국제수지는 균형으로 돌아감. 반대로 국제수지가 적자면 환율이 상승하여 경상수지가 개선되고 그 결과 국제수지는 균형을 다시 이룸.

■ 환율변동의 수출입 가격탄력도에 관한 견해

제 2차 세계대전 직후에는 수출과 수입의 가격탄력성이 매우 낮았기 때문에 환율의 변동이 국제수지를 오히려 악화시킨다는 견해가 팽배했었음. 하지만 발전된 통계기법으로 측정한 새로운 연구의 결과들은 수출과 수입의 가격탄력성이 충분히 크다는 것을 보여주었음. 이에 따라 탄력도 비관주의가 사라지고 낙관주의가 등장하였음.

요인에 의거해 경상수지에 영향을 미치는지를 파악하여 환율모형을 세워 볼 수 있다. 보통 수출입은 국내외 상대가격(P/P*), 국내외 국민소득 격차(Y-Y*), 국내외 명목이자율 격차(i-i*) 및 통화량 등의 기타요인(Z)에 영향을 받는다. 그 결과로 경상수지의 상태가 정해지고 환율(S)이 결정된다.

케인즈의 환율모형을 이러한 요인들을 반영해서 암묵적 경상수지 함수형태(f)로 나타내면 아래와 같다.

$$S = f(P/P^*,\ Y-Y^*,\ i-i^*,\ Z)$$

첫째, 다른 조건에 변동이 없을 때 만일 국내물가(P)가 상승하면 실질환율이나 교역조건이 악화되어 경상수지가 적자로 향함에 따라 외환수요의 증가로 환율이 상승한다. 반대로 외국물가(P*)가 상승하면 교역조건이 개선되어 경상수지가 흑자를 이루면서 환율이 하락된다.

둘째, 국내소득이 외국소득에 비해 증가되면 수입이 늘어나 경상수지가 적자에 달하면 외환수요의 증가로 환율이 상승한다. 반대로 해외소득이 증가하면 수출이 늘어나므로 경상수지가 향상되어 환율이 하락한다.

셋째, 국내금리가 외국금리에 비해 높아지면 해외 저금리자본을 차입하여 무역자금을 조달하므로 외화자본유입이 증가되어 환율이 하락한다. 또한 간접적으로 국내금리가 높아지면 투자가 하락하여 국민소득이 감소되며 수입이 줄어들어 경상수지 흑자로 환율이 떨어진다. 이 경우에 국민소득의 감소로 경제성장률이 낮아지면서 자국통화의 가치가 하락될 수도 있다.

먼델-플레밍모형

지금까지 설명한 경상수지모형은 자본거래가 환율에 미치는 영향을 배제하였다. 하지만 1960년대와 1970년대에 걸쳐 구미 선진국들이 자본자유화를 점차 실시함에 따라 국제수지 가운데 자본수지의 비중이 높아졌다. 그리고 다국적 기업의 성장과 국제재무관리, 유로통화시장의 발전, 오일달러의 이동 등으로 인해 세계적으로 자본이동이 가속화되면서 환율변화에 대한 자본수지의 영향이 고려되기 시작했다.

국제자본의 이동성이 높아지는 시점에서 국제수지모형은 환율결정에 대해 경상거래뿐만 아니라 자본이동의 역할을 중요시하였다. 한편, 1960년대에 발전된 먼델-플레밍모형(Mundell-Fleming Model)도 환율에 대해 경상수지(CA)뿐만 아니라 자본수지(KA)의 영향을 고려한 이론이다. 이에 따라서 환율이 다음과 같은 국제수지의 균형조건에 의해 결정된다.

$$BP = CA + KA = (X - M) + k(i - i^*) = 0$$

완전한 자본시장처럼 자본의 국제적 이동성이 높다면 자본이동은 본국과 외국 간 이자율의 변동에 민감하게 반응할 것이다. 그래서 k는 국내외 이자율 격차에 대한 자본이동의 민감도를 나타내고, 오늘날에는 자본이동성의 정도가 아주 높다고, 즉 k값이 매우 크다고 볼 수 있다. 경상수지에 변화가 없더라도, 국내금리가 외국금리에 비해 높다면 해외자본이 국내로 유입되어 자본수지는 흑자를 이루고, 반대로 국내금리가 외국금리에 비해 낮다면 자본이 해외로 유출되어 자본수지가 적자로 향한다. 특히, 먼델-플레밍모형에서는 자본의 완전한 이동성, 즉 k가 무한대이라고 가정한다. 그 결과 국내외 시장의 이자율은 동등해진다.

이에 따라 국제수지가 균형을 이루면서 환율이 결정된다. 그리고 국제수지가 흑자로 되면 외환공급이 증가하여 환율이 하락하고, 반대로 국제수지가 적자로 바뀌면 외환공급이 감소하여 환율이 상승한다.

여기서도 외환의 수요와 공급에 영향을 주는 요인으로 수출입과 자본이동을 강조하여 환율모형을 설정할 수 있다. 경상수지에 대한 요인들은 케인즈모형과 동일하므로 추가적으로 자본수지에 대한 요인으로 국내외 이자율 격차를 반영시키면 된다. 따라서 케인즈모형과 유사하게 먼델-

플레밍의 환율모형을 나타내볼 수 있다. 단지, 외환 수요·공급의 요인들이 각각 경상수지와 자본수지에 미치는 영향에 따라 환율결정이 이루어진다. 만약 경상수지와 자본수지의 변화가 서로 상충되는 경우에는 자본수지 변화가 경상수지 변화보다 더 크다고 가정하면서 국제수지의 변화를 판정하여 환율 움직임을 결정한다.

예를 들어, 만일 확대재정정책으로 국민소득이 증가되면 수입증대로 인해 경상수지가 적자로 향하지만, 동시에 소득이 증가되어 이자율도 상승한다면 자본유입으로 인해 자본수지가 흑자를 이루는 경우에는 국제수지가 흑자를 달성했다고 보고 외환증가로 환율은 하락된다. 반면 확대통화정책으로 국민소득이 증가되면 수입증대로 인해 경상수지가 적자로 향하지만, 동시에 통화량 증가로 이자율이 하락한다면 자본유출로 인해 자본수지가 적자를 이루는 경우 국제수지가 적자이므로 외환감소로 환율은 상승하게 된다.

지금까지 살펴본 국제수지 환율결정모형은 환율이 일정기간 동안의 국제수지 상태에 의해 결정된다고 본다. 이러한 모형은 외환의 수요와 공급이 국제수지에 사후적으로 반영되어 나타난다는 한계점을 가지고 있었다. 이러한 제약사항을 극복하기 위해 투자가들이 금융자산을 구성하고 조정하는 과정에서 외환의 수요와 공급이 발생된다는 점을 강조하는 자산시장접근법이 대두되었다.

정리

- 환율결정 = 외환의 수요와 공급.
- 외환의 수급요인 = 기초경제변수, 기대, 시장구조, 참가자 행태 등.
- 평가절하가 국제수지에 영향 = 탄력성접근, 총지출접근 등.
- 국제수지 접근 환율결정 = 케인즈모형, 먼델-플레밍모형 등.

• Further Studying Tip : 환율결정모형의 세부적 내용은 본문을 통해 숙지함.

6-2 Section 현대적 환율결정이론

전통적인 환율결정모형에서는 유량변수인 국제수지의 역할을 강조했다. 장기차원에서 국제수지가 균형을 이루면서 환율이 결정되어, 국제수지가 흑자이면 초과외환공급으로 환율인하를, 그리고 국제수지가 적자를 이루면 초과외환수요로 인해 환율인상이 유발된다고 보았다. 하지만 국제자본거래가 확대되면서 투기적 거래가 크게 증가되어 투자가들이 국제자산을 어떻게 구성하느냐에 따라 외환의 수급 및 환율이 결정된다. 이러한 점에 초점을 맞춘 현대적 자산시장접근법은 금융자산의 보유를 강조한다.

이 절에서는 사람들이 부를 여러 형태의 자산으로 보유하고자 한다는 가정에서 출발한 자산시장접근법을 중심으로 하여 기초경제변수에 토대를 둔 중장기차원의 환율결정모형을 살펴본다. 이후 거시적 환율모형의 불충분한 부분은 뉴스와 투기적 거품을 통한 예상의 역할을 이용하여 설명한다. 더 나아가 여전히 해결되지 못한 (초)단기차원의 환율결정은 최근에 시도되고 있는 미시적 환율모형을 이용하여 설명해본다.

Key Concept

Property	Words	Examples
환율결정에 거시적 접근	기초변수로 환율을 설명하는 경험적 연구(자산시장접근 등)	(중)장기 환율결정
환율결정에 뉴스 및 거품	뉴스 및 투기적 거품을 통한 기대로 환율을 설명하려는 시도	단기 환율결정
환율결정에 미시적 접근	시장구조나 참가자행태를 이용하여 환율을 설명하려는 시도	(초)단기 환율결정

자산시장접근법

- Teaching Tip : 외환수급과 환율에 영향을 주는 요인으로서 국제자산구성을 강조함.

환율은 재화가격보다 변동성이 아주 높은 외국통화의 가격이다. 그런데 국제수지 환율모형은 장기차원에서 사후적 국제수지계정의 상태로 환율의 결정을 설명하기 때문에 비현실적이며 다른 요인에 의해 환율변동이 설명될 필요가 있었다. 오늘날 국제금융거래에서는 외환의 수요와 공급이 투자가가 자산을 국제적으로 분산하여 구성하는 과정을 거치는 동안에 이루어진다. 즉, 현재의 자산구성에서 최적의 국내외 자산의 비중으로 변화시키는 과정에서 외환에 대한 수요와 공급이 발생될 수 있다.

이러한 흐름을 반영하여 1970년대 후반부터 새로운 이론들이 다수 등장하기 시작했다. 이들을 자산시장접근법이라고 불렀다. 자산시장접근법(Asset Market Approach)은 일정시점의 (금융)자산구성 상태에 따라 외환에 대한 수요와 공급이 발생한다는데 초점을 맞추고 환율결정을 설명하는 모형이다. 따라서 일정시점에 측정한 저량변수인 금융자산에 대한 수요와 공급이 일치하여 국내외 자산시장이 균형을 이룰 때 환율이 결정되고, 그 이후 자산구성의 변화과정에 의해 외환의 수요와 공급이 변동되면서 환율이 변동된다. 자산시장접근법도 먼델-플레밍모형처럼 국제자본이동에 대한 정부의 통제가 전혀 없는 완전한 자본이동을 전제로 삼는 모형이다.

자산시장접근법은 환율결정에 대해 국제수지 흐름의 영향뿐만 아니라 통화나 모든 금융자산의 수급상태를 강조하는 환율모형이다. 이 접근법은 크게 통화(량)만을 고려하는 통화론자모형과 모든 금융자산을 포함시키는 포트폴리오-밸런스모형으로 나눌 수 있다. 먼저, 통화론자이론은 환율과 물가가 모두 신축적으로 변한다는 신축가격모형과 환율은 신축적이지만 물가는 경직되어 있다고 보는 오버슈팅모형으로 분류된다. 신축가

NOTE

■ 시계열자료(Time Series Data)

거시경제변수는 보통 월별 또는 분기별로 측정됨. 거시경제변수모형은 단기적으로 급변동하는 경제변수를 잘 설명하지 못할 수 있음. 대체로 시간, 분, 초별로 급변동하는 금융자산 가격변수(환율, 주가 등)의 자료를 고빈도자료(high-frequency data)라고 부름.

격 통화론자모형은 구매력평가와 이자율평가가 성립하여 상품과 금융자산이 각각 국내외에서 동일함을 가정하고 있다. 오버슈팅모형은 이자율평가는 성립하지만 구매력평가는 장기에서만 성립된다고 보기 때문에 물가의 단기적 비신축성을 가정한다. 또한 통화대체모형을 여기에 포함시킬 수 있다. 반면, 포트폴리오-밸런스모형은 구매력평가 및 이자율평가가 성립되지 않는다고 가정하기 때문에 상품이나 금융자산을 국제간에 동일한 것으로 취급하지 않는다. 이에 속하는 모형으로는 소국모형, 자국자산모형 및 선호단일모형이 있다.

신축가격 통화모형

국제수지에 대한 통화론적 접근모형을 공부했지만 변동환율제도하에선 환율에 대한 통화론적 접근모형이 더욱 의미가 크다. 우선 통화론적 접근법(Monetary Approach)은 금융자산의 국제적 완전 대체성을 가정하고 있다. 따라서 개인들이 자신의 부를 어느 나라의 통화 형태로 보유하든지 환위험 프리미엄이 존재하지 않고 기대수익도 동일하여 아무런 위험을 느끼지 않는다는 것을 말한다. 이는 유위험 이자율평가설(커버되지 않은 이자율평가)이 성립됨을 뜻한다.

신축가격 통화모형(Flexible Price Monetary Model)은 금융자산 가운데 증권 등은 고려하지 않고 통화만을 고려하여 환율결정을 설명해준다. 금융시장에서 국내외 통화의 수요와 공급이 일치하는 경우에 환율이 결정되고 국내통화와 외국통화의 수요와 공급이 변동되면서 환율이 변화된다. 다시 말하면, 전 세계 투자가들이 최적의 자산을 구성하려고 할 때에 투자가들이 보유하려고 수요하는 국내통화와 외국통화가 시장에 공급되는 국내외 통화의 비중과 균등해지는 수준에서 환율이 결정된다. 투자가들이 국내통화를 외국통화에 비해 상대적으로 더 많이 보유하고자 한다면 국내통화의 수요가 증가해 환율이 하락되는 반면에 외국통화를 더 보유하고자 하면 환율이 상승된다.

이와 같이, 국내외 통화에 대한 수요와 공급의 변동에 영향을 미치는 요인들이 환율결정을 설명해준다. 따라서 국내외 통화에 대한 상대적인 수요나 공급에 영향을 주는 요인을 살펴보아야한다. 통화수요는 국내외 소득, 금리 등에 의해, 통화공급은 통화량 자체의 영향을 받는다. 이를 몇 가지 추가적 가정과 함께 환율결정식으로 나타내보자. 즉, 앞에서 언급된 자유변동환율제도, 국제간 자본의 완전한 이동, 자산의 완전한 대체 및 유위험 금리평가설의 성립에 더하여 추가로 구매력평가의 성립, 양국 화폐수요함수의 균등과 안정, 외생적 화폐공급, 화폐시장의 균형 등의 가정을 도입하고 있다.

이제 본국과 외국의 화폐시장 균형조건을 나타내보자.

$$\frac{M}{P} = L(Y, i)$$

$$\frac{M^*}{P^*} = L^*(Y^*, i^*)$$

여기서, 본국의 M은 명목통화량, P는 물가수준, $\frac{M}{P}$는 실질통화량, L은 실질화폐수요, Y는 실질국민소득, i는 명목금리를 나타낸다. *는 외국을 지칭한다. 위의 식은 각각 자국통화시장의 균형과 외국통화시장의 균형을 나타낸다.

가격의 신축성과 절대적 구매력평가설이 성립된다는 가정에 따라 $\frac{P}{P^*} = S$를 양국간 통화시장의 균형조건에 대입하고 나서 정리하면 아래와 같은 균형환율 결정모형을 얻을 수 있다.

$$S = \frac{ML^*(Y^*, i^*)}{M^* L(Y, i)}$$

이식에 따르면 팽창통화정책으로 인해 균형조건을 벗어나 국내통화 공급량이 외국통화량에 비해 상대적으로 증가하면 적정한 자산구성 차원에서 국내통화가 과잉이어서 국내통화를 처분하고 외국통화의 비중을 높이고자 하므로 국내통화가치가 떨어지면서 환율이 상승하게 되며, 반대로 외국통화량이 증가하면 환율이 하락된다. 또한 외국소득의 증가나 외국금리의 인하로 외국의 통화수요량이 상대적으로 늘어나거나, 국내소득의 감소나 국내금리의 인상으로 국내의 통화수요량이 줄어들면 환율이 상승하게 된다. 참고로 먼델-플레밍모형에서는 국내금리가 인상되면 외환의 국내유입이 늘어나면서 환율이 하락된다고 보았다.

상기의 환율결정모형을 검증이 용이한 형태로 나타내기 위해 약간의 수학적 과정을 거치면 다음과 같은 실증분석용 모형을 얻게 된다. 수학적 설명은 생략하기로 한다.

$$s = (m - m^*) - a(y - y^*) + b(i - i^*)$$

여기서 소문자로 표시된 변수는 로그변수를 의미하며 *는 외국을 지칭한다. 환율, s에 변동에 영향을 주는 $(m - m^*)$는 계수가 1로서 양국간 통화공급의 차이를, $(y - y^*)$는 양의 계수 a를 가지는 실질국민소득의 차이를, 그리고 $(i - i^*)$는 양의 계수 b를 가지고 금리차이를 나타낸다. 그런데 실증분석 모형은 전제조건에 따라 이 기본모형을 토대로 빌슨-프렌켈 모형 등 여러 가지 형태의 모형으로 도출 가능하다.

결국, 신축가격 통화모형에서는 양국 화폐의 상대가격으로서 환율이 양국 간 화폐의 수요와 공급에 의해 결정됨을 보여준다. 특히 이 모형에선 통화공급이 물가 및 환율에 대해 비례적 효과를 낳고 있음을 보여준다. 하지만 현실에선 통화정책과 통화공급의 움직임에 비해 물가는 느리게 변동되는 경향을 띄고, 통화공급에 대해 합리적 기대에 의한 예측가능성이 이루어지기 보다는 종종 예측이 불가능한 경우도 있기 때문에 환율결정은 더욱 불확실할 것이다.

오버슈팅 통화모형

신축가격 통화모형에서 가정된 구매력평가는 현실적으로 성립되기가 어렵다. 무엇보다 재화의 가격이 충분히 신축적이지 못한 단기동안에 구매력평가는 성립되지 않는다. 불완전·비대칭적 정보, 장기계약, 소비관습 등이 존재하기 때문에 재화가격은 즉각 변동되지 않고 오랜 시간에 걸쳐 점진적으로 조정된다. 이에 따라 돈부쉬가 제시한 경직가격 통화모형(Sticky Price Monetary Model)은 물가의 단기적 경직성을 고려하면서 통화공급과 환율의 상호관계에 초점을 맞춘 모형으로서 오버슈팅모형으로 불린다. 이를 통해 신축가격모형이 설명하지 못했던 환율의 단기적 초과반응(Overshooting)현상을 나타낼 수 있다.

오버슈팅이란 경제에 새로운 충격이 가해진 경우 새로운 균형점에 도달하는 과정에서 특정한 시장가격이 단기적으로 장기적 균형수준에 비해 더 크게 변하는 현상이다. 균형상태에서 통화공급이 증가했다고 가정했을 때 실물부문에 비해 금융부문의 조정속도는 매우 빠른데 그 가운데에서 환율은 즉각적으로 과잉반응을 보여 일시적으로 균형환율에 비해 더 많이 움직인다. 환율의 동태적 움직임 차원에서 돈부쉬는 환율이 시간의 경과에 따라 장기균형으로 조정되는 과정에서 일시적으로 오버슈팅할 수 있다고 설명한다. 하지만 오버슈팅모형도 장기적 환율 움직임을 설명하는 경우에는 물가가 장기적으로 신축적이기 때문에 신축가격모형과 동일해진다.

예를 들어, 현재 원-달러화 환율과 국내 물가수준이 각각 1,000원과 100이라고 하자. 그 후 정부가 통화량을 증가시키는 등 확장정책을 펴면서 환율과 물가수준의 새로운 균형이 각각 2,000원과 200이 되어야 하는 상황이 도래했다고 하자. 그러면 물가가 100 근처에서 서서히 오를 준비를 하는 과정에서 환율은 3,000원까지 신속히 올라간다는 것이다. 시간이

NOTE

■ 경제변수의 오버슈팅과 언더슈팅

경제변수 중에는 상대적으로 빠르게 변하는 변수와 느리게 변하는 변수 또는 단기변동변수와 장기변동변수로 구분 가능함. 환율이나 주가는 상대적으로 빠르게 변하는 변수이지만 물가는 느리게 변하는 변수임. 상승과 하락이 반복되는 상황에서 경제변수들의 변동속도가 다르기 때문에 환율이 물가에 대해 오버슈팅할 수 있음. 또한, 금리는 주가나 환율에 비해 부드럽게 천천히 움직이는 경향을 보임. 그리고 금리나 주가는 균형수준보다 약간 오르거나 내렸다가 다시 되돌아오는 평균 회귀적 움직임을 보임.

지나면서 물가는 서서히 오르게 되고 환율은 오히려 떨어지면서 2,000원 수준을 찾아가는 것이다. 환율이 1,000원에서 2,000원까지 가는 것이 정상인데 2,000원을 넘어 3,000원까지 갔다가 2,000원으로 떨어지는 모습을 오버슈팅이라 부른다. 거꾸로 2,000원에서 1,000원까지 조정되어야 할 상황에서는 500원까지 내려갔다가 1,000원으로 올라오는 과정에서 균형수준을 지나치면서 하락되는 현상을 언더슈팅이라고 부르기도 한다.

그런데 신축적 모형에선 화폐시장의 균형에서 통화량이 증가되어 초과공급 상태가 되면 물가의 상승을 통해 실질통화공급이 감소되면서 균형으로 복귀하거나 동시에 이자율 하락을 통하여 화폐수요가 늘어나면서 다시 균형을 이룬다. 이에 비해, 경직적 모형에서는 균형을 벗어나 통화량이 증가되면 당장에 물가는 변동되지 않고 우선 금리의 하락을 통해 화폐수요가 늘어나면서 균형을 다시 이루게 된다. 이런 경우 외환시장에서 환율의 오버슈팅 현상이 나타날 수 있다. 즉각적인 환율의 상승정도는 장기적으로 요구되는 상승크기를 훨씬 능가할 수 있다. 그 상승의 폭은 환율의 과잉상승에 따라 합리적으로 기대되는 장래의 환율하락이 국내외 금리차이를 상쇄시킬 수 있을 정도이다. 무위험 이자율평가설을 가정하고 있기 때문이다.

오버슈팅모형이 신축가격모형과 다르게 채택한 가정은 물가의 단기적 경직성을 비롯하여 회귀적 기대가 추가되었다는 점이다. 그런데 환율변동에 대한 경제주체의 회귀적 예상(Retrospective Expectation)이란 현재의 환율이 장기 균형환율보다 높다면 장래에 하락하면서 장기 균형수준으로 복귀할 것이라고 예상하며, 역으로 현재환율이 장기 균형환율보다 낮다면 상승하면서 장기 균형수준으로 되돌아갈 것이라고 예상한다는 것이다. 이를 통해 오버슈팅의 개념을 좀 더 알아보자.

$$E_t[(S_{t+1} - S_t)/\ S_t] = -\theta(S_t - S\hat{\ })$$

$$E_t[(S_{t+1} - S_t)/\ S_t] = i - i^*$$

여기서 E_t는 t시점에서 합리적 기대, S는 환율, S^은 장기균형환율, i는 국내금리, i*는 외국금리를 나타낸다. 그리고 θ는 조정계수로 (물가변동에 대한) 환율의 조정속도를 지칭하며 0<θ<1이다. 조정계수의 값이 클수록 신속하게 장기균형수준에 복귀하게 된다.

첫 번째의 식은 경제주체의 회귀적 예상을, 두 번째는 무위험 이자율 평가를 나타낸다. 회귀적 예상에 따라 현재환율이 장기균형환율보다 상승된 경우(S_t > S^)에는 장래환율이 하락될 것으로 기대되지만($E_t[(S_{t+1} - S_t)/ S_t] < 0$), 반대로 S_t < S^이면 $E_t[(S_{t+1} - S_t)/ S_t] > 0$가 성립된다. 그리고 기대환율 변동폭(오버슈팅 폭)은 무위험 금리평가설에 근거한 국내외 이자율차이 만큼이다.

환율의 오버슈팅 시간경로

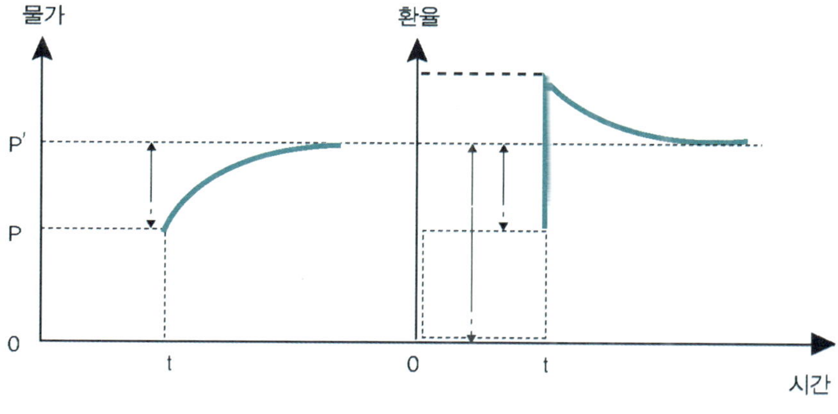

그림은 통화공급량을 증가시킬 때 시간흐름에 따른 물가와 환율의 변동경로를 보여준다. 만약 국내통화량이 증가한다면 장기적으로 물가의 상승과 이자율의 하락을 가져와 환율이 통화량 증가와 비례하여 장기균형수준으로 상승된다. 하지만 단기적으로 보면 물가는 경직적이지만 이자율은 하락하여 환율이 일시적으로 장기균형수준보다 더 높이 상승하는 오버슈팅 현상이 발생된다. t 시점에서 오버슈팅된 환율은 시간이 지나면서 점차 물가가 상승됨으로 실질통화량이 감소되고 그 결과 이자율이 상승되는 과정을 거치면서 하락되다가 최종적으로 오버슈팅 부분이 사라지고 장기균형에 도달하게 된다.

오버슈팅모형을 검증이 용이한 형태로 나타내고자 수학적 과정을 거치면 아래와 같다. 수학적 설명은 생략하기로 한다.

$s = (m - m^*) - a(y - y^*) - 1/\theta(i - i^*)$ 그리고

$\hat{s} = (m - m^*) - a(y - y^*)$

여기서 소문자로 표시된 변수는 로그변수를 의미하며 *는 외국을 지칭한다. 단기적 환율, s에 변동에 영향을 주는 $(m - m^*)$는 계수가 1로서 양국간 통화공급의 차이를, $(y - y^*)$는 양의 계수 a를 가지는 실질국민소득의 차이를, 그리고 $(i - i^*)$는 양의 계수 $1/\theta$를 가지는 금리차이를 지칭하며 오버슈팅과정을 나타낸다. 반면에 장기적 환율, $\hat{s}$는 양국 간 통화공급과 실질국민소득의 차이로 결정됨을 보여준다.

실제로 환율의 오버슈팅 현상이 발생되는지 여부에 대해서는 논란이 있다. 가격변수에 의한 단기적 조정이 항상 정확하게 이루어지지 않기 때문이다. 따라서 정부는 현재 환율이 정상상태가 아닐 수 있다는 점에 염두를 두어야 한다. 정부가 의도적으로 시장에 개입할 경우 환율변동 폭을 더 크게 하여 균형 상태에서 벗어나게 하고 결국 경제를 교란시킬 수 있다. 정부는 차라리 가격변수에 대한 통제를 풀고 경제주체가 합리적 예상을 정확히 하도록 관련 정보를 제공하는 역할에 치중할 필요가 있다.

기타모형

어떤 경제학자들은 환율이 오버슈팅된다는 사실을 믿지 않는다. 균형접근법(Equilibrium Approach)에서는 물가, 금리 및 환율이 항상 시장청산 균형수준에 놓여 있음을 가정한다. 그리고 기술이나 기호의 변동이 발생될 때 환율이 변동된다고 보면서 환율의 변동을 세계경제 충격에 대한 조정적 부분으로 인식한다.

예를 들어, 스위스의 생산기술이 개선되어 생산성이 향상되었다면 스위스의 총생산은 증가되고 생산물가격은 외국에 비해 하락되기 때문에 스위스 프랑의 가치가 인하된다. 이는 스위스의 수출증가로 이어진다. 또한, 스위스 상품을 소비자가 더욱 선호한다면 스위스 생산물의 상대가격이 상승하기 때문에 스위스 프랑의 가치가 인상된다. 이 견해에 따르면 환율변동은 기술이나 기호가 변하는 과정에서 단지 발생하는 것으로 취급한다. 환율변동은 새로운 균형을 향한 조정과정의 일부분이 된다.

지금까지 살펴본 신축가격모형 및 경직가격모형에서는 안정적 화폐수요를 가정했지만 1970년대 중반부터 자본자유화 추세에 편승하여 화폐수요의 불안정성을 설명하는 이론이 대두되었다. 이 가운데에서 통화대체모형은 다국적기업 등 국내거주자가 국내화폐와 함께 다수의 외국화폐를 보유한다는 사실을 잘 반영하는 이론이다. 통화의 대체성이란 특정국의 거주자가 화폐수요를 충족하기 위해 자국통화뿐만 아니라 외국통화를 화폐잔고로 보유하려는 성향을 의미한다. 그래서 통화대체는 보통 물가상승률이 높은 나라에서 외국통화를 자국통화의 대체물로 사용하는 현상을 말한다.

통화대체모형(Currency Substitution Model)은 거주자가 자산선택으로 국내화폐뿐만 아니라 외국화폐도 보유할 수 있다는 가정하에서 국내외 통화수요의 대체성을 가리키는 통화대체가 증대됨에 따라 환율의 변동성이 더욱 심해짐을 보여주는 모형이다. 여러 통화에 대한 화폐수요의 변화로서 국제적 통화대체가 완벽해질수록 환율의 변동은 커진다. 통화대체성과 환율변동성의 관계를 규명하는 대표적인 모형으로 통화대체의 자산수요모형이라고 부르는 거튼-로퍼모형 등이 있다. 거튼-로퍼모형에서는 통화대체현상을 거주자의 자산수요 행동의 결과로 간주하였다.

다시 말하면, 화폐수요자 차원에서 두 통화가 완벽한 대체재라면 각 통화는 상호 균등한 인플레이션을 띄거나 높은 인플레이션을 지닌 통화의 수요는 0이 된다. 예를 들어, 미국 달러화와 캐나다 달러화가 대체재인 경우 캐나다 달러화가 미국 달러화에 비해 인플레이션율이 높다면 캐나다 달러화에 대한 수요가 미국 달러화의 수요로 전환될 것이다. 그 결과로 캐나다 달러화의 가치는 하락될 것이다. 이러한 화폐수요의 변동이 환율의 변동성을 더욱 높일 것이다. 또, 화폐수요가 이같이 불안정하면 화폐공급정책의 효과가 크게 줄어들 수 있다.

특히 통화대체성은 자원이동의 정도가 매우 높은 지역에서 더욱 중요하다고 볼 수 있는데, 유럽 국가들은 대부분 유로화를 사용하므로 통화대체성이 아주 높다. 그밖에 남미지역 국가들의 통화들과 미국 달러화 간의 통화대체성도 높은 편이다. 남미지역에서는 주로 미국 달러화가 교환의 수단, 회계의 단위 및 가치저장의 수단으로 자국통화를 대신하여 널리 사용되기 때문에 달러라이제이션(Dollarization)이라고 부르기도 한다. 통화대체에 관한 연구들은 남미지역을 중심으로 상당히 이루어졌다.

- Further Study Tip : 환율결정이론의 발전과정을 여러 세부 모형별로 분석해봄. 예를 들면, 1) 신축가격 통화모형(기본모형(빌슨-프렌켈 등)에서부터 소국모형, 국제간 상이한 화폐수요모형, 기대인플레이션모형, 합리적 기대모형(무사,프리드만 등) 등으로 적용시켜 발전함), 2) 경직가격 통화모형(기본모형(먼델 등)에서부터 시작되어 돈부쉬가 합리적 기대를 도입하여 이 모형을 제시하였고 프랑켈에 의해 확장되어 발전함), 3) 통화대체모형(통화모형을 자국의 외국통화 보유허용 관점으로 발전시킨 모형으로 거튼-로퍼모형, 훌우드-맥도날드모형 등이 소개됨), 4) 포트폴리오 균형모형(자산구성의 다양성을 강조하면서 발전되어 왔는데, 소국모형(브랜슨 등), 자국자산모형, 단일선호모형 등이 있음), 5) 기타 거시경제모형(변동환율제와 고정환율제에서 먼델-플레밍모형, 정태와 동태 먼델-플레밍모형 등).

포트폴리오균형모형

1970년대에 들어서면서 국제자본이동이 활발해지자 국제분산 증권투자(포트폴리오투자)로 자본수지의 변동을 설명하는 것이 설득력을 얻었다. 환율결정이론에서는 포트폴리오-밸런스 접근이 여러 학자들에 의해 발전되어 왔다. 여러 모형들이 공통적으로 갖는 기본적인 특징에 관해 알아보자.

현실적인 포트폴리오-밸런스 접근법(Portfolio-Balance Approach)은 신축가격모형이나 오버슈팅모형과 달리 구매력 평가 및 이자율 평가가 성립되지 않는다고 가정하므로 상품이나 금융자산을 국제간에 균등한 것으로 취급하지 않는다. 각 자산의 수익률과 위험이 상이하다. 그리고 투자가들은 금융자산을 통화뿐만 아니라 증권 등 모든 자산을 포괄시켜서 고려하고 금융자산의 수익성과 위험을 충분히 반영하여 국제간 최적의 자산을 구성하려고 한다.

포트폴리오-밸런스모형은 자산시장과 자산축적, 경상수지 등을 포괄하여 환율결정을 설명하는 정태적·동태적 모형이다. 투자가들은 자국자산을 더 이상 타국자산과 동일한 것으로 간주하지 않고 기대수익률에 따라 국제자산구성을 달리하고자 한다. 자국자산과 타국자산이 일치하지 않기 때문에 예상수익률에 따라 총자산 가운데 차지하는 자국자산과 타국자산의 비중을 각각 결정해야 한다. 따라서 환율은 단순하게 자국통화와 외국통화 간의 교환비율이자 국제금융시장의 균형을 이루도록 하는 자국자산과 타국자산 간의 상대가격이 된다.

그런데 총자산(부)은 국내자산(통화와 증권)과 해외자산의 합으로 이루어지며 총자산은 변화가 없고 단지 부의 구성요소간의 균형과정에서 환율이 결정된다. 국내자산과 외화자산의 수요가 이들의 공급과 일치하는 수준에서 (균형)환율은 결정된다. 투자가들이 외화자산을 더 선호하면 외화자산에 대한 수요가 늘어나 환율이 상승하고 반대로 국내자산을 더 보유하고자 하면 환율은 하락한다. 예를 들면, 국내채권의 공급이 증가하면 국내채권의 리스크 프리미엄이 상승하여 환율은 인상된다. 또, 정부가 통화량증가를 위해 국내채권을 매입하면 국내채권수요의 증대로 채권가격은 인상되고 금리는 하락되므로 상대적으로 투자율이 높아진 외국채권수요가 상승해 환율이 인상된다.

다시 말하면, 일국의 총자산(W)은 국내자산(B)과 해외자산(B*)을 모두 합한 것이다. 즉, W = B + SB* 이며 S는 환율을 의미한다. 여기서 두 자산의 구성비중은 기대수익률의 차이에 따라 결정되므로 이자율 평형이 성립되지 않는 자산시장의 균형상태는 아래와 같이 나타낼 수 있다.

$$\frac{B}{SB^*} = \beta(i - i^* - (\frac{S^e - S}{S})), \quad \beta > 0$$

여기서 i는 국내투자 수익률, $(i^* + \frac{S^e - S}{S})$는 외국 기대수익률, 그리고 β는 조정계수가 된다. 프랑켈은 이식을 도출하여 국내외 자산의 구성비율이 양국간 기대수익률의 차이에 따라 결정됨을 나타내었다. 이를 환율에 대해 정리해보면 환율결정모형을 얻을 수 있다.

$$S = \frac{\frac{B}{B^*}}{\beta(i - i^* - (\frac{s^e - s}{s}))}$$

이 식은 환율이 두 자산의 상대적 공급량 및 양국 기대수익률의 차이에 영향을 받으면서 결정됨을 나타낸다. 만일 외국금리가 상승하거나 국내채권공급이 증가하면 환율이 상승된다. 역으로 국내금리가 상승하거나 외국채권공급이 증가하면 환율이 하락될 것이다. 또한, 외국채권공급의 증가는 과거 경상수지 흑자의 결과일 수 있고, 외국채권공급의 감소는 경상수지 적자에 기인할 수 있다. 따라서 경상수지 불균형의 크기도 환율에 영향을 주고 있음을 알 수 있다. 그밖에 어떤 변화가 복합적으로 영향을 주는 경우 국내시장이 해외시장보다 더 많이 영향을 받고, 증권이 화폐보다 영향을 크게 받는다는 원칙으로 판단 가능하다. 예를 들어, 국내소득이 증가하면 해외증권 수요도 증가하지만 국내증권 수요가 더 많이 증가하여 환율이 하락된다. 금리가 하락하면 통화수요는 감소되지만 증권수요가 더욱 증가하므로 국내자산의 수요가 늘어나 환율이 하락된다.

포트폴리오-밸런스모형을 검증이 용이한 형태로 나타내고자 양변에 로그를 취하고 선형함수로 표현해주는 수학적 과정을 거치면 아래와 같다.

$$s = -\beta(i - i^* - (\frac{s^e - s}{s})) + (b - b^*)$$

여기서 소문자로 표시된 변수는 로그변수를 의미하며 *는 외국을 지칭한다. 환율, s에 변동에 영향을 주는 (b - b*)는 계수가 1로서 양국간 채권공급의 차이를, 기대수익률의 차이인 $(i - i^* - (\frac{s^e - s}{s}))$는 양의 계수 β를 갖는다.

앞에서 소개한 여러 환율결정이론에 대해 값은 경험적 연구가 행해져 왔다. 하지만 실증분석을 통해 얻은 중요한 사실은 거시경제변수 관계에 기초한 모형들이 환율의 움직임을 잘 설명하지 못한다는 점이다. 특별히, 이러한 모형들은 미래환율 예측에서는 무작위행보와 별 차이를 보이지 못하고 있다. 환율에 내재된 기초경제변수에 대한 지식이 환율의 결정과 예측에 도움을 크게 주지 못하기 때문이다. 구작위행보(Random Walk)에 따른 환율예측이란 환율을 전혀 예측할 수 없기 때문에 단지 내일 환율은 오늘과 같다고 예측하는 것이다. 따라서 지금까지의 환율결정모형들은 불완전하여 개선될 소지가 많이 존재하였다.

• Further Studying Tip : 균형 환율모형과 비균형 환율모형을 비교해보시오. 나아가 기술적 접근모형을 참조하시오.

NOTE

■ **환심리설**

환율은 외환의 수요와 공급에 따라 결정되지만 외환의 수급은 경제주체가 지니는 외국통화에 대한 심리적 평가에 의하여 결정된다는 설. 아프탈리웅이 주장함.

■ **환율결정에 통합자산모형**

환율결정에 대하여 통화론적모형과 포트폴리오-밸런스모형을 통합하고 조정한 절충모형을 말함.

새로운 환율결정이론

• Teaching Tip : 거시경제모형이 설명하지 못하는 환율의 움직임에 초점을 맞추고 새로운 접근방식을 소개함.

그 동안 세계금융질서를 지배해오던 고정환율제도가 1970년대 초반에 변동환율제도로 전환된 이래 외환시장은 두 가지 중요한 현상을 보이고 있다.

첫째, 외환시장은 거래유동성이 매우 높지만 여전히 비효율적인 시장에 가깝다. 리스크프리미엄의 존재로 이자율평형가설은 성립되지 않으며 이해하기 어려운 가격정보 처리과정으로 구성된 불투명한 시장이다. 시장의 불투명성은 참가자의 이질성에서 비롯된다. 이질성에는 정보의 비대칭, 상이한 정보반응속도, 다양한 기회와 위험의 공존 등이 포함된다.

둘째, 기초경제변수는 장기차원에서 환율의 움직임을 어느 정도 설명해줄 수 있다. 하지만 거시경제변수는 환율의 단기적인 급변동을 거의 설명하지 못한다. 따라서 기초경제변수에 기초한 환율결정의 예측력은 뉴스와 투기적 거품을 통한 기대 및 미시적 접근법에 의해 향상될 수 있다.

기대: 뉴스와 투기적 거품

거시적 경제관계에 기초한 환율결정모형이 환율의 움직임을 설명하는데 어려움을 겪자 그 이유를 2가지 시각으로 주장하기도 한다. 첫 번째로, 환율은 비합리적인 반응 때문에 변동한다는 것이다. 두 번째로, 시장참가자가 합리적이라 해도 환율변동에 영향을 미치는 다른 요인들이 존재한다는 것이다. 이는 기대하지 않았던 사건들(Unexpected Events)이 환율변동에 영향을 미치는 뉴스(News)의 역할을 강조하고, 그리고 자기실현적 예상을 통한 투기적 거품(Speculative Bubble)에 초점을 맞춘 것이다.

실제현실에서는 예견할 수 없는 충격들이 가득하다. 기대치 않은 사건이나 새로운 정보가 발생되면 이를 뉴스라고 부르면서 충격을 나타낸다. 금리, 가격, 소득 등이 각종 뉴스에 의해 영향을 받기 때문에 환율도 뉴스에 영향을 받게 된다. 환율, 금리 및 금융자산의 가격은 뉴스에 빠르게 반응하지만 상품이나 서비스의 가격은 반응속도가 느리다는 측면에서 뉴스에 거의 영향을 받지 않는다. 이와 같이 환율이 부분적으로 뉴스에 의해서 결정되기 때문에 경제주체가 완전한 예측(Perfect Foresight)을 하지 못하는 한 환율예측에 커다란 어려움을 겪는다. 예를 들어, 환율에 중요한 어떤 예측하지 못한 경제정책변동이 발표되었다면 그 기간 동안 환율은 변동성을 크게 나타낼 수 있다.

환율결정에 관한 뉴스접근은 새로운 정보가 중요한 시기에 있어서 폭 넓은 지지를 받고 있다. 예상하지 못한 통화량 증가나 경상수지 악화가 환율인상 폭을 넓혔다는 뉴스기사가 이를 잘 말해준다. 외환시장에서 새로운 정보가 중요하다면 뉴스적 상황으로 환율결정모형을 다룰 필요가 있다.

따라서 경제변수에 대한 뉴스가 환율변동에 영향을 미쳐 환율의 예측오차를 야기하면서 환율변동성의 일부를 설명한다는 사실을 수식으로 나타내보자.

$$S_{t+1} = S^e_{t+1} + u_{t+1} \quad \text{또는} \quad S_{t+1} - S^e_{t+1} = n + \epsilon_{t+1}$$

여기서 S_{t+1}는 미래현물환율, S^e_{t+1}는 합리적 기대가설에 따른 기대환율, u_{t+1}는 예측오차항, n은 뉴스항목, 그리고 ϵ_{t+1}은 순전한 확률항목을 나타낸다. 사실상 경제주체에 대해 합리적 기대를 가정하는 경우 환율결정이나 환율예측이 기대치 않은 사건에만 반응하여 변동된다. 이는 뉴스의 역할이 크다는 점을 나타내준다. 환율결정에 영향을 주는 뉴스의 역할은 환율이 무작위행보하는 것처럼 보이지만 경제변수와 밀접한 관련이 있음을 암시해준다. 그래서 예측오차항을 누스로 인한 예측오차항과 경제변수와 무관한 순수한 교란요인으로 구분할 수 있다.

환율결정에 관한 뉴스 접근에는 프렌켈, 돈부쉬 등 많은 학자들의 실증분석이 행해졌다. 상당수의 경험적 연구들은 기초경제변수들에 대한 뉴스 때문에 환율변동성의 일부가 발생됨을 밝혔다.

환율의 교란성을 설명하는 방법으로 뉴스 이외에 투기거품의 문제가 종종 사용된다. 시장환율이 경제변수들에 의해 결정되는 환율로부터 이탈될 때, 이러한 이탈이 계속될 확률, 즉 거품이 지속될 확률과 경제변수에 의한 환율수준에 복귀할 확률, 즉 거품이 꺼질 확률을 비교하여 환율을 평가할 필요가 있다. 시장참가자들이 합리적으로 결정하더라도 환율은 경제변수의 사후적 결과 이외에 미래 환율변화에 대한 사전적 예상에 의해 결정되어진다.

참가자의 예상이 조금만 변해도 환율은 과도하게 변동할 수 있다. 만일 환율이 상승한다고 예상하면 외환의 수요가 증대하여 결과적으로 환율을 더욱 상승시킨다. 여기서 환율의 움직임은 경제변수에 의한 것이 아니라 예상에 따른 것이다. 그런데 예상에 따라서 외환수요의 변화와 이에 수반된 환율의 변동이 이어져서 실제로 기대가 실현되었다. 이처럼 자기실현적 기대(Self-fulfilling Expectation)를 통한 투자행위가 지속되면 환율이 경제변수와 무관하게 상승하는 투기거품 현상을 보일 수 있다. 투기적 거품은 1980년대 초반 달러화가 기초경제변수의 가치를 크게 벗어나 과도하게 상승하자 그 이유를 설명하기 위해 사용되었다.

투기적 거품이 존재하는 경우에 투기거품에 대한 정보를 감안하지 않고 기초경제변수로만 환율결정을 설명한다면 그 것은 잘못된 결과를 낳을 것이다. 하지만 투기거품 현상의 원인에 대하여 아직 정확히 설명하지 못하고 있는 실정이다.

$$\frac{Var(S_{t,p})}{Var(S_{t,f})}$$

NOTE

■ 환율결정에 잡음(Noise)의 역할

금융자산시장에서 가격들은 뉴스, 소문(수량화되지 않은 뉴스) 등에 못지않게 잡음에 민감한 반응을 보일 수 있음. 시장 밖에서부터 유입된 뉴스와 달리 잡음은 시장 내에서 거래자들간의 상호작용에서 기인됨. 뉴스와 연관되지 않는 일부 환율의 단기적 변동성에는 잡음이 개입되어 있을 수 있음.

실증분석에서는 기초경제변수의 장래 실제값에 토대를 둔 환율($S_{t,f}$)과 완전한 예측에 토대를 둔 환율($S_{t,p}$)의 분산비율의 검증을 통해 투기거품의 존재를 지지하는 결과를 얻을 수 있다. 이 경우 거품이 존재한다면 실제환율($S_{t,f}$)은 완벽한 선견지명환율($S_{t,p}$)보다 더 변동적일 것이다. 그렇지만 투기적 거품에 대한 경험적 연구들의 증거도 빈약한 편이다.

NOTE

■ **동반효과(Bandwagon Effect)**
환율의 상승/하락에 대한 기대심리가 같은 방향으로 형성되면서 외환매입/매도가 한 방향으로 집중되어 환율이 급변동하는 현상을 말함.

미시적 접근: 시장구조와 참가자행태

지금까지 살펴본 환율결정모형은 거시경제적 관점에서 기초경제변수에 초점을 두었지만 하루 동안의 환율움직임은 미시적 시각에서 참가자 사이의 상호작용에 의존한다. 그러므로 환율의 움직임을 보다 잘 설명하기 위해서는 외환시장구조, 참가자간의 상호작용 등도 고려해야 한다. 대체로 외환시장은 비효율적이고 분권화되어 불투명하며, 거시기초변수들은 단기적 환율 움직임과 상관관계가 낮기 때문이다. 거시경제변수에 기초한 환율의 예측력이 외환주문흐름과 함께 더 높아지는 등 다양한 시도가 이루어지고 있지만 아직 미시적 접근법은 완전히 정형화된 모형은 아니다.

외환시장의 미시 구조적 행태에 대해 본격적으로 알아보자. 외환시장에는 여러 참가자들이 포함되어 있다. 참가자의 이질성은 비대칭적 정보, 상이한 반응속도, 다양한 기회와 기대수익 등을 포함하게 된다. 참가자들의 서로 다른 행태나 상호작용 때문에 지속적인 비효율성 및 불투명한 가격결정과정을 유발하게 된다. 그래서 미시적 접근은 주로 외환거래량이나 환율변동성의 특징을 찾는 것에 초점을 맞추고 있다.

첫째, 외환의 주문량 흐름이 단기적 환율수준에 커다란 영향을 준다. 외환에 대한 주문량 흐름(Order Flow)이란 구매 거래량에서 판매 거래량을 차감한 것을 말한다. 예를 들면, 고객의 주문량 흐름은 고객이 은행으로부터의 구매량에서 은행에게로 판매량을 차감한 것인데, 외환주문량 흐름이 많을수록, 즉 외환 구매량이 판매량을 초과할 때 이 외환의 가격은 상승한다. 구매 거래량이 많아지면 가격은 상승하고 그 역도 성립된다.

Lyons와 Evans(2002년)의 경험적 연구에 따르면 은행 간 주문량 흐름이 일일 환율수익에 63%까지 설명 가능하지만 기초경제변수는 단지 5% 정도만 설명할 뿐이라고 밝혔다.

외환주문량 흐름이 환율결정에 중요한다는 점을 확신시키기 위해서 몇 가지의 확실한 설명이 더 요구된다. 재고(Inventories), 정보(Information), 유동성(Liquidity) 등으로 설명 가능하다.

먼저, 은행(딜러)은 외환거래과정에서 적정수준의 재고(량)을 보유하는데, 만일 고객이 매도하고 딜러가 구입하여 딜러가 원하는 적정수준에 비해 초과재고 포지션에 있다면 공급초과로 환율은 하락하고, 역으로 딜러가 과소재고 포지션에 있다면 수요초과로 환율은 상승할 것이다. 이처럼 환율은 은행이 보유한 외환재고의 불균형을 반영하면서 변동한다.

이에 반해 정보가설(Information Hypothesis)에 따르면 주문흐름은 환율관련 정보를 지니고 있다. 고객이 외환을 매도하면 딜러는 환율가치가 현가보다 낮고 고객이 매입하면 딜러는 환율가치가 현가보다 높다고 추측한다. 따라서 딜러는 판매자에 비해 구매자에게 더 높은 가격을 부과시키면서 매도-매입 스프레드를 만든다. 그리고 통화나 외환은 농산물과 달리 오랫동안 살아가는 상품이기 때문에 이들의 수요는 부분적으로 미래 기대수익에 의해 정해진다. 이러한 관점에서 정보는 중요한 환율결정 요인이 될 수 있다.

일반적으로 미시경제적 차원에서 외환시장은 주문량 흐름의 공급과 수요가 일치할 때 균형을 이룬다. 그런데 환율에 표시된 한 통화에 대한 수요가 다른 통화의 공급이 되므로 유동성 효과는 수요증가가 이에 요구된 유동성 수준까지 환율상승을 야기할 수 있음을 암시해준다.

환율결정에 대한 거시적 vs 미시적 접근

	거시적 접근	미시적 접근
모형초점	기초경제변수(펀더멘털) - 상대적 통화속도 등의 경제활동	시장구조 - 거래과정
시장거래	대표참가자(Representative Agent)	여러 참가자 - 딜러와 고객
정보	공적정보, 동일한 정보소유	사적정보, 정보의 비대칭성, 불완전한 위험분담
자료	낮은 빈도수, 장기적 움직임	높은 빈도수, 단기적 움직임
특징	사적정보로 외환가격을 결정하지 못함	기초경제변수 이외에 외환거래 주문(량)흐름, 불확실성 등이 중요함

둘째, 외환시장의 참가자로 딜러(은행)와 고객이 대표적인데 이들의 상호작용이 환율결정에 아주 중요하다. 딜러는 유동성 조성자로서 BIS 2002년도 발표 자료에 따르면 딜러가 일일거래량의 약 60%를 차지한 반면 고객이 나머지 40%정도를 기여해주었다. 우선 딜러(Dealers)는 은행간 시장에서 시장조성, 영향력 높은 거래, 버팀목 거래, 위험을 무릅쓰는 모험 등의 기능을 맡고 있다. 반면 고객(Customers)은 은행간시장의 유동성에 접근하기 위해 딜러와 거래한다. 보통 고객과 딜러 사이에는 구두거래나 전자적 거래가 이루어진다. 전자적 거래용 시스템으로 FX Connect, FXAll 및 Currenex가 도입되어 사용되고 있다.

그런데 시장참가자를 금융거래자(Financial Traders)와 상업거래자(Commercial Traders)로 구분할 수도 있다. 금융거래자는 기관의 자산관리인으로서 재산을 여러 통화 형태로 보유·관리한다. 금융거래자에 속하는 은행, 통화펀드, 헤지펀드, 뮤추얼펀드 등은 위험제약 하에서 투기적 이익획득에 관심이 크다. 금융거래자는 외환도매시장에서 인플레이션율이 낮은 선진국의 통화를 평균 1백만 달러 이상의 계약규모로 사고팔면서 위험을 감수한 이익추구를 지향한다. 이에 비해 상업거래자는 비금융기관

NOTE

■ **환율결정에서 메이저 통화와 비메이저 통화**

세계경제가 불황일 때 Major Currency(국제통화)는 안정자산으로 여겨져서 수요가 증가하여 통화가치가 상승하는 반면에 Non-major Currency의 가치는 상대적으로 하락되는 경향이 있음. 역도 성립할 것임. 이는 마치 금값이 불황에 오르지만 Oil가격은 호황에 상승하고, 역도 성립되는 원리와 유사함.

■ **환율의 예측: 전통적(기본적) 분석 vs 기술적 분석**

전통적 분석은 경제변수에 중점을 두고 적정환율을 도출하는 장기적 예측전망에 비교적 유리함. 반면에 기술적 분석은 과거나 현재의 시계열자료를 분석하여 특징을 찾아내는 것, 즉 최근 추세에 중점을 두고 환율변화를 예측하는데 단기적 예측전망에 유용함.

으로 국제무역에 주로 관여한다. 상업거래자에 해당되는 기업고객은 현행 환율수준 자체에 관심이 많으며 투기활동은 절제하는 편이다. 상업거래자는 교역활동을 위해 국제통화를 교환의 매개수단으로 사용하면서 환율과 무역이득의 관련성에 초점을 맞춘다.

미시적 접근이 체계적인 환율결정이론으로 정립되기 위해서는 앞에서 소개한 시장구조나 참가자행태가 어떻게 환율에 영향을 미치는지 설명해야 한다. 이와 관련된 노력 가운데 하나로서 미시적 환율모형의 원리를 소개해본다.

먼저, 환율결정에 대한 전통적인 자산가격모형은 아래와 같다.

$$S_t = f(F_t,\ S^e_{t+1})$$

여기서 St는 현재 t시점의 환율, Ft는 금리, 통화량, 물가 등 기초경제변수들의 벡터, Set+1는 장래 기대환율, 그리고 f는 함수를 나타낸다. 이러한 일반적 형태의 모형은 환율이 기초경제변수 및 기대환율에 의해 결정됨을 제시해준다.

반면 환율결정에 대한 미시적 접근모형은 아래처럼 표현 가능하다.

$$S_t = g(X_t,\ R_t) \quad \text{또는} \quad S_t = f(F_t,\ S^e_{t+1}) + g(X_t,\ R_t)$$

여기서 X_t는 주문량 흐름, R_t는 딜러의 순포지션, 중앙은행의 시장개입 등 기타 미시변수들의 벡터, 그리고 g는 함수를 나타낸다. 첫 번째 모형은 환율이 주문량 흐름 및 다른 미시변수에 의해 결정됨을 보여준다. 두 번째 모형은 거시모형과 미시모형을 결합시킨 혼합형이다.

- Critical Thinking : 미시적 환율결정모형에 대하여 M. P. Taylor, R. K. Lyons, M. Evans, M. Sager, C. Osler 등의 연구를 살펴보면서 (초)단기 환율변동성의 요인이 무엇인지 파악해봄.

● 환율결정이론

- ▶ 거시적 접근
  - ■ 국제수지접근법 : 구매력평가설, 케인즈 탄력성모형, 먼델-플레밍모형
  - ■ 자산시장접근법 : • 통화론적 접근 - 신축가격통화모형, 오버슈팅모형, 통화대체모형
    • 포트폴리오균형 접근 - 소국모형, 자국자산선호모형, 선호단일모형
  - ■ 뉴스와 투기적 거품
- ▶ 미시적 접근 : 외환시장구조 및 참가자행태

정 리

- 자산시장접근 환율결정법에는 신축가격 통화론자모형, 오버슈팅 모형, 포트폴리오-밸런스모형 등이 있음.
- 실증분석 연구결과에 따르면 전통적·현대적 접근방법에 의한 환율 예측값은 거의 설명력이 없음. 이를 극복하기 위해 뉴스나 투기적 거품의 역할을 강조했음. 최근에는 미시적 접근방식으로 시장구조나 참가자의 행태에 초점을 맞추어 환율 움직임을 설명하려고 노력하고 있음.
- 경험적 사실 :

1) 실질/명목 환율은 상관관계가 높음.

2) 실질/명목 환율은 랜덤워크 모형으로 잘 설명되는 편임.

3) 환율은 여타 기초경제변수 보다 훨씬 더 변동적임.

4) 고물가 국가는 평가절하되는 경향을 보임

5) 환율과 이자율 차이 간의 상관관계는 거의 없음.

• Further Studying Tip : 환율결정모형의 여러 세부적 내용은 본문을 통해 숙지함.

6-3 Section 연습문제와 요약

NOTE

■ **펀더멘털 균형환율과 소망균형환율**

펀더멘털 균형환율(Fundamental Equilibrium Exchange Rate)이란 대내외 균형을 동시에 달성하는 환율수준을 말함. 대내균형은 물가상승을 가속화시키지 않는 상태에서 잠재GDP수준의 생산활동을 달성하는 것이며, 대외균형이란 경상수지가 균형 또는 적자상태라도 거시경제 상황에 비추어 크지 않고 순자본유입으로 뒤바침될 수 있어 수용 가능한 경우를 말함. 이에 반해, 소망균형환율(Desired Equilibrium Exchange Rate)은 기본개념은 펀더멘털 균형환율과 비슷하나 환율을 정책조정 수단으로 사용한다는 점에서 상이함.

거시경제 환율결정모형

01 변동환율제도에 대한 주요 불만사항은 환율이 너무 변동적이라는 사실이다. 경상수지, 외환보유고, 통화대체성, 실물시장과 자산시장의 상이한 조정속도, 뉴스, 미시 구조적 특성 등이 환율의 변동성에 영향을 미친다. 환율결정모형의 특징을 주제별로 실례를 들면서 설명하시오.

a. 케인즈모형을 이용하여 환율의 결정과 변동성을 나타내시오.
b. 먼델-플레밍모형에서 환율변동성에 대해 강조하고 있는 점을 보이시오.
c. 오늘날 외환의 수요와 공급은 투자가들이 국제자산을 조정하는 과정에서 발생되는 경우가 많다. 환율변동성에 대해 통화론자의 신축가격모형과 경직가격모형을 비교하시오.
d. 포트폴리오-밸런스모형이 통화론자모형과 다른 점이 무엇인지 밝히시오.
e. 파운드-달러화 환율이 파운드당 2.0달러이고 1년 후 기대환율이 1.9달러이라면 기대환율변화율은 얼마인가? 더 나아가 달러표시 채권공급이 증가하여 환율이 2.05달러로 인상되었다면 기대환율 변화율은 어느 정도인가?

Answer 1.a. 국제자본이동이 통제되어 국제수지가 경상수지에 영향을 주로 받는다고 가정함. 경상수지가 균형을 이루는 수준에서 (균형)환율이 결정됨. 만일 국내물가상승이나 국내소득증가로 수입이 수출에 비해 증가되어 경상수지가 적자가 되면 환율(외환의 가격)이 상승함. 반대로 수출이 수입보다 커서 경상수지가 흑자이면 환율이 하락됨.

b. 경상수지보다 자본수지의 변화가 영향력이 더 높으며 자본이동이 금리변동에 민감하게 반응한다고 가정함. 따라서 국내금리가 외국금리에 비해 상승하면 국제자본유입에 따라 자본수지가 흑자가 되고 외환공급 증가로 인해 환율이 하락됨. 반대로 국내금리가 하락하면 자본유출로 자본수지가 적자가 되어 환율이 상승함. 또한, 확장재정정책을 사용하면 국내소득증가는 경상수지 적자를 야기하지만 국내금리상승은 자본수지 흑자를 유발하므로 종합수지를 흑자로 간주하여 외환공급이 증가하고 환율이 하락된다고 판정함. 확장통화정책은 국내소득증가와 국내금리하락을 야기하여 환율상승을 유발시킴.

c. 통화론자모형은 완전한 대체관계에 있는 국내외 통화만 자산으로 고려함. 이 가운데 신축가격모형에서는, 만일 팽창통화정책으로 국내통화량이 증가하면 적정한 자산구성을 위해 외국통화수요가 증가하므로 국내통화가치는 하락되고 환율이 상승함. 또한 국내이자율이 상승하면 국내통화수요가 감소하고 적정한 자산구성을 위해 외국통화수요가 증가하므로 환율이 상승함. 이에 비해, 오버슈팅모형에서는, 국내통화량이 증가하면 물가는 단기적으로 경직적이지만 국내금리가 하락되어 환율이 상승됨. 특히, 통화량증가는 장기적으로 환율을 상승시키고 일시적으로 장기환율수준 보다 더 높이 환율을 오버슈팅시킴.

d. 포트폴리오-밸런스모형은 불완전한 대체관계 금융자산으로 통화 및 증권을 모두 고려함. 따라서 국내자산과 외국자산의 상대적 비중이 균등한 수준에서 환율이 결정됨. 그리고 정부가 국내채권 매입을 통해 통화량을 확대시키면 이자율이 하락되고 외국채권의 수요가 증가되어 환율이 상승함. 또한, 국내소득이 증가하면 국내증권수요가 해외증권수요보다 크게 증가된다고 보므로 환율이 하락됨. 반면, 국내금리가 증가하면 국내통화수요는 감소시키지만 국내채권수요는 증가시킨다고 보면서 환율이 하락된다고 판정함.

e. 기대환율변화율은 [(1.9−2)÷2]*100 = −5%. 환율이 2.05달러로 상승한 경우 기대환율변환율은 [(1.9−2.05)÷2.05]*100 = −7.3%.

02 관리변동환율제도를 운용하는 소국 개방경제하에서 기초경제변수에 대한 다양한 외·내부 충격의 중기적 효과를 요약·정리하시오. 기호(+, −, 0, ?)를 사용하여 아래 상자의 빈칸을 채우면서 그 효과를 보이시오.

	국민소득과 고용	물가와 임금	이자율	환율
통화공급량 증가				
정부지출 증가				
비용증가				
수출수요 증가 (해외소득 증가)				
해외물가 상승				
해외금리 인상				
해외통화량 증가				
해외정부지출 증가				

Answer 2.

	소득과고용	물가와임금	이자율	환율
통화공급량 증가	+	+	−	+
정부지출 증가	+	+	+	−
비용증가	−	+	+	−
수출수요 증가 (해외소득 증가)	+	?	−	−
해외물가 상승	0	+	0	−
해외금리 인상	−	?	+	+
해외통화량 증가	+	+	−	−
해외정부지출 증가	?	?	+	+

03 환율의 단기적 움직임은 국가간 이자율 차이와 밀접한 관련이 있다. 반면에 환율은 장기적으로 기대 인플레이션(율) 차이와 긴밀한 관계를 맺고 있다. 국내 통화공급량이 증가(감소)한 경우 환율에 대한 장단기 효과의 경로를 설명하시오. 또한 실질환율에는 어떤 영향을 미치겠는가?

Answer 3. 다른 조건이 일정하다면 단기적으로 국내통화량이 한번 증가한 경우 국내금리가 하락하여 외환가격 상승압력이 높아지는데, 즉 환율이 상승됨. 그래서 실질환율도 상승됨. 반면에 장기적으로는 국내통화량이 지속적으로 증가한 경우 국내물가가 상승하여 국내통화 가치하락 기대로 환율이 상승함. 장기적으로 외국물가가 일정하다면 환율과 물가가 동시에 변동되어 서로 상쇄되므로 실질환율은 원래 수준으로 복귀함.

환율의 단기적 움직임

01 변동환율제도로 이행한 이후 환율변동성은 커지기는 하였으나 2000년대 초반까지 원달러화 환율의 변동성은 선진국 통화에 비해서는 낮은 수준이었다. 아래의 표를 참조하시오. 하지만 2000년대 후반부터 원달러화 환율의 변동성이 선진국이나 경쟁국에 비해 높아졌다. 그런데 앞에서 살펴본 거시경제 환율결정모형은 각국 환율의 결정과 변동을 잘 설명하지 못하고 있다. 환율의 변동성이 기초경제변수들에 비해 훨씬 더 큰 원인은 무엇이라 생각하는가?

환율변동성

	2000	2001	2002
유로화	0.63	0.55	0.47
호주 달러화	0.60	0.62	0.45
일본 엔화	0.47	0.49	0.48
싱가포르 달러화	0.17	0.22	0.21
필리핀 페소화	0.28	0.35	0.22
태국 바트화	0.34	0.23	0.24
한국 원화	0.28	0.37	0.31

주) 미국 달러화에 대한 전일대비 변동율로 측정한 변동성

Answer 1. 본문내용 참조바람.

02 환율의 움직임에 대해 장기변동성과 단기변동성으로 구분하여 설명할 수 있다. 이를 위하여 시계열자료를 장기와 단기 차원에서 각각 살펴볼 필요가 있다. 먼저 원달러화 환율을 2000년 1월부터 2010년 8월까지 월평균 자료를 사용하여 그려보시오. 그 다음 동일기간 동안의 일일평균 자료를 이용하여 그려보고 월평균 자료와 비교하시오. 끝으로 2010년 8월 단기간만 일일자료를 그래프로 나타내본 후에 앞의 두 그래프와 변동폭을 비교해보시오.

Answer 2.

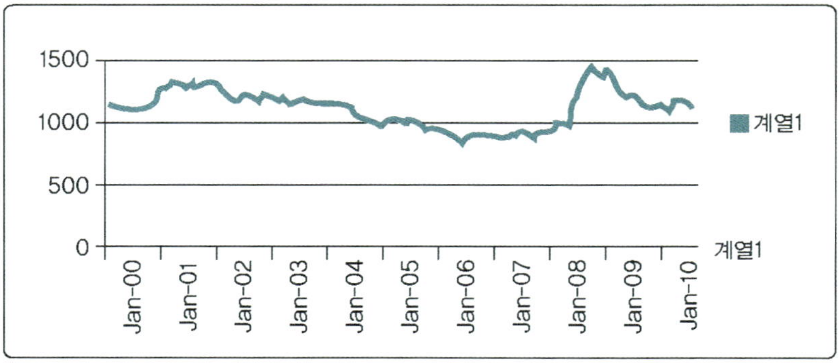

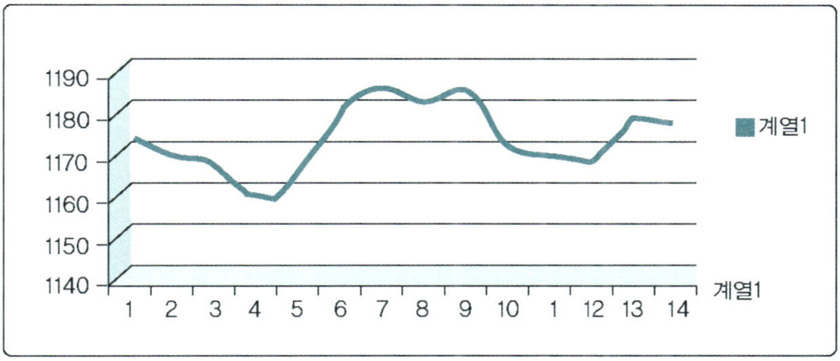

03 우리나라의 경우에 환율은 어떠한 요인에 의하여 결정되고 있는지를 장기적 요인과 단기적 요인으로 구분하여 설명하시오. 그리고 최근 한국은행은 여러 목적을 가지고 외환시장에 개입하기도 한다. 외환시장개입의 목적과 환율에 미치는 효과를 설명하시오.

Answer

3. 환율결정요인은 본문의 정리내용을 참조함. 중앙은행이 경제상황에 따라 외환시장에 개입하는 목적은 외환시장과 환율의 안정화, 경제목표의 달성, 외환보유액의 조정, 외환거래의 활성화 등이라고 볼 수 있음. 이러한 목적 가운데, 선진국의 경우에는 중요하지 않지만 개도국의 경우에 만일 경상수지 적자를 외환보유액으로 보전하기 위해 외국차관을 들여온다면 정부는 외국정부와 외환거래를 하면서 시장에 개입하게 되며 환율이 안정 또는 하락하게 됨.

Unit 2

국제금융이론

Chapter Overview

Focus & Teach

- **Before** 전통적·현대적인 환율결정이론을 비롯하여 최근의 시도를 살펴봄
- **Present** 비효율적인 외환시장의 특징을 비롯해 환위험의 감소방안을 찾아봄
- **After** 국제금융위기의 요인과 특징을 분석해봄으로써 위기에 대한 대응방안을 제시함

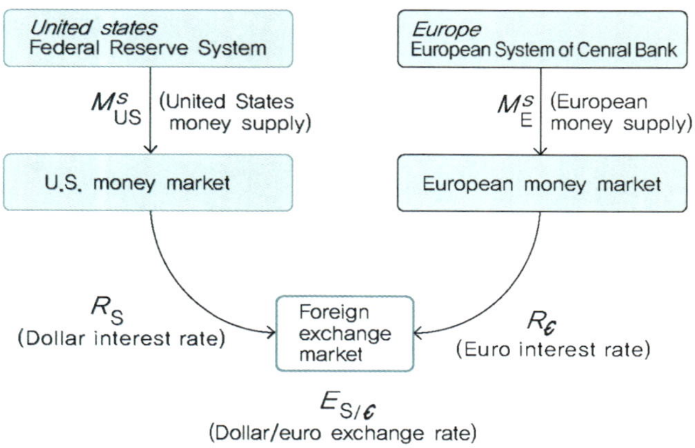

Lesson Plan

LESSONS AND OBJECTIVES	PROFESSIONAL DEVELOPMENT	PACE (60분)
1–1 환변동위험 (pp. 335–348) – 환변동위험의 이해 – 환율변동성과 환노출의 측정과 관리	– 글로벌 기업환경 속에서 기업활동에 중대한 영향을 미치는 환위험의 기본적 측정방법에 대하여 설명함 – 환위험 = 환노출×환율변동성	1.5
1–2 환위험헤징과 시장효율성 (pp. 371–386) – 환위험 관리방안 – 다양한 헤징기법 – 외환시장의 효율성 여부	– 환위험의 가능성이 점차 증대되는 시점에서 개별기업의 환위험 관리 차원에서 내부적·외부적 헤징방법을 소개함 – 시장실패를 뜻하는 외환시장의 비효율성을 추가적 이익획득 기회나 정부시장개입과 연결하여 알아 봄	1.5
1–3 미래계획적 금융상품 (pp. 349–366) – 현물환시장(금융상품)과 미래 계획적 시장(금융상품)	– 변동환율제도로 전환한 이후 크게 발전된 Forward-Looking 시장의 수많은 금융상품을 투기, 차익, 헤징 등의 관점으로 연결지어서 설명해 봄	1
Resources	– Reuters, Wall Street Journal, Bank of International Settlements 등의 관련 통계자료를 참조함	0.3
Review	– 정리 및 요약	0.4
Assessment	– 연습문제 풀이	0.3
Total		5.0

Chapter 7 환위험 헤지와 외환시장 효율성

현행 국제통화제도하에서 시장질서인 환율변동은 글로벌시대를 맞아 상당한 환율변동위험을 가져다주고 있다. 자국통화의 국제화가 충분히 이루어지기 전까지는 국제통화 환율변동에 노출된 환위험을 측정하고 관리하는 것은 중요할 것이다. 다국적기업들은 환위험 관리를 기업의 생존과 직결되는 중대한 관심사로 여기고 있다. 이 장에서는 자본이동과 국제거래가 활발해짐에 따라 환율변동성이 더욱 확대된 글로벌 환경 속에서 기업이 당면한 환위험의 측정과 관리방안에 대한 주요 헤징기법을 살펴본다.

또한 외환시장의 효율성과 환율예측의 문제를 다루고자 한다. 대부분의 금융이론은 효율적 외환시장을 가정하고 있다. 하지만 실제로 비효율적 외환시장은 시장참가자에게 추가적인 이익기회를 가져다주고 시장실패로 인한 정부의 시장개입을 유인한다. 이 장에서는 외환시장의 효율성에 대한 개념도 살펴보고 나아가 효율적 외환시장과 연관된 환율예측에 대한 이슈를 찾아본다.

Main Ideas Issues

■ Main Ideas/Issues

- 환변동위험
  1. 환위험 노출과 환율 변동성
  2. 환위험 측정
- 환위험 관리기법(헤징)
  1. (기업)내부적 환위험 관리기법
  2. 외부적 환위험 관리기법
- 외환시장의 효율성
  1. 외환시장의 효율성 여부 및 환율예측 효용성에 대한 의구심

■ Contents

▶Study Guide : 환위험관리와 관련된 환노출과 환율변동성의 개념을 살펴보고 환위험헤징 관련 기법들을 소개함 더 나아가 외환시장의 효율성의 문제를 환위험과 연관지어봄.

Preview

외환보유고와 외채

Directions : 변동환율제도에서 필연적으로 수반되는 환율변동이 최근에 점점 확대되어가는 이유에 대해 생각해보자. 환율의 변동성을 급증시킨 자본이동의 자유화나 투기적 자본거래의 가속화 이외에 다른 원인으로 무엇이 있는가?

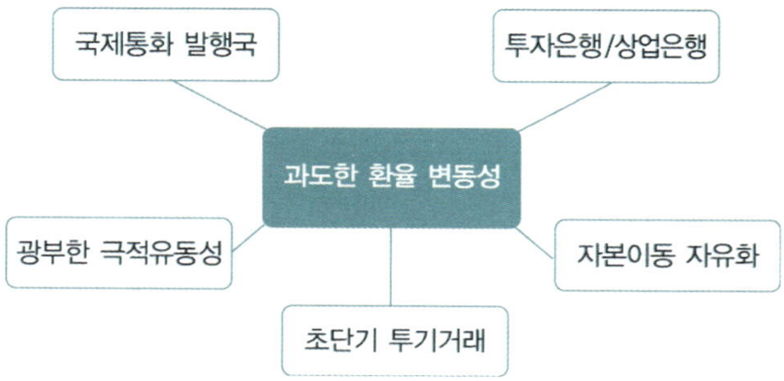

Directions : 외환시장에서 환위험을 완전히 헤징하기가 어려울 수 있다. 그리고 정상이익을 초과하는 이익이 존재할 수 있다. 외환시장이 효율적이라고 추측할 수 없는 이유는 무엇인가?

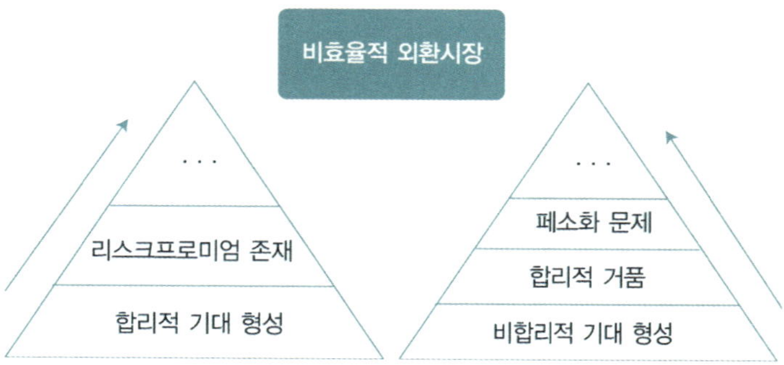

7-1 Section 환변동위험과 미래 계획적 금융상품

1973년에 고정환율제에서 변동환율제로 전환되었을 때 환율이 안정될 것으로 예상하였지만 환율은 상당한 변동성을 보이고 있다. 환율에 영향을 미치는 요인들이 너무 많기 때문이다. 환율변동성은 환위험을 뜻하는데, 금융위기와 같은 국제경제환경이 변하는 경우 우리나라 원화의 환율은 매우 크게 변동하는 편이다. 글로벌 경쟁적 기업환경에서 환위험을 어떻게 관리하느냐에 기업의 성과가 달려있다. 본 절에서는 환위험을 관리하는데 있어 가장 중요한 환노출과 환위험 관리에 대한 논의를 검토해 본다.

그리고 기업의 환위험 관리는 크게 내부적 방법과 외부적 방법으로 나눌 수 있는데, 이 가운데에서 외부적 방법의 수단으로서 사용되는 수없이 많은 미래 계획적 금융상품을 소개하고자 한다. 미래 계획적 금융상품 거래시장은 현물시장과 더불어 현재 환율의 결정과 변동에 기여한다. 이에 따라 미래 계획적 금융상품시장을 통해 투기거래, 차익거래 및 헤징거래가 이루어진다.

Key Concept

Property	Words	Examples
위험(리스크)	예상하지 못한 손실	분산개념
예상손실	여러 요건을 고려하여 예상되는 손실	평균개념
환위험	예상하지 못한 환율변동에 따른 손실	환율변동성(불확실성)

NOTE

■ **위험(Risk)**
-위험이란 경제활동 결과(현금흐름, 손익 등)가 예상치를 벗어날 가능성 또는 장래에 예상하지 못한 손실을 야기할 수 있는 불확실성 정도를 말함.
-위험의 크기 = 예상외 손실의 크기 = 불확실성 = 변동성
- 위험은 분산/표준편차 통계치로 측정함.

■ **환율변동성**
보통 환율의 변동폭을 말함. 환율의 변동율(= {(금일환율-전일환율)의 절대값 ÷ 전일환율}*100) 또는 환율의 분산이나 표준편차의 통계값으로 측정 가능함.

환율변동성

• Teaching Tip : 환율변동에 대한 개념을 우리나라의 현황을 중심으로 살펴 봄.

실물경제변수 보다 금융자산의 변동성이 높은 것이 보통이지만 우리나라 원화의 환율변동성은 선진국에 비해 매우 높은 것으로 나타났다. 그 이유는 자본시장이 개방되어 외환의 유출입은 크게 확대되었지만 그에 상응하는 국내 외환시장의 발전이 미흡했기 때문이다. 그 동안 외국인의 국내투자를 비롯하여 내국인의 해외투자가 급격히 늘어나 외화자금의 유출입 규모와 이동성도 크게 증가하였다. 우리나라에서 외국인투자가 허용된 1998년에 비해 2008년도 기준 외국인의 국내주식 보유액이 25.6조 원에서 166.9조 원으로 6.5배 증가하였고 국내채권 보유액도 1조 원에서 37.5조 원으로 38배 정도 늘어났다. 내국인의 해외증권투자도 2001년까지는 미비했지만 2001년에 83.4억 달러에서 2008년에는 845.2억 달러로 10배 이상이 확대되었다.

우리나라는 특히 외환거래가 달러화에 집중되어 있어서 미국의 정치·경제상황이나 달러화의 공급변화에 따라 원-달러화 환율이 크게 변동되는 경우가 빈번하다. 최근엔 글로벌 금융위기가 발생될 때마다 국제적 안정통화인 달러화에 대한 수요가 증가하여 원-달러화 환율이 갑자기 상승되곤 한다. 글로벌 금융위기가 발생하기 전에 우리나라의 일간 환율변동성은 선진국보다 낮고 경쟁국과 비슷한 수준이었다. 예를 들면, ((금일환율-전일환율)의 절대값÷전일환율)×100으로 측정한 환율변동율(%)이 2005년1월~2008년 8월 기간 동안 일간 평균 일본=0.44, 유로=0.39, 영국=0.37, 태국=0.35, 한국=0.26, 싱가폴=0.19 등이었다. 그렇지만 2008년 9월~2009년 5월간 글로벌 금융위기 동안 환율변동성이 한국=1.41, 영국=0.96, 일본=0.93, 유로=0.92, 싱가폴=0.44, 태국=0.25 등으로 나타났다. 우리나라 원화는 달러대비 일간 평균 1.41% 등락하여 가장 높은 변동성을 보였다.

일반적으로는 환율에 영향을 미치는 요소가 너무나 많기 때문에 환

율의 변동성(Volatility)은 상당하다고 본다. 환율변동성은 환위험을 뜻한다. 이러한 환율의 과도한 움직임을 급격한 변동성과 균형으로부터의 장기간 이탈현상(Misalignment)으로 구분하여 살펴볼 수 있다.

첫째, 환율의 급격한 변동성이란 환율이 기초경제변수에 비해 급격히 변동하여 그 변동폭이 매우 크다는 것을 말한다. 환율이 급격하게 변동하면 외환수요자는 더욱 커다란 불확실성이나 위험에 직면하게 된다. 아무리 헤징을 통해 일부를 줄인다고 해도 물가와 총생산에 악영향을 미쳐 경제를 불안하게 만든다. 다음은 환투기 세력의 활동으로 환율변동성이 확대되는 실례를 들어보자. 환율저점에서 달러당 1,000원에 달러화를 매입하여 보유하는 경우에 NDF시장에서 이 가격에 달러화를 매수하면서 NDF시장의 원-달러화 환율이 1,100원으로 상승한다면 그 영향으로 현물환시장의 환율도 동등하게 상승하게 되므로 환율고점에서 다시 달러화를 매도하여 달러당 100원의 차익을 실현하지만 그 만큼 환투기 세력의 영향으로 환율은 급변동하게 된다.

둘째, 환율이 균형으로부터 장기간 이탈하는 현상은 환율의 과중한 변동성 보다 심각한 문제일 수 있다. 저평가 또는 고평가된 환율이 지속될 것이라 예상하면서 수년 동안 계속되는 현상이다. 환율의 장기적 이탈현상은 미국에서 1980년~1985년 동안이나 일본의 1980년 후반~1990년 초반 기간에 나타난 것처럼 국내통화를 고평가시켜 국제경쟁력을 떨어뜨리고 산업의 공동화와 경제침체를 가져올 수 있다.

우리나라에서는 1996년 OECD에 가입한 이후 외환 및 자본의 자유화가 확대되면서 이제는 선진국 수준에 도달하여 해외자본의 유출입에 제한이 없는 실정이다. 이에 따라 외화자금의 유출입 규모와 이동성이 급격하게 상승하였다. 외국인의 주식 및 채권투자가 본격적으로 허용된 1998년도에 비해 2008년도 기준 외국인의 국내 주식보유액은 25.6조 원에서 166.9조 원으로 6.5배, 채권보유액은 1조원에서 37.5조 원으로 38배가 증가하였다. 우리나라에서 외국인의 주식투자 비중은 아시아 신흥국이나 선진국에 비해서 높은 수준이다. 그래서 금융환경이 악화되는 경우 외국인 주식 및 채권의 급격한 이탈로 환율이 급상승하는 결과를 초래하기도 한다. 반면 내국인의 해외증권 투자는 2001년까지지는 미미했었지만 이후 국내외 금리차이의 축소, 경상수지흑자로 국내외화자금의 풍부 등으로 인해 늘어나기 시작하였다.

특히 우리나라는 경제규모나 개방화 수준에 비해 외환시장의 규모가 작기 때문에 외부충격의 흡수 능력이 부족하고 외환수급에 약간의 차질만 생겨도 환율이 심하게 변동되는 경향이 있다. 예를 들면, 2007년 4월중 일평균 외환거래량이 영국=12,591억 달러, 일본=2,384.3억 달러, 프랑스=1,197.4억 달러, 한국=333.9억 달러, 태국=61.7억 달러 등이었다. 그리고 2007년도 GDP대비 외환거래량(%)이 영국=49.9, 일본=5.4, 프랑스=4.6, 한국=3.5, 태국=2.5 등인 반면 무역액대비 외환거래량(%)이 영국=128.6, 일본=17.9, 프랑스=10.2, 한국=4.5, 태국=2.1 등으로 나타났다. 또한 외환시장에서 현물환거래의 비중이 높지만 선물환거래나 외환파생상품거래는 부족하여 국내외 금융환경이 급변하는 경우 충격이 현물환의 매수/매도로 몰리면서 환율이 급변동하기도 한다.

우리나라 외환시장을 발전시키고 원-달러화 환율의 안정성을 높이기 위해서는 외환시장의 규모 확대(시장참여자나 외환거래 확대, 규제완화 등), 외환상품의 다양화(환위험헤징 강화 등), 달러화 이외 국제통화와 거래 활성화(달러화 수요완화, 유로시장 활성화 등), 원화의 국제화 추진 등 외환거래의 선진화가 필요하다. 참고로 한국은행의 연구결과에 의하면 원엔화 시장이 개설되어 거래가 활성화되면 원달러화 환율이 상호 시장간 재정거래 확대로 인해 더욱 안정적인 것으로 나타났다.

환노출과 환위험

• Teaching Tip : 환위험의 측정을 환노출 중심으로 알아 봄.

지금까지 살펴본 것처럼 현행 변동환율제도 하에서 시장질서인 환율변동은 글로벌 시대를 맞아 상당한 환율변동위험을 가져다준다. 다국적기업들은 환위험관리를 기업의 생존과 직결되는 중대한 관심사로 여기고 있다. 우선 환위험(Foreign Exchange Risk)이란 장래 예상하지 못한 환율변동으로 인해 경제적 가치가 변화할 정도를 말한다. 환위험은 통화위험(Currency Risk)이라고도 부르며 환율변화로 손실이 발생할 가능성, 즉 환율변동에 따른 환차손의 발생가능성을 뜻한다.

NOTE

■ BIS의 자기자본규제(제도)

국제결제은행(BIS)은 세계 중앙은행 협의기구로서 금융기관의 건전성과 안정성을 측정하기 위해 자기자본규제 제도라는 지표를 제정함. 위험가중자산에 대한 자기자본비율이 8%를 넘도록 권고한 신용위험에 대한 건전성 지표임. 1988년부터 시행되고 있으며 우리나라는 1992년에 도입함. 최근엔 신BIS협약이 도입되고 있음.

NOTE

■ 국제금융 관련 위험

신용위험(Credit Risk)	거래상대방의 채무불이행 위험
시장위험(Market Risk)	시장가격변동 위험 (금리위험, 환위험 등)
유동성위험(Liquidity Risk)	현금화나 자금조달상 애로 위험
정치적 위험(Political Risk)	거래상대국에서 발생된 사건 위험(지급거절, 채무조정, 상환일시정지 등)
운영위험(Operation Risk)	자산운용과정에 발생된 손실위험(업무실수, 부적절한 경영전략, 정보시스템결함 등)
법률위험(Legal Risk)	국가 간의 법률체계 차이 위험(법적 무효나 결함)
국가위험(Country Risk)	정치적 위험 +국가의 신용상태, 경제성과 등
금융위험(Financial Risk)	재무위험(신용위험, 시장위험, 유동성위험, 금리위험, 신용편중위험 등) + 비재무위험(운영위험, 평판위험, 전략위험, 법률위험 등)

일반적으로 기업이 외화거래를 수행하는 경우 직면하는 환위험의 크기는 환노출 부분에 환율 변동분을 곱하여 측정할 수 있다.

$$환위험 = 환노출 \times 환율변동성$$

여기서 환노출(Foreign Exchange Exposure)은 환율변동에 따라 변할 수 있는 정도를 말하는데, 외화표시 순자산(=자산-부채) 또는 현금흐름의 순가치(=현금유입 예상액-현금유출 예상액)가 환노출에 해당된다. 환노출은 환차손과 환차익의 발생가능성을 모두 포함하고 있고 개별기업이 통제할 수 있으므로 환노출 관리를 환위험 관리라고 부르기도 한다. 이에 반해, 시장 환율의 변화나 변동성은 정부가 외환시장에 개입하여 가끔 조정해주지만 원칙적으로 개별기업이나 개별경제주체가 통제할 수 없다.

환노출은 크게 회계적 노출과 현금흐름 노출로, 다시 회계적 노출은 거래적 노출과 환산노출로 나누고 현금흐름 노출은 경제적 노출이라고 한다. 또한 환노출의 형태는 거래적 노출, 환산노출, 경제적 노출로도 구분할 수 있다.

첫째, 거래적 노출(Transaction Exposure)이란 거래건당 거래는 종료되고 결제가 장래에 완료될 때 그 기간 동안 환율변동 때문에 가치변화가 야기될 수 있는 부분을 말한다. 수출입, 차입/대출, 외상매입/매출 등의 거래가 외화로 표시되어 이루어지는 경우 결제 시점의 환율이 계약체결 시점의 환율과 달라지면서 발생할 수 있는 정도다.

거래적 노출은 이미 체결한 외화표시 거래를 나중에 결제함으로써 수반되는 환차손의 발생 가능성을 말한다. 즉 계약시점에 예상한 환율과 실제 환전할 때의 환율이 달라진다면 예기치 못한 환차익이나 환차손을 입을 수 있는데, 이러한 위험을 거래적 환노출 또는 거래적 노출 환위험이라 부른다. 또한 거래적 노출은 현금흐름에 영향을 주기 때문에 경제적 노출의 한 부분에 포함될 수 있다.

거래적 노출과 거래노출 환위험의 실례를 들어보자. 미국의 세라 기업이 혼다차 수입대금 5백만 엔을 90일 이후에 일본 수출업자에게 엔화로 지급할 예정이다. 현재 엔-달러화 환율이 100엔당 1달러이라면 지급액은 5만 달러가 된다. 하지만 결제일에 엔화가 절상하여 100엔당 1.1달러가 되면 지급액이 5만5천 달러로 변동된다. 이 경우 세라 기업이 당면한

거래일: 100엔=1달러	결제일: 100엔=1.1달러	결제일: 100엔=0.9달러
노출액: 5백만 엔 5만 달러	지급액: 5만5천 달러 환차손: 5천 달러 (환위험)	지급액: 4만5천 달러 환차익: 5천 달러

거래노출은 수입대금 5백만 엔이지만 환차손은 5천 달러가 된다.

세라 기업은 당면할 환차손(환위험)을 헤징할 필요가 있는 반면 일본 수출업자는 엔화로 결제하므로 환노출이 없다. 역으로 엔화가 절하되어 100엔당 0.9달러가 된다면 지급액은 4만 5천 달러로서 5천 달러의 환차익을 얻을 수 있다.

둘째, 환산노출(Translation Exposure)은 회계장부에 표기할 통화로 전환이나 평가하는 과정에서 환율변동에 의해 영향을 받는 부분을 나타낸다. 즉 이미 지난 결산시점 이후 환율변동에 의해 외화표시 자산과 부채, 수입과 지출, 이익과 손실 등을 환산함에 따라 환차손을 가져다줄 수 있는 외환포지션을 말한다. 이러한 환차손은 장부상의 가치만을 변동시키는 것으로, 모기업이 해외지사나 자회사와 연결 재무제표(대차대조표, 손익계산서 등)를 모기업 국가의 통화로 작성할 대 발생할 수 있다. 보통 대차대조표는 자산 및 부채와 (자기)자본으로 구성되어 특정한 시점의 순자산(=자산-부채) 상태를 보여주며, 손익계산서는 수익과 비용으로 구성되어 특정한 기간 동안의 순이익(=수익-비용) 상태를 나타낸다.

기업의 경영성과를 입증해주고 과세의 대상이 되기도 하는 회계노출의 관리 가운데 외환거래는 재무제표일 이전에 결제가 완료되었는지 여부에 따라 결제완료거래와 미결제거래로 나눈다. 결제완료거래에서는 거래발생 당시의 환율로 거래를 환산하여 장부에 기록하고 차후에 결제 시점의 환율이 달라지면 이를 환차손으로 기록해준다. 결제가 완료된 환차손은 실현된 손익이므로 결제일이 속한 연도의 당기 순이익에 반영시켜준다. 반면 미결제거래는 제무제표일 현재 외화 채권이나 채무 등의 거래가 아직 결제되지 않고 남아있는 경우를 뜻하는데, 거래발생 환율이 재무제표 작성일의 환율과 다르면 그 차이를 미결제거래 환차손으로 처리해준다. 미결제거래 손익에 대한 회계처리 방법은 국제적으로 통일되어 있지 않다. 미결제거래 손익을 결제 이전 또는 이후에 인식해야 할지, 인식된 미결제거래 손익을 당기순이익에 반영 또는 자기자본의 조정항목이나 이연 처리해야 할지 확정되어 있지 않다.

환율의 환산방식에서 환산과 관련된 환율은 현행환율, 역사적 환율 및 평균환율로 구분 가능하다. 현행환율은 재무제표 작성일의 현물환율이다. 연말에 작성된 대차대조표에서 자산과 부채의 모든 항목에 적용한 현행환율은 12월 31일 현재의 환율을 뜻한다. 반면 역사적 환율은 해당 거래항목 발생일의 환율이다. 하나의 계정에 여러 개의 역사적 환율이 존재할 수 있다. 대차대조표의 자본항목은 예외로 역사적 환율을 적용한다. 이에 비해 평균환율은 현행환율이나 역사적 환율을 단순평균 또는 가중평균한 값이다. 주로 손익계산서 항목에 대해 회계기간 중 단순평균환율로 환산해준다. 손익계산서의 각 항목들은 다양하고 빈번하게 발생되어 거래발생 당시의 환율로 측정하는 일이 번거롭기 때문이다.

외화거래에 대한 환율의 환산방식은 현행환율을 어떤 항목에 적용시키는 가에 따라서 현행환율법, 유동성-비유동성법, 화폐성-비화폐성법, 시제법 등이 쓰이고 있다. 현행환율법은 현행환율로 모든 항목을 환산하는 반면 유동성-비유동성법은 유동성항목에, 화폐성-비화폐성법은 화폐성항목에, 시재법은 화폐성항목 및 시가 표시 재고자산에 현행환율을 적용한다.

현행환율법(Current Rate Method)은 가장 널리 사용되는 환산노출 측정방법으로써 재무제표의 모든 항목에 현행환율을 적용시킨다. 즉 대차대조표에서 자산과 부채의 모든 항목을 현행환율을 환산하는 방식이다. 손익계산서는 편의상 기간 중 평균환율로 환산해준다. 단순하여 사용하기가 편리하지만 정확한 재무제표 정보를 제공할 수 없다.

유동성-비유동성법(Current-noncurrent Method)은 유동적인 단기항목만 환율변동에 노출되었다고 간주하고 현행환율을 적용하는 방식이다. 유동성 자산(현금, 유가증권, 외상매출금, 재고 등)과 유동성 부채(외상매입금, 단기차입금 등)는 대차대조표 작성일 현재의 현행환율로 환산하는 반면 그 이외의 비유동성 자산과 비유동성 부채는 역사적 환율을 적용시킨다. 손익계산서 항목에 대해서도 동일한 원칙이 적용되어 편의상 기간 중 평균환율로 환산해주지만 비유동성 관련 항목은 역사적 환율이 적용된다. 이 방식은 재무유동성을 분석하는데 편리하지만 유동성과 비유동성의 구분이 너무 자의적이다.

화폐성-비화폐성법(Monetary-nonmonetary Method)은 화폐성 단기 항목만 환변동에 노출되었다고 보고 현행환율로 환산하는 방법이다. 대차대조표에서 화폐성 자산(현금, 예금, 받을어음, 외상매출금 등)과 화폐성 부채(외상매입금, 지불어음, 장단기차입금 등)는 현행환율로, 비화폐성 장기 항목은 역사적 환율을 적용한다. 손익계산서 항곡은 기간 평균환율로 환산하는데 비화폐성 관련 항목은 역사적 환율로 환산한다. 이 방식은 유동성자산 가운데 화폐성과 비화폐성 항목의 구성에 따라 달라지는 노출성격을 고려하고 있지만 화폐성과 비화폐성 항목의 구분이 어렵다.

시제법(Temporal Method)은 화폐성-비화폐성법과 비슷하다. 화폐성 항목이 환변동에 노출되었다고 간주해서 현행환율로 환산하며, 이와 더불어 원가산정방법에 초점을 맞추어 거래발생 시점에 시가로 표시된 재고자산은 현행환율로, 원가로 표시된 재고자산은 역사적 환율로 환산해준다. 손익계산서 항목에 대해서도 동등한 원칙이 적용되며 현행환율 적용항목에 대해 기간 평균환율로 환산한다. 시제법은 화폐성-비화폐성법에 비해 일반적인 형태이다.

대차대조표 환율적용

	현행환율법	유동성-비유동성법	화폐성-비화폐성법	시제법
자산				
단기자산				
현금	S	S	S	S
증권	S	S	S	S
외상매출금	S	S	S	S
재고자산(원가)	S	S	S-	S-
재고자산(시가)	S	S	S-	S
선불금	S	S	S-	S-
고정자산	S	S-	S-	S-
영업권	S	S-	S-	S-
부채 및 자본금				
단기부채	S	S	S	S
장기부채	S	S-	S	S
자기자본(보통주)	S-	S-	S-	S-
이익잉여금				

여기서 외화환산방법에 따른 적용환율 S는 현행환율, S-는 역사적 환율을 나타낸다. 그리고 이익잉여금은 대차변을 균형시키는 수치이다. 따라서 외환환산손익 = 당기 이익잉여금 - 전기 이익잉여금으로 정의된다.

환산노출과 환산노출 환위험의 실례를 들어보자. 세라 기업은 미국에 본사를 둔 다국적 기업인데, 현행환율법에 따라서 유럽 자회사의 재무제표를 본사 차원에서 5월 31일자 1유로=1달러 기준으로 각각 유로화와 달러화로 평가하였다(하단 2개의 대차대조표). 그 후 6월 30일에 1유로=0.90달러로 달러화가 절상되었다면 달러화로 표시된 자회사의 자산과 부채상태가 최하단의 대차대조표처럼 변동된다. 여기서 회계적 순노출(=총자산-총부채)은 4,050,000달러이며 환위험(=순노출×환율변동)은 405,000달러가 된다.

자산		부채	
〈자회사〉		〈자회사〉	
5/31		5/31	
현금	1,000,000 유로	자본금	4,500,000 유로
재고	4,000,000 유로	외상매입	500,000 유로
	5,000,000 유로		5,000,000 유로
5/31		5/31	
현금	1,000,000 달러	자본금	4,500,000 달러
재고	4,000,000 달러	외상매입	500,000 달러
	5,000,000 달러		5,000,000 달러
6/30		6/30	
현금	900,000 달러	자본금	4,500,000 달러
재고	3,600,000 달러	외상매입	450,000 달러
이익잉여금	450,000달러		
	4,950,000 달러		4,950,000 달러

셋째, 경제적 노출(Economic Exposure)은 전반적인 기업활동 또는 영업활동 자체가 환율변동에 영향을 받아 기업의 가치가 달라지는 부분을 뜻한다. 즉 경제적 노출은 기업 가치를 최대화하는 것이 경영의 목적이라는 가정에서 기업의 시장가치를 근거로 환우험을 정의한다. 기업 가치가 미래 현금흐름의 현재가치로 측정된다면 경제적 노출은 환율변동에 영향을 받은 자국통화 표시 장기적 현금흐름이 돈다.

거래노출과 환산노출은 기존거래에 대한 환율변동의 영향만을 다루지만 경제적 노출은 환율변동으로 인해 경제행우가 변화되는 모든 장기적 부분을 지칭한다. 기업 입장에서는 경제적 노출이 기업의 실질가치나 장기적 현금흐름 구매력에 초점을 두기 때문에 장기적 경쟁력 측면에서 가장 중요하다. 경제적 환노출은 생산, 재무, 마케팅 등이 상호 연결된 기업의 전사적 경영전략 성격을 갖기 때문에 장기 경영 관점에서 환산노출이나 거래노출보다 중요한 의미를 지닌다.

경제적 노출 위험(경제적 환위험)에는 환율변동으로 인한 수출입 변화, 국제차입/대출 변화 등의 손실분이 모두 포함된다. 기업 입장에서는 원달러화 환율이 하락하면 국내상품의 해외 가격경쟁력이 낮아져서 수출이 감소되어 생산량이 줄어든다. 또, 달러화 표시 차입에 대하여 달러화 가치가 상승하면 외채부담이 가중된다. 이와 같이 예상하지 못한 환율변동으로 야기된 기업의 이득이나 손실은 자금조달 능력과 비용에 영향을 주어 결국 기업의 전반적인 가치에 변화를 가져온다. 따라서 환율변동이 영향을 미치는 기업의 생산, 구매, 판매, 재무 등의 경로를 파악해야만 전반적인 수량과 가격의 변동 등에 의한 실질적인 경제적 노출을 측정할 수 있다. 하지만 현실적으로 경제적 노출과 관련된 자료를 정확히 알 수 없다.

우리나라의 세라 기업은 미국 자회사의 부품을 수입하여 완제품으로 만들어 미국 현지에 다시 판매하고 있다. 현재환율이 1달러=1,000원이고 (기대)현금흐름이 10만 달러(1억 원)이다. 환율이 1달러=1,100원으로 인상하는 경우, 첫 번째, 부품 수입가격의 상승으로 원가만 30만 달러에서 35만 달러로 증가했다면 현금유입액은 7.5만 달러가 되어 환차손이 2.5만 달러에 달한다. 두 번째, 부품 수입가격의 인상으로 원가 상승을 비롯하여 매출액이 45만 달러로 감소하였다면 현금유입액은 5만 달러로서 환차손이 5만 달러가 된다.

거래일: 1달러=1,000원	결제일: 1달러=1,100원 수입가격만 변동한 경우	결제일: 1달러=1,100원 모두 변동한 경우
매출액 50만 달러 원가 30만 달러 순이익 20만 달러	매출액 50만 달러 원가 35만 달러 순이익 15만 달러	매출액 45만 달러 원가 35만 달러 순이익 10만 달러
(매출)법인세(50%) 세후순이익 10만 달러	법인세(50%) 세후순이익 7.5만 달러	법인세(50%) 세후순이익 5만 달러
현금유입액: 10만 달러 (1억 원)	현금유입액: 7.5만 달러 (82.5백만 원) 환차손: 2.5만 달러 (환위험)	현금유입액: 5만 달러 (55백만 원) 환차손: 5만 달러 (환위험)

• Further Studying Tip : 산업의 경제적 노출을 측정하는 방법에는 Market Beta(Ri = a + β(Rm) + ei, Ri=산업의 분산투자수익, Rm=평균시장수익), Forex Beta(Ri = a + β(S) + ei, S=환율) 등이 있음

그런데 환위험 관리란 환위험 헤징(Hedging)을 말하며 다양한 형태의 환노출을 관리하는 방안을 지칭하기도 한다. 거래적 노출, 환산노출, 경제적 노출 가운데 어떤 노출부문을 중점 관리해야 하는지는 경제상황이나 기업의 목적에 따라 달라질 것이다.

첫째, 기업의 환산노출 관리로 내부적 기법과 외부적 기법이 사용 가능하다. 환산노출 관리측면의 내부적 기법에는 다국적 기업군 안에서 기업 간 자산과 부채의 조정, 각 기업별 자산이나 부채 관리 등이 있는 반면 외부적 기법은 미래 계획적 시장금융상품을 이용한 헤징을 말한다. 관리전략이 적극적이냐 소극적이냐에 따라 관리방법이 달라지겠지만 주로 환노출 크기를 줄이는 차원에서 살펴볼 것이다. 자세한 내부적 기법과 외부적 기법에 대한 설명은 거래적 노출관리 및 다음 절에서 하기로 하자.

둘째, 기업의 거래적 노출 관리는 환산노출 관리에 비해 매우 다양한 내부적 기법과 외부적 기법을 사용할 수 있다. 내부적 기법이란 기업 내

부적으로 가능한 수단을 동원해 환위험을 관리하는 것을 말한다. 내부적 기법수단에는 리딩과 래깅, 네팅, 매칭, 자산과 부채 관리, 가격조정, 결제통화선택, 환차손준비금 등이 있다. 이에 비해 외부적 기법이란 시장의 다양한 미래 계획적 금융상품을 이용하는 방법이다. 대표적인 외부적 기법수단에는 선물환계약, 단기금융(단기 차입과 대출), 스왑, 파생금융상품 등이 포함되지만 기타 수단으로 할인, 팩토링, 환율변동위험 등을 포함시킬 수 있다. 자세한 헤징기법에 대한 설명은 다음 절에서 다룬다.

셋째, 기업의 경제적 노출 관리는 환율변동이 전반적 비즈니스 활동에 미치는 영향에 대한 장기적 전략으로서 경영전략, 재무전략 등이 사용된다. 환율변동에 따른 기업활동의 전반적 변화 가능성을 관리하는 것인데 마케팅관리(시장선택, 가격정책, 상품개발 등), 생산관리(원자재확보, 생산지선택, 생산성향상 등), 재무관리(내부적 기법과 외부적 기법) 등을 통해 장기적으로 기업의 경쟁력을 확보하는 것이 목적이다.

만일 환율이 일시적으로 불균형상태라면 거래적 노출과 환산노출을, 환율이 장기적인 불균형상태이면 경제적 노출을 관리하는 것이 바람직할 것이다. 거래노출, 환산노출, 경제적 노출이 서로 충돌하는 경우에는 장래 영업활동에 영향을 미치는 경제적 노출에 의거한 관리가 바람직할 것이다.

● 환(변동)위험의 측정과 관리

- ▶ 환(변동)노출 : 거래노출, 환산노출, 경제적 노출
- ▶ 환(변동)위험 = 환노출 × 환율변동폭
- ▶ 환위험 헤징기법 : 내부적 기법, 외부적 기법, 여타 경영/재무전략
- ▶ 환위험 헤징관리 : 거래노출 관리, 환산노출 관리, 경제적 노출관리

미래 계획적 금융상품

• Study Tip : 현물환시장과 미래 계획적 선물시장 사이의 메커니즘 관계에 초점을 맞추고 여러 가지 Forward Looking 시장금융상품을 소개함.

외환시장의 거래형태는 전통적 외환거래와 파생적 외환거래(파생금융거래)로 대별할 수 있는데, 전자에는 현물환, 선물환 및 외환스왑이 해당되며 후자는 통화선물, 통화스왑 및 통화옵션 등을 포함한다. 이 가운데에서 현물환거래를 제외한 나머지 금융상품거래가 미래 계획적 시장 금융상품 거래(Forward Looking Market Instruments Transactions)에 해당된다.

선물환거래

현물환(Spot)거래는 계약이 체결된 이후 2영업일 이내에 현물외환의 인수도 및 결제가 동시에 행해지는 매매이다. 현물환거래가 이루어지는 현물환시장은 외환시장에서 가장 일반적인 형태이며 현물환거래에 적용되는 현물환율은 기본환율로서 여타 환율을 산출할 때 기준이 된다.

은행 간 시장에서 현물환 거래과정을 보면, 예를 들어 2010년 9월 27일(월) A은행이 B은행으로부터 1백만 달러를 달러당 1,100원의 환율로 매입하기로 현물환계약을 맺었다고 하자. 그러면 2영업일인 9월 29일(수) 이내에 B은행은 A은행의 계좌(해외소재 은행계정)에 1백만 달러를 이체하고 A은행은 B은행의 계좌(국내소재 은행계정)에 11억 원을 이체함으로 현물환거래가 종결된다. 현물환거래의 동기는 보통 실수요, 투기, 헤지 등의 목적으로 이루어진다.

11억 원(2영업일 이내)

A은행 → ← B은행

1백만 달러(2영업일 이내)

이에 반해, 선물환(Forward)거래는 계약체결 후 장래 특정일에 수도·결제가 이루어지는 선도환거래다. 선물환거래는 현재 약정한 계약조건(가격, 수량 등)으로 미래시점에 외환인수도와 대금정산이 이루어진다는 점에서 현물환거래와 구별된다. 선물환계약은 선물환시장에서 선물환율을 가격으로 삼아 형성되며, 거래통화가 주로 국제통화이며, 거래방식은 대개 매입 또는 매도 형태이고, 결제일의 종류는 만기가 3영업일 이상으로서 1, 3, 6, 9, 12개월을 비롯해 2, 5, 10년 등이 있다.

은행 간 시장에서 일반적인 선물환거래의 과정을 살펴보면, 예컨대 2010년 8월 16일(월) A은행이 B은행으로부터 1백만 달러를 선물환율 1,180원에 1개월 후에 매입하기로 계약하였다면 결제일인 9월 15일(수)에 당일 환율과 상관없이 A은행은 B은행에 11억 8천만 원을 지불하고 B은행은 A은행에 1백만 달러를 지급함으로써 거래가 종료된다.

11억 8천만 원(2영업일+1개월)

A은행 → B은행

A은행 ← B은행

1백만 달러(2영업일+1개월)

선물환거래의 거래동기는 투기, 헤지, 차익 획득 등의 목적으로 나누어진다. 이 가운데 위험을 감수하면서 수익 획득을 추구하는 은행 등의 투기자는 선물환계약을 투기목적으로 사용한다. 장래 환율에 대한 예측을 바탕으로 환율상승이 예상되면 선물환 매입계약을 체결한 후 만기시점에 예상대로 환율이 상승하면 매입한 선물환을 현물환시장에 매도하여 거래차익을 획득한다. 반대로 환율하락이 예상되면 선물환 매도계약을 체결한 후 만기시점에 예상처럼 환율이 하락하면 현물환시장에서 더 낮은 가격에 매입하면서 차익을 얻는다. 예를 들어, 현재 1개월 달러화 선물환율이 1,100원이고 환율인상이 예상되는 경우 1개월 만기 선물환율을 매입한 후 만기시점에 현물환율이 1,150원으로 상승하면 선물환을 매도함으로써 달러당 50원(=1,150원-1,100원)의 차익을 얻는다. 하지만 환율이 예상과 다르게 1,100원 이하로 하락하면 손실을 입게 된다

반면에 위험을 회피하려는 수출입업자, 다국적 기업 등의 헤저는 환위험 헤징을 위해 선물환계약을 이용한다. 예를 들어, 우리나라 기업이 수출대금 2백만 달러를 3개월 후에 수취하기로 예정된 경우 현재시점의 선물환율인 1,100원에 선물환 매도계약을 체결해놓으면 3개월 후에 현물환율이 변동되더라도 계약환율로 달러화를 매도할 수 있다. 3개월 후 현물환율이 1,000원으로 급락하였다면 환차손인 2억 원(=2,200,000,000원 -2,000,000,000원)을 보전할 수 있는 반면 3개월 후 현물환율이 1,100원을 상회하면 얻을 수 있는 환차익만큼 손해를 본다. 결국 환위험 헤징을 위한 선물환거래는 미래 결제일에 적용시킬 환율을 미리 거래일에 확정시킴으로써 환차익을 포기하는 대신 환차손(환위험)을 감소나 제거시켜주는 수단이 된다.

또한 선물환거래는 선물환율의 스왑레이트(Swap Rate)가 두 통화 간 금리차이와 괴리될 경우 전혀 위험없이 금리차익거래 이득을 얻게 해준다. 즉, 위험이 커버된 금리평가설에 따라 균형이 일시적으로 벗어날 때 재정거래 이익을 얻을 수 있다. 환언하면, $\frac{F_t - S_t}{S_t} = i_t - i_t^*$ 에서 좌변의 선물환율 스왑레이트가 우변의 양국간 금리차이와 일치하지 않는 경우 차익거래가 일어나며, 종국적으로 스왑레이트는 양 통화간 금리차이 수준으로 수렴하게 된다.

이에 반해 스왑포인트(Swap Point)는 선물환율과 현물환율의 차이를 말하는데 선물환거래 주문시 제시되는 호가가격이다. 스왑포인트란 양국 통화의 금리차이를 통화로 환산한 것이며 단순한 산식은 스왑포인트 = {현물환율*(원화금리-달러금리)*기간}으로 나타낼 수 있다. 선물환율은 스왑포인트(선물환마진)와 직전 체결된 현물환율을 기준으로 산출된다. 예를 들어, 원달러화 현물환율이 1,100원일 때 1개월 선물환 매입자는 매입가

3.0원으로, 선물환 매도자는 매도가 3.1원으로 가격을 제시한 상황에서 3.0원으로 선물환계약이 체결되었다면 선물환율은 1,103(=1,100원+3.0원)으로 결정된다.

$$\text{선물환율} = \text{현물환율} \pm \text{스왑포인트}$$

선물환계약은 현물환율과 비교하여 할증이나 할인상태로 종종 거래된다. 선물환할증(Forward Premium)은 선물환율이 현물환율을 초과하는 상태로서 현물환 매입을 통한 환율인상이 예상된다. 반면 선물환할인(Forward Discount)은 선물환가격이 현물환가격 보다 낮은 상태로 환율인하가 예상된다. 선물환가격과 현물환가격이 동등해지면 Forward Flat이라 부른다. 관련된 자세한 설명은 제5장 이자율 평가설을 참조하시오.

선물환거래의 유형을 살펴보면, 선물환거래는 일반 선물환(Outright Forward)과 외환스왑(Swap Forward)으로 대별할 수 있는데, 일반 선물환거래는 일방적인 선물환 매입 또는 매도만 발생하는 거래인 반면 외환스왑거래는 현물환매입/선물환매도 또는 현물환매도/선물환매입이 동시에 발생되는 거래로 보통 두 통화간의 자금조정을 위해 이루어진다. 예를 들어, 특정 은행이 현재 원화자금은 풍부하나 외화자금이 부족한 경우 외환스왑거래를 통하여 현물환매입과 동시에 선물환매도를 취함으로써 환위험이나 외환포지션의 변화없이 자금과부족을 해결하는 방법으로 이용되고 있다. 이때 선물환율은 통상 선물환 스왑레이트나 국내외 금리차이를 반영하여 결정된다.

그밖에 만기시점에 실물인수도 없이 차액만을 정산하는 일반 선물환거래의 특수한 형태인 차액결제 선물환(Non-Deliverable Forward)가 있다. NDF거래란 만기시 계약원금의 교환없이 당초 약정한 환율과 만기시점 현물환율간의 차액만큼만 당사자간에 결제하는 계약이다. 거래조건은 우선 1~3개월물의 형태로 이루어지고 1개월물이 가장 많이 거래되고 있으며, 건별 거래금액은 제한이 없으나 1백만달러 단위로 거래되는 것이 보통이고 3백만~1천만달러 규모가 많이 거래되며, 지정환율은 당사자간 협의로 결정되는데 원달러화 NDF계약에선 직전 영업일의 기준환율로 정하고 있다. 거래방식은 중개회사를 통한 중개거래와 당사자간 직접거래로 구분되지만 점차 직접거래가 증가하는 추세다. 무엇보다도 NDF거래는 차액만 결제하기 때문에 일반 선물환거래에 비해 결제위험이 작고 적은 금액으로 거래가 가능하여 레버리지 효과가 높은 편이다. NDF거래는 주로 비거주자들이 원화처럼 국제화되지 못한 통화를 대상으로 환위험 헤지나 환차익 투기를 할 목적으로 사용된다. 아울러 NDF계약의 결제통화는 주로 미국 달러화이어서 편리하게 이용할 수 있다.

원-달러화 NDF거래는 1996년 중반에 홍콩, 싱가포르, 토쿄 등의 아시아 역외시장에서 비거주자간에 시작되었다. 최근에는 런던, 뉴욕, 프랑크푸르트 등에서도 거래가 늘어나고 있다. 우리나라에서는 1999년 4월 이후 NDF거래가 허용된 이후 국내은행과 국내에 원화자금을 투자하는 비거주자 사이에 거래규모가 계속 증가하고 있다. 2009년도 기준 외국인 투자자의 하루 평균 NDF거래 규모가 13억4천만 달러에 달한다.

하지만 우리나라 선물환시장의 경우 일반 선물환거래가 저조한 편이다. 그 이유는 기업이 환위험 헤지를 위해 일반 선물환계약을 수요하기보다는 매칭, 리딩, 래깅 등의 내부적 방법을 많이 이용하고 있기 때문이다. 또한 은행 간 시장에서 외환거래는 대부분 현물환시장을 통해 이루어지고 있고, 선물환거래가 필요하면 상대적으로 유동성이 풍부한 차액결제 선물환이나 외환스왑을 주로 이용하기 때문이다.

NOTE

■'선물환 규제를 통한 외환유출입 제동'

– 우리나라 2010년도 자본유출입 변동 완화방안을 제시한 실례

주요 자본유출입 관리 강화 방안

구분	현행	개선책
선물환 포지션 제도 도입	현물·선물환이 모두 포함된 포지션만 자기자본 50% 이내로 유지	–국내은행과 외은지점의 선물환 포지션 한도를 각각 50%와 250%로 설정 –7월 시행 뒤 3개월간 유예 및 기존 거래분의 경우 2년까지 유예 허용 –선물환 거래한도 실수요 대비 100%로 축소
외화대출 관리 강화	원자재 수입 등 대외결제·국외직접 투자 등 국외 사용 외에 시설자금에 한해 국내 사용 시에도 허용	–외화대출을 국외사용 용도로만 제한 –다만 중소 제조업체에 대해선 예외적 허용

자료 : 기획재정부

외환스왑거래

스왑(Swap)은 1970년대 초반 미국과 영국간의 성행한 평행대출과 국제상호직접대출에서 그 기원을 찾을 수 있는데, 스왑이란 원래 양 당사자가 장차 일정 수량의 기초자산을 교환하기로 약정한 계약을 말한다. 대개 스왑거래에서는 개시시점에 기초자산을 교환하고 스왑 종료시점에 이를 재교환한다.

외환스왑거래란 두 당사자가 현재 계약환율에 의거해 서로 다른 통화를 교환하고 계약만료 시점에 정해진 환율에 따라 원금을 재교환하기로 약정한 계약을 말한다. 즉, 외환스왑거래는 동일한 거래상대방과 현물환매입/선물환매도이나 현물환매도/선물환매입 또는 만기가 상이한 선물환매입/선물환매도나 선물환매도/선물환매입 또는 만기가 상이한 현물환매입/현물환매도나 현물환매도/현물환매입이 동시에 발생되는 거래를 말한다. 이와 같이 외환스왑거래는 외환매매의 형태를 보이고 있으나 실제로는 여유통화자금을 담보로 필요통화자금을 차입하는 것이다. 예를 들어, 외환스왑 매입(Sell & Buy Swap)이란 근일물을 매도하고 원일물을 매입하는 거래인 반면에 외환스왑 매도(Buy & Sell Swap)는 근일물을 매입하

고 원일물을 매도하는 거래를 지칭한다.

은행 간 시장에서 외환스왑거래 과정을 살펴보면, A은행이 B은행과 1백만 달러를 현물환매도/선물환매입의 외환스왑계약을 현물환율 달러당 1,100원과 1개월 선물환율 1,103원에 체결하였다고 가정하자. 거래시점에 A은행은 B은행에 1백만 달러를 지급하고 11억 원(=1백만 달러×1,100원)을 수취한다. 이후 만기시점에 A은행은 B은행으로부터 1백만 달러를 돌려받고 B은행에게 11억 3백만 원(=1백만 달러×1,103원)을 상환함으로써 거래가 종결된다.

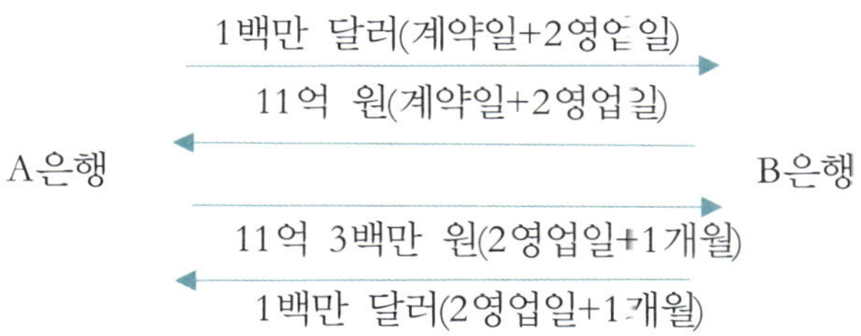

이 경우 단기적으로 A은행은 부족한 원화유동성을, B은행은 달러화 유동성을 각각 확보할 수 있게 된다.

외환스왑의 거래동기를 자금조달, 헤지, 투기, 금리차익 등의 목적으로 나누어 볼 수 있다. 먼저, 자금조달 목적은 보유한 여유통화자금을 빌려주고 그 대가로 필요한 통화자금을 조달함으로 통화간 자금과부족을 조절해주는 것을 말한다. 예컨대 원화자금에 비해 외화자금이 부족한 국내은행과 외환자금 대비 원화자금이 부족한 외국은행 국내지점간의 일시적인 자금조달의 수단으로 외환스왑거래가 이용되고 있다. 또한 선물환거래에 따른 은행의 외환포지션을 조정하는데 필요한 자금조달을 위해서 외환스왑거래가 이용된다. 예를 들어, 하나은행이 달러화자금을 NDF로 매도하면 일정한 외환포지션을 유지하기 위해 현물환을 매입하는데 현물환 매입에 필요한 원화자금을 조달하는 방법으로 신한은행과 외환스왑

매입 거래를 할 수 있다.

그밖에 환위험을 헤징하려는 목적으로서 외화자금의 흐름을 일치시키거나 외환거래의 결제시점을 연장 또는 단축시킬 때 외환스왑거래를 이용한다. 또한, 스왑레이트와 국내외 금리차 간의 차이를 이용한 금리차익거래 및 향후의 국내외 금리차이나 장단기 금리차이를 이용한 투기거래에도 외환스왑거래가 활용된다.

외환스왑거래의 구조를 살펴보면, 전통적 외환시장에서 현물환거래, 선물환거래 및 외환스왑거래는 참가자, 거래단위, 거래시간 등 기본조건에 있어서 동일하다고 볼 수 있다. 외환스왑의 가격표시는 선물환과 마찬가지로서 스왑포인트로 호가하고 거래가 체결되면 직전 현물환율을 기준으로 선물환율을 산출한다. 예를 들어, 원달러화 현물환율이 1,100원일 때 한 딜러가 "FX one month 300/310'이라고 주문을 냈다면 이는 1,103원에 1개월 외환스왑 매입을, 1,103.1원에 외환스왑 매도를 하겠다는 것을 의미한다. 그리고 외환스왑은 현물환/선물환, 현물환/현물환, 선물환/선물환의 거래가 가능하므로 결제일자는 현물환계약은 현물환의 결제일자 결정방식을, 선물환계약은 선물환의 결제일자 결정방법을 따른다.

파생적 외환거래

파생적 외환거래란 전통적(기초적) 외환거래에서부터 파생된 거래를 말하며 통화선물, 통화옵션, 통화스왑, 신용파생상품 등의 거래가 포함된다. 현물환, 선물환, 외환스왑은 은행이나 금융기관이 중심이 되어 거래되는 장외거래이지만 통화선물, 통화옵션, 통화스왑은 거래소(Exchange)가 중심이 된 장내파생상품이다. 따라서 금융상품의 시장위험은 선물환, 통화선물, 외환스왑, 통화스왑, 통화옵션 등을 통해 관리하고 신용위험은 신용파생상품을 통해 관리할 수 있다.

우선 통화선물(Currency Futures)은 일반 선물환과 비슷하지만 이와 달리 거래단위나 결제일 등 계약조건이 표준화되어 있다. 통화선물거래는 선물환거래에 비해 거래이행담보 등의 부담이 없고 주로 소액거래이며 거래의 익명성이 보장된다는 이점이 있다.

반면 통화옵션(Currency Option)은 장래 특정시점에 미리 약정한 가격(행사가격)으로 사거나 팔 수 있는 권리를 거래하는 것이다. 선물환거래나 통화선물거래에 비해 거래비용이 적게 든다는 장점을 가진다.

이에 비해 통화스왑(Currency Swap)은 이종통화를 서로 바꾸어 사용한 후 만기일에 원금을 다시 교환하는 거래로서 외환스왑과 유사하지만 주로 1년 이상의 장기거래에 이용되며 원금뿐만 아니라 이자도 교환된다는 점에서 차이가 있다.

끝으로 채권, 대출금, 증권 등의 금융자산은 가격변동에 따라 자산가치가 변하는 시장위험 및 발행자의 신용에 따라 자산가치가 변하는 신용위험을 가지고 있다. 신용파생상품(Credit Derivatives)이란 금융자산의 신용위험을 분리하여 다른 거래자에게 이전하고 대가로 수수료를 지급하는 금융상품이다. 신용파생상품에는 그 내용에 따라 신용파산스왑, 신용연계채권, 총수익스왑, 신용연계채권, 신용옵션, 합성담보부채권 등이 있다.

- Further Studying Tip : 여러 신용파생상품들의 세부적 내용을 추가로 살펴봄.
- Critical Thinking : 최초 선물거래의 발생원인 및 시카고 선물거래소/상업거래소(CME)에서 거래되는 무수한 파생상품거래(상품, 금융, 원자재, 날씨 등)를 살펴보면서 미래 계획적 파생상품들의 다양한 역할/기능을 생각해 봄.

1. 통화선물시장

1972년 5월에 시카고 상업거래소(Chicago Mercantile Exchange)의 부설 국제통화시장(International Monetary Market)에서 통화선물이 최초 거래되기 시작했다. 그 이후 영국, 호주, 캐나다 등지에서 개설되어서 현재는 주요 국제통화에 대한 통화선물들이 거래되고 있다. 우리나라는 1999년 4월에 한국선물거래소에서 미국 달러화 통화선물이 처음 상장되었다.

통화선물거래란 선물거래소에 상장된 주요통화에 대하여 시장통화선물환율로 일정기간 후 만기일에 인수도할 것을 약정하는 거래를 말한다. 통화선물거래는 계약시점에 약정된 가격으로 장래 만기시점에 가서 특정 통화를 인수도한다는 점에서 선물환거래와 비슷하다. 하지만 거래단위, 결제월, 최소 가격변동폭, 증거금 등 거래조건이 표준화되어 있으며, 거래소의 청산소(Clearing House)가 계약이행을 보증해주며, 가격변동 손익을 매일 정산하는 일일정산제도(Marking to Market)가 있다는 점이 다르다.

이 가운데에서 통화선물의 만기는 거래소의 규칙에 따라 보통 3, 6, 9, 12월의 셋째 수요일로 한정되어 있다. 1~3개월 이내에 만기가 돌아오는 근월물도 함께 거래되기도 한다. 선물거래 증거금은 납입주체에 따라 선물거래소가 중개회사(선물회사 등)로부터 징수하는 매매증거금과 중개회사가 고객에게 부과하는 위탁증거금으로 구분되며, 증거금은 또한 납입시점에 따라 선물거래를 시작할 때 납부해야 하는 개시증거금, 일일가격변동 제한폭 정도의 손실을 보전하도록 해주는 최저수준의 유지증거금, 손실액이 일정수준을 초과하여 증거금잔액이 유지증거금에 미달할 때 추가로 보충해야 하는 추가증거금, 이익이 발생하여 증거금 잔액이 개시증거금을 초과할 경우 인출이 가능한 초과증거금으로 나뉜다. 그리고 통화선물거래 또는 일일정산에서는 통화선물시장의 환율변동에 따라 손익이 달라지는데, 시장환율이 최초 계약환율을 상회하면 매입자가 이익을, 매도자가 손실을 얻게 되지만 시장환율이 계약환율보다 떨어지는 경우에는 매입자가 손실을, 매도자가 이익을 얻는다.

선물환시장과 통화선물시장은 상호 보완적인 관계를 이루고 있으며 차익거래를 통해 밀접하게 연결되어 있다. 그래서 선물환율과 통화선물은 상호간에 아주 유사하게 움직인다. 그렇지만 선물환시장과 통화선물시장은 아래와 같은 차이점을 가지고 있다.

통화선물과 선물환의 비교

	통화선물계약	선물환계약
거래장소	거래소(시장)	장외(은행간시장)
거래조건	표준화	거래당사자간의 합의
거래방법	공개입찰	당사자간 직접거래
신용관리	청산소 계약이행 보증	은행과 신용도 높은 기업간 거래
시장참가자	개인, 중소기업 등	금융기관, 대기업 등
결제	만기전 포지션 청산이 대부분	만기일 실물 인수도가 대부분

• Further Studying Tip : 한국선물거래소와 세계적인 선물거래소에 상장된 통화선물의 종류, 거래조건(거래단위, 결제월, 최소가격변동폭 인도방법 등), 거래량 등을 비교해 봄.

특히 선물환거래는 만기일에 실물 인수도가 이루어지지만 통화선물거래는 만기일에 현금 인수도가 이루어지는 비중은 아주 조금이고 최종결제일 이전에 대부분 반대거래를 통하여 차액이 정산되고 있다. 그리고 통화선물거래는 헤지, 투기, 차익거래 등의 목적으로 이용된다. 먼저, 보유중이거나 향후 보유할 현물환 포지션과 반대 방향으르 통화선물계약을 매입이나 매도함으로서 환위험을 회피할 수 있다. 그 다음, 환율상승이 예상되면 통화선물을 매입하고, 환율하락 예상시 통화선물을 매도함으로써 예상이 맞았다면 시세차익을 얻고 예상이 틀렸다면 손실을 감수한다. 王 현물환율과 통화선물환율의 일시적 불균형을 이용하여 저평가된 것을 매입하고 고평가된 것은 매도한 후 현물환가격과 통화선물가격의 차이가 없거나 줄어든 시점에서 반대거래를 통해 위험없이 이익을 실현할 수 있다.

우리나라의 경우 미국 달러화, 일본 엔화, 유럽 유로화의 통화선물이 상장되어있지만 통화선물계약의 체결규모는 아주 작아 거래가 부진한 편이다. 그 이유는 비거주자들이 국내 통화선물거라보다 거래조건이 자유로운 차액결제선물환거래를 선호하기 때문이다. 또한 국내기업들이 환위험

NOTE

■ **한국선물거래소의 통화선물 거래 순서**

미달러화 통화선물거래는 선물증거금 납입 → 매매주문 → 거래체결 → 일일정산 → 만기전 반대거래(포지션 청산) 또는 만기일 실물 인수도.

을 헤징시 통화선물보다 선물환, 외환스왑 등을 대부분 이용하고 있기 때문이다.

2. 통화옵션시장

필라델피아 증권거래소가 현물환옵션을 처음 거래하였고 이후 시카고 상업거래소에서 통화옵션이 본격적으로 거래되었다. 우리나라에서는 1999년 4월에 한국선물거래소에서 미국 달러화 옵션이 처음 상장되었다. 통화옵션거래란 장래 만기일 또는 만기일 이전에 특정통화(기초자산)를 미리 약정한 가격(행사가격)으로 사거나 팔 수 있는 권리를 매매하는 거래를 말한다. 살 수 있는 권리를 콜옵션(Call Option), 팔 수 있는 권리를 풋옵션(Put Option)이라 부른다.

옵션의 대가로 지불하는 가격은 옵션가격 또는 옵션프리미엄이라고 하는데, 통화옵션거래에서 옵션 매입자는 콜옵션 또는 풋옵션을 사는 대가로 옵션 매도자에게 프리미엄을 지급하고 이후 환율변동에 따라 자유롭게 옵션을 행사하거나 행사하지 않음으로서 권리를 포기할 수 있다. 반면에 옵션 매도자는 옵션 매입자가 권리를 행사할 경우에 반드시 계약을 이행할 의무가 있다.

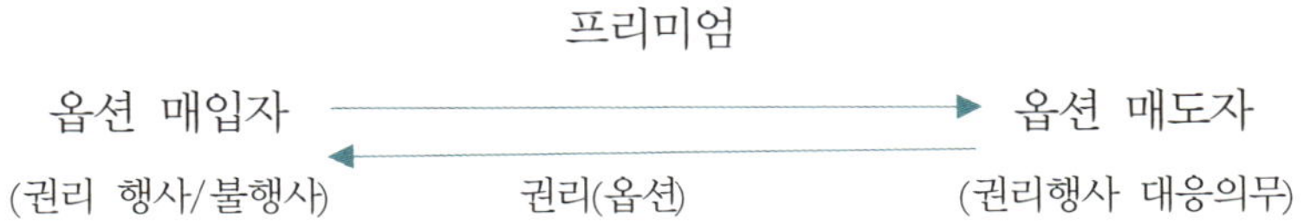

통화옵션거래는 시장환율이 옵션 매입자에게 유리한 경우에만 옵션을 선택적으로 행사할 수 있다. 즉, 옵션 보유자는 만기일 또는 만기일 이전에 기초자산가격과 행사가격을 비교하여 자신에게 이익이 되면 권리를 행사하지만 손실이 되면 권리를 포기한다. 옵션방식에 따라 유럽피안 옵션은 만기일에만 권리를 행사할 수 있고 또는 아메리칸 옵션은 만기일을 포함한 만기일 이전에 아무 때나 권리를 행사할 수 있다. 이에 따라서 통화옵션 매입자는 선물환/통화선물과 달리 환율변동 차익을 얻을 수 있는 대신에 손실이 프리미엄에 제한되며, 거래담보금 및 유지증거금 등이 필요 없어서 거래비용이 적고 레버리지 효과가 크다.

또한 여러 가지 옵션상품 등을 결합하면 고객수요에 부응한 다양한 상품을 개발할 수 있다. 예를 들어, 옵션의 손익구조상 콜옵션과 풋옵션을 반대방향으로 동시에 거래하면 선물환계약의 효과를 가져다준다. 즉, 콜옵션매입+풋옵션매도=선물환매입 또는 콜옵션매도+풋옵션매입=선물환매도. 한편, 은행간시장에서는 환율변동성의 크기를 투자대상으로 삼는 옵션상품이 주로 거래되고 있다. 그리고 옵션가격(옵션프리미엄)은 통화옵션의 내재가치와 시간가치를 합한 것을 말한다. 통화옵션의 실제가격은 미래 환율수준에 대한 시장참가자들의 기대가 반영된 환율의 내재변동성(Implied Volatility)에 의해 결정된다. 통화옵션의 가치에는 현물환율(기초자산가격), 행사가격, 환율변동성, 잔존만기, 국내외 금리차이 등의 요소가 영향을 미친다.

통화옵션의 거래과정은 통화선물과 흡사하지만 일일정산제도가 없고, 옵션매도자의 장래 손실위험을 감안한 증거금만 존재하며, 옵션매입자는

NOTE

■ 한국선물거래소의 통화옵션 거래 순서

미달러화 통화옵션거래는 옵션증거금(프리미엄) 납입 → 매매주문 → 거래체결 → 만기전 반대거래(포지션 청산) 또는 만기일 옵션행사(또는 미행사).

통화옵션과 통화선물의 비교

	통화옵션계약	통화선물계약
거래장소	거래소	거래소
거래내용	대상자산의 매입/매도 권리	대상자산의 인수도
거래책임	매도자 권리행사 대응의무	매입자와 매도자 거래이행 책임
손실위험	매입자 – 프리미엄 위험 매도자 – 무한대 위험	매입자와 매도자 – 무한대 위험
거래증거금	매도자만 부과	매입자와 매도자 부과
결제방법	반대매매로 결제 또는 권리행사로 실물인수도	반대매매로 결제 또는 만기일 실물인수도

프리미엄을 납부하게 된다. 그밖에 콜옵션 통화옵션시장과 통화선물시장은 앞의 표와 같은 차이점을 가지고 있다.

그런데 콜옵션 매입자는 시장현물환율이 행사가격보다 높으면 권리를 행사하고, 낮으면 지불한 프리미엄만 손실을 보면서 권리를 포기한다. 따라서 콜옵션 매입자가 권리를 행사하여 이익을 얻지만(이익=현물환율-행사가격-프리미엄) 반면 콜옵션 매입자가 권리를 포기하면 손실을 입는다(손실=프리미엄). 역으로 콜옵션 매도자는 매입자가 권리행사를 포기하여 의무가 소멸되면 이익을 얻지만(이익=프리미엄) 반면에 매입자가 권리를 행사하여 의무를 이행하면 손실을 본다(손실=프리미엄-(현물환율-행사가격)).

이와 달리, 풋옵션 매입자는 현물환율이 행사가격보다 낮으면 권리를 행사하고, 높으면 권리를 포기한다. 따라서 풋옵션 매입자가 권리를 행사하면서 이익을 얻지만(이익=행사가격-현물환율-프리미엄) 반면 풋옵션 매입자가 권리를 포기하면 손실을 입는다(손실=프리미엄). 역으로 풋옵션 매도자는 풋옵션 매입자가 권리를 포기하여 의무가 소멸되면 이익을 획득하지만(이익=프리미엄) 반면에 권리행사로 의무를 이행하면서 손실을 본다(손실=프리미엄-(행사가격-현물환율)).

- Further Studying Tip : 블랙-숄즈 옵션가격 결정모형을 비롯해 다양한 옵션거래 방식에 대해 더 살펴 봄.

우리나라의 경우 거래소 장내시장에 상장된 미달러화 통화옵션거래는 2000년대 이후 거래가 거의 이루어지지 않고 있다. 시장조성자가 없어 유동성이 부족하고 옵션조건이 정형화되어서 고객의 다양한 헤징수요를 충족시키기 어렵기 때문이다. 다만 은행의 장외시장에서 수출입기업들이 선물환 대용의 헤징수단으로 통화옵션거래를 늘리고 있어 통화옵션거래는 장내거래에 비해 활발한 편이다.

3. 통화스왑시장

통화스왑이란 외환스왑과 마찬가지로 두 당사자 간에 서로 다른 통화자금을 교환하고 일정기간이 지난 후 원금을 재교환하는 거래를 말한다. 즉, 통화스왑은 이종통화의 원금과 이자지급을 모두 교환하기로 약정한 것이다. 하지만 통화스왑은 스왑기간과 이자지급방법 측면에서 외환스왑과 차이가 난다. 통화스왑은 1년 이상 중장기 환위험 헤징이나 금리위험 헤징의 수단으로 이용되는 반면에 외환스왑은 1년 이하 단기자금의 조달 및 환위험 헤징의 수단으로 이용된다. 통화스왑은 계약기간 동안 해당통화자산에 대해 3개월이나 6개월마다 이자를 교환하지만 외환스왑은 이자를 교환하지 않고 만기시점에 계약시점의 선물환율로 원금만 다시 교환한다.

- Further Studying Tip : 이종통화간 고정금리와 고정금리 교환 스왑(Currency Swap), 이종통화간 고정금리와 변동금리 교환 스왑(Cross-Currency Coupon Swap), 이종통화간 변동금리와 변동금리 교환 스왑(Cross-Currency Basis Swap) 등 다양한 통화스왑에 대해 구체적인 거래내용을 살펴봄. 또한 기본적 형태의 금리스왑(통화의 변동-고정금리스왑)에 대한 특성을 비교해 봄.

통화스왑거래의 과정을 살펴보면, A은행이 B은행에게 원달러화 현물환율 1,100원에 1백만 달러를 지급하고 원화를 수취한 후 1년 후 만기에 원금을 재교환하는 통화스왑계약을 두 은행 간에 체결하였다고 하자. 거래시점에 A은행은 1백만 달러를 지급하는 대가로 B은행으로부터 11억 원(=1백만 달러×1,100원)을 받는다. 이후 계약기간동안 원화이자를 지급하고 달러화이자를 받으며, 만기시점에 A은행은 B은행으로부터 1백만 달러 원금을 돌려받고 원화원금 11억 원을 상환해줌으로써 거래가 종결된다.

NOTE

■ **LIBOR 금리**
우량은행끼리 단기자금을 거래할 때 적용하는 런던은행간 금리(London inter-bank offered rates)의 머리글자를 따서 리보(LIBOR)라고 부름. 예를 들어, 리보가 연 4.5%인데 실제 지급해야 할 금리가 연 5.5%라면 그 차이인 신용도가 낮아져 붙은 1%가 가산금리로 금융기관의 수수료 수입임.

A은행 → B은행: 1백만달러(계약일+2영업일)
A은행 ← B은행: 11억원(계약일+2영업일)
A은행 → B은행: 원화금리이자(계약기간)
A은행 ← B은행: 달러화금리이자(계약기간)
A은행 → B은행: 11억원(만기일)
A은행 ← B은행: 1백만달러(만기일)

통화스왑거래는 당사자간 직접거래나 중개회사를 통한 중개거래 방식으로 이루어지고 있다. 우리나라에서는 1999년 9월부터 원-달러화 통화스왑이 중개회사(국내중개회사인 한국자금중개(주)와 서울외국환중개(주) 및 해외중개회사인 Prebon Yamane, Tullet, Nittan, Cantor 등)를 통해 거래되기 시작하였다. 원화와 달러화간의 통화스왑은 원화 고정금리와 달러화 변동금리(6개월 LIBOR)가 교환되는 이종통화 간 고정금리와 변동금리 교환 스왑(Cross-Currency Coupon Swap)방식으로 거래되고 있으며, 거래기간은 1~10년물이 가능하나 주로 1~5년물이 거래되고 있으며, 거래금액은 최소거래단위가 1천만 달러이고, 이자지급은 년 2회 6개월마다 교환한다. 이와 달리 직접거래에서는 거래기간, 거래금액, 이자교환방법 등 거래조건에 제약이 없기 때문에 당사자 간의 계약에 의거 원금분할상환 등 다양한 방식의 거래가 이루어지고 있다. 하지만 우리나라의 경우 통화스왑거래는 다른 외환파생상품인 통화선물이나 통화옵션과 마찬가지로 거래비중이 매우 낮은 실정이다.

통화스왑거래의 동기는 장기자금조달, 헤징, 투기, 금리차익 등의 목적으로 나누어 볼 수 있다. 첫째, 장기자금조달 목적은 외화자금이 필요한 국내은행과 원화자금이 필요한 외국은행이 통화스왑거래를 이용하는 경우다. 외국에서 장기외화자금 차입이 어렵거나 조달금리가 상승한 경우 통화스왑거래를 이용한다.

둘째, 환위험 헤징은 특정통화로 표시된 자산/부채를 다른 통화로 표시된 자산/부채로 전환시키는 것을 말한다. 실례로서 외국에서 채권을 발행하여 달러화자금을 조달한 국내기업이 통화스왑거래를 통해 외화자금을 원화자금으로 교환하여 사용한 후에 해외채권 만기시점에 통화스왑거래에서 상환받은 달러화자금으로 달러화채무를 상환한다.

셋째, 투기적 목적은 장래 금리전망에 따라 스왑거래를 통해 금리를 교환함으로써 차입비용을 절감하던지 투기적 이익을 얻는 것을 뜻한다. 예를 들어, 원화금리가 하락될 것으로 예상되면 원화고정금리를 수취(달러변동금리를 지급)하고, 원화금리가 상승될 것으로 예상되면 원화고정금리를 지급(달러변동금리를 수취)하면서 이득을 취한다.

끝으로, 금리차익 목적거래는 외화자금을 조달하여 통화스왑거래를 통해 특정 통화로 전환한 후 채권에 투자해서 차익을 얻는 경우가 해당된다. 예를 들면, 해외에서 달러자금을 차입하고 통화스왑거래를 이용하여 원화자금으로 전환한 후 원화채권에 투자하여 차익을 실현하게 된다.

지금까지 살펴본 전통적 외환거래 및 파생적 외환거래와 관련해서, 우리나라의 경우 2010년도 2사분기 기준 외국환은행의 일평균 외환거래규모가 540억 5천만 달러로 전분기의 479억 4천만 달러 대비 12.7%가 증가했다. 거래형태별로 보면, 전통적 외환거래는 444억 3천만 달러로 전분기의 390억 7천만 달러 대비 13.7%가 증가했는데, 이 가운데에서 전분기 대비 현물환거래가 원달러화 환율변동성 확대로 인한 은행간 거래증대에 따라 13.7%, NDF를 포함한 선물환거래가 수출입규모 확대로 인한 환헤징 수요 증대와 비거주자의 NDF거래 확대에 따라서 14.8%, 외환스왑거래도 국내은행의 외환스왑을 통한 자금조달 증가 때문에 13.4%로 증가하였다. 반면 선물, 스왑, 옵션 등 외환파생상품거래는 일평균 96억 2천만 달러로 전분기의 88억 7천만 달러 대비 8.5%가 늘어났다. 또한 은행별로 국내은행은 일평균 260억 5천만 달러로 전분기 대비 12.7%가 증가했고 외국은행지점은 일평균 280억 달러로 전분기 대비 12.8%가 늘어났다.

NOTE

■ 파생금융상품: 거래소 vs. 장외

파생금융상품이란 주식, 채권(금리), 통화 같은 실물 금융자산을 기초로 거래소에서 만들어진 2차 상품으로, 선물, 옵션, 스왑 등의 이름이 붙음. 또한 장외란 거래소를 통하지 않고 쌍방 간의 합의를 통해 거래되는 것을 말하는데, 장외파생금융상품이란 거래소 이외에서 거래되는 선물, 옵션, 스왑 등의 금융상품을 말함.

정리

- 환위험 = 환노출×환율변동성
- 환위험관리는 환위험헤징을 말하며 다양한 유형의 환노출, 즉 거래적 노출, 환산노출, 경제적 노출을 관리하는 것을 의미함.
- 미래 계획적 금융상품은 현재 환율에 영향을 주면서 환율변동을 예측해 줌. 따라서 투기, 차익획득, 헤징, 자금조달 등의 목적으로 사용됨.
- 미래 계획적 금융상품 중에서 은행 중심의 장외시장에서 거래되는 선물환과 스왑 및 거래소 장내시장에서 거래되는 통화선물과 통화옵션이 대표적임.

• Further Studying Tip : 미래 계획적 금융상품의 세부사항을 본문내용을 토대로 숙지함.

NOTE

■ 현물시장, 파생상품시장, 거래유형 간의 상호관계

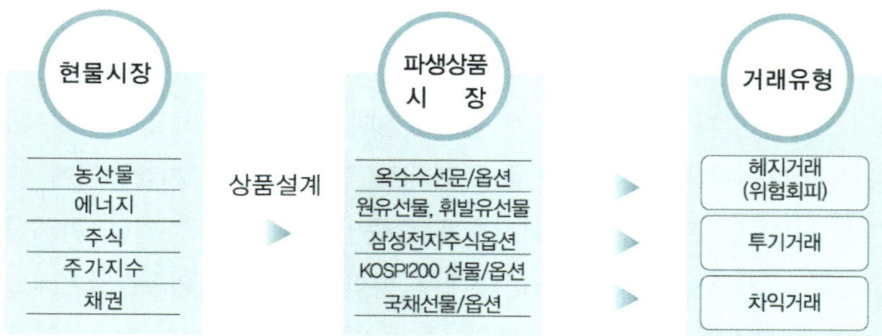

자료원 : 한국선물거래소

An Inside Look

'선물거래의 유래'

선물거래의 시초는 17C경 일본의 도쿠가와 막부시대에 오사카 근교의 도지마를 중심으로 한 미곡거래로 여겨지나, 오늘날의 거래소 형태를 갖춘 최초의 선물거래소는 1848년 미국의 시카고에 설립된 시카고상품거래소(CBOT)라고 할 수 있습니다.

국내에는 1996년 한국증권거래소에서 주가지수를 이용한 KOSPI200선물과 KOSPI200옵션을 상장하여 처음 파생상품거래가 시작되었으며 1999년 한국선물거래소의 설립으로 국채, 금, 달러 등 다양한 상품이 거래되고 있습니다.

일본 도지마의 쌀 거래소

17세기경 도쿠가와 막부시절에 지방 제수들의 세력확장 방지를 위해 이들을 매년 6개월 동안 오사카(당시 수도)에 강제로 살도록 하였습니다. 이렇게 오사카에 묶여 지내던 제후들 중 일부가 경비가 부족하여 가을에 수확 예정인 쌀을 담보로 물표를 발행하여 경비를 조달해 사용하곤 했습니다.

이 물표들은 상인들 사이에서 거래가 되곤 했는데 상인들 중 요도야라는 거상이 있었는데 오사카 근교 도지마에 있는 그의 집은 항상 많은 상인이 몰려들어 정보를 교환하고 거래를 성사시키는 거래소 역할을 했습니다. 지금 '도지마 쌀거래소'로 이름이 알려진 일본 최초의 상품거래소는 선물거래와 일치하지는 않지만 매우 흡사한 기능을 갖추고 있었습니다.

미국 시카고의 상품거래소

현대적 의미의 선물거래소는 1848년 미국의 시카고에서 시작되었습니다. 미국의 동부지방에 위치하고 있는 시카고는 19세기 중반 일리노이와 미시간의 운하 개통으로 미국 중서부 곡창지대의 중심지인 동시에 곡물의 집산지가 되어 밀, 옥수수, 그리고 커피 등 곡물 거래가 활발히 일어났습니다.

곡물거래의 중심지가 된 시카고에는 여러 문제가 발생하기 시작했습니다. 1842년에는 브라질에 허리케인이 발생했는데 그로 인해 커피농장이 모두 쑥대밭이 되어 버렸습니다. 통신수단이 부족했던 그 시절 미국의 커피업자는 그 사실도 모른 채 원두커피 가공시설을 마구 늘려 놓았습니다. 커피 수확기가 되어도 브라질에서 원두커피가 오지 않자 시설투자를 늘린 사람은 대부분 망하게 되었습니다. 또 곡물거래물량에 비해 창고나 운송시설이 부족한 시카고는 겨울이 되면 운하에 얼음이 얼어 수송수단 부족하게 되어 시카고에 발이 묶인 곡물은 아주 낮은 가격에 거래되었고, 얼음이 녹으면 재고부족으로 매우 비싼 가격에 곡물이 거래되기도 하였습니다.

이러한 폐단을 막기 위해 상인들은 고민 끝에 선물시장을 고안해 내었습니다. 미리 가격을 정해서 사고 팔자는 것이지요. 즉 곡물 생산이 급격이 늘거나 줄어도 미리 가격을 정해 놓았기 때문에 뒤늦게 낭패를 보는 사람이 줄게 되었습니다. 사업을 하는 사람들은 원료를 미리 구매하여 가격이 크게 오르는 것을 방지할 수 있었고, 농부들은 미리 팔아버려서 수확한 다음에 물건이 팔리지 않아 손해를 보는 일이 적어졌습니다.

시간이 흐르면서 파생상품거래는 날로 활성화되기 시작했고 처음에는 곡물만 거래되었으나 금, 은, 동 그리고 원유 등 많은 상품으로 확대되었습니다. 1970년대부터는 주가지수 등 금융상품이 발달하기 시작하여 오늘날 전 세계 파생상품의 대부분을 이 금융상품이 차지하게 되었습니다.

자료 : 한국선물거래소

An Inside Look

'한국선물거래소의 계약명세'

통화선물

거래대상	미국달러화(USD)
거래단위	US $50,000
결제월	분기월 중 4개와 그 밖의 월 중 4개
상장결제월	1년 이내의 8개 결제월
가격의 표시	US $1 당 원화
최소가격변동폭	0.10원
최소가격변동금액	1,000원 (US $10,000×0.10원)
거래시간	09:00~15:15 (최종거래일 09:00~11:30)
최종거래일	결제월의 세 번째 월요일(공휴일인 경우 순차적으로 앞당김)
최종결제일	최종거래일로부터 기산하여 3일째 거래일
결제방법	인수도결제
가격제한폭	기준가격 대비 상하 ± 4.5%
단일가격경쟁거래	개장시(08:00~09:00) 및 거래종료시(15:05~15:15)

통화옵션

거래대상	미국달러화(USD)
거래단위	US $10,000
결제월	분기월 중 2개와 그 밖의 월 중 2개
상장결제월	6개월 이내의 4개 결제월
행사가격의 설정	ATM을 기준으로 10원 간격으로 상하 각 3개(총 7개)
가격의 표시	프리미엄(원화)
호가가격단위	0.10원
최소가격변동금액	1,000원 (US $10,000 × 0.10)
거래시간	09:00~15:15 (최종거래일 09:00~11:30)
최종거래일	결제월의 세 번째 월요일(공휴일인 경우 순차적으로 앞당김)
최종결제일	최종거래일로부터 기산하여 3일째 거래일
권리행사	최종거래일에만 행사가능(European 형)
결제방법	인수도결제
가격제한폭	기준가격 대비 상하 ± 4.5%
단일가격경쟁거래	개장시(08:00~09:00) 및 거래종료시(15:05~15:15)

An Inside Look

'시카고 상업거래소의 계약명세중 일부'

통화선물

cme Chicago Mercantile Exchange

Currency	Contract Size
Australian Dollar	AUD 100,000
Brazilian Real	BRR 100,000
British Pound	GBP 62,500
Canadian Dollar	CAD 100,000
Czech Koruna	CZK 4,000,000
Euro	EUR 125,000
Hungarian Forint	HUF 30,000,000
Japanese Yen	JPY 12,500,000
Mexican Peso	MXN 500,000
New Zealand Dollar	NZD 100,000
Norwegian Krone	NKR 2,000,000
Polish Zlotny	PLZ 500,000
Russian Ruble	RUB 2,500,000
South African Rand	ZAR 500,000
Swiss Franc	CHF 125,000

There are also cross rate futures traded (EUR/GBP, EUR/JPY, and EUR/CHF) in contract sizes of EUR 125,000

Futures are standardized (size and maturity), exchange traded commodities (Chicago Mercantile Exchange)

EUR 125,000

Opening, High, Low, and Closing Price

Total Contracts bought/sold that day (000s)

Strike	Open	High	Low	Settle	Pt Chge	Volume	Interest
Mar06	1.2700	1.2804	1.2698	1.2756	+170	3500	8993
Jun06	1.2850	1.2987	1.2800	1.2799	-150	3	34
Sept06	------	------	------	-----	UNCH	-----	-----

Settlement Date

Change From Prior Day (in Pips)

Contracts Outstanding (000s)

통화옵션

In December 1982, the Philadelphia Stock Exchange started trading American and European options on foreign currency.

- European: Can only be exercised at maturity
- American: Can be exercised at any time during the life of the contract

Traded options have an expiration cycle March, June, September and December with original maturities of 3,6,9,and 12 months.

Currency	Contract Size
Australian Dollar	AUD 50,000
British Pound	GBP 62,500
Canadian Dollar	CAD 50,000
Japanese Yen	JPY 6,250,000
Swiss Franc	CHF 62,500
Euro	EUR 62,500

7-2 Section 환위험헤징과 시장효율성

국제거래가 지속적으로 증가됨에 따라 국가뿐만 아니라 기업은 과거보다 훨씬 환위험에 노출된다. 우리나라의 금융기관이나 기업들도 IMF위기 이후 환위험 관리에 많은 노력을 기울여오고 있다. 자국통화의 국제화가 충분히 이루어지기 전까지는 국제통화 환율의 변동에 노출되어 있는 환위험을 측정하고 관리하는 것은 중요한 관심사이다. 따라서 본 절에서는 개별기업 차원에서 관리할 수 있는 환위험 측정내용을 기초로 매우 다양한 종류의 헤징방법을 소개하고 설명한다.

환위험 헤징과 더불어 외환시장의 효율성 개념은 중요한 의미를 가진다. 외환시장이 비효율적인 경우는 추가적인 이득을 취할 기회가 존재함을 뜻하기 때문에 투자가들은 이익 추구적 외환거래에 적극 가담하게 되고 정부는 시장실패를 시정하기 위해 외환시장에 개입하게 된다. 본 절은 효율적 외환시장의 개념을 이론적 측면에서 살펴보고 현실의 외환시장이 효율적인지 여부를 검토해본다.

Key Concept

Property	Words	Examples
환위험 헤징	환율변동 위험을 제거하거나 축소시키는 환위험 관리방법	내부/외부적 기법
외환시장의 효율성	외환시장의 모든 정보가 환율에 완전히 반영된 상태	평균 추가수익=0

환위험관리

• Teaching Tip : 환위험 헤징에 대한 기업의 내부/외부기법에 대해 살펴봄.

최근 환율변동성의 확대는 기업이나 기관투자가들의 해외투자자산에 대한 국내통화 표시 수익률에 막대한 영향을 준다. 기업입장에서 보면 대외거래에서 발생할 수 있는 환율변동위험을 관리하는 것은 아주 중요한 재무관리 가운데 하나일 것이다. 환위험 관리기법은 헤징기법이라고도 부른다.

환위험 헤지거래(Hedge Transaction)란 현재 보유하거나 미래에 보유할 외화표시 자산의 가치하락을 초래하는 환율변동위험을 제거하거나 축소하려는 거래로 정의할 수 있다. 이에 따라, 환위험 헤지기법은 크게 기업의 내부차원에서 환위험을 관리하는 내부적 관리기법과 외환/금융시장의 금융상품을 이용하여 환위험을 관리하는 외부적 관리기법으로 나뉜다. 그런데 환위험의 관리기법과 관리전략은 기업의 외환관리 목표에 의해 크게 좌우될 것이다.

무엇보다 환위험을 효과적으로 관리하기 위해서는 아래 세 가지의 측면을 고려해야 한다. 첫 번째, 환위험관리의 목적을 분명하게 정립해두어야 한다. 일반적으로 헤징은 미래의 불확실성을 제거하여 수익의 안정성을 추구하는 것인데, 당기 수익의 변동폭을 줄여 안정화를 시키든지 또는 수익의 증대나 다른 어떤 것이 병행되든지 이러한 목표를 정확히 이해하고 실현시킬 필요가 있다.

두 번째, 당면한 위험이 무엇인지를 파악해야한다. 현물포지션이나 장래 취득예상 포지션에서 직면할 위험의 종류와 정도를 정확히 파악해야 한다. 또한 환노출 중에 환산노출, 거래적 노출 및 경제적 노출에 대한 분석과 구분이 이루어져야 한다. 그리고 무엇보다 헤저가 환위험에 대해 어느 정도 위험을 감수하느냐 노출정도를 확정해두어야 한다. 헤저의 위험에 대한 부담 정도에 따라 헤지의 실행여부 및 헤지규모가 선택된다.

예를 들어, 환노출 중에서 가장 중요한 특정 환노출을 헤징대상에 포함시키고, 발생된 모든 노출을 무조건 헤지할지 또는 일부 노출만 선별하여 헤지할지 헤지범위를 결정한다. 환노출은 개별기업이 통제할 수 있고 환차손과 환차익의 발생가능성을 모두 포함하고 있기 때문이다.

세 번째, 자신이 처한 상황에서 적절히 위험을 파악한 이후 어떤 헤징수단을 선택하고 이를 어떻게 활용할 것인가 그 기준을 설정하여야 한다. 이때 결정사항은 헤징수단종목, 헤지대상기간, 헤지비율(헤징규모결정) 등을 선택하는 일이다. 이와 함께 여러 가지 사전적인 대비 및 사후적인 대응이 이루어져야 한다.

추가적으로 기본적인 헤지의 개념을 현물과 선물의 관점에서 더 살펴보자. 우선, 매도헤지와 매입헤지가 있는데, 매도헤지란 현재 현물을 보유한 상황에서 미래 현물가격의 불확실성으로 현물가격이 하락할 위험에 대비하여 해당 현물에 대응하는 선물을 미리 팔기로 계약을 하는 것이며, 매입헤지는 현물을 매도할 상황에서 장래 현물가격의 상승위험에 대비하여 선물을 미리 사기로 계약을 맺는 것이다. 현물가격이 하락하거나 상승하여도 선물가격도 함께 상승하거나 하락하기 때문에 현물포지션의 손실이 선물포지션의 손익으로 보존된다. 또한, 직접헤지와 교차헤지로 구분할 수 있는데, 직접헤지란 헤저가 현물과 동일한 상품을 이용하여 헤지하는 것이며 교차헤지는 현물과 유사한 상품을 사용하여 헤지를 수행하는 방법이다. 예를 들면, 유로화 현물포지션에 대하여 유로화 선물계약을 이용한 헤지는 직접헤지에 해당되지만, 피지 달러화 현물포지션에 대하여 피지 달러화 선물계약이 존재하지 않기 때문에 호주 달러화나 미국 달러화 선물계약을 이용한 헤지는 교차헤지에 속한다. 끝으로 현물헤지와 선행헤지 중에서 현물헤지란 현물로 보유하고 있는 기존 포지션에 대한 위험을 헤징하는 것인 반면 선행헤지는 장래에 발생할 현물포지션에 대해서 헤지하는 것을 뜻한다.

● **환위험 헤징에 대한 의사결정과정**

▶ 헤지대상 위험의 정의⇒ 환위험 노출량 측정⇒ 헤지수단의 선택⇒ 헤지비율 산출

지금까지 살펴본 환위험 관리방안 및 헤징개념과 아울러 다양한 종류의 환위험 헤징기법을 기업의 내부적 관리기법과 외부적 관리기법으로 나누어 설명해보자. 기업의 내부적 관리기법에는 상계, 매칭, 리딩과 래깅, 가격조정, 가격표시 통화조정, 통화분산, 생산전략 등이 포함된다. 반면 시장을 이용하는 기법에는 선물환, 외환스왑, 통화선물, 통화옵션, 통화스왑, 단기금융거래, 국제팩토링, 외화차입, 수출대금할인, 환율변동보험 등이 있다.

내부적 헤징

내부적 관리기법은 보통 환노출 크기를 줄이거나 더 이상 증가되는 것을 방지하면서 환위험의 발생을 최소화하는 기업 내부적 조치이다. 내부적 관리기법의 헤징방법과 그 효과에 대하여 간단하게 살펴보자.

상계(Netting)란 환위험 감소를 위해 다국적기업의 본사와 지사 또는 자회사 상호간에 발생한 지불한 금액과 수취한 금액을 개별적으로 결제하지 않고 일정한 기간 경과 후에 채권액과 채무액을 서로 상쇄한 후 그 차액만을 결제하는 것이다. 장점은 은행비용의 절감과 환차손위험의 회피를 달성한다는 점이지만 상호간 상쇄 포지션에 적용시킬 통화나 결제시점의 선택문제가 있다.

상계의 유형으로 쌍방간 상계와 다각적 상계로 구분되는데, 쌍방간 상계는 두 회사가 상호 포지션을 상계하는 가장 간단한 형태인 반면 다각적 상계는 여러 회사가 일방적으로라도 자산/부채, 또는 미수금/미지급금을 가지고 있으면 이용가능하다. 예를 들면, 서울의 A기업이 뉴욕 자회사에게 1백만 달러의 부채를 가지고 있고 뉴욕 자회사는 서울 본사에 1백만 파운드의 부채를 가지고 있다고 하자. 오늘 파운드화당 1.5달러의 환율로 상계를 한 결과, 뉴욕 자회사는 서울 본사에 5십만 달러만 지불하

면 된다. 기업전체 차원에서는 상계에 의해 1백만 달러의 현금흐름을 생략하여 이에 따른 비용을 절약할 수 있게 된다. 또한, 만약 A기업이 동경자회사로부터 1백만 달러의 물품을 구매했고 뉴욕자회사에게는 2백만 달러의 물품을 판매했다. 동경 자회사는 뉴욕 자회사에게 3백만 달러의 부채가 있는 상태이다. 이러한 상황에서 다각적 상계가 이루어지면 동경 자회사가 서울 본사와 뉴욕 자회사에 각각 1백만 달러만 지급하면 총 2백만 달러로서 기업 전체적으로 현금흐름이 줄어든다.

매칭(Matching)이란 외화자금의 흐름을 통화나 만기별로 가급적 일치시키는 것이다. 매칭은 외화자금의 수취와 지급, 즉 외환표시 현금의 유출입 또는 외화표시 자산과 부채의 흐름상 불일치로 인해 발생할 수 있는 환위험을 제거해준다. 매칭과 상계는 구분하지 않고 사용되지만, 상계는 주로 동일한 기업군 안에서 적용되는 반면에 매칭은 기업군뿐만 아니라 제3자간 거래에도 적용할 수 있다.

매칭을 통해 특정한 외화자금의 흐름을 잘 매치시켜 현금흐름의 변동성을 줄이는 것이 중요하다. 예를 들면, A기업이 달러화 표시 자산을 2백만 달러 가지고 있을 때 달러화 표시 채권을 1.5백만 달러 발행하여 달러화 표시 부채를 보유한다면 자산수익흐름의 변화가 부채흐름의 변화에 의해 어느 정도 상쇄된다. 향후 대미 영업수입이 감소로 자산이 축소되더라도 수익감소는 부채비용의 감소로 상쇄될 것이다.

리딩(Leading)과 래깅(Lagging)이란 환위험 감소를 위해 기업 간 신용기간 또는 자금결제기간을 조정하는 것을 말하는데, 리딩은 자산과 부채를 당초 약정일보다 미리 수취하거나 지급하는 반면 래깅은 약정일 보다 지체되어 수취하거나 지불하는 것이다. 외화표시 채권액이나 채무액을 시기적으로 조정함으로써 환노출을 미리 줄일 수 있다. 이 기법은 다국적 기업의 자회사 또는 독립 기업 사이에서 널리 이용되고 있다. 예를 들면, 서울의 A기업이 달러화 대비 원화가치가 계속 상승할 것으로 예상하면 미국 수입상에게 달러표시 수출대금을 앞당겨서 결제를 받는 대신에 약정일까지 기간에 대해서는 할인을 해줄 것이다.

가격조정이란 환율변동에 따라 상품가격을 변동시키는 것이다. 즉, 환차손이 예상되면 거래상대방에게 그 만큼 상품판매가격을 인상하거나 상품구입가격을 인하하는 것을 말한다. 예컨대 실질환율이 하락되어 자국통화가치가 실질 상승하였다면 국내수출업자는 외화표시가격의 인상여부 및 인상폭을 결정해야 한다. 이 기법은 다른 내부적 기법이 외환통제에 의해 크게 제한을 받으며 외부적 기법은 이용하기 어려운 후진국에서 사용할 수 있다.

이에 비해서 가격표시통화 조정은 대금결제통화를 변경하는 것을 말한다. 수출거래에 대한 결제는 강세통화로 받고 수입대금결제는 약세통화로 지급할 수 있으며, 또는 수출입거래 모두 자국통화로 결제할 수도 있다. 하지만 결제통화를 수시로 변경하는 것은 신용이 훼손될 우려가 있다.

통화분산이란 거래통화의 구성 다양화를 말한다. 여러 통화의 환위험에 동시에 노출되어 있는 경우 통화구성을 다변화시키면 각 통화의 환율변동이 서로 상쇄되는 효과 때문에 환위험이 감소된다. 통화간의 상대가격이 같은 방향과 다른 방향으로 계속 변동되기 때문에 상승된 통화와 하락한 통화 간의 환율변동성은 서로 상쇄된다. 통화의 종류가 많을수록, 통화간의 상관관계가 낮을수록 환위험 헤징효과가 커진다.

생산전략은 환율변화에 알맞게 생산관리를 수행하는 전략이다. 환율변동에 의한 상대가격의 변화로 인해 수입원자재/부품시장에서의 비용이나 수출상품시장의 판매액이 달라질 수 있다. 이에 따라서, 통화가치가 하락한 시장에서 원자재나 부품을 구매하여 원가를 절감하며, 통화가치가 상승한 시장에 상품을 판매하여 수익을 높이는 등의 전략이 구사된다.

외부적 헤징

외부적 관리기법은 환위험을 제거하거나 축소하기 위해 시장에서 거래되는 외환·금융상품을 이용하는 방법이다. 무수히 많은 외부적 관리기법에 대한 헤징방법과 그 효과에 관하여 간략하게 살펴보자.

선물환계약 거래는 계약체결 후 장래 특정일에 수도·결제가 이루어지는 선도환거래다. 선물환거래를 이용한 헤징은 현물환거래에 정반대 선물환거래를 행함으로써 현물환포지션의 손익과 선물환포지션의 손익을 서로 상쇄시키는 것을 말한다. 선물환 헤징은 현물환포지션이 매입/매도이면 선물환포지션을 매도/매입 형식을 취하면서 이루어진다. 그 결과로 헤져는 유리한 가격변동으로부터 얻을 수 있는 기대이익을 포기하는 대신에 불리한 가격변동위험을 경감시킨다.

예를 들면, 국내 수출업자가 미국 수입업자로부터 2개월 후 수출대금 1백만 달러를 받을 예정이다. 수출업자는 1백만 달러의 수출대금과 관련하여 외환시장에서 은행으로부터 2개월 만기 선물환 매도계약을 체결하여 2개월 후에 수령할 외화자금의 매도환율을 현재의 선물환율로 확정시킬 수 있었다. 현재 현물환율은 1달러=1,100원이고 2개월 만기 선물환율은 1달러=1,110이다. 이 경우 수출업자는 헤징을 통해 11억 1천만 원을 확보하게 된다. 만일 만기에 환율이 1,010원으로 하락하면 헤징에 따른 1억 원의 비용절감을 얻지만, 환율이 1,160원으로 상승하면 5천만 원의 손해를 감수해야 한다.

외환스왑계약 거래란 당사자간 현재 계약환율에 의거해 서로 다른 통화를 교환하고 계약만료 시점에 정해진 환율에 따라 원금을 재교환하기로 약정한 거래다. 동일한 거래상대방과 외환스왑거래 과정을 통해 헤징이 이루어질 수 있다.

예를 들면, A은행이 B은행과 1백만 달러를 현물환매도/선물환매입의 외환스왑계약을 현물환율 달러당 1,100원과 1개월 선물환율 1,103원에 체결하였다고 가정하자. 거래시점에 A은행은 B은행에 1백만 달러를 지급하고 11억 원(=1백만 달러×1,100원)을 수취한다. 이후 만기시점에 A은행은 B은행으로부터 1백만 달러를 돌려받고 B은행에게 11억 3백만 원(=1백만 달러×1,103원)을 상환함으로써 거래가 종결된다. 다라서 A은행은 원화자

NOTE

■ **통화선물의 헤지비율과 완전헤지**

–헤지비율=통화선물계약의 수
–완전헤지=(현물포지션의 가치변동액=선물포지션의 가치변동액). 완전헤지 이외는 불완전헤지에 해당됨.

■ **최장기헤지**

장기적으로(20~30년) 보면 환위험이 원래 초기상태로 돌아가기 때문에 헤지를 하지 않는 전략이 최적임을 주장하기도 함.

금을 차입해서 사용하다가 만기에 정산결제하면서 만기 현물환율과 상관없이 1백만 달러를 그대로 보전하였다.

통화선물계약 거래를 통한 헤지방법은 현물포지션과 반대되는 통화선물 포지션을 계약하는 것을 말한다. 이러한 거래를 통하여 현물포지션에서 발생할 수 있는 손실이나 이익을 반대거래 통화선물포지션에서 발생하는 이익이나 손실로 상쇄함으로써 가격변동(환율변동)을 고정시키는 것이다. 그 결과로 헤져는 유리한 가격변동으로부터 얻을 수 있는 기대이익을 포기하는 대신에 불리한 가격변동위험을 경감시킨다.

예를 들면, 미국의 A다국적기업이 6개월 이후에 스위스 소재 자회사에 2억 5천만 스위스 프랑의 자금을 송금할 계획이다. 1월 12일 기준 스위스 프랑당 달러화의 현물환율=0.4935이고 선물거래소의 6월 만기물 통화선물=0.5134이다. A기업은 프랑화의 가치상승을 염려하여 6개월 후에 송금할 프랑화 자금의 매입환율을 현재의 선물환율로 확정시키기 위해 6월 만기 프랑-달러화 선물계약을 매입하였다. 스위스 프랑 통화선물의 필요 계약건수는 2,000계약(=2억 5천만 프랑÷125,000프랑(계약단위))이다. 만기일인 6월 16일에 선물매입대금으로 128,350,000달러(=2억 5천만 프랑×0.5134)를 지불하고 2억 5천만 프랑을 실물 인수할 수 있다. 만일 만기일 현물환율=0.5211이라면 현물환시장에서 프랑화 매입을 위해 130,275,000달러를 지불해야 하므로 헤지에 따른 비용절감이 1,925,000달러(=130,275,000달러-128,350,000달러)에 달한다. 하지만 달러화가치가 상승하여 0.5134보다 더 낮은 환율에 프랑화를 매입할 가능성도 있다.

통화옵션계약 거래란 미래 만기일 또는 만기일 이전에 기초자산을 행사가격으로 사거나 팔 수 있는 권리, 즉 콜옵션과 풋옵션을 매매하는 거래를 말한다. 통화옵션계약을 이용한 헤징은 현물환거래에 정반대 통화옵션거래를 행함으로써 현물환포지션의 손익과 통화옵션포지션의 손익을 서로 상쇄시키는 것을 말한다. 하지만 통화옵션헤징은 선물계약과 달리 만기일에 헤저에게 불리하면 옵션행사를 포기할 수 있다. 그 결과 헤저는 유리한 가격변동으로부터 기대이익을 얻을 수 있는 것을 비롯해 불리한 가격변동위험을 경감시킬 수 있다.

예를 들면, 국내 수출업자가 수출대금 1백만 달러를 3개월 후에 받기로 하였다. 수출업자는 이를 헤징하기 위해 행사가격이 1달러화=1,100원이고 옵션 프리미엄이 달러당 10원인 달러화 풋옵션을 구입하였다고 하자. 만일 만기일 현물환율이 1달러=1,000원으로 낮아졌다면 옵션을 행사하여 1억 원(=11억 원-10억 원)의 비용절감을 달성할 수 있다. 하지만 환율이 1달러=1,100원 이상으로 높다면 옵션을 포기하는 것이 유리해진다.

단기금융거래 헤지란 환노출 통화를 단기금융시장에서 차입한 후 현물환시장에서 환전하여 예금이나 투자해두면서 만기일까지의 환위험을 제거하는 방법이다. 단기금융시장을 통한 헤지는 선물환시장 헤지와 유사한데, 단기금융거래 헤징에서는 비용이 두 통화 간 금리차이에 의해서 결정되지만 선물환 헤징에선 비용이 선물환율과 현물환율의 차이에 따라 정해진다. 만약 외환시장과 단기금융시장에서 이자율 평가설이 성립된다면 선물환율 스왑레이트가 양 통화간 금리차이를 정확히 반영하기 때문에 선물환시장 헤징과 단기금융시장 헤징의 결과는 같아진다.

예를 들어, 국내 수출기업이 3개월 후에 수출대금 1백만 달러를 수취할 예정인데 장래 환율의 불확실성을 제거하기 위해서 1백만 달러를 만기 3개월로 단기 차입한다고 하자. 차입한 달러화 자금을 현물환시장에서 원화로 환전하여 환위험을 제거한다. 그리고 원화자금을 3개월간 예금한다. 3개월 후에는 수출대금 1백만 달러를 받아서 은행에 단기 차입금 1백만 달러를 상환한다. 원화예금을 회수하면 헤징거래가 종료된다.

이외에도 국제팩토링, 수출대금할인, 환율변동보험 등을 이용하여 환위험을 헤징할 수 있다. 팩토링(Factoring)은 팩토링회사가 상품 판매자로부터 매출채권을 할인 매입하고 채무자의 신용위험을 부담하는 무역금융의 한 형태이다. 수출업자는 수출 후 매출채권을 국제 팩토링회사에 양도하고 할인된 수출대금을 수령하면서 거래를 종결하므로 그 결과로 외화

NOTE

■ **환위험 헤징에 부정적인 가설**

- 외환시장 효율성: 효율적 외환 시장에서 환율은 지금의 모든 정보를 반영하고 있기 때문에 아무도 헤징으로써 위험에 상응하는 초과수익을 얻지 못함. 효율적 시장을 기초한 이자율평가, PPP, 피셔효과 등에서는 기업이 헤징할 필요가 없음.
- 자가보험(Self-Insurance): 장기적으로 보면 환율변동의 효과가 시간이 지남에 따라 평균화되기 때문에 환위험 헤징 경우와 환위험 헤징하지 않은 경우가 차이가 없음.
- 모딜리아니-밀러(Modigliani-Miller): 환위험 헤징이 필요하면 투자가나 주주가 자기책임으로 헤징하지만 기업은 헤징할 필요가 없음.
- 자본자산가격 결정모형(CAPM): 환위험이 비체계적 위험이라면 포트폴리오 구성 과정에서 분산되어 없어지므로 체계적 위험만 문제가 되는데 환위험이 체계적 위험이라면 별도로 관리되든 시장에 전가되든 차이가 없기 때문에 헤징할 필요가 없음.

표시 수출대금의 회수와 관련된 환위험이 헤징된다. 또한, 무역거래에서 발행된 무역어음을 금융기관에 만기 이전에 할인하여 매도할 수 있는데, 보통 신용장에 의해서 수입상의 신용위험이 없는 경우에 이용되며, 수출업자는 수출대금을 만기일 이전에 할인받음으로써 환위험을 헤징한다. 이에 비해, 환율변동보험은 대개 1년 이상의 중장기수출에 따른 환위험을 보상해주기 위한 보험제도다. 우리나라의 경우 수출업자는 한국수출보험공사에 수출대금에 관한 보험료를 부담하는 대신 일정환율(보장환율)을 보장받는데, 결제시점의 환율과 비교하여 보장환율이 결제일 환율보다 높다면 그 차액을 수취하면서 환위험을 헤징하게 된다. 반면 보장환율이 결제일 환율보다 낮다면 기업은 그 차액을 수출보험공사에게 지불해야 한다.

• Further Studying Tip : 환위험관리 차원 선물환, 통화선물, 통화옵션 등을 이용한 헤징기법은 다양하게 발전되고 있음. 이 가운데 헤징틀(일정시점, 시계열, 위험최소화 등) 및 헤징비율(고정헤징비율, 시변헤징비율 등) 측면의 발전과정을 살펴볼 필요가 있음. 또한 헤징전략이 복합적(선물계약+옵션계약 등)으로 이루어지고 있음에 유의할 필요가 있음.

● 환위험 관리기법

▶ 내부적 헤징 : 상계, 매칭, 리딩과 래깅, 가격조정, 가격표시통화 조정, 통화분산, 생산전략 등

▶ 외부적 헤징 : 선물환, 외환스왑, 통화선물, 통화옵션, 통화스왑, 단기금융거래, 국제팩토링, 수출대금할인, 환율변동보험 등

외환시장의 효율성

• Teaching Tip : 외환시장 효율성에 대한 개념을 기초이론과 경험적 검증 차원에서 찾아봄.

자본·금융시장의 효율성은 중요한 주제임이 명백하다. 대부분의 이론적 모형에서는 시장의 효율성을 가정하고 있다. 예를 들어, 앞에서 설명

된 이자율평가, 환율결정 모형 등에서는 자산가격이 모두 효율적 시장에서 결정된다는 점을 암시적으로 가정했다. 시장의 효율성은 경제주체의 합리적 기대 형성을 금융시장이나 외환시장에 적용한 것으로써 시장이 모든 관련정보를 완전하면서도 정확하게 시장가격에 반영한다는 것을 의미한다. 환언하면, 효율적 시장가설은 시장의 모든 정보가 이미 가격에 반영되어 있기 때문에 투자가들은 자신의 정보를 이용하여 지속적인 초과수익을 올릴 수 없다는 말이다. 하지만 시장이 비효율적인 경우는 정부의 정책적 시장개입의 근거가 된다.

시장의 효율성(Market Efficiency)이란 이미 가격이 시장의 모든 정보를 완전히 반영하고 있는 상태를 말한다. 투자가는 정보(Information)에 의존해서 자신의 투자를 결정하는데, 시장이 효율적이면 시장참가자의 예상수익이 실제수익과 평균적으로 일치하여 가격변동에 따른 평균 초과수익은 0이 된다. 왜냐하면 대부분의 경우에 자산가격은 합리적 참가자가 거주하는 경쟁시장의 균형조건에 의해 결정된다고 결론짓기 때문이다. 이와 같이, 효율적 외환시장에서는 환율의 기대값이 0이 되며 환율의 변화분은 0주위에 흩어져있다.

외환시장을 포함한 자본·금융시장의 효율성에 대한 판단은 파마(E. Fama)가 정립한 자본시장 효율성의 개념에 의해서 가격에 반영된 정보의 양에 따라 세 가지로 나누어 볼 수 있다. 시장의 약형 효율성, 중강형 효율성, 그리고 강형 효율성으로 구분 가능하다.

첫째, 약형 효율성이란 현재가격이 과거가격에 포함된 모든 정보를 반영하고 있다는 것이다. 그렇지만 정보집합이 과거가격에만 국한되었다. 따라서 과거가격 자료로부터 미래가격을 예측할 수 있는 어떤 규칙성을 발견하기가 어렵다.

둘째, 중강형 효율성은 현재가격이 과거가격에 내포된 정보 및 이와 함께 현재 일반에게 공개된 모든 정보를 반영하는 경우를 말한다. 정보집합은 과거가격 정보와 공개된 정보로 구성된다. 과거 가격자료와 발표된 경제자료로 미래가격을 예측하여 이익을 볼 수는 없지만 외부에 알려지지 않은 내부정보를 이용하면 초과이익을 얻을 수 있을 것이다.

셋째, 강형 효율성이란 현재가격이 과거가격 정보와 공개된 정보를 비롯해 기업이나 정부의 내부정보 등 모든 관련정보를 반영하는 경우를 뜻한다. 정보집합은 과거가격 정보, 공개된 정부 및 내부정보까지 포함시킨다. 따라서 발표되지 않은 내부자료를 사용하더라도 장래가격의 예측을 통한 초과수익은 실현할 수 없을 것이다.

이에 따라서 파마의 개념을 외환시장에 적용시키면, 외환시장의 효율성은 환율이 외환시장의 모든 정보를 전부 반영하여서 시장참가자들이 더 이상 추가정보를 이용하여 초과수익을 얻을 수 없는 상태를 말한다. 그렇지만 외환시장의 효율성 논쟁에서는 내부정보를 획득해 초과수익을 얻는 경우를 현실적인 상황으로 보기 때문에 강형 효율성은 성립하지 않으며 약형 효율성이나 중강형 효율성의 성립 여부에 초점을 맞추고 있다.

지금까지 설명한 것처럼 외환시장이 효율적이면 외환거래를 하면서 초과수익(비정상적 이익)을 얻을 수 없다. 이러한 외환시장의 효율성에 대한 실증적 검증은 현물환시장과 선물환시장 모두에서 이루어질 수 있지만 보통 선물환시장의 내용을 다룬다. 외환시장의 효율성 검증은 대부분 선물환율이 미래 현물환율을 충분히 잘 예측할 수 있는가를 조사한다. 왜냐하면 선물환율이 장래 만기의 현물환율에 관련된 정보를 미리 잘 반영하고 있다고 볼 수 있기 때문이다.

우선 외환시장의 효율성 가설을 합리적 기대와 위험중립성 가정 하에서 살펴보자. 여기서 합리적 기대(Rational Expectation)란 사용 가능한 모든 시장정보를 이용하여 미래 환율을 예측한다는 것으로서, 일시적인 확률오차로 예측이 약간 틀린다고 하더라도 환율예측에는 체계적 오차가 발생하지 않으며 전체적으로 옳게 예측된다. 반면 위험중립성(Risk Neutrality Hypothesis)이란 위험이 따르는 거래를 수행함에도 위험할증을 요구하지 않는다는 것을 말한다.

만약 시장에서 계약에 의해 미래 환율을 예측한 선물환율(f_t)과 장래 실현될 현물환율(s_{t+1})이 서로 다르다면 투기적 거래가 발생한다. 시장참여자들이 현재 선물환율이 미래 현물환율에 비해 낮게 평가되어 향후 인상될 것으로 예측한다면 위험중립적 시장에서 선물환율이 합리적 기대의 미래 현물환율(s^e_{t+1})과 같아질 때까지 상승할 것이다. 따라서 외환시장이 효율적이어서 비정상적 수익의 기회가 없어진다면 아래의 균형조건을 얻게 된다.

$$f_t = s^e_{t+1}$$

이 식은 선물환율과 미래 환율의 예측값이 동등해짐을 나타내준다. 일시적으로 $f_t > s^e_{t+1}$ 상태가 되면 Contango라고 부르며 선물환매도 투기거래가 우세해지며, 또는 $f_t < s^e_{t+1}$ 상태는 Normal Backwardation이라고 부르며 선물환매입 투기거래가 많아진다. 그 결과로 선물환율이 조정되어 결국 시장은 다시 균형에 복귀하게 된다.

상기 균형조건이 성립한다면 현재까지 알려진 모든 정보로 판단할 때 선물환율(f_t)은 미래 현물환율(s_{t+1})에 대한 가장 좋은 예측치이다. 효율적 외환시장에서 예측오차의 평균은 0이 될 것이고 선물환율은 미래 현물환율에 대한 불편추정치가 될 것이다. 이에 따라, 외환시장의 효율성 검증은 보통 $s_{t+1} = a + bf_t + u_{t+1}$, (a, b=파라미터, u_{t+1}= 랜덤오차항) 형태의 통계적 관계식을 불편성 가설(귀무가설: a=0, 대립가설: b=1)로 나타내며, 이 가설의 검증은 회귀분석을 통해 이루어진다.

- Further Studying Tip : 계량경제학을 통해 통계처리모형과 회귀분석의 방법과 의미에 대해 살펴 봄.

지금까지의 수많은 검증결과에 따르면 외환시장의 효율성 가설이 일부 성립되기도 했지만 대체로 성립하지 않았다. 선물환율의 평균 예측오차가 0이 아니고 선물환율이 미래 현물환율을 조금 더 높게 또는 낮게 예측했다는 의미이다. 즉, 선물환율은 미래 현물환율의 불편추정치가 아니기 때문에 편의가 존재하여 초과수익의 기회가 있었다는 뜻이다.

그런데 위에서 언급된 효율적 외환시장 가설에서 합리적 기대의 가정은 문제가 없는데 위험중립성 가정이 오류인 경우에 외환시장이 비효율적인 원인으로써 위험할증(Risk Premium)의 존재가 강조될 수 있다. 위험프리미엄 가설은 투자가가 위험 회피적이어서 투자에 따른 위험을 부담하는 데 대한 어떤 대가, 즉 위험프리미엄(rp)을 요구한다는 점을 설명해준다. 위험회피적 투자가는 투기이익이 위험할증을 초과해야만 이익추구 거래를 하게 된다. 따라서 선물환계약을 맺을 때 위험할증을 요구하게 되면 효율적 외환시장의 균형조건은 아래와 같다.

$$f_t = s^e_{t+1} + rp$$

이 식은 위험할증의 존재 때문에 선물환율이 미래 현물환율의 불편추정치가 되지 못하는 점을 강조하고 있다. 선물환율은 지속적으로 위험할증 만큼 미래 현물환율과 편차가 발생할 것이며 선물환율의 평균 예측오차도 0이 되지 않을 것이다. 또한, 위험할증은 양이나 음의 값이 될 수 있고 시간의 흐름에 따라 그 크기가 변동될 것이다.

- Further Studying Tip : 외환시장 효율성 가설이 성립되지 않는 이유로서 위험중립성 가정이 성립되지 않음을 위험할증 이외에 유동성할증, 국가할증, 포워드프리미엄 등으로 설명할 수 있음

위와 달리 선물환율이 미래 현물환율의 불편추정치가 되지 못하는 원인을 위험할증의 존재보다는 경제주체의 예상형성의 문제로 볼 수 있다. 즉, 효율적 외환시장 가설에서 경제주체의 위험중립성 가정은 문제가 없는데 합리적 기대가설에 문제가 있어서 효율적 외환시장이 성립되지

않는다고 생각하는 것이다. 이러한 관점에서 외환시장이 효율적이지 못한 원인으로 투기적 거품, 합리적 거품, 페소화 문제를 들 수 있다.

거품(버블)현상이란 시장가격이 경제적 균형가격으로부터 지속적으로 이탈해있는 상태, 즉 실체 없는 가격상승이 투기를 유발하여 가격이 급등하지만 얼마 못가서 거품이 꺼지듯 가격이 급락하는 현상을 말한다. 그런데 투기적 거품이란 거품현상이 미래 가격변화에 대해 자기실현적 예상으로 작용한 것이다. 반면 합리적 거품은 거품현상이 합리적인 투자행위와 다르게 나타나는 것을 지칭하는데, 거품현상이 생기면 합리적 기대를 형성해도 체계적 예측오차가 발생할 수 있음을 뜻한다. 페소화 문제란 제도적, 정책적 변화가 가격변화를 야기할 수 있으며 이 같은 변화가 예상되는 경우 현재가격에 대한 기대가 변동하여 가격이 기초경제 여건을 벗어나 불안정해진다는 것이다. 따라서 거품현상이나 페소화 문제가 발생되면 합리적 예상을 하더라도 체계적 예측오차가 발생될 수 있으며, 환율의 움직임은 기초경제 여건이나 균형상태를 벗어나 불안정해질 수 있다.

우리나라의 선물환시장도 지난 10년 동안 거래규모가 크게 증가하여 2009년도 총 외환거래 중 차지비중이 50%를 넘어섰다. 하지만 전 세계 외환시장이나 선진국 외환시장에 비하면 아직은 협소한 편이다. 한편, 실증분석 결과에 의하면 우리나라 선물환시장의 수급불균형 및 비효율성 정도가 선진국에 비해 심한 것으로 나타났고 글로벌 금융위기 이후에 더욱 악화되었다. 선물환시장의 수급불균형 및 선물환율의 비효율적 움직임은 외환시장을 비롯한 금융시장의 변동성을 증대시키는 요인이 될 수 있다. 이와 더불어 스왑시장(외환·통화스왑)의 효율성 여부를 실증 분석하여 비효율성의 원인을 찾아보기도 한다.

추가적 언급을 하면 우리나라의 경우에는 시장의 효율성을 가로막는 불합리한 규제는 앞으로 폐지나 완화하기로 하였다. 자본·금융시장을 효율적 시장, 즉 시장실패의 요인이 발생할 가능성이 없는 상태로 만든 이후 경쟁, 자율성 등을 제한하는 각종 금융규제를 완화하는 것이 시장의 효율성을 높이기 위한 규제완화 방안이 될 것이다. 하지만 금융규제(건전성 규제, 소비자보호 규제, 자금배분 규제, 금리 규제, 시장진입 규제, 업무영역 규제, 상품개발 규제 등)를 완화하기 위한 정부의 노력에도 불구하고 규제완화의 속도는 빠르게 진척되지 않고 있다.

정리

- 환위험 헤징에 대한 의사결정은 환위험 정의, 환노출 측정, 헤징수단 선택, 헤징비율 산출, 헤징효과 파악 등으로 이루어짐.
- 환위험 관리는 크게 기업 내부적 헤징과 외부적 헤징으로 구분 가능함.
- 효율적 외환시장은 환율이 모든 시장정보를 반영하여 추가정보를 이용한 초과수익(비정상수익)을 얻을 수 없는 상태를 말함.
- 실제로 외환시장이 효율적이지 못한 원인으로 위험회피자의 위험프리미엄, 기대형성의 거품문제나 페소문제 등이 있음.

• Further Studying Tip : 내부적 기법과 외부적 기법의 헤징내용을 본문을 통해 다시 정리해 봄.

An Inside Look

'외환시장의 불안정성 해소방안'

국내 외환시장 불안정성은 취약한 외환시장 인프라와 외국인 주식투자 및 단기외채 비중이 높은데 따른 과도한 쏠림현상에 기인한다는 지적이 제기됐다. 이에 따라 인프라 개선과 건전성 제고로 외화 수급관리를 강화하는 등 외환시장 체질개선에 적극 나서야 한다는 주장이다.

27일 삼성경제연구소는 "금융위기 과정에서 드러난 환율의 급등락 등 외환시장의 불안정성을 해소하고, 특히 2010년 예상되는 원화가치 급상승에 사전적으로 대비할 필요가 있다."고 밝혔다.

리먼브러더스 사태 이후부터 2009년 2월 말까지 원화는 달러 대비 27.2% 절하돼 주요국 중 멕시코, 러시아에 이어 3위를 기록했고, 올들어 원화는 4% 이상 절상됨으로써 주요국 가운데 가장 큰 폭으로 가치가 상승했다. 원화가 대폭 약세를 나타냈던 2008년 10월 이후부터 2009년 초까지 대규모 환차손(2008년 중 기업 환차손 8조원)이 발생하기도 했다.

2007년 기준으로 GDP 대비 한국 외환시장 거래량은 5.8% 수준으로 싱가포르(273.9%), 홍콩(161.8%), 미국(11.8%), 일본(10.6%), 대만(6.0%) 등 주요국에 비해 작은 수준이다. 또한 한국의 외국인투자 중 주식투자 비중은 39%로 OECD 30개국 중 3위를 차지할 정도로 외국인투자가 유출입 변동성이 큰 주식투자에 집중되고 있다.

삼성경제연구소는 "외환시장 저변 확대와 쏠림현상 완화를 위해 시장조성자를 적극 육성해야 한다."면서 "증권, 보험 등 제2금융권의 은행간 외환거래 참여를 활성화하고 개인의 국내 외환거래(원화 수반) 참여 확대를 유도해야 한다."고 주장했다.

또한 "평상시와 위기시 금융회사의 외화유동성을 차별적으로 관리하는 동태적 외환건전성 관리를 시행해야 한다."고 밝혔다. 평상시에는 외화유동성 및 단기외채를 더욱 엄격하게 관리하되, 위기시에는 관리지표 기준을 완화함으로써 급격한 외화자금 유출을 억제해야 한다는 것이다.

아울러 "원화가치 급등 위험에 대비해 외화외평채 발행 축소, 은행 외채조달 축소 유도 등 달러화 수급조절에 주력해야 할 것"이라고 말했다.

이밖에 국제공조, 시장 경고장치, 핫머니 관리·감독 강화 등을 통해 외화의 단기 유출입에 따른 시장교란 요인을 억제도 필요한 것으로 지적됐다.

삼성경제연구소는 "국제통화 사용국과의 통화스와프 체결을 확대해 외화시장 안전망을 확보하고 치앙마이 이니셔티브(CMI) 등 아시아 통화협력도 강화해야 한다."면서 "경상 및 자본 거래에서 원화결제를 확대하는 등 원화의 국제화를 추진해야 한다."고 밝혔다.

이어 "환투기 감시시스템을 강화하고 시장 경고장치 등을 마련하는 방안을 검토해야 한다."면서 "국제적으로 논의되고 있는 헤지펀드의 투명성 제고, 헤지펀드 활동과 관련된 정보 수집, 건전성 규제 등의 도입을 적극 검토해야 할 것"이라고 말했다.

자료 : 이데일리, 2010년 1월 27일

An Inside Look

"외환시장의 불안정성 해소방안"

글로벌 금융위기 이후 국내 외환시장의 불안정성이 커지면서 환율의 급격한 쏠림을 막을 수 있는 대책을 마련해야 한다는 각계의 목소리가 높다. 이런 가운데 국내 민간연구소인 삼성경제연구소와 현대경제연구원이 지난 27일 외환시장의 급격한 변동성 확대를 방지하기 위한 대책을 마련해야 한다는 내용을 담은 보고서를 동시에 발표했다. 눈길을 끄는 것은 이들 연구기관이 외환시장 안정을 위한 대책마련 필요성에선 같은 목소리를 냈지만, 그 해법으로 민간과 정책당국이 맡아야 할 역할을 각기 다르게 제시했다는 점이다.

삼성경제연구소는 국내 외환시장에서 민간을 시장조성자로 적극 육성해야 한다고 제시하며 민간의 역할확대를 대안으로 제시했다. 반면 현대경제연구원은 정책당국이 시장안정을 위한 적극적인 모습을 보여야 한다고 정부역할론을 강조했다.

◇ 삼성硏 "민간 시장조성자 적극 육성... 정책당국 역할 최소화"

삼성경제연구소는 2010년 한국경제의 당면과제란 보고서에서 "환율의 급등락 등 외환시장의 불안정성을 해소하고 특히 2010년 예상되는 원화가치 급상승에 사전 대비해야 한다."고 주장했다.

삼성경제연구소는 외환시장 불안정성에 대해선 "국내 외환시장 거래규모가 경제규모에 비해 작은 수준"이라고 지적하고 "외환시장 저변확대와 쏠림현상 완화를 위해 시장조성자를 적극 육성해야 한다."고 밝혔다.

은행뿐만 아니라 증권, 보험 등 제2금융권의 은행간 외환거래 참여를 활성화하고, 개인의 통화선물, FX마진거래 등 원화를 수반한 국내 외환거래 참여확대를 유도해야 한다는 것을 대안으로 제시했다.

전효찬 삼성경제연구소 박사는 "민간의 시장조성자를 확대해 국내의 외환거래량이 늘어나면 시장의 쏠림현상을 완화시킬 수 있는 안전판 역할에 기여할 수 있는 긍정적 효과를 기대할 수 있다."면서 "당장 민간의 외환시장 저변확대가 현실적으로는 어렵지만 중장기적 관점에서 지금부터 기반조성이 필요하다."고 말했다.

외환시장에서의 정부역할에 대해선 시장의 충격을 최소화하는 방향이 바람직하다는 의견을 제시했다.

전 박사는 "외환시장에서 정부의 직접적 개입은 드러내놓고 공식적으로 나설 수 있는 부분이 아니다."라며 "G20회의를 앞두고 있는 상황에서 자칫 정부의 시장개입은 국제사회에서 환율조작국으로 낙인될 수 있다는 부담이 있기 때문에 한계가 있다."고 지적했다.

◇ 현대硏 "정부, 시장참여자와 교감확대... 민간 규제완화 서둘러선 안돼"

이와 달리 현대경제연구원은 외환시장의 급격한 변동성을 방지하기 위해 정책당국이 선제적으로 관여해야 한다는 입장이다. 민간의 외환시장 참여확대를 위한 규제완화에 대해선 서두르지 말고 주변국들의 동향을 봐가며 신중히 판단해야 한다는 시각을 보였다.

현대경제연구원는 중국 출구전략의 배경과 파급영향'이란 보고서에서 "중국의 출구전략 추진에 따라 예상되는 부정적 영향을 최소화하기 위해서는 외환시장 안정, 수출선 다변화, 국제자금 동향 모니터링 강화 등의 대책 마련이 필요하다."고 주장했다.

특히 "환율의 급격한 변동성을 방지하기 위한 대책을 선제적으로 마련해야 한다."면서 "중국 출구전략으로 위안화 가치 절상에 의한 원화 환율의 급격한 절상을 방지하기 위한 정책 당국의 환율 미세조정 대책이 마련돼야 한다."고 말했다.

임희정 현대경제연구원 연구위원은 "과거와 같이 정부가 환율의 가이드라인을 정해서 시장개입에 나서는 것은 암묵적으로 할 수밖에 없는 부분"이라고 말했다.

따라서 정부의 직접적인 시장개입은 한계가 있는 만큼 외환시장 참여자들의 쏠림을 막기 위해 정책당국에서 관련정보를 수시로 제공하며 시장심리 안정에 보다 능동적으로 대처해야 한다는 대안을 제시했다. 정부가 구두 메시지 등을 수시로 시장에 전달해 환율의 일방적 쏠림을 사전에 방지하는데 노력을 기울여야 한다는 것이다.

임 연구위원은 "불과 1년전 위기상황일 당시 환율이 급등하며 변동성이 높았던 것은 우리나라 경제전망에 대한 정보부족으로 인해 시장의 불안심리가 높았기 때문"이라고 말했다. 이어 "정부가 경상수지 등과 같은 환율에 영향을 미칠 수 있는 각종 지표와 경제흐름을 시장변동성이 우려되는 적절한 시기에 수시로 발표하는 등 관련정보를 시장참여자들과 세밀하게 공유하는 것이 필요하다."고 말했다.

그는 그러나 민간의 외환시장 저변확대에 대해선 "규제완화에 따른 부정적인 측면을 우선 고려해 섣불리 서둘러선 안된다."면서 "미국 등 주변국들의 동향을 예의주시하며 시기조절이 필요한 부분"이라고 밝혔다

자료 : 이데일리, 2010년 1월 28일

7-3 Section 연습문제와 요약

미래 계획적 금융상품거래

01 (현물환시장과 선물환시장간 금리차익거래의 운영원리) 만일 2010년 10월 4일 기준 원달러화 현물환율이 1,100.0원, 3개월 선물환율이 1,105.0원이고 우리나라의 CD(91일물)금리가 연 4.30%, 미국의 LIBOR(3개월물)금리가 연 1.28%인 경우에 스왑레이트의 수준은? 그리고 재정차익거래를 통해 어느 정도의 수익을 획득할 수 있겠는가?

Solving Tip : 스왑레이트가 양국통화의 금리차를 하회할 경우, 외화차입 ⇒ 현물환매도 및 선물환매입 ⇒ 원화운용으로 차익을 실현함. 반면에 스왑레이트가 양 통화의 금리차를 상회할 경우, 원화차입 ⇒ 현물환매입 및 선물환매도 ⇒ 외환운용을 통해 차익을 실현함. 결국, 금리차 이익과 환율차 이득을 비교하여 자금을 차입·운용하는 것이 관건임!

Answer 스왑레이트는 (=(1,105−1,100)/1,100*4*100)는 1.81%임. 연 스왑레이트가 1.81%로 연 국내외금리차 3.02%(=4.30−1.28) 보다 하회하기 때문에 아래와 같은 거래로 재정차익을 획득함: 1) 달러화자금 차입(차입금리=1.28%), 2) 차입한 달러화자금을 현물환시장에 매도하고 선물환을 매입함(스왑레이트=1.81%만큼 비용발생), 3) 현물환매도를 통해 얻은 원화자금을 CD로 운용함(운용수익=4.30%), 4) 선물환계약 만기시점에 인수한 달러화로 차익금 상환함. 따라서 4.30%(운용수입) − 1.28%(달러화 조달비용) − 1.81%(스왑레이트 조달비용) = 1.21%(재정차익)을 얻음.

02 (NDF거래의 운영원리) 먼저, 국내은행이 달러당 1,100원의 계약가격으로 1개월 후 비거자자에게 1백만 달러를 매도하는 NDF계약을 체결하였다. 이후 환율이 상승하여 지정환율이 1,200원이 되었다면 국내은행이 비거주자에게 지급할 금액은 어느 정도인가? 반대로 환율이 하락하여 1,000원이 되었다면 어떻게 될까?

NOTE

■ **NDF거래와 환율의 관계**

국내은행과 비거주자간 NDF거래는 환율에 영향을 미침. 만일, 비거주자가 원달러화 NDF를 매입한 경우 국내은행은 NDF를 매도한 것이므로 현물환을 매입함으로써 종합포지션을 스퀘어상태로 만드는 과정에서 원달러화 환율이 상승압력을 받음. 반면에 NDF거래 만기시 차액이 정산되면 국내은행의 선물환포지션이 NDF만큼 소멸되므로 현물환매도를 하는 과정에서 환율이 하락압력을 받게 됨.

Answer 첫째, 계약환율에 비해서 지정환율이 상승한 경우 국내은행은 83,333달러 (=((1,200−1,100)×1,000,000)÷1,200)를 비거주자에게 지급함. 둘째, 지정환율이 하락한 경우 국내은행은 100,000달러 (=((1,000−1,100)×1,000,000)÷1,000)를 비거주자로부터 수취하게 됨.

03 (외환스왑거래의 운영원리) 국내종합상사나 수출입업체는 외환스왑거래를 통해서 빈번한 수출입거래에 따른 수출네고자금과 수입결제자금의 흐름을 일치시킴으로서 환위험을 관리할 수 있다. 만일, 현대종합상사가 2010년 9월 30일 기준 1개월 후에 수출자금 1억 달러를 받고 2개월 후엔 수입대금 1억 달러를 결제해야 한다면 외환스왑거래를 통한 헤징거래는 어떻게 이루어지겠는가? 참고로 현재 원달러화 현물환율=1,100원, 1개월 선물환율=1,103원, 2개월 선물환율=1,106원임.

Answer 1개월 선물환매도와 2개월 선물환매입 스왑거래를 이용하여 자금흐름의 시기를 일치시킴. 즉, 9월 30일에 상기환율을 고려하면서 1개월 선물환매도/2개월 선물환매입 스왑거래를 체결함. 10월 30일에 가서 수취한 수출자금 1억 달러를 계약시점에 정한 1,103원에 매도함. 11월 30에는 계약시점에 정한 1,106원으로 수입결제자금 1억 달러를 매입하여 결제함.

Further Studying Tip : 외화자금이 조기에 회수 또는 지연되는 경우 외환스왑거래를 통해 결제를 단축 또는 연장함으로써 결제일과 자금흐름의 시차문제를 해소하여 환위험을 헤징함.

04 (통화선물거래의 운영원리) 국내 A중소기업이 보유한 외화자금의 환율변동위험을 헤징하기 위해 달러화 통화선물(6월 만기물) 20계약(단위계약=5만 달러)을 매도했다고 하자. 2010년 5월 2일에 현물환율=1,212.4원, 계약환율=1,215원으로 통화선물을 매도하였고, 5월 30일에 현물환율=1,205.9원, 6월 만기물 통화선물환율=1,207.6원으로 보유중인 통화선물 모두를 반대매매로 중도에 청산하였다고 가정해보자. A기업이 이러한 거래에서 얻는 환차손익은 어느 정도인가?

Answer 우선 현물거래에서 −6,500,000원(=(1205.9−1,212.4)*1,000,000)의 기회손실이 발생함. 반면 통화선물거래에서 7,400,000원(=(1,215.0−1,207.6)*1,000,000)의 거래차익이 발생됨. 따라서 A기업은 거래차익으로 900,000원의 이익을 획득함.

05 (통화옵션거래의 운영원리) 중견 수출업체인 A기업은 3개월 만기 유럽식 콜옵션(단위계약=1만 달러)을 달러당 1,100원의 행사가격에 구입하였다. 이를 위해 달러당 10원의 옵션가격, 즉 10만 원을 지불하였다. 이 옵션매입자의 손익분기점과 손익구조에 대해 설명하시오. 참고로 보유한 외화자산의 환위험을 헤징하기 위해 풋옵션을 매입한 경우를 생각해보자.

Answer 이것은 매입자가 10만 원을 지불한 대가로 3개월이 지난 만기시점에 달러당 1,100원의 환율로 10,000달러를 구매할 수 있는 권리를 가진다는 것을 뜻함. 따라서 만기일에 손익분기점 현물환율은 1,110원(1,100원+10원)이 됨. 그래서 만기일 현물환율이 1,110원이 넘을수록 잠재적 이득이 커지는 반면 1,110원 이하가 되면 옵션행사 포기로 손실은 달러당 10원(및 그 이자)으로 한정됨.

06 (통화스왑거래의 운영원리) 삼성생명보험회사가 해외채권에 투자하기 위해 국내은행과 원화를 지급하고 달러화를 받는 통화스왑계약을 체결하였다. 명목원금은 5천만 달러, 계약기간은 5년, 금리지급방법은 원화고정금리 5.05%이고 외화고정금리 4% 등의 계약내용을 가진다. 또한 삼성생명이 이 조달자금을 동일한 만기의 수익률 4%인 해외증권에 투자하였다. 그리고 만기일에 해외채권 투자자금을 회수하여 은행에 달러화를 지급하고 원화를 상환 받음으로써 통화스왑거래가 종료되었다. 통화스왑거래는 국내 국고채 수익률이 4.7%이라면 수익/손실을 실현했는가?

Answer 삼성생명은 수취이자가 해외채권 수익률 4%이고 지급이자는 달러화 스왑거래 4%로 동일하지만 수취한 원화 스왑금리가 5.05%로서 여타 국내국고채 수익률 4.7%보다 0.35%가 크므로 수익을 실현함.

환율변동과 환위험

01 수출입업자, 국제투자가 등에게 환율변동성은 환위험을 뜻한다. 1973년에 고정환율제에서 변동환율제로 전환되었을 때 환율이 안정될 것으로 예상하였지만 환율은 상당한 변동성을 띄었다. 환율이 변동적인 원인은 무엇인가?

Answer 환율에 영향을 미치는 요소가 수없이 많기 때문에 환율은 변동적임. 국제무역 같은 실물요인을 비롯하여 금융자산과 환율에 대한 기대가 환율변동에 주요한 요인이 됨. 또한, 현재의 경제상태(현물환시장) 뿐만 아니라 장래 경제상태(미래 계획적 금융상품 시장)가 환율변동에 영향을 동시에 미침. 예를 들면, 환율변동에 영향을 주는 요소에는 국내외 통화공급량과 그 기대, 국내외 통화정책, 국내외 물가수준(/인플레이션)과 그 기대, 국내외 금리수준과 기대, 국내외 무역정책과 그 기대, 국내외 수출입 수요변동, 생산성진보, 국내외 주식시장변화, 국내외 재정정책과 그 기대, 정치적 불확실성, 국제기후, 전쟁 등이 포함됨.

02 현재환율이 1달러=100엔이고, 일본과 미국의 연이자율이 각각 4%와 7%이다. 1년 만기 선물환율의 수준을 이자율평가설을 기초로 추측해 보시오. 만일 1년 후 환율이 1달러=105엔이 될 것으로 예상된다면 선물환거래에 참가방식은 어떻게 이루어지겠는가?

Answer 이자율평형가설, (1+i) =F/S(1+i*)에서 선물환율, F=97엔(=(1.04/1.07)x100엔). 현재선물환율(F=97엔) 〈 1년 후 기대환율=105엔이므로 엔화 대비 달러화 상승이 예상되기 때문에 달러화 선물환 매입이 증가하게 됨.

03 미국 보잉사가 100만 파운드에 비행기를 영국 British Airway에 판매하고 1년 후 대금을 받기로 하였다. 현재 경제상태는 미국 금리= 6.1%, 영국 금리= 9%, 파운드당 달러화 환율= 1.5달러, 1년 후 만기 선물환율=1.46달러, 1년 후 만기 통화선물가격=1.46달러이다. 헤지를 하지 않은 경우와 헤지를 이행한 경우(선물환헤징, 통화선물헤징, 단기금융헤징)의 환차손익을 계산하고 비교하시오. 선물헤지와

단기금융헤지의 효과는 서로 상이한가? 단, 장래 1년 후 현물환율이 1.5달러로 유지되는 경우 및 1.4달러로 하락되는 경우를 함께 고려하시오.

Answer

1) 헤지를 하지 않는 경우: 만약 1년 후 만기 환율환율=1.4달러이면 10만 달러(=100만파운드*(1.4−1.5))의 환위험에 노출됨, 만기 현물환율=1.5달러라면 환위험이 없음, 만기 현물환율=1.6달러이면 10만 달러(=100만파운드*(1.6−1.5))의 환수익을 얻음.
2) 선물환 헤징: 오늘 100만 파운드에 대해 선물환 매도계약을 체결하면 환율변동과 무관하게 146만 달러(=100만파운드*1.46)가 보장됨. 만일 1년 후 만기 현물환율=1.4달러이라면 현물환시장에서 140만 달러(=100만파운드*1.4)를 환전받으므로 6만 달러(=146만 달러−140만 달러)의 헤지이득을 얻음. 하지만 만기 현물환율=1.5달러가 되면 4만 달러(=146만 달러−150만 달러)의 헤지손실을 얻게 됨.
3) 통화선물 헤징: 오늘 100만 파운드에 대해 통화선물 매도계약을 체결하면(100만 파운드=62,500파운드(계약단위)*12(계약수)) 통화선물의 일일정산 누적액에 따라 146만 달러가 보장됨. 만일 1년 후 만기 현물환율=1.4달러이면 6만 달러(=146만 달러−140만 달러)의 헤지이익을 얻음. 하지만 만기 현물환율=1.50 면 4만 달러(=146만 달러−150만 달러)가 헤징손실이 됨.
4) 단기금융 헤징: 오늘 영국의 A 금융기관으로부터 100만 파운드를 1년 동안 차입함. 차입 후 환전하여 미국내 금융기관에 투자한다면, 차입금액(원리금+이자지급금)의 현재가치는 917,431파운드(=100만 파운드÷(1+0.09))임. 차입금을 달러로 환전한 1,376,147(=917,431파운드*1.5)을 미국 금융기관에 투자하여 1년후 회수한 투자금은 1,460,092달러(=1,376,147*(1+0.061))임 그리고 만기일에 영국 British Airway로부터 100만 파운드를 받아서 A 금융기관의 대출금을 상환함. 만일 1년 후 만기 현물환율=1.4달러이면 60,092달러(=1,460,092−140만달러)의 헤징이익을 얻음. 하지만 1년 후 현물환율=1.5달러이면 39,908달러(=1,460,092−150만달러)의 헤징손실이 발생됨.
따라서 헤징을 하면 발생할 이득을 포기하는 대신 헤징성과를 얻을 수 있었음. 그리고 선물헤지와 단기금융헤지의 효과는 다소 다른 것으로 나타남. 만약 CIRP가 성립된다면 선물헤지와 단기금융헤지의 효과는 동등해질 것임.

04 최근 위험을 측정하는 수단으로 널리 이용되는 기법 가운데, VaR(Value at Risk)은 일정한 포지션에서 위험발생시 추정되는 최대 손실금액의 기대치를 말한다. VaR이 높을수록 위험발생시 잃을 수 있는 자금이 커진다. A기업이 보유한 환노출 크기는 1백만 달러이고, 현물환율은 1달러화=1,000원이며, 표준편차로 측정한 일일 환율변동성은 2%로 추정될 때 1%와 5%의 유의수준에서 각각 1일 VaR를 원화로 계산하시오. 그리고 나서 정규확률분포를 가정한 95% 단측 신뢰수준 하에서 VaR의 경제적 의미를 설명하시오.

Answer 1% 유의수준하 VaR=51.6백만원(=1백만달러×0.02×2.58×1,000)이며, 5% 유의수준하 VaR=33백만원(=1백만달러×0.02×1.65×1,000)임. 나아가 90% 양측 신뢰구간이 (-1.65*표준편차, 1.65*표준편차)이므로 90%의 확신으로 이 포지션의 일일 가치가 (1백만달러*1,000원 - 33백만원) ~ (1백만달러*1,000원 + 33백만원)의 범위 내에 있을 것임. 따라서 일일 손실 최대금액은 95%의 확률로 33백만원이고, 이를 초과하여 손실을 입을 확률은 5%에 불과함.

05 미국의 수입업자가 스위스에서 기계를 수입하고 대금 25만 스위스 프랑을 2달 후인 9월 10일에 지급할 예정이다. 현재 환율이 1스위스 프랑 = 0.5790달러이고 9월 21일이 만기일인 9월물 통화선물 환율은 1스위스 프랑 = 0.5814이다. 수입업자는 스위스 프랑화 통화선물 2단위(125,000×2=250,000)를 145,350달러(=250,000×0.5814)에 매입하여 헤징하였다. 대금결제일인 9월 10일에 스위스 프랑이 절상되어 환율=0.6275이고 통화선물=0.6286이 되었다. 환노출, 헤징효과 및 베이시스에 대해 설명하시오.

Answer 수입업자가 대금결제일에 통화선물 2단위를 반대거래로 매도하면 157,150달러(=250,000×0.6286)를 받게 되며(과소헤지나 초과헤지가 필요없음), 이 경우는 일일정산을 통해 11,800달러(=157,150-145,350)를 이득을 얻음. 그리고 결제일에 156,875달러(=250,000×0.6275)를 지급하고 250,000스위스 프랑을 매입하여 결제함. 따라서 환위험을 헤징한 후 11,525달러(=158,875-145,350)가 손해지만 통화선물 거래이익 11,800달러로 보상하면 275달러가 이익임. 특별히, 베이시스(=통화선물-현물환율)가 안정적인 편이고 만기일에 근접하면 0에 접근하기 때문에 현물환율의 상승/하락은 통화선물가격의 상승/하락을 통해 보전됨. 베이시스(Basis)는 스왑레이트와 유사한 개념임.

06 2008년도에 원달러화 환율이 급등했을 때 은행과 키코(KIKO, Knock-In-Knock Out)계약을 맺은 중소기업들이 환차손으로 큰 손실을 보았다. 키코는 환율이 일정한 범위 안에서 변동할 경우 미리 약정한 환율로 약정금액을 팔 수 있도록 해서 헤지효과가 발생하도록 한 파생금융상품이다. 그런데 키코는 Knock Out 풋옵션 매입거래와 Knock-In 콜옵션 매도거래를 1대 2 등 일정 비율로 체결했는데, Knock Out 옵션은 일정수준의 한계선을 설정한 뒤 환율이 이를

넘어서면 계약자체가 소멸되고, 역으로 Knock-In 옵션은 환율이 만기전 한계선을 넘어간 후에야 옵션계약이 효력이 발생한다. 키코계약의 사례를 들어보시오.

Answer 만일, A기업이 100만 달러의 약정액을 1달러당 약정환율 1,000원, 하한(녹아웃한계선) 950원, 상한(녹인한계선) 1,050원으로 정하여 은행과 키코계약을 체결한 경우, 만기시 환율이 970원이면 약정환율 1,000원을 적용받아 이익을 얻을 수 있고, 만기시 환율이 1,000원에서 1,050원 사이에 해당할 때는 옵션계약을 이행하지 않고 시장가격에 매도하면서 이익을 얻을 수 있지만, 환율이 하한 이하로 내려가면 계약 자체가 무효가 되어 환손실을 그대로 감수해야 함. 더욱이 상한 이상으로 오를 경우 약정금액의 2~3배 가량을 시장가격보다 낮은 행사가격으로 팔게 돼 손실이 발생함. 2008년도 기준 원달러화 환율이 1,000원을 넘어서면서 대부분 계약이 녹인되었음.

07 최근 원달러화 환율의 변동성이 심해짐에 따라 환위험관리가 중요해지고 있다. 기업이 대외거래시 직면하는 환위험 및 환위험 헤징수단에 대해 설명하시오. 나아가 환위험증가가 수출입금액에 미치는 효과를 논하시오.

Answer 본문의 내용을 참조하여 스스로 답하시오.

Unit 2 국제금융이론

Chapter Overview

Focus & Teach

- **Before** 환위험에 대한 헤징방안 및 효율적 외환시장의 특성에 대해 살펴 봄
- **Present** 국제은행업과 금융위기를 분석해봄으로써 위기에 대한 대응방안을 제시함
- **After** 국제금융질서의 새로운 패러다임을 예상해 봄

Steadily deteriorating growth rates is not a good sign!!

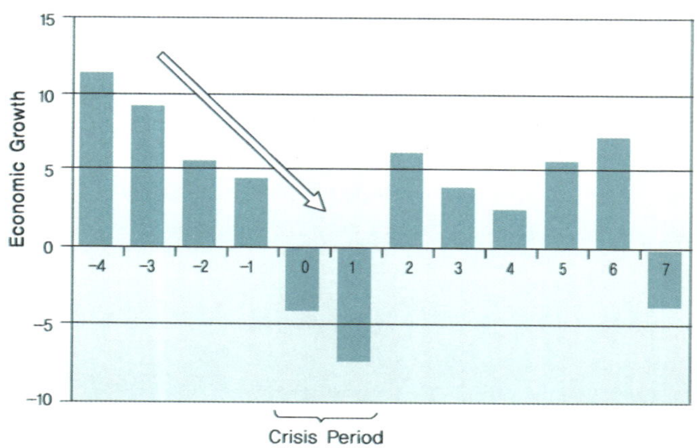

Lesson Plan

LESSONS AND OBJECTIVES	PROFESSIONAL DEVELOPMENT	PACE (60분)
1-1 국제은행업과 외화자금시장 (pp. 403-420) – 시장 참가자의 역할 : 은행, 기업, 비은행 금융기관, 정부와 중앙은행 – 국제금융시장의 기능 – 역외 은행업과 역외 통화거래	– 은행의 역외 은행업 및 통화거래 (외화자금의 조달과 운용) 현황에 대해서 알아 봄 – 국제금융시장의 구조 및 기능을 장단기 차원에서 살펴 봄	1.5
1-2 국제금융위기 (pp. 426-445) – 외환위기, 은행위기, 금융위기, 외채위기, 복합적인 경우 등	– 외환·금융위기에 대한 이론을 소개하고 그 특징을 비교함 – 외환·금융위기의 전가양상을 대내외 주요 특성별로 살펴보고 이에 대한 대응방안을 제시함	2.0
국제금융위기에 대한 사례연구	– 1990년대 이후 발생한 동아시아 위기, 남미 위기, 러시아 위기, 유럽 ERM 위기 등을 소개함	0.5
Resources	– 관련 통계자료, 보고서, 논문 등을 참조함	0.3
Review	– 정리 및 요약	0.4
Assessment	– 연습문제 풀이	0.3
Total		5.0

Chapter 8 국제은행업과 금융위기

오늘날 금융시장은 국제간 자유로운 자본이동을 통해 통합되어가고 있다. 국내외 금융시장은 서로 연결되어 하나의 국제금융시장으로 변하고 있다. 이로 인해 금융산업(금융기관, 금융제도, 자본배분 등)의 효율성이 제고되어 자금조달비용 감소, 다국적기업 강화, 대외거래 증대 등의 긍정적인 결과를 발생시키지만, 동시에 국제자본의 과도한 유출입에 따라 거품현상, 국제금융위기 등의 경제적 불안을 유발하기도 한다.

더욱이 세계금융위기로 오늘날의 국제통화운용방식과 세계금융질서에 대해 근본적인 질문들이 제기되고 있다. 많은 경제학자들은 현대적 고정환율제(Hard Peg=통화위원회 + 달러라이제이션 + 통화통합, Soft Peg=중앙은행 개입 가능한 고정환율)는 완전한 자본이동하에서 적합하지 않다고 생각한다. 국내외 거주자 간의 투기공격에 취약하기 때문이다. 투기공격은 외환보유고 를 위협내지 고갈시킬 수 있고 심지어 공표된 고정환율을 포기하도록 만들어 급기야 외환위기(통화위기)를 유발시킬 수 있다.

최근의 국제금융위기는 미국 주택가격 급락에서 시작되었으나 위기의 원인이 되는 신용 확대, 자산가격 상승, 금융증권화 증대, 레버리지 확대 등이 위기발생 이전에 이미 팽배했었다. 이로 인해 금융산업이 발전한 영국 등 선진국은 미국과의 연계성 심화로 인해 위기에 지속적으로 노출되었고 그 위기가 신흥개도국까지 파급되었다. 개도국들은 위기에 개별국가 차원에서 대응하기 위해 환율상승 용인, 외환보유고 활용, 중앙은행간 스왑거래, IMF의 금융지원 등의 방안을 강구하기도 했다. 아울러 아시아 지역 차원에서는 치앙마이 이니셔티브의 확대, 글로벌 차원에서는 IMF

신용 한도액의 유연성이 강조되었다. 한편, 여러 국가의 요구에 유연하게 대처할 수 있는 국제금융안정망의 구축이 필요하다는 주장도 제기되었다. 무엇보다 각국은 우선적으로 자국의 금융시스템을 비롯해 거시경제를 건전하게 운용하는 것이 가장 중요할 것이다.

Main Ideas Issues

■ Main Ideas/Issues

- 국제은행업과 장단기 외화자금시장
  1. 국제은행업과 역외통화거래
  2. 국제금융시장의 구조
- 글로벌 금융위기
  1. 외환위기와 금융위기의 관계
  2. 외환·금융위기의 특징
- 외환위기에 대한 이론과 사례

■ Contents

- 제1절 국제금융시장과 국제은행업 • 제2절 국제금융위기

▶Study Guide : 은행의 외화자금 조달과 운용을 비롯해 장단기 외화자금시장의 구조를 밝혀보며 나아가 국제금융위기의 전개양상을 살펴보고 이에 대한 대응방안을 제시해 봄.

Preview

"글로벌 금융위기"

● **Directions :** 금융시스템과 유동성공급의 주된 연결은 은행이 주도하고 있다. 세계무역이 성장할수록, 은행이 국제화에서 차지하는 비중이 높을수록, 국제은행업에 대한 규제가 낮을수록 역외통화 거래량은 증가할 것이다. 하지만 금융유기 등 부작용도 상당하다. 국제유동성 흐름을 생각해보자.

국제유동성 흐름

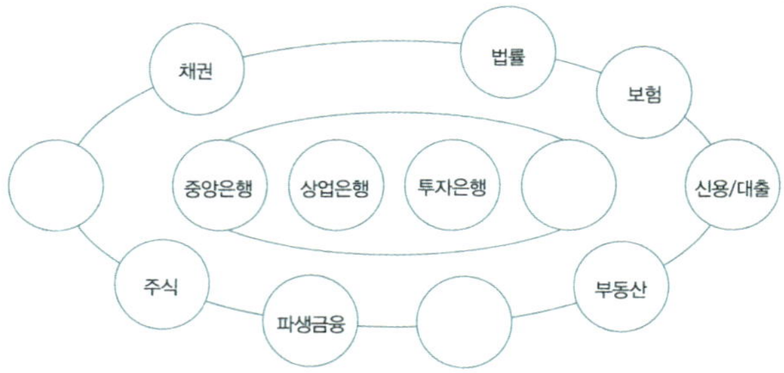

● **Directions :** 미국의 대규모 경상수지 적자와 함께 아시아와 산유국의 대규모 흑자로 요약되는 세계경제의 경상수지 불균형(글로벌 불균형)은 수년 전부터 세계경제의 가장 중대한 위험요인으로 지목되어 왔다. 금융위기의 원인중 하나로 세계불균형을 주목하고 있다. 세계불균형의 지속 가능성에 대해 생각해보자.

• Further Study Tip : 세계불균형의 지속가능성에 대한 원인과 전망에 대한 견해는 다양함. 비관론, 낙관론, 그리고 절충론으로 구분 가능한데 세부내용을 살펴 봄.

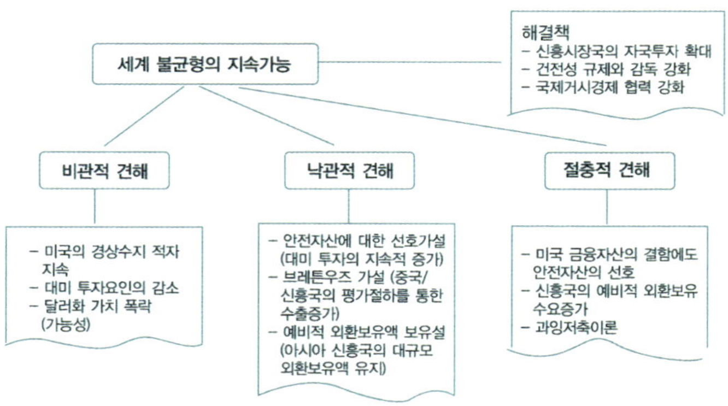

8-1 Section 국제금융시장과 국제은행

다른 나라의 거주자들이 장단기 금융자산을 거래하는 시장을 국제금융시장이라 부른다. 국제금융시장은 실제로 국제적 차원에서 금융자산이 거래되는 시장들이 밀접하게 연결된 시장집단이다. 국제금융시장의 국제금융거래는 국제통화가 거래되는 외환시장을 거쳐 가며, 주요 시장참가자는 외환시장 참가자와 마찬가지로 은행, 기업, 비은행 금융기관, 중앙은행, 여타 정부 등이다. 그리고 국제금융 거래활동도 외환시장처럼 통신수단으로 연결된 글로벌 금융센터의 네트워크 내에서 이루어진다.

국제 자금거래나 자본거래의 본질을 파악하기 위해서는 국제금융시장의 전반적인 구조 및 운용원리에 대한 이해가 필요하다. 이 절에서는 1960년대 초반 이후부터 급성장한 국제금융활동을 국제금융시장구조와 국제은행업무 측면에서 알아본다. 이와 함께 국제금융시장이 제공하는 이점은 그대로 지키면서 국제금융시장에 의해 발생된 문제점을 최소화할 수 있는 방안을 정부규제, 경제주체의 도덕적 해이 등의 관점에서 살펴본다.

Key Concept

Property	Words	Examples
국제금융시장 (Int'l Financial Market)	국제적으로 장기나 단기의 금융거래가 이루어지는 특정한 장소(메커니즘)	국제 간 자금 조달과 운용
국제자본시장 (Int'l Capital Market)	국제금융시장 가운데 장기 금융거래가 행해지는 곳	장기대출, 주식, 채권 등의 대외거래
국제단기자금시장 (Int'l Money Market)	국제금융시장 중 단기 금융거래 및 외화자금거래가 행해지는 곳	CP, CD, 단기국채, 외화콜 등의 대외거래

국제금융시장

• Teaching Tip : 국제금융시장의 전반적 구조 및 기본적 운용원리를 설명함.

국제금융(International Finance)은 국제 간 차입과 대출 또는 금융상품을 통한 국제 자본이동을 의미하는데, 실물거래를 뒷받침하는 무역결제, 무역금융, 실물투자 자원조달 등이 과거의 핵심 형태였다. 그렇지만 현대로 오면서 금융자산 운용, 국제유동성 조절 등이 중시되면서 증권화 중심의 금융이 주요 형태를 이루고 있다.

국제금융시장(International Financial Market)은 금융거래가 국경을 넘어 이루어지는 시장을 말한다. 국제자금의 수요와 공급을 연결시켜주는 모든 거래 메커니즘을 총칭하는 추상적 개념이다. 구체적으로 주요 금융중심지 또는 그 지역의 거래소 등을 가리킨다. 또한 해외나 자국 내에 있는 국제금융시장이 포함된다.

국제금융시장은 19세기 영국을 중심으로 출발하여 1950년대 말 유럽에서 유로시장이 형성되면서부터 발전하기 시작하였다. 1980년대 이후 자본이동의 급증, 각국 금융시장의 동조화, 금융규제의 완화, 정보·통신기술의 발달, 증권화와 직접금융의 증대, 금융기관의 대형화와 종합화, 금융기법의 발전 등으로 인해 국제금융시장은 더욱 빠르게 발전하고 있다. 전세계 금융시장에서 은행자산, 채권, 주식, 파생금융상품 등이 매매되는 전체 금융거래 규모는 2006년 기준 대략 190.4조 달러로서 세계 GDP 48.2조 달러에 비해 약 4배 정도에 달한다.

국제금융시장은 각국의 금융시장, 유로시장, 외환시장을 포괄하는 총체적 금융거래 메커니즘이다. 시장참가자들은 각국 금융시장, 유로시장, 외환시장을 통해 서로 유기적으로 연계되어 있다. 국제금융시장에 대한 이해를 높이기 위해 미시적 시장구조를 주요 참가자와 기능별 시장형태 측면에서 살펴보자.

먼저 시장참가자들은 은행, 기업, 비은행 금융기관, 중앙은행, 여타 정부기관으로 크게 분류할 수 있다.

첫째, 은행을 대표하는 상업은행(Commercial Bank)은 국제 간 결제를 이행해줄 뿐만 아니라 광범위한 금융활동(자산운용, 자금중개 등)을 수행하고 있다. 국제 은행 간에 외환거래가 많아지면 은행은 런던과 뉴욕 같은 외환금융의 중심시장에서 자금의 조정을 꾀한다.

둘째, 기업(Corporation), 특히 다국적 기업은 국내외 투자자금을 조달하여 생산활동을 수행하는데, 자금조달은 기업의 자산에 대한 지분 청구권인 주식을 팔거나 장단기 차입부채를 이용하면서 이루어진다.

셋째, 비은행 금융기관은 보험회사, 연금기금, 뮤추얼펀드 등을 지칭하는데 이들은 자산운용과정에서 포트폴리오 증권투자를 하기 위해 외국자산으로 업무영역을 확대하고 있다. 이 가운데 투자은행(Investment Bank)은 기업의 주식과 채권의 인수 매각을 전문화하면서 해외 투자활동에서 상업은행과 경쟁하고 있다.

넷째, 중앙은행(Central Bank)은 보통 외환시장개입을 통해 국제금융시장에 참여한다. 시장안정을 위해 외화자산을 매대하면서 외화량을 인위적으로 조정해준다. 외화공급량을 늘려서 환율 급상승을 막거나 외화공급량을 줄여서 환율상승을 유도하기도 한다. 반면 여타 정부기관은 경제활동에 필요한 자금을 종종 해외차입을 하는데, 개발도상국의 정부나 국영기업은 외국 상업은행으로부터 대규모 차입을 해오고 있다. 그밖에 국제금융기구(IMF, World Bank, ADB 등)도 차입이나 대출의 형식으로 시장에 참여하고 있다.

국제금융시장은 금융의 기간, 금융중개의 형태, 금융정책의 규제, 금융기법에 따라 여러 형태로 분류할 수 있다. 기본적으로 국제금융시장의 구성을 기능적인 측면에서 구분하는데, 이 경우 국제금융시장은 국제단기금융시장, 국제자본시장, 외환시장, 파생금융상품시장으로 분류된다.

첫째, 금융기간의 장단기에 따라 단기금융시장과 장기금융시장으로 나눌 수 있다. 국제단기금융시장(International Money Market)에서는 주로 만기 1년 미만의 금융자산이 거래되며 이 시장은 국제금융시장을 대표하기도 한다. 반면 국제장기금융시장은 국제자본시장(International Capital Market)이라고 부르는데 주로 만기 1년 이상의 금융자산이 거래된다.

둘째, 금융중개의 직간접적 형태에 따라 직접금융시장과 간접금융시장으로 분류할 수 있다. 직접금융시장은 자금의 거래가 차입자와 대출자 사이에 직접 이루어지는 시장을 말한다. 차입자가 은행을 통하지 않고 국제채권을 대출자에게 발행한 경우가 이에 해당한다. 반면 간접금융시장은 자금의 거래가 금융기관을 통해 이루어지는 시장을 말하며 은행을 통한 각종 대출이 이에 속한다.

셋째, 금융시장 소재국의 금융정책의 규제 여부에 따라 역내금융시장과 역외금융시장으로 나눌 수 있다. 역내금융시장(On-Shore Market)에서는 내국인과 외국인 또는 외국인 간에 금융기관 소재국의 통화로 거래가 이루어진다. 소재국의 국내 제도, 세제 및 관행에 의해 자금거래가 이루어지는 외국증권시장, 국제여신시장이 해당된다. 반면 역외금융시장(External Market)은 금융기관 소재국의 통화가 아닌 다른 국가의 통화로 거래가 이루어지는 유로금융시장을 말한다. 소재국의 국내 제도, 세제 및 관행을 따르지 않는 유로채시장, 유로통화시장 등이 대표적이다. 하지만 역내시장과 역외시장은 특정 지역에서는 함께 있는 경우도 많다. 예를 들어, 영국 입장에서 유로통화시장은 자국 내의 시장에 해당된다.

넷째, 취급하는 금융기법에 따라 국제금융센터를 전통적 국제금융센터, 역외금융센터, 기장 역외금융센터로 구분 가능하다. 국제금융센터(Financial Center)는 국제금융거래가 지속적으로 이루어지도록 금융기관들이 집중된 장소이다. 먼저 전통적 국제금융센터는 잘 발달된 국내금융시장을 토대로 국제금융활동의 중심지가 되어 외국에 자본을 공급하는 뉴욕, 런던 등을 말한다. 역외(Offshore)금융센터는 소규모경제 국가들이 규제철폐, 조세특전 등의 편의를 제공하면서 해외 금융기관을 유치하여 비거주자를 대상으로 금융활동을 수행하는 싱가포르, 홍콩, 룩셈부르크 등을 말한다. 이에 반해 기장(Booking) 역외금융센터는 금융규제나 세금 회피, 금융거래 비밀보장 등의 목적으로 단지 장부기입만 처리하는 카리브해 지역 등을 지칭한다.

다섯째, 국제금융시장은 여유 자금 보유자로부터 이를 필요로 하는 자에게 국제자금을 공급하는 시장으로써, 광의의 개념으로 국제신용시장과 외환시장으로 대분된다. 국제신용시장에서는 신용평가를 기반으로 한 차입과 대출이 행해지는 반면 외환시장에서는 다른 종류의 지급수단이 매매된다. 그밖에 국제금융시장은 다양한 파생금융상품시장을 포괄한다.

그런데 위에서 살펴본 국제금융시장은 일정한 요건을 갖추고 여러 가지 중요한 기능을 수행하고 있다. 국제금융시장이 역할을 제대로 수행하려면 구비해야 할 요건에는 국제통화의 교환성, 경제환경의 안정성, 금융거래의 규모화, 규제완화, 금융 인프라의 구축 등이 포함된다. 국제금융시장은 국제통화의 교환성을 보장하여 이를 대외준비자산이나 결제통화로 이용할 수 있어야 하며, 금융시장 소재 국가가 정치적, 사회적 및 경제적으로 안정되어 있어서 안정된 금융활동과 외화수입이 가능해야 하며, 금융시장을 통해 결제되는 거래규모가 매우 커서 금융거래의 중심지가 될 수 있어야 하며, 금융정책이나 외환관리 및 조세제도가 완화되어서 자본이동이 자유로워야 한다. 또한 장단기 금융이 원활하게 조달·운용될 수 있도록 금융기관과 금융시장이 충분히 발달되고 개방되어야 한다. 그리고 관련 사회간접자본이나 영어와 금융에 능숙한 인적자원이 완비되고 교통망이나 정보처리기술·통신시설도 갖추어져 있어야 할 것이다.

국제금융시장은 생산물거래에 수반된 채권·채무의 결제, 단기 결제자금의 대출, 장기 개발자금의 공급, 글로벌 금융서비스의 제공, 국제 유동성의 공급 등의 기능을 가지고 있다. 각국 은행은 주요 국제금융시장에 소재한 은행에 예금계정을 개설하고 이를 통해 대금을 결제하는 기능을 수행하며, 단기금융시장에서는 당좌대출, 신용장 인수 등을 통한 단기자금을 대출하는 기능을 하고, 장기금융시장에서는 국제수지 적자나 개발자금

NOTE

■ 국제증권 결제제도

국제 간 지급결제에는 국제증권 결제 및 외환결제가 포함되는데, 국제증권 결제제도는 증권거래 대금결제 불이행위험 등을 해소하기 위한 국제지급 결제제도로서, 1980년대 이후 각국 국제증권 예탁 결제기관과 제휴나 연계하면서 발전하고 있음. 대표적인 국제증권 예탁 결제기관은 1968년 설립된 Euroclear Bank 등이 있음.

으로 필요한 장기자금을 채권발행이나 은행차입을 통해 공급하는 기능을 수행하며, 다국적 기업에게 현금관리나 재무관리를 지원할 수 있는 금융서비스를 제공할 뿐만 아니라 전 세계에 필요한 여러 통화를 적절히 공급해주는 역할을 수행한다.

• Further Study Tip : 신흥시장국의 원죄(국제금융시장에서 신흥시장국이 자국통화 표시 채권발행을 통해 자본조달하기가 어려운 상황을 지칭)의 극복방안에 대해 살펴 봄.

국제금융시장

- 국제단기금융시장 – 유로통화시장(유로CD, 유로CP 등), 주요국 단기금융시장(T-Bill 등)
- 국제자본시장 – 국제대출시장(신디케이트론 등), 국제채권시장(외국채 등), 국제주식시장(외국주식, 국가펀드 등)
- 외환시장 – 현물환시장(현물환), 선물환시장(선물환), 외환스왑시장(외환스왑)
- 파생금융상품시장 – 금융선물시장(통화선물, 주가선물, 금리선물 등), 금융옵션시장(통화옵션, 주가옵션 등), 금융스왑시장(통화스왑 등)

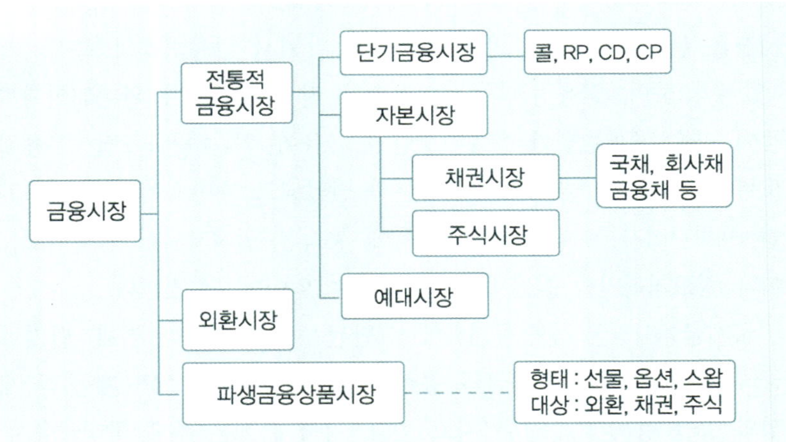

NOTE

헤지펀드, 사모펀드, 국부펀드

–헤지펀드란 고수익 확보와 위험회피를 위해 증권, 파생상품, 차입금 등을 운용하는 사적 투자계약. 1949년 존슨이 처음 설립했고 1969년 소로스가 헤지펀드를 설립하면서 발전하다가 1990년대 크게 성장함. 주요 헤지펀드 운영사는 JP Morgan, Goldman Sachs 등임.

–사모펀드란 특정 소수의 고액 투자가로부터 장기자금을 조달해 기업주식, 경영권 등에 투자·운용하여 고수익을 추구하는 계약. 2000년 이후 비교적 빠르게 성장하고 있음. 대표적인 사모펀드는 Blackstone Group, KKR, Carlyle Group 등임.

–국부펀드란 국가가 보유한 공적기금을 다양한 자산에 투자해 운용하는 국가투자기금. 재원조달은 대부분 외환보유액 등 외화자산으로 이루어짐. 국부펀드는 1970년대에 시작되었고 2000년대 이후 신흥시장에서 주로 조성됨. 대표적 국부펀드는 UAE의 아부다비 투자청, 노르웨이의 정부 연기금, 싱가포르 투자청, 중국 투자공사 등임.

신용평가(사)

신용평가는 보통 채무자의 파산가능성, 채무특성 등에 기초해 이루어짐. 신용평가기관들은 각국 정부, 지방정부, 기업과 금융기관 등에 대한 신용등급을 발표함. 국제금융시장에서 대출을 받고자 할 때 기준금리(LIBOR)에 차입자의 신용도에 따라 상이한 가산금리(Spread)를 더해 대출금리가 결정됨. 주요 신용평가기관은 Standard & Poor's, Moody's, Fitch Ratings 등임.

국제은행업무

• Teaching 국제화 추세의 은행의 업무를 국제금융시장 측면에서 설명함.

은행을 대표하는 상업은행은 국제금융거래의 중심에 서있다. 은행의 부채는 주로 다양한 만기의 예금으로 이루어져 있는 반면 자산은 주로 대출, 채권 및 은행 간 예금으로 이루어져 있다. 특히 다국적 은행은 자국에서 허용되지 않은 금융활동을 해외에서 자유롭게 하고 있다. 이러한 규제의 완화로 국제 은행업은 지난 40여 년 동안 상당한 성장을 이룩하였다.

국제은행은 국가차원의 비즈니스와 투자활동을 하는 다국적 기업, 수출입업자, 투자가, 펀드매니저 등에게 은행업무 서비스(Banking Service)를 제공한다. 하지만 금융의 국제화와 금융시장의 통합화가 진행되면서 국내외 은행업무를 구분하기가 점점 어려워진다. 국제 은행업무는 국내 은행업무와 유사하지만 외국통화나 여러 통화 표시거래, 외국이나 외국인과 거래, 해외 법제도와 정치적 위험 등을 고려해야 하는 차이점이 있다.

• Further Studying Tip : 은행의 국제화 요인에 대한 온전경쟁이론과 독과점이론의 설명을 각각 살펴봄.

NOTE

■ 국제은행의 형태와 현황

–은행의 국제화 형태는 대리은행(Correspondent Bank), 연락사무소(Representative Office), 대리점(Agency), 해외지점(Foreign Branch), 현지법인(Subsidiary), 역외금융센터 등으로 나타남.

–주요 국제은행에는 미국, 일본, 영국, 중국, 네덜란드 등의 은행들이 포함됨. 자산규모, 국제신디케이트 대출 및 국제채권발행 주간사 실적 등을 기준으로 한 주요 국제은행은 스위스 UBS, 영국 Barclays Bank, 프랑스 BNP Paribas, 독일 Deutsch Bank, 미국 Citigroup, JP Morgan, Bank of America 등임.

국제단기금융

국제단기금융시장(International Money Market)은 주요국의 국내단기금융시장과 유로통화시장으로 구성되어 있다. 국제단기금융시장에서는 만기 1년 미만의 단기금융상품 및 유로통화시장의 금융상품을 포함시키고 있다. 그런데 국제은행의 은행업무 서비스는 유로통화시장과 직결되어 있다.

유로금융시장은 자금의 대차거래가 금융기관 소재국이 아닌 다른 통화로 이루어지는 역외금융시장을 말하는데, 각국의 금융규제에 지배받지 않으면서 자금거래가 이루어지는 초국가적인 금융시장이다. 원래 유로금융시장, 이 가운데 대표적인 유로달러시장은 1950년대 동·서 냉전시대에 구소련 및 동유럽 공산주의 국가들이 미국은행에 예치된 달러화 자산을 미국 정부가 동결시킬 것을 우려해 영국이나 프랑스의 유럽은행으로 이전시키면서 시작되었다. 1960년대에 미국이 국제수지 누적에 따른 달러화 가치하락을 방어하기 위해 자본유출에 대한 금융규제를 실시했고, 유럽과 일본의 경제성장에 따라 국제통화 자금수요가 늘어나면서 유로금융시장은 발전하였다. 역외금융의 이점을 활용해 국제금융시장의 발전에 앞장서고 있는 유로금융시장은 크게 단기 유로통화시장과 장기 유로채권시장으로 나눌 수 있다.

유로통화시장(Eurocurrency Market)을 종종 국제 예금·대출시장이라고 부른다. 은행 간에 거래가 이루어지는 도매시장으로서 최소거래 단위가 1백만 달러이며 예치기간이 1~12개월 정도다. 그리고 국제 예금과 대출을 취급하는 은행을 유로은행(Eurobank)이라고 칭한다. 예를 들어 프랑스의 A은행이 독일의 B은행으로부터 1년 동안 1백만 달러를 차입했다면 이는 유로통화거래이다.

1990년대 은행업의 가장 두드러진 특징 중 하나는 역외 은행업(유로은행업)의 범세계적 활성화였다. 상업은행들은 자국에서 외국의 금융센터로 지사를 확장시켜 나가면서 은행활동을 하였다. 이러한 추세와 더불어 다국적 기업의 활동증가로 인해 역외 은행업과 나란히 역외 통화거래(유로 통화거래)가 증가하고 있는데, 외환시장에서 거래되는 대부분의 예금은 런던은행의 엔화 예금, 스위스 은행의 달러화 예금 같은 역외예금(유로예금)이다.

정치적인 요인은 고려하지 않더라도 유로 은행업이 성장하는 원인을 유로통화의 거래적 이점에서 찾을 수 있다. 유로달러의 예금은 미국 내의 양도성예금증서(CD)와 최적으로 비교될 만한 것인데, 보통 유로은행의 대출금리는 해당 통화국 국내은행의 양도성예금증서 금리를 상한으로 이보다 낮고, 예금금리는 국내금리를 하한으로 이보다 높다. 모든 은행은 예금·대출 금리 스프레드를 최대화하기를 원하는데, 유로은행의 예금·대출 금리 스프레드는 국내은행의 스프레드보다 작다. 이는 유로은행의 거래비용이 국내은행보다 적다는 의미다. 유로은행은 국내은행 보다 규제를 덜 받으며 더욱 경쟁적이기 때문이다. 유로은행은 지급준비제도, 예금보험료, 자금분배, 이자율결정 등의 적용에 있어서 규제를 받지 않는다. 따라서 유로은행은 해당 통화국의 국내은행에 비해서 고객에게 더욱 유리한 이자율로 예금과 대출을 제공할 수 있다. 예금의 최저단위도 국내은행보다 높게 책정할 수 있고 대출 역시 신용도 높은 기업 중심으로 운용할 수 있다. 하지만 유로 통화거래는 국내 통화거래와 달리 예금보호나 정부감독이 부족하기 때문에 지급불능의 위험이 그만큼 더 높은 편이다. 또한 유로은행의 안정성은 최소한 유로은행 소재국 및 예금자와 대출자 국가에서의 정치 안정을 요구한다.

대표적인 유로통화인 유로달러(Eurodollar)의 예금은 미국에서 통화공급량을 측정할 때 M3에 포함시킨다. 물론 유로달러는 지출용 화폐는 아니지만 미국 내의 은행예금과 대체가능한 것이기 때문이다. 하지만 유로달러가 지급수단으로 사용되지 못하므로 유로은행은 국내은행처럼 달러화 통화량을 창출할 수 없다. 단지 유로은행은 역외통화의 예금과 대출을 취급하는 중계상 역할을 수행한다. 또한 유로달러시장이 효율적이기 때문에 국제 자본이동을 촉진시켜주며 중앙은행의 불태화정책의 필요성을 더욱 강조해준다. 만일 자본유입으로 외환보유고가 증가했다면 중앙은행은 국내통화 성장률 목표를 달성하기 위해 불태화정책에 간여하게 된다.

그런데 유로통화시장에서 거래 기준이 되는 이자율은 LIBOR(런던 은행 간 이자율)이다. LIBOR는 매일 아침에 런던의 은행들이 서로 예금하거나 대출하려고 할 때 적용하는 금리를 말한다. 영국 은행연합회(British Bankers' Association)가 매일 오전 11시(런던시간)에 메이저통화에 대한 각각의 LIBOR 가치를 정한다. 미국 달러화, 영국 파운드화, 캐나다 달러화, 유로화, 호주 달러화, 일본 엔화, 스위스 프랑화에 대한 LIBOR가 하룻밤, 2일, 1주, 2주, 1~12달 기준으로 매일 결정된다. 2002년도 국제결제은행(BIS)의 발표자료에 따르면, 유로통화시장에서 미국 달러화(유로달러시장)

가 차지하는 비중은 63%, 유로화 19%, 엔화 5%, 파운드화 4%, 그리고 기타 통화가 9% 정도를 차지하였다. 예를 들어, 어느 날 1년 만기 유로달러 예금의 LIBOR는 5.3%, 유로유로화 예금의 LIBOR는 3.75%, 유로엔 예금의 LIBOR는 0.61%, 유로파운드 예금의 LIBOR는 5.34%였다.

런던이 과거부터 오랫동안 국제금융 중심지의 역할을 해왔기 때문에 LIBOR는 결국 전 세계 금리의 기준금리가 된다. 유로달러시장에서 대출금리는 LIBOR에 차입자의 신용등급별로 2%를 더한 금액으로 제시된다. 만일 미국은행이 유로달러를 5.5% 금리로 빌려서 국내 고객에게 6%에 다시 빌려줄 수 있다면 예금과 대출의 스프레드인 0.5%만큼 차익을 얻을 수 있다. 어떤 국제금융 중심지에서의 유로통화거래에서는 다른 기준금리가 사용되기도 한다. 예를 들면 싱가포르에서는 SIBOR, 파리는 PIBOR, 벨기에 브뤼셀은 BRIBOR을 기준금리로 사용하고 있다.

NOTE

■ **채권과 주식**

-유가증권 가운데 채권(Bond)은 정부, 지방자치단체, 기업 등이 장기자금을 조달하기 위해 발행함. 채권은 원리금 상환기간이 정해진 기한부 증권이며 부채(채무)에 해당 됨. 채권소유자(채권자)는 확정된 원금과 이자를 수령함. 유통물량이 한정되어서 주식에 비해 유동성이 낮음. 하지만 기업 해산시 주주보다 우선 재산분배권을 갖는 등 안정적임. 채권시장은 자금조달 및 투자수단을 제공, 지표금리를 형성, 통화정책 운용의 장, 정보의 생산과 제공 등의 역할을 수행함.

-주식(Stock)은 기업(주식회사)이 자기자본을 조달하기 위해 발행함. 주식소유자(주주)는 기업경영에 참여하고 이익배당과 주가 시세차익을 얻음. 주식은 언제든지 거래되므로 유동성이 높음. 하지만 기업 해산시 권리행사가 어려움 등 시장위험도 상당함.

NOTE

■ **유럽지역 유로화(Euro)에 대한 금리**

유로지역에서 유로화 대출 은행간 금리는 EURIBOR라고 부르며, 유로화의 역외거래에 적용되는 은행 간 금리는 EURO-LIBOR라고 함.

NOTE

■ **우리나라의 주식과 채권 수익률**

시 기	주 식	채 권	정기예금	전국APT	강남APT
1986.1~1990.12	33.6%	14.2%	10.0%	15.1%	14.5%
1991.1~2000.12	-3.2%	13.3%	9.7%	-0.5%	0.4%
2001.1~2005.12	22.3%	5.7%	4.5%	10.2%	16.1%
1986.1~2005.12	11.4%	11.5%	8.4%	5.8%	7.6%

유로통화시장에서 거래되는 금융상품은 유로예금, 유로CD, 유로CP, NIF, MTN, 신디케이트대출 등이다. 이 가운데 유로예금(Euro Deposits)은 표시통화 소재국 이외 지역의 유로은행에 예치된 예금을 말한다. 7일~6개월 만기의 정기예금이 대부분이며 총예금의 70~80%가 은행 간 예금이다.

유로CD(Euro Certificate of Deposits)는 유로통화시장에서 거래되는 정기예금에 양도성을 부여한 양도성예금증서이다. 대부분이 3~6개월 정도의 만기를 가지며 유로달러CD가 대부분이다. 보통 유로CD가 유동성이 높기 때문에 동일한 만기 유로정기예금의 금리보다 0.125~0.25%가 낮은 편이다.

유로CP(Euro Commercial Paper)란 기업이 단기자금을 조달하기 위해 자기신용을 바탕으로 할인하여 발행하는 무담보 단기 약속어음인 기업어음이 유로통화시장에서 거래되는 것을 말한다.

유로NIF(Note Issuance Facility)은 차입자가 금리, 설정금액, 은행의 채권인수 등에 대하여 3~10년 기간의 약정을 은행과 체결하고 만기까지 계약범위 이내에서 3~6개월 만기의 단기채권을 발행하여 자금을 조달할 수 있는 계약이다.

유로MTN(Medium-term Note)은 1~5년 기간의 약정을 주로 체결하고 소규모의 단기채권을 여러 차례 발행할 수 있는 계약이다. 은행의 인수약정은 수반되지 않지만 투자자의 요구에 따라 발행금액, 발행일, 표시통화, 만기 등의 약정내용을 조정할 수 있다.

유로신디케이트대출(Syndicated Loan)은 2개 이상의 유로은행이 차관단을 구성하여 공동으로 5~10년 정도 대출해주는 것을 말한다. 무담보 신용대출 형식으로 대규모 자금조달을 장기간 대출할 수 있다.

● 유로통화거래

- ▶ 금리: 국내은행 대출금리 〉 유로은행 대출금리 〉 유로은행 예금금리 〉 국내은행 예금금리
- ▶ 거래비용: [국내은행 대출금리 - 예금금리] 〉 [유로은행 대출금리 - 예금금리]
- ▶ 기준금리: LIBOR, SIBOR, PIBOR, BRIBOR 등
- ▶ 금융상품: 유로예금, 유로CD, 유로CP, 유로NIF, 유로MTN, 유로신디케이트대출 등

주요국의 단기금융시장은 유로통화시장과 더불어 국제단기금융시장을 구성하는데, 단기금융시장은 만기가 1년 미만인 단기금융상품이 거래되는 곳이다. 단기금융시장에서는 무역금융, 차익, 투기, 헤징 등을 위한 단기자금 거래가 이루어진다. 자본시장에 비해 유동성과 안전성이 높으며 중앙은행의 통화정책도 여기에서 수행된다.

대표적인 단기금융상품에는 은행인수어음(BA), 기업어음(CP), 양도성예금증서(CD), 환매조건부채권(RP), 단기재정채권(T-bill), 연방준비자금, 국제팩토링, 콜자금, MMF 등이 있다. 이 중에서 CP, T-bill 등이 주종을 이룬다.

은행인수어음(Banker's Acceptance)이란 은행이 지급을 보증한 기한부어음이다. 단기 무역신용으로 널리 사용된다. 대외 외상거래에서 발행된 어음에 대해 은행이 신용을 제공하는 것이다.

환매조건부채권(Repurchase Agreement)은 일정기간이 경과한 후 일정한 가격으로 동일한 채권을 다시 사거나 파는 조건으로 채권을 매매하는 거래방식이다. 매도기관은 수익성이 높으나 팔기 어려운 채권을 RP(Repo)거래를 통해 유동화 시켜서 필요한 자금을 구할 수 있고 매수기관은 국채 등을 담보로 자금을 안전하게 운용할 수 있다.

단기재정채권(Treasury Bill)이란 미국 재무성이 발행하는 할인식 단기증권이다. 미국 재무성이 발행하는 시장성 증권에는 T-bill 이외에도 재무성증권(Treasury Certificates of Indebtedness), 1~10년 만기의 재무성 중기채(Treasury Note), 10년 이상의 재무성 장기채(Treasury Bond) 등이 있지만 금융시장에서 가장 비중이 큰 것은 T-bill이다. T-bill은 수익률은 다소 낮지만 파산위험(Default Risk)이 거의 없고 공급량도 많으며 상환기한도 91일, 182일, 12개월 등 1년 이내에서 세분화되어 있어서 안정성과 유동성이 상대적으로 높다.

연방준비자금(Federal Funds)은 원래 미국의 금융기관들이 연방준비은행(FRB: Federal Reserve Bank)에 보유하고 있는 법적 지준예치금

(Reserve)을 초과하는 초과지준예치금을 의미하였으나, 근래에는 상업은행이 보유하고 있는 지방은행 등의 즉시 사용가능한 자금까지 의미하고 있다. 연방준비자금은 은행 간에 대출로 이용되고 있다.

국제팩토링(International Factoring)은 무신용장 방식의 신용조건부 무역거래와 관련하여 팩토링 회사가 신용조사, 신용위험인수, 금융제공, 대금회수, 여타 업무처리대행 등의 서비스를 제공하는 것을 말한다. 국제팩토링은 수입상의 신용을 바탕으로 전 세계 팩터의 회원망을 통해 이루어지는 무신용장 방식의 새로운 무역거래 방법이다.

콜자금(Call Money)은 금융기관 간에 초단기로 차입이나 대출하는 자금을 말한다. 1일물 거래가 대부분이다. 콜시장에서 차입하는 콜자금을 콜머니(Call Money), 대여하는 콜자금을 콜론(Call Loan)이라고 부른다. 콜시장의 주된 기능은 금융기관의 지준금 부족과 단기자금 부족을 조정하는 것이다.

MMF(Money Market Fund)는 소규모의 단기 유휴자금으로 기금을 조성하여 이를 국공채, 회사채 등 단기 금융상품이 투자하고 얻어지는 수익을 기금 참가자에게 배당하는 펀드를 말한다. 1974년 뮤추얼펀드와 증권회사가 MMF를 새로운 상품으로 도입하면서 크게 성장하였다.

대표적인 단기금융시장은 북미에서 뉴욕, 시카고, 토론토, 로스앤젤레스, 샌프란시스코 등이며, 유럽에서는 런던, 프랑크푸르트, 파리, 취리히 등이고, 아시아에서는 도쿄, 싱가포르, 홍콩 등이 중심이다. 주요국 국내 단기금융시장의 거래규모는 2006년도 기준 순증권의 발행규모가 약 10조 달러로서 지속적으로 증가하는 추세이다.

우리나라의 경우 단기금융거래가 GDP대비 규모면에서 선진국에 훨씬 못 미치지만 최근 빠르게 증가하고 있다. 그리고 국제금융 중심지와 달리 외화(예치)거래의 유동성이 충분하지 않은 편이다. 외화자금시장에서는 대고객 거래나 외화증권 발행·상환 등의 결과로 발생한 일시적인 외화 과부족을 은행 간에 조정하기 위해 외화콜, 외환단기대차 등의 거래가 이루어진다. 외화콜은 은행 간에 외화를 초단기(30일 이내) 대차하는 거래를 말한다. 반면 외화단기대차는 은행 간에 1년 이내의 특정 기간 동안 외화를 대여나 차입하는 거래를 뜻한다. 신용한도 범위에서 무담보 신용거래 및 환매조건부 채권매매에 의한 외화대차거래가 많이 발생하고 있다.

● 국제단기금융거래

▶ 유로통화거래 +주요국의 단기금융거래

국제자본

국제자본시장(International Capital Market)은 장기 증권의 발행을 통해 장기 자금을 조달하고 운용하는 국제금융시장이다. 자금조달 수단으로는 외국 자본시장에서 외국채 발행, 유로시장에서 유로채 발행, 외국에서 주식 발행·모집이 있다. 따라서 국제자본시장은 국제채권시장과 국제주식시장으로 구분한다.

우선 국제채권시장(International Bond Market)이란 다국적 기업이나 정부기관 등이 해외에서 만기 10년 이상의 장기 채권을 발행해 자금을 조달하거나 발행된 국제채(International Bond)가 유통되는 시장이다. 국제채권의 약 85%가 미국 달러화나 유로화 발행 채권 형태로 거래되고 있다. 그런데 국제채는 외국채와 유로채로 나뉜다.

외국채(Foreign Bond)의 거래란 A국 국내금융시장에서 다른 나라 B국의 차입자가 A국의 통화로 표시된 채권을 발행한 거래를 말한다. 외국채는 채권발행 지역에 따라서 미국에서 달러화로 발행되는 외국채는 양키본드, 일본에서 엔화 발행 외국채는 사무라이본드, 영국에서 파운드화 발행 외국채는 불독본드, 우리나라에서 외국인 대상 원화표시 채권은 아리랑본드 등의 별칭이 붙여진다. 외국채 거래는 국제채 가운데 20%가량을 차지하고 있다.

유로채(Euro Bond)의 거래는 특정국 통화로 표시된 채권이 해당 통화표시 발행국가 이외의 지역에서 발행되고 유통되는 거래를 말한다. 유로채에는 우리나라의 김치본드, 일본의 쇼군본드 등의 별칭이 붙어있다. 기본적으로 외국채는 해당 국가의 금융규제를 상당히 받게 되지만 유로채는 해당 통화표시 발행국 이외의 지역에서 거래되기 때문에 규제가 적으며 거래비용이 낮다. 유로채 거래는 국제채 중 80%정도를 차지하고 있다. 일례를 들면 미국 GM사는 필요한 자금을 조달하기 위해 국내채와 유로채의 형태로 달러화 표시 채권을 계속 발행해오고 있다.

국제채는 채권형태를 기준으로 나눌 수도 있다. 표면금리(Coupon Rate)에 의해 확정이자가 지급되고 만기일에 액면가액으로 상환되는 고정금리부 채권(Straight-fixed Rate Bond) 및 LIBOR 등의 기준금리에 소정의 스프레드를 가산한 표면금리가 일정기간(보통 6개월)마다 변동되며 3~6개월 단위로 이자를 지급하는 변동금리부 채권(Floating Rate Bond)이 있다. 변동금리채는 고정금리채에 비해 신인도가 낮은 기업이나 개도국 금융기관이 금리차별이 작기 때문에 많이 이용하며 시장금리를 반영하므로 금리변동 위험을 회피할 수 있다. 예를 들면, 일정기간 동안 채권금리가 LIBOR + 0.125%이고 LIBOR가 6.6%이고 액면가액이 1,000 달러이라면 6개월 동안의 이자지급액은 33.625달러(=1,000×(6.6%+0.125%)×0.5)가 된다. 또한 표면이자 없이 할인형식으로 발행되어 거래되는 채권은 제로쿠폰부 채권(Zero-Coupon Bond)이다. 예를 들어, 10년 만기 제로쿠폰 유로채권은 액면가액의 50% 할인된 가격으로 판매된다.

국제채 중에서 통화와 연계된 채권으로는 이중통화부 채권, 복합통화부 채권, 통화연계부 채권이 있다. 이중통화부 채권(Dual-Currency Bond)은 환율 및 금리의 전망을 근거로 기채통화와 상환통화를 다르게 하여 발행하는 채권이다. 기채와 이자지급은 저금리 통화(강세통화)로 하고 상환은 고금리 통화(약세통화)로 한다. 이중통화채를 발행하면 채무자는 금리부담을 줄일 수 있고 채권자는 상환통화가 미리 정한 환율보다 강세가 되면 환차익을 얻을 수 있다. 복합통화부 채권(Composite Currency Bond)은 여러 통화를 혼합한 복수통화 바스켓 단위로 표시된 채권이다.

통화연계부 채권(Currency Linkage Formula)은 기채통화와 다른 특정통화 사이의 환율을 일정수준으로 약정해놓고 채권을 발행하여 일정한 투자수익을 보장해주는 채권이다. 복합통화채와 통화연계채는 환위험의 부담을 줄일 수 있다.

주식과 연계된 채권으로는 전환사채, 워런트부 채권(신주인수권부 사채, ...)이 있다. 전환사채(Convertible Bond)는 보통채와 마찬가지로 확정이자의 지급과 원금상환이 보장된 채권이지만 일정한 조건에서 주식으로 전환할 수 있는 선택권이 부여된 채권이다. 표면금리는 보통채보다 낮지만 주가가 상승할 때 자본이득을 얻을 수 있다. 신주인수권부 사채는 채권 보유자가 일정 기간 이내에 신주 또는 기발행 주식으로 바꿔 매입할 수 있는 권한을 의미하는 워런트(Warrant)와 보통채의 특성이 결합된 채권이다. 채권자는 주식매입권 행사로 추가적인 자본이익을 얻을 수 있고 채무자는 낮은 표면금리로 자금을 조달할 수 있다는 이점을 갖는다. 워런트는 증권과 별도로 유통되는데 워런트가 분리된 채권은 보통채와 동등하게 취급된다.

세계 채권시장의 규모는 급증하는 추세이며, 2007년 12월 기준 총 67조 달러에 달했다. 이중에서 국내채권시장이 약 45조 달러이고 국제채권시장이 약 21조 달러였다. 그리고 국내채권시장에서 통화별 비중은 달러화가 43%, 유로화 24%, 엔화 16%, 파운드화 2% 등 이었지만 국제채권시장에서는 유로화 49%, 달러화 35%, 파운드화 8%, 엔화 3% 등을 차지했다. 또한 채권 형태별로 유로채가 80% 이상을, 외국채가 20% 이하였다. 상품별로 고정 금리채가 70% 정도를 차지했다. 그리고 지역별로는 선진국이 70% 이상을 차지했다.

우리나라의 채권유통시장은 대부분이 장외거래이며 은행의 딜러기능이 미약한 실정이다. 브로커 수수료는 100억 원 거래시 100만 원 정도이며 메신저로 거래 탐색 후 전화로 거래를 확정하는 편이다. 국제채와 관련해서 1990년 12월 처음으로 산업은행이 3억 달러의 양키본드를 발행했고, 1991년 4월에는 수출입은행이 3억 달러를 기채했고, 1992년에 한국전력과 삼성전기가 미국 증권관리위원회로부터 우수한 신용평가를 받아 발행하였으며, 부산광역시. 대구광역시, 포스코 등도 발행한 바 있다. 또한 한국산업은행은 2002년 7월 일본의 다이와증권과 300억 엔 규모의 사무라이본드 발행 계약을 맺고 자금을 조달하였는데, 1978년 사무라이본드시장에 진출한 이후 처음으로 연1% 이하인 0.91% 금리로 자금을 조달하기도 했다.

- Further Studying Tip : 채권수익률의 결정이론(대부자금설, 유동성선호설, 피셔가설, 현재가치, 만기수익률 등), 결정요인(내적요인 – 채권의 잔존만기, 발행주체의 신용위험, 유동성위험 등, 외적요인 – 경기, 물가, 통화정책, 채권수급 등) 및 채권투자위험(금리위험, 신용위험, 유동성위험 등) 등에 대해 살펴 봄.

국제주식시장(International Equity Market)은 기업에 대한 지분을 나타낸 주식이 발행되어 거래되는 시장이다. 국제주식거래는 국내외 거래소 어디에서나 내국인이 외국기업의 주식을 거래하든지 외국인이 국내기업의 주식을 거래하는 것을 모두 포괄한 개념이다. 국제채권거래가 유로시장을 중심으로 발전한 반면에 국제주식거래는 국가의 통치권 범위에 속한 각국의 거래소 시장을 중심으로 발전해왔다.

국제주식시장은 발행자에게 주주기반의 확대 및 국제적 명성을 제고해주며 투자가에게는 외국기업의 주식에 분산투자할 기회를 제공해준다. 국제주식시장의 주요 상품은 각국의 주식, 유로주식, 주식 예탁증서(Depository Receipt) 및 펀드(글로벌 뮤추얼펀드, 국제 뮤추얼펀드 등)이다. 그런데 각 상품은 주식시장의 국제화 방법과 관련이 깊다.

주식시장의 국제화는 각국 주식시장에 투자, 여러 국가의 주식시장에 동시 상장 및 펀드에 대한 투자를 통해 이루어진다. 각국 주식시장에 투자란 자본 자유화와 금융시장 개방화의 결과로써 다른 나라의 거래소에 상장된 주식을 직접 거래하는 국제화를 말한다. 반면 여러 국가의 주식시

NOTE

■ 글로벌 주식거래소(주가지수)
미국: NYSE(Dow Jones, S&P 500, NYSE Composite), Over-the-Counter(NASDAQ Composite), AMEX(AMEX Composite).
영국: London(Financial Times Ordinary, FTSE100).
일본: Tokyo(Nikkei Average 225, TOPIX),
중국: Shanghai(상해B지수),
홍콩: Hong Kong(Hang Seng),
대만: Taiwan(Weighted Index),
싱가포르: Singapore(Straits Times),
캐나다: Toronto(TSE 300),
호주: Sydney(All Ordinaries),
프랑스: Paris(CAC 40),
독일: Frankfurt(DAX 30, FAX Aktien),
스위스: Zurich(Swiss Market Index),
대한민국: Korea Stock Exchange(KOSPI), Over-the-Counter(KOSDAQ).

장에 동시상장은 국내주식을 복수 국가 이상의 거래소에 상장하면서 국제화를 지향하는 것을 뜻한다. 일부 국가에서는 주식 예탁증서를 이용하여 여러 거래소에 상장하기도 한다. 끝으로 펀드투자에 의한 국제화란 전문지식과 고급정보를 가진 기관이 운용하는 펀드를 매입함으로써 간접적으로 국제주식거래의 긍정적 효과를 누리는 것을 의미한다.

그런데 한 나라 주식시장의 유동성은 국내외 측면에서 중요하다. 주식시장의 유동성을 측정하는 방법에는 거래회전율, 시장집중 등이 있다.

첫째, 거래회전율(Turnover Ratio)이란 {연간 총시장거래량 가치 ÷ 총주식시장 가치}로 정의되며, 거래회전율이 높을수록 주식시장의 유동성이 커짐 말한다. 미국 주식시장은 2003년도 기준 거래회전율이 연간 123으로써 전 세계에서 가장 유동성이 높은 시장이다. 그 다음으로 스웨덴, 스페인, 이탈리아 순이었다. 대부분 선진국의 거래회전율은 50~150 사이에 있었다. 신흥시장 가운데 큰 편에 속하는 한국, 중국, 브라질, 인도, 터키, 대만 등의 거래회전율은 높은 편에 속하며 러시아, 인도, 이집트 등 신흥국의 유동성은 2003년 이후 개선되는 추세다.

둘째, 시장집중(Market Concentration)은 주식시장의 가치가 10대 기업에 얼마나 집중되어 있는지를 나타낸다. 시장집중은 {10대 기업의 주식가치 ÷ 총주식시장 가치}로 측정되며, 시장집중도가 커질수록 주식시장의 글로벌 분산화는 덜 바람직하다. 예를 들어, 1999~2003년 동안 한국, 중국, 터키 등은 시장집중도가 높지 않았지만 인도, 인도네시아, 멕시코, 베네수엘라 등은 시장집중도가 높은 편이었다.

전 세계 주식시장은 그 거래규모가 매우 가변적이지만 전반적으로 증권화 추세 등으로 크게 성장하고 있다. 2006년 기준 주식시장의 거래규모는 약 51조 달러에 달했으며, 각 지역의 주식시장 비중은 북미가 42%, 유럽 26%, 아시아 신흥시장 13%, 일본 9% 순으로 나타났다.

우리나라 자본시장의 경우 자본거래가 급격히 증가되고 있다. 1980년대 이후 자본시장의 점진적 개방 및 1997년 IMF위기 이후 전면 개방에 따라 자본시장이 크게 발전하였다. 2006년도 말 기준 총자본거래액이 약 1,427조 원을 달성했고 이 가운데 채권거래액이 다략 730조 원, 주식거래액이 697조 원 정도로 나타났다.

● 국제자본거래

▶ 국제채권(외국채, 유로채)거래 + 국제주식거래

• Further Studying Tip : 은행업의 5가지 원칙은 대출의 포트폴리오 분산, 새로운 활동의 신중한 확장, 고객숙지, 자산과 부채의 불일치(금리위험) 통제, 대출 담보물의 취약성 회피임. 이와 관련된 개념이나 이론을 세부적으로 살펴 봄.

정리

- 국제금융시장은 각국 금융시장, 유로시장, 외환시장을 포괄하는 총체적 금융거래 메커니즘임.
- 금융규제와 정치적 요인이 역외 은행업을 촉진시켰으며, 이는 또한 역외 통화거래(유로통화 거래)를 촉진함. 유로달러가 대표적임.
- 국제단기금융시장 = 유로통화거래 +주요국 단기금융거래, 국제자본거래 = 국제채권거래 + 국제주식거래.

• Further Studying Tip : 국제단기금융거래 및 국제자본거래에 대한 내용을 본문을 통해 다시 정리해 봄.

An Inside Look

"위안화절상과 원화가치상승"

지난 3월 11일 오바마 미국 대통령이 미국의 수출확대정책과 관련해서 "중국이 좀 더 자율적인 환율 시스템으로 전환한다면 미국의 무역 불균형을 바로잡는 데 크게 기여할 것"이라고 언급하며 중국에 대한 위안화 절상 압력을 고조시켰다. 뒤이어 3월 15일 미국 의회에서도 하원의원 130명이 중국의 환율정책에 강력히 대응할 것을 촉구했다. 그 다음날인 16일에는 상원의원 5명도 중국에 제재를 가하는 법안을 상정하는 등 오바마 대통령의 위안화 절상 압력을 지원하고 나섰다. 하지만 원자바오 중국 총리는 3월 14일 전국인민대표대회(전인대) 폐막 직후 "위안화가 결코 평가절하돼 있다고 생각하지 않는다."고 반박했다. 그러나 중국 내부에서는 고성장과 물가상승 압력, 주택가격 안정책을 위해서도 위안화 절상이 불가피하다는 점을 인식하고 있다. 국제통화기금(IMF)과 세계은행도 위안화가 저평가돼 있다고 주장하면서 중국 당국에 위안화의 평가절상을 촉구하고 있어 향후 위안화 절상은 당연할 것으로 예상된다. 다만 절상 시점과 절상 정도에 초점이 모아질 것으로 보인다. 대부분의 환율 전문가들은 미국 달러화에 비해서 중국 위안화가 30~40% 정도 저평가돼 있다고 분석하고 있다. 따라서 글로벌 경제가 균형으로 복귀해 지속적이고 안정적인 성장을 유지하기 위해서는 위안화가 상당한 수준으로 평가절상될 필요성이 있다고 주장한다. 무엇보다도 중국은 실업문제가 야기될 경우 사회적인 문제로 파급될 수 있다. 때문에 안정적인 경제성장을 중요시한다. 지금 실시하고 있는 출구전략 정책도구 내에서 과거에 보여줬던 '지급준비율 인상→기준금리 인상→위안화 절상'이라는 정책패턴을 이번에도 반복할 것으로 전망된다. 2월 소비자물가 상승률이 2.7%를 기록함에 따라 경기회복과 함께 물가상승 압력이 커지고 있어 2분기 중에 기준금리를 인상하고 제4차 G20 정상회담 이후인 3분기 중에 위안화를 절상하기 시작할 것으로 보인다. 중국이 주장하는 '자주성, 점진성, 통제 가능성'이라는 대원칙 아래에서 보면 대폭적인 절상보다는 미세조정 방식의 점진적인 절상기조를 유지할 것으로 보여 하반기 중에 4~5% 정도 절상할 것으로 예상된다. 중국은 한국의 최대 수출국(지난해 867억 달러)이자 최대 수입국(542억 달러)이기 때문에 위안화 절상이 국내 경제에 직접적인 영향을 미칠 것이다. 다만 절상폭이 소폭일 경우 그 영향의 정도는 크지 않아 원화가치에 미치는 영향도 제한적일 것으로 전망된다.

지난해 미국 달러화, 영국 파운드화와 같은 통화가 금융위기를 극복하는 과정에서 과도하게 발행되면서 통화가치가 여타 국제통화 대비 크게 하락했다. 상대적으로 위기가 덜해 통화 발행을 자제한 엔화와 유로화, 호주·뉴질랜드·브라질·노르웨이 통화들과 한국을 비롯한 아시아 국가들의 통화는 절상됐다. 특히 엔화와 유로화는 미국 달러화 대비 과대평가됐다. 미국 달러화가 약세를 보인 이유는 지난해 2분기부터 글로벌 경기가 회복국면으로 전환됨에 따라 국제금융시장에서 안전통화에 대한 선호현상이 약화됐기 때문이다. 또한 미국은 제로금리에 준하는 초저금리를 지속해 주요 선진국들에 비해 금리가 절대적으로 낮았다. 이 때문에 달러 캐리 트레이드까지 증대하면서 유로화와 엔화에 대해 과도한 하락세를 초래한 것도 달러화 약세의 원인이었다. 지난해 1분기에는 제2의 외환위기를 언급할 정도의 위기국면으로 접어들면서 원화가치가 가파르게 하락했지만, 한국 경제가 경제협력개발기구(OECD) 국가들 중에서 가장 먼저 플러스 성장으로 전환되면서 한국 경제에 대한 낙관적인 전망이 증대하기 시작했다. 그에 따라 외국인 주식투자 자금이 계속해서 국내 증시로 유입되면서 원화가치가 상승추세로 전환돼 빠르게 정상 수준으로 회복하는 초강세 국면을 보이고 있다.

올해 미국 달러화는 적정 수준으로 회복될 전망

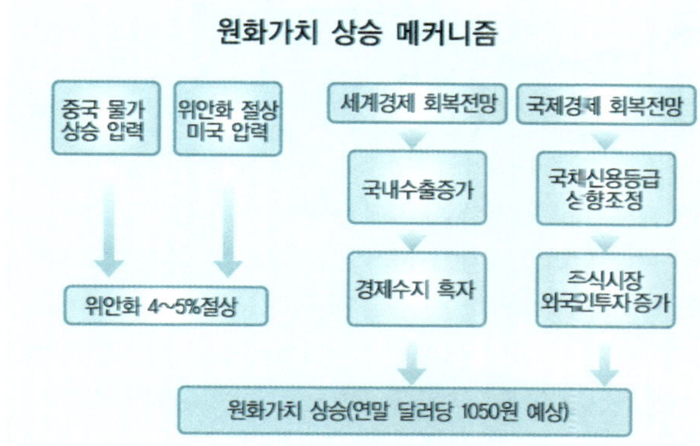

지난해 12월 중반부터 미국 달러화는 약세국면에서 강세국면으로 전환됐으며, 그 기조를 지금까지 유지하고 있다. 주된 이유로는 지난해 다소 과도하게 하락하면서 저평가 국면으로 들어선 점을 들 수 있다. 또한 위기국면을 돌파하기 위해 미국연방준비제도이사회(FRB)와 정부당국이 과감한 경기부양책을 실시해 여타 선진국보다 미국 경기가 빠르게 회복국면으로 전환됐기 때문이다.

앞으로도 미국은 지속 성장이 가능한 긍정적인 측면을 보이고 있다. 유럽과 일본은 여전히 경기회복에 대한 불확실성이 높고 지속성에서도 의문시되는 부정적인 측면이 강하다. 이런 배경에서 FRB는 달러화 유동성을 회수하고 있고, 하반기 중에는 기준금리를 인상할 것으로 보인다. 여타 선진국보다 금리가 높은 상황이 전개될 것으로 예상되는 점도 달러화가 적정 수준으로 복귀하는 강세기조를 뒷받침한다. 또한 올해 들어 남부유럽 국가들, 이른바 PIGS(포르투갈 · 이탈리아 · 그리스 · 스페인)의 재정위기, 특히 그리스의 국가부도 가능성이 제기되며 유로화 리스크가 커지고 있는 점이 유로화 대비 달러화 강세를 강화하는 요인으로 작용하고 있다.

올해 원화가치 강세기조 유지 예상

중국 위안화와 원화 환율

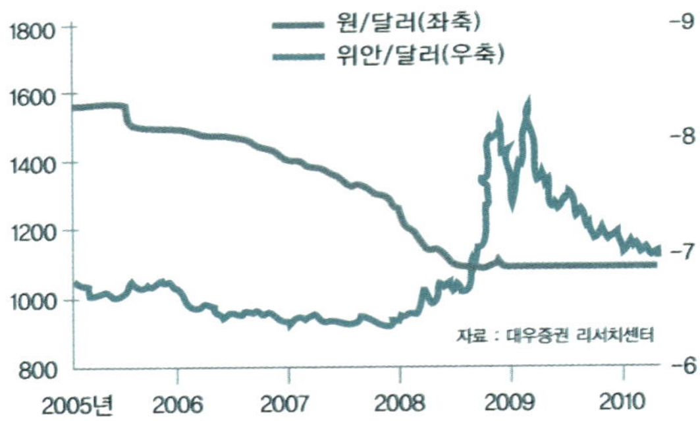

미국 달러화가 강세기조로 전환됨에 따라 원화도 일시적으로 절하되는 모습을 보였으나, 올해 들어 달러화 강세를 능가하는 급등세를 기록하고 있다. 물론 인도 루피화, 대만 달러화 등 아시아 신흥국 통화들도 강세를 보이고 있다. 하지만 원화의 절상속도가 외환당국의 적절한 스무딩(smoothing) 정책에도 불구하고 이들 국가보다 훨씬 빠르게 진행되고 있다. 무엇보다 세계 경기회복에 대한 낙관적인 전망이 득세하기 시작했다. 그로 인해 한국의 수출이 예상외로 증대하면서 한국은행도 기존 4.6%에서 5.2%로 성장률을 상향조정했다. 경상수지 흑자기조 유지로 펀더멘털 측면에서 원화의 상대적인 강세는 당연한 결과로 분석된다. 지난 4월 14일 국제신용평가사 무디스는 재정적자에도 불구하고 한국이 이례적인 수준의 경제회복력을 보임에 따라 국채 신용등급을 A2에서 A1으로 상향조정했다.

이는 원화표시 자산가격 상승요인 및 원화가치 절상요인으로 작용하고 있다. 다만 투기적인 역외세력들이 이를 이용해 과도하게 원화에 베팅하면서 절상속도가 다소 과하다는 점이 문제점으로 지적된다. 지난해 국제 금융시장에서 미국의 초저금리와 달러화 약세를 이용한 달러 캐리 트레이드가 증대하자, 국내 외환시장에서는 달러화 공급이 늘고 원화가치가 상승했다.

엔 캐리 트레이드 증가로 엔화 약세 전망 올해는 G3 내에서 미국의 상대적인 고성장과 고금리가 전개될 것으로 예상됨에 따라 엔화가 다시 국제 금융시장에서 자금조달 통화로 부각되고, 엔 캐리 트레이드가 증대할 것으로 보인다. 이는 엔화 약세를 초래해 올해 말 엔/달러 환율은 105엔까지 상승할 것이고, 원/달러 환율은 한국의 상대적인 펀더멘털 강화로 1050원까지 하락할 것으로 전망된다. 엔화 약세와 원/달러 환율 하락으로 원/100엔 환율은 1000원 수준까지 하락할 것으로 예상된다. 이에 따라 일본 상품에 대한 한국 상품의 상대적인 경쟁력은 낮아질 전망이다. 위안화의 절상 시기, 속도, 그리고 정도에 대해서는 견해 차이가 있을 수 있다. 과거 패턴을 고려할 때 하반기 중에 있을 것으로 예상되는 4~5%의 절상은 원화가치에 20~30원 정도 영향을 미칠 것으로 보이며, 이는 이미 엔/달러, 원/달러 환율시장에 반영되기 시작한 것으로 보인다.

자료 : 매경이코노미, 2010년 5월 05일

8-2 Section 국제금융위기

국제금융시장의 발달이 가져다주는 이점의 그늘에는 폐해도 상당하다. 국제 자본이동의 증대, 금융시장의 통합 등으로 인해 각 국가들은 외부충격에 더욱 노출되었다. 자본유출입의 증대는 국제 금융위기의 발생 가능성을 증가시켰다. 금융위기가 주변국으로 확대되는 전염효과도 높게 나타났다. 그런데 금융위기는 자본주의의 구조적 문제다. 버블현상이 만들어지고 거품이 붕괴되는 것 늘 상존하는 현상이다.

국제 자본이동의 가속화로 인해 자금조달비용이 감소되었고, 금융기관의 은행업무 서비스도 제고되었으며, 국제 분산투자가 증가하여 투자위험이 감소되었다. 하지만 과도한 자본 유출입은 부정적인 측면을 동시에 수반하고 있다. 지나친 자본유입은 자산시장에 거품현상을 일으켜 결국에 자산가격의 급락을 가져다주며, 국내 통화량 증가로 이어져 물가상승(압력)을 초래할 수 있고, 실질환율의 하락으로 경상수지가 악화될 수도 있다. 또한 초단기 투기성자금(Hot Money)의 대폭적 이동 같은 대규모 자본유출은 환율의 급상승, 투자자본의 해외도피, 외환보유고의 고갈, 외채의 증대 등 환율과 국제수지에 교란요인으로 작용하여 불확실성을 가중

Key Concept

Property	Words	Examples
경제위기(Economic Crisis)	외환위기, 금융위기, 은행위기, 외채위기 등을 포괄하는 국제금융위기를 실물경제와 연계해 총칭함	국제금융위기
외환위기(Currency Crisis)	외환보유고 고갈 및 대외채무 지급불능사태로 국가차원 부도사태에 이르는 통화위기 상황	1997년도 동아시아 외환·금융위기 등

시키고 실물부문에도 부정적인 영향을 준다. 이에 따라 본 절에서는 외환위기/금융위기 전후 발생하는 위기요인 및 경기침체 가능성에 대한 패러다임 변화를 살펴보기로 한다.

외환위기(통화위기)

* Teaching Tip : 외환위기의 원인 및 위기모형을 살펴보면서 외환위기의 특징 및 시사점을 찾아 봄.

IMF에 따르면 1975~1997년 동안에 세계적으로 158개의 외환위기와 54개의 금융위기가 발생했고, 외환위기와 금융위기가 함께 나타난 경우도 32회였다. 더구나 위기가 갈수록 대형화되고 빈번하게 발생하고 있다. 경제에 큰 피해를 입힌 대표적 외환위기에는 멕시코(1994-5), 동아시아(1997-8), 아르헨티나(2001-2) 등이 있다.

오늘날 국제금융시장은 거대화되었지만 매우 불안정하고 불확실하기도 하다. 예를 들어, 글로벌 외환거래량은 하루에 약 2조 달러 이상으로 커졌는데, 무역이나 직접투자 등 실물거래를 위한 외환거래는 전체 규모의 50분의 1 정도다. 나머지는 모두가 환율이나 주가 변동의 단기차익을 노린 투기성 자본이동이다. 더구나 하루 외환거래량의 약 40%가 이틀 사이에 거래 방향을 바꾸는 초단기 자본이동이다. 실물경제의 구조조정과 생산성 향상을 위한 노력도 급격한 자본이동으로 인해 물거품이 될 수 있다. 따라서 국제금융시장으로부터 야기된 불확실성과 충격을 최소화하는 일이 중요하다.

자본자유화의 효과는 환율제도의 유형에 따라 다르다. 이론적으로 고정환율제도에서 국제자본의 유입이나 유출은 통화의 팽창이나 수축으로 나타난다. 반면 변동환율제도에서는 국제자본의 유입이나 유출이 통화팽창과 환율하락이나 통화수축과 환율상승으로 나타날 것이다. 그런데 자본유입에 따른 통화공급의 증가는 부동산, 주식 등 자산가격을 상승시키며 자산시장에 거품을 가져올 수 있다. 그리고 이자율 격차에 따라 고금리 국가로 자본유입은 경기활성화 및 환율을 하락시켜 가격경쟁력의 약화로 경상수지를 악화시킬 것이다. 물론 일정기간 동안은 경상수지의 적자가 자본유입으로 보전되기 때문에 국내통화의 가치가 유지될 수 있다. 하지만 경상수지 적자가 상당기간 누적되면 기초경제 여건의 건전성에 대한 우려 때문에 자본유출이 이루어진다. 이 상태에서 고금리는 더 이상 자본유입의 유인이 되지 못한다. 나아가 누적된 경상수지 적자가 환율상승에 더욱 부채질을 가하면 투자수익률 하락을 우려한 자본유출이 가속화되어 위기상황을 가져다 줄 수도 있다.

경제위기(Economic Crisis)에 대한 IMF의 분류에 의하면 국제금융위기는 외환위기(통화위기), 금융위기, 은행위기, 외채위기 등으로 나눌 수 있다. 하지만 각 위기는 경우에 따라서 복합적으로 나타난다. 1990년대 이후 발생된 동아시아 위기나 라틴아메리카 위기에서는 외환위기, 금융위기, 왜채위기가 동시에 나타났다.

일반적으로 외환위기(Currency Crisis)란 경상수지나 국제수지의 지속적인 적자, 외환유동성의 부족 등으로 대외거래에 필요한 외환을 충분히 확보하지 못하여 국민경제에 치명적인 타격을 입히는 현상을 말한다. 즉, 외환위기는 국제수지가 과도하게 적자상태가 되든지 외환보유고가 급격하게 고갈되면서 대외채무에 대해 지급불능사태에 처하는 위기상태로서 국가차원의 부도사태까지 이르게 하는 통화위기 상황이다.

금융위기(Financial Crisis)란 은행위기 상태에서 금융시장의 효율적 기능이 손상됨으로써 실물경제에 큰 악영향을 미칠 수 있는 금융시장의 혼란 상태를 말한다.

은행위기(Banking Crisis)는 실제적 혹은 잠재적으로 예금인출의 쇄도로 인해 은행부채의 태환성이 보장되지 못하거나, 정부가 이를 막기 위해 대규모의 개입을 하는 경우를 말한다.

외채위기(Foreign Debt Crisis)는 한 나라의 공공부문 혹은 민간부문에 외채가 누적되어 지급불능상태에 빠지거나 채두흐름을 제대로 이행하지 못하는 상태를 뜻한다.

그런데 외환위기를 겪은 국가들은 대부분 금융위기가 함께 발생하여 피해가 더욱 심각해지는 경향을 보였다. 외환위기가 생기면 외환보유액의 감소, 환율 급상승, 신용경색 등을 초래해 기업의 부도가 증가할 수 있고 은행의 외채부담이 가중되어 경영상태가 악화될 수 있기 때문에 금융위기로 이어질 수 있다. 역으로 금융위기가 발생하던 예금인출의 급증, 외환보유액 수요증가, 금융경색 등을 초래해 중앙은행은 금융기관을 구제하기 위해 자금을 지원함으로 통화의 공급증가로 통화가치가 급락하면서 외환위기가 야기될 수 있다.

환언하면, 외환위기와 금융위기는 상호 간에 밀접한 관계에 놓여있다. 환율 급상승과 외화자금을 중개하는 금융기관에 대한 예금인출사태는 서로 영향을 미치기 때문이다. 대규모 예금인출은 외환보유액 수요를 급증시켜 환율상승 압력을 발생시키며 환율상승의 예상은 국내투자의 기대수익을 감소시켜 예금인출사태를 가중시킬 수 있다.

특히 금융위기는 선진국과 개도국 모두에서 발생할 수 있다. 하지만 외환위기는 국제통화 기반 국제유동성 측면에서 데이저통화 보유국보다는 메이저통화를 보유하지 못한 국가에서 주로 발생한다. 외환위기 당시 종종 나타나는 현상들이 메이저통화를 보유하지 못한 개도국에서 이루어지고 있다.

외환위기 당시 나타나는 현상으로 자기실현적 위기, 패거리 행동, 위기의 전염효과, 시장조작 등이 있다. 자기실현적 위기(Self-fulfilling Crisis)란 위기가 오면 비관적 예상에 빠지는데 지나친 위기의식이 실제로 외환투기로 외환위기를 구체화시키는 현상을 말한다. 자기실현적 위기는 지나친 위기의식이 투자와 실물경제를 위축시켜 실제로 경제를 위기상황으로 빠트리는 현상이다. 패거리 행동(Herding Behavior)은 시장참가자들이 서

NOTE

■ 외환위기와 대외신인도

한 나라의 대외신인도를 평가할 때 선진국의 경우 전반적 경제여건에 기초해 평가되는 반면 신흥개도국의 경우 전반적 경제여건보다 환율에 의해 평가됨. 일국의 대외신인도는 자본유출입에 커다란 영향을 줌. 예를 들어, 신흥경제국에 자본이 유입되면 환율이 하락되면서 대외신인도가 급상승하여 저렴한 비용으로 신용을 제공받지만 환율이 상승하면 국제수지 적자를 조정하는 신호로 간주하기보다 경제적 문제점의 부각으로 보고 대외신인도가 급락하며 이로 인해 투기공격 유발 및 자본유출이 가속화되어 외환위기를 초래할 수 있음.

로 비슷한 행태를 보이는 현상이다. 이러한 행동은 각 투자가가 시대의 흐림에 편승하려는 경향 때문에 발생되는데 외환위기를 구체화시킨다. 위기의 전염효과(Contagion Effect)는 외환위기가 급속하게 주변국으로 전염되는 현상을 말한다. 국제무역이나 국제자본거래 등을 통해 국가 간에 실질적인 연계성이 강한 경우 전염효과가 더욱 커질 것이다. 시장조작(Market Manipulation)은 환투기 공격에 유리하도록 외환시장을 조작하는 것을 뜻한다. 시장조작은 투기와 구분이 어려울 수 있지만 시장가격이나 질서를 방해하는 행위로 금지되는 행위다.

외환위기 혹은 국제금융위기는 설명하거나 예측하기가 상당히 어려운 경제현상이다. 과거 30여 년 동안 외환위기에 대한 상당한 학문적 연구가 진행되어졌고 이러한 분석을 기초로 금융시스템을 개선하여 왔다.

외환위기가 발생하는 원인은 무엇인가? 중앙은행이 자국통화가치를 방어하려는 조치가 다른 경제적 목표와 충돌하는 경우 외환위기가 발생한다. 외환위기모형은 크게 제1세대 모형과 제2세대 모형으로 대분되며 이러한 위기이론은 기초경제 여건(Fundamentals)에 따라 투기적 행동이 움직인다고 가정한 전통적 접근법이었다.

먼저 1세대 위기모형(First Generation Model)은 정부재정을 강조한다. 중앙은행이 고정환율을 유지한다는 가정하에서 지속적인 재정적자를 보존하려고 공개시장조작을 통해 정부채권을 발행할 때 위기가 유발되는 것에 초점을 맞추었다. 만일 고정환율을 유지하면서 정부채권을 발행하여 재정적자를 지속적으로 보존하려고 하는 경우 정부발행 채권은 증가하고 그만큼 외환보유고가 상쇄되며 나아가 외환보유고가 고갈되어 고정환율을 방어하지 못하면 외환위기에 처하게 된다. 이는 1980년대 초반 중남미의 금융위기를 잘 설명해준다. 반면 2세대 위기모형(Second Generation Model)은 보다 넓게 정부재정, 경제활동수준, 금융시스템의 건전성 등을 포괄한다. 중앙은행은 고정환율 유지와 관련된 수익과 비용을 비교하여 수익이 비용보다 크면 고정환율을 유지하지만 수익이 비용보다 작아지면 고정환율을 포기한다는 것을 강조한다. 예를 들어, 완전한 자본이동과 Soft Peg를 채택한 국가에서 심각한 경제침체를 겪고 있는 경우 확장재정정책이 효과적이다. 그런데 편의상 효력이 없는 확장통화정책을 사용하지 않는 대신 고정환율을 조정한다면 내부균형과 고정환율의 유지가 상충된다. 이는 1990년대 초반에 발생한 유럽의 위기원인을 설명하는데 유용하다.

하지만 1997년에 우리나라를 비롯한 동아시아 국가에 닥친 위기는 기존의 위기모형으로 설명되지 않았다. 이를 설명하려는 새로운 시도가 정부의 불안정성 및 빈약한 기초경제 여건을 연계시켜서 국내외 위기문제의 누적과 해결에 초점을 맞춘 접근법을 만들어냈다. 대표적 모형에는 내부 금융기관과 기업의 도덕적 해이를 위기 원인으로 삼는 도덕적 해이 모형(Krugman), 외부 해외투자가의 도덕적 해이를 원인으로 보는 금융공황 모형(Sachs), 경기순환과정에서 환율과 외채의 관계로 위기를 설명하려는 Boom-Bust Cycle 모형 등이 있다.

첫째, 제1세대 모형은 Krugman(1979)에서 시작되어 Flood & Garber (1984)에 의해 발전했다. 외환위기의 원인을 고정환율제에서 국내경제정책과 환율정책의 일관성 결여에서 찾는다. 예를 들면, 경기부양을 위해 정부지출을 증가시키면 재정적자가 유발될 수 있으며 이를 통화증발로 보전하는 경우 자국통화의 평가절하 압력이 누적된다. 통화가치 하락을 해소하기 위해 외환시장에 개입해야 하는데 외환공급을 계속 증가시키면 외환보유액이 감소하게 되고 결국 외환보유액이 부족해 환율이 기존수준에서 유지될 수 없다고 생각되면 환투기 공격이 일어나 위기가 발생된다. 나아가 공식적 외환보유고가 환투기를 막기에 부족하다고 생각되면 환투기 공격이 가속화된다.

물론 정부는 이차 외환보유고의 역할을 하는 금 보유나 긴급차입을 이용하여 외환보유고를 일시적으로 회복할 수도 있다. 하지만 정부의 환율유지에 대한 시도는 단념될 것이다. 이와 같이 정부가 외환보유고를 사용하여 환율을 고정시키는 것은 소모성 자원이론(Theory of Exhaustible Resources)

에서 정부가 가격안정을 위해 소모성 자원을 사용하는 것과 같다.

보통 고정환율제에서 자국통화의 대외적 평가(Exchange Parity)를 유지하기 위해 중앙은행은 환율공개시장정책, 선물환시장개입, 외화표시자산에 직접적 영향, 은행의 지급준비금 등의 수단을 사용한다. 하지만 모든 정책수단들은 제약사항이 존재하므로 정부가 자국통화의 가치절하를 지속적으로 방어하기 위해서는 외환보유고를 소모하여야 하며 그 결과 해외차입의 한계에 직면할 수 있다. 반대로 정부가 자국통화의 가치절상을 계속 막는 경우 수용할 수 없을 정도의 인플레이션 비용을 지불해야 할 것이다. 이에 따라서 정부가 더 이상 자국통화의 대외적 평가를 방어할 수 없게 되면 국제수지상 위기가 나타난다.

환언하면, 정부가 보유한 외환보유고에 대한 환투기 공격을 투자가 자신의 포트폴리오 자산구성을 변동하는 과정으로 볼 수도 있다. 만약 정부가 자국통화의 가치가 하락할 때 환율을 더 이상 방어할 수 없다면 투자가는 상대적 이익변동에 근거해 자국통화 자산의 구성은 줄이고 외화자산을 늘려나간다. 또한 시장에서 정부가 사용하려는 잠재 외환보유고 크기가 불확실하다면 투기는 일회용 선택사항이기 때문에 다른 형태의 투기적 공격이 추가로 일어날 수 있다. 특히, 고정환율제에서 적자재정과 확장금융정책은 인플레이션을 야기하여 실질환율을 하락시키기 때문에 무역수지의 적자를 가져온다. 그 결과 고정환율이 기존수준에서 유지되기 어렵다고 생각되면 외환에 대한 투기적 공격이 발생하여 국내외환이 고갈되면서 위기가 발생된다. 정부의 공식 외환보유고가 환투기를 막기에 부족하다고 생각되면 환투기 공격이 가속화되어 위기가 심화될 수 있다.

따라서 1세대 모형은 장기적으로는 지속 가능하지 않은 경제여건 때문에 외환위기가 발생하는 것으로 본다. 예컨대 무리하게 고정환율제를 유지하고 있는데 특정한 문제가 불거지면 시장의 기대가 한 방향으로 쏠리면서 외환위기가 나타날 수 있다는 것이다. 1976년 포르투갈의 외환위기나 1980년 초반 중남미 외채위기가 이러한 이유 때문에 발생했다.

둘째, 제2세대 모형은 Obstfeld(1986, 1994)에 의해 발전되었다. 외환위기가 국제유동성의 부족 때문이 아니라 정부정책에 대한 예상이 환투기를 유발하여 초래된다는 것이다. 이는 환율안정을 유지시킬 수 있는 기초경제 여건 및 의지를 가지고 있는 상황에서도 위기가 발생할 수 있음을 말한다. 만일 경제여건은 안정적이지만 외환시장에서 부정적 상황에 대한 예상이 만들어지면 자국통화에 투기 공격이 감행되어 위기가 초래된다. 결과적으로 예상이 실현된다.

이 모형은 국제시장에서 자금조달도 가능하고 인플레이션도 안정적인 상태였지만 시장참여자들이 향후 정부정책의 변화에 대한 예상을 토대로 새로운 균형점을 향해 동시에 움직일 때 자기실현적 예상(Self-fulfilling Expectation)으로 인해 외환위기가 초래될 수 있음을 보여주고 있다. 즉, 환투기 공격은 경상수지 적자를 보전할 만큼 외환보유고가 충분히 비축된 경우에도 예상되는 정책변화 때문에 발생 가능하므로 자기실현적인 투기 공격인 것처럼 보인다.

예를 들어, 1990년대 유럽에서 실업이 경제현안으로 등장되었을 때 실업부양책이나 자산가격 붕괴 대처방안으로 확장금융정책이 실행되었는데 그 결과 시중통화량이 늘어나고 금리가 하락되어 환율이 인상되면서 이때 환투기 공격이 일어나 외환위기가 발생하였다. 따라서 본 모형은 1990년대 초반에 발생한 핀란드, 스웨덴, 노르웨이, 영국 등 유럽의 외환위기 원인을 설명하는데 유용하다.

셋째, 제3세대 모형은 기업이나 은행 같은 민간부문의 대차대조표를 강조한다. 투기적인 공격으로 자국의 통화가치가 하락하면 대차대조표 대변(외화채무)이 급격히 상승하게 되는데 투자가 위축되고 채무를 디레버리징시키는 과정에서 실물경제는 막대한 타격을 입게 된다. 특히, 외환위기는 대내외 요인에 기인하는데, Krugman(1998)은 동아시아 외환위기의 원인을 내부 측면의 도덕적 해이(Moral Hazard)로 보고 산업과 금융기관의 부실이 빠르게 가속화되는 현상을 설명한 반면 Sachs(1996, 1997)는

우리나라의 외환위기(1997년도)

	주요내용
발생원인	국내기업의 부실심화, 국내금융기관의 위험관리 부족, 외국인의 국내 투자 감소 및 국내주식 매도
기업여건	대기업의 부도발생, 기업의 부채심화(기업부채비율=424%)
대외채무상태	외채의 상환불능(단기외채비율=718.8%), 외환보유고의 부족(96년도 기준 외환보유고=294억 달러)
국제수지상태	경상수지의 적자확대(4년 연속 누적적자=440억 달러)
대외여건	미국의 장기적 경제호황, 동아시아 외환위기의 발생
총수요정책대응	IMF 주도의 긴축적 재정·통화정책, 정부 주도의 강력한 구조조정
외환정책대응	IMF 등 국제기구로부터 외자차입, 외채의 만기연장

동아시아 위기의 원인을 외부 측면의 도덕적 해이라는 점을 강조하면서 해외자본의 일시적 유출을 설명하였다.

1997~1998년 사이의 동아시아 위기는 태국 바트화가 1997년 7월에 급락하면서 시작되었으며 그 뒤를 이어 금융위기가 말레이시아, 인도네시아, 필리핀으로 퍼져갔다. 상대적으로 한국은 적게 위기에 노출된 편이었다. 그런데 한국의 외환위기는 대내외 요인뿐만 아니라 자본자유화와 경기순환과정에 대해 정책대응을 제대로 하지 못한 점에서 그 원인을 찾을 수 있다. 우리나라가 겪은 외환위기에 대한 특징은 다음 표처럼 요약해볼 수 있다.

도덕적 해이 모형(Krugman)에서는 금융기관들이 정부의 암묵적 지급보증을 믿고 위험평가를 제대로 하지 않고 기업에 신용을 제공했으며 기업 역시 위험에 대한 우려 없이 기대수익이 높은 자산에 투자하는 등의 도덕적 해이 측면에서 동아시아 외환위기의 원인을 찾는다. 도덕적 해이에 따른 펀더멘틀에 비해 과도한 신용팽창으로 자산시장은 거품현상이 생기고 과잉투자가 초래되었다. 자산시장의 거품붕괴가 우려될 대 자본유출에 따른 환투기가 발생하여 외환위기로 이어진다. 또한 중앙은행이 부실은행에 유동성을 공급해주면 자국통화 가치가 하락될 것으로 예상되어 환투기의 자기실현적 결과로 외환위기가 야기될 수 있다.

금융공황모형(Sachs)에서는 금융기관이 다수의 단기자금을 빌려와서 약간은 인출수요 대비 지급준비금으로 남겨두고 대부분을 장기로 대출하는 과정에서 자금의 조달과 운영 간의 불일치 때문에 금융공황의 가능성이 존재한다고 설명한다. 금융공황이 발생하면 자기실현적 예금인출쇄도(Bank Run) 현상을 야기 시켜서 건전한 금융기관까지 파산시킨다. 삭스는 금융공황모형을 동아시아 위기에 적용했다. 동아시아 지역의 금융기관은 외화자금을 차입하여 자국 내의 장기자산에 투자하고 있었는데, 과도하게 유입된 자금에 대한 미래전망이 불확실해지자 해외 투자가의 갑작스런 예금인출쇄도를 요구했을 때 상환에 응할 수 없었고 이로 인해 외환위기가 심화되었다고 본다. 정부의 예금보험 규정은 예금인출쇄도를 어느 정도는 막아줄 수 있을 것이다. 이에 따라서 고수익을 노려 대규모로 투자했다가 일시에 자금을 회수해간 해외 투자가의 도덕적 해이가 동아시아 위기의 원인이 된다.

붐 버스트 순환모형(Boon-Bust Cycle Model)은 자본유입 증가로 일시적 호황을 보이다가 대규모 자본유출로 불황에 빠지면서 외환위기를 초래할 수 있음을 나타낸다. 즉, 자본자유화로 인해 자본유입이 이루어지면서 경기가 상승하고 자국통화가 강세를 보이지만 동아시아 지역에서는 과도한 자본유입으로 물가상승, 자산시장거품, 경상수지적자 등의 부작용이 지속되면서 기초경제 여건에 회의를 갖게 되어 자본유출이 생기며 나아가 거품붕괴와 경기침체로 자본유출이 가속화되어 환율이 급상승하고 외채가 누적되다가 외환위기가 초래되었다.

그런데 자본시장 자유화가 금융위기 문제를 일으키는 이유는 국내금융 규제완화로 대출이 확대되어 급기야 대출 폭등에 이르면 결국 은행위

NOTE

■ 우리나라의 자본자유화 현황

–자본자유화란 자본이 국경을 넘어 자유롭게 이동될 수 있도록 자본의 유출입에 대한 제한을 철폐한 것을 말함.

–1980년대 초반 외국인 증권투자는 외국투자 전용회사를 통해서 허용됨 ⇒ 1992년도 외국인의 상장주식 직접 취득 허용됨 ⇒ 1994년도 OECD가입을 앞두고 외환 및 자본 자유화 본격적으로 추진됨 ⇒ 1997년도 자유변동환율제도로 이행되고 외국인의 상장채권 투자가 자유화됨 ⇒ 1998년도 개인의 외환거래가 자유화되고, 외국인의 상장주식 투자에 대해 자유화됨 ⇒ 2001년도 여행경비, 해외이주비, 해외예금 등의 한도가 폐지됨 ⇒ 2005년도 기업과 개인의 해외 부동산 투자가 허용됨.

■ 외국자본 유입의 효과

–긍정적 효과는 자본유입으로 국민저축 이상으로 국내투자가 증대되어 그 만큼 경제성장(율)을 높임. 또 자본유입으로 자본공급이 늘어나면 기업의 자본조달 비용이 낮아지고 노동고용(기회)이 증가함.

–부정적 효과는 단기적 수익을 노린 대규모 자본유입으로 거품현상과 그 결과 경제침체를 가져옴. 또 과도한 자본유입 이후 급작스런 자본유출은 환율 급상승, 국제수지 악화, 외채증가 등을 유발시켜 기업의 성장을 저해하고 금융시장의 안정성을 해침. 한편, 외국자본이 국내기업을 소유운용하게 되면 국내의 고급 기술력이 해외로 유출될 수 있음.

NOTE

■국제자본이동의 주요 특징

-캐리 트레이드 : 캐리 트레이드란 저금리 국가에서 자금을 조달하여 고금리 국가에 투자하면서, 즉 저금리 및 가치가 낮아진 저수익률 통화를 자금으로 조달하여 고금리 및 가치가 높아진 고수익률 통화에 투자하면서 수익을 얻는 투자형태임. 이자율평가설과 관계가 깊음. 일본 엔화가 대표적임.

-세계경제의 경상수지 불균형 : 세계경제의 경상수지 불균형(글로벌 불균형)은 미국의 대규모 경상수지 적자 및 아시아와 중동 산유국의 대규모 흑자로 요약됨. 글로벌 불균형은 수년 전부터 세계경제의 가장 중대한 위험요인으로 지목되어 왔음.

기를 거쳐 금융위기에 직면할 수 있는 것이다. 충분한 외환보유고, 튼튼한 기초경제여건, 과대평가되지 않는 실질환율, 효율적인 은행시스템 등을 가진 강한 국가는 자본이 유출될 때 일시적인 경기침체 정도만 겪지만 미약한 외환보유고, 허약한 경제여건 등을 지닌 약한 국가는 단기외채에 따라 자기실현적 공황상태에 노출될 수 있다. 이와 같은 동아시아 외환위기에 대한 원인을 Boom-Bust Cycle 모형에서는 단기외채의 누적규모 및 경제순환과정에서의 환율변동과 외채누적 간의 상관관계로 설명하고 있다. 예를 들어, 동아시아 자본자유화 이후 국내 신용도가 과대평가되어 저금리 국제자본을 과다 차입하면서 외채가 급격히 증가되었다. 이와 함께 경상수지 적자가 누적되면서 환율이 급상승될 수 있다는 점을 경시하고 금리와 환율이 현재 상태로 유지될 것으로 잘못 판단하고 과다차입을 계속하였다. 그 결과 자본의 유출이 가속화되어 환율이 급상승하고 외채까지 누적되다가 외환위기로 이어졌다.

글로벌 금융위기와 금융안정

미국의 서브프라임 금융위기는 2007년에 발생하여 전 세계에 금융위기 위협을 가져다주었다. 아직도 대부분 국가에서 그 위기가 진행 중이다. 그런데 세계경제에 커다란 영향을 미치는 미국의 금융위기는 19세기 이후 거의 10년 마다 수시로 발생해왔다. 대공황 이전에도 이미 1873년, 1984년, 1893년, 그리고 1907년에 금융위기가 발생되어서 은행들이 파산했고 대규모 인출사태(Bank Run)가 벌어졌다. 이에 대처하기 위해 오늘날의 중앙은행인 연방준비제도가 설립되었다.

금융위기는 1929~1933년 사이의 대공황 시기에도 발생하였다. 당시 금본위제도에서 달러가 금과 연동된 고정 환율을 유지하기 위해, 즉 연준이 달러화 가치하락과 금의 해외유출을 막기 위해 통화량을 줄이고 금리를 올리는 방식으로 대공황을 대처했는데, 이는 더욱 심각한 위기사태를 초래하기도 했다. 대공황 이후 대규모 금융위기는 오랫동안 발생하지 않다가 1980년대에 들어와서 다시 종종 발생되는 편이다.

첫 번째, 1988~1991년 동안은 저축대부조합 사태가 수년간 지속되었고 1987년에는 블랙먼데이 사태가 발생되는 등 금융위기가 재현되었다. 저축대부조합들은 1980년대 초반 자기자본비율 완화, 금리제한 폐지 등의 규제완화 조치와 함께 고수익과 고위험 투자에 손을 대기 시작했는데 특히 텍사스 지방의 부동산에 많은 투기를 했다. 그 결과 일부 부동산대출은 부실해져 부실채권이 급증하면서 지급불능상태에 처했다. 이 기간 동안 전국의 869개에 달하는 저축대부조합이 파산하여 정부가 자금을 지원하고 정책금리를 2.5%까지 인하해야 했다. 당시 손실규모는 GDP대비 8.1%인 4,500억 달러에 달하는 것으로 추정되었다. 한편, 급상승하던 미국주가는 1987년 10월 19일(블랙먼데이) 하루에 22.6% 폭락하였다. 이전 수준을 회복하기까지는 1년 3개월이 소요되었다.

두 번째, 1998년에는 러시아가 일부 국채지블유예(Moratorium)를 선언한 후 뒤이은 LTCM(Long Term Capital Management)의 사태가 1998년도 4월~9월 동안에 발생하였다. LTCM은 고수익-고위험 채권에 투자하다가 러시아의 채무불이행 선언으로 개도국의 채권가격이 폭락하자 큰 손실을 입었다. 손실규모는 GDP대비 0.4%로 340억 달러에 이르는 것으로 추정되었다. 정부가 정책금리를 0.75% 인하하고 LTCM에 출자를 주선하여 사태를 마무리 지었다.

세 번째, 2001년 1월~12월 동안 IT부분의 과잉투자에 대한 거품붕괴가 우려되는 가운데 9.11 테러사태로 심각한 경기침체를 맞이한다. FRB는 이러한 사태를 대비하고자 IT부문의 과잉투자 조정과 더불어 수차례에 걸쳐 정책금리를 4.75%나 인하하면서 저금리 기조가 시작되었다. 2003년에는 역사상 최저 수준인 1%까지 하락하였다. 이것은 이후 수년 동안 자산 가격이 상승되고 주택담보대출이 확대되어 경제에 거품현상을 키우는 배경이 되었다.

끝으로, 2007년 4월에는 서브프라임 모기지대출의 부실이 야기되어 현재에 이르고 있다. 주택시장에서 저금리와 함께 그동안 거품을 키워온 서브프라임 모기지(비우량 주택담보대출)는 금리가 인상되고 부동산 경기가 침체되자 대규모 부실로 이어졌다. 실제로 서브프라임 모기지 대출의 약 54%가 고수익률 비우량 모기지증권과 이를 다시 유동화시킨 부채담보부채권(CDO)으로 만들어져 판매되었다. 이번 금융위기는 서브프라임 모기지 부실에서 시작되었지만 금융기관(상업은행, 투자은행, 보험사, 헤지펀드,…)의 무분별한 증권화와 파생금융상품의 부실 확산이 금융위기의 주원인이다. 주택담보대출과 파생금융상품의 동반 부실로 인한 금융과 실물의 복합적 위기가 세계금융시장을 불안에 빠뜨렸다.

현재 미국의 경제위기는 민간부문의 대차대조표 거품에서 비롯됐고 거품붕괴 이후 디레버리징 과정을 수반하고 있다는 점에서 제 3세대 모형과 유사하기는 하지만 차이가 있다. 가장 큰 차이점이라면 제 3세대 모형에는 경제가 자생적으로 회복될 수 있는 동력이 내재되어 있었다는 것이다. 우리나라가 경험했던 것처럼 환율이 상승하면 수출 경쟁력이 회복되면서 경기도 회복되고 외환보유고도 증가한다. 따라서 제 3세대 모형에 해당되는 외환위기를 겪은 국가에서는 대부분 위기 이후 경기회복도 빠르게 달성했고 국제수지의 적자도 신속하게 회복되었다. 반면 미국의 경우에는 외채위기가 아니므로 달러화 가치하락에 대한 부담 없이 저금리 정책을 사용할 수 있었다. 저금리정책으로 자산가격을 떠받치고 대차대조표를 보강하여 자산가격 주도형 디레버리징에 어느 정도 대응할 수 있는 것이다. 환율상승 압박 때문에 저금리정책을 사용하는 것이 거의 불가능한 제 3세대 모형과 비교하면 미국은 정책 선택의 폭이 넓은 편이지만 디레버레징 과정에서 자체적인 경기부양의 효과가 전혀 발생하지 않는다.

이러한 측면에서 크루그만은 현재의 미국 위기가 20여 년 동안 지속된 일본의 1980년대 말 거품붕괴 모형과 가장 비슷한 것으로 보고 있는 듯하다. 미국발 국제금융위기의 특징은 아래처럼 요약해볼 수 있다.

2008년도 국제금융위기의 특징

	경제위기	미국발 세계금융위기
발생원인	경상수지적자 누증 단기외채 급증 외국인의 국내투자 위축 및 국내주식매도 급증	주요 선진국의 자산버블 붕괴 국제금융기관의 위험관리 부실 부동산담보대출상품의 부실화 및 금융버블의 붕괴
경제여건	기업부도 및 대량실업 주식시장 붕괴 외환보유고 고갈	증권화로 세계금융시장의 통합화 금융의 탈규제화 세계경제의 경상수지불균형 심화 전세계 경기침체
정책대응	IMF의 긴축정책 및 고금리 정책 정부의 경기부양 민간의 구조조정	글로벌 공조하 확장 재정·통화정책 민간주도의 자율적 구조조정 미국 중앙은행 등과 통화스왑계약 은행 등에 외화유동성공급

이번 위기를 1930년대 대공황 이후 최악의 위기라고 말한다. 그래서 미국과 유럽도 유례없는 규모의 대책을 쏟아냈다. 중앙은행은 금융시장의 혼란을 진정시키기 위해 대규모 자금을 은행에 지원했고, 정부도 어려움에 처한 기업과 가계를 살리기 위해 막대한 재정지출을 했다. 하지만 위기는 곧 신흥경제국들로도 확산됐다. 금융시장은 전 세계가 연결돼 있어 시시각각 영향을 주고받는 데다, 선진국 경제가 어려워지면 신흥경제국의 수출도 함께 어려워지기 마련이다. 자연스럽게 선진국뿐 아니라 신흥 경제국들도 서로 협력해가며 위기를 극복해야 한다는 생각이 싹트게 되었다.

세계금융시장의 통합 진전으로 국내외 금융시장의 연계성이 커졌다. 전 세계 금융시장이 서로 연결된 미국 달러화 기반의 국제금융시장은 국제 금융위기와 동조화현상을 보이고 있다. 이에 따라 금융위기뿐만 아니라 선진국 위주의 경기변동과 관련된 금융위기 조정충격이 우리나라를 비롯한 신흥시장에 과도한 조정부담을 안겨줄 수 있다. 달러화 중심 국제유동성의 공급에 변동성이 높아지는 상황에서 신흥국가 입장에서는 국내외 자본유출입 충격, 즉 자산의 거품과 소멸과정에서 오는 피해를 줄이기 위해 글로벌 금융시스템에 안정적 연계가 필요하다. 이와 더불어 글로벌 금융시스템의 위상변화도 요구된다.

글로벌 금융위기 이후 위기발생의 원인 및 재발방지를 위한 다양한 논의가 전개되고 있다. 그 동안 금융발전 과정에서 누적되어온 위기요인에서부터 파급경로를 거쳐 잠재위기 경고신호에 이르기까지 관련된 적절한 설명을 해보자.

1. 외부충격(External Shock). 충격은 어떤 놀라움으로 공황에 빠진 상태를 의미하는 바 피할 수 없는 외부충격은 금융위기의 요인이 된다. 1997년 동아시아 금융위기는 연속된 외부충격의 결과였다. 동아시아 국가는 빠른 성장을 이루어왔는데, 1990년대 중반에 중국 위안화와 일본 엔화의 가치가 하락하고 동아시아 국가의 산업, 예를 들어 반도체 등 전자산업의 대외경쟁력이 떨어지면서 수출과 소득이 하락하였다. 나아가 담보용 자산의 가치하락으로 차입상환이 어려워지자 은행도 채무불이행 상태에 빠져들었다.

또한 우리나라를 포함하여 해외충격에 취약한 신흥시장국은 1990년대 이후 자본자유화를 통해 국제금융시장에 통합이 급진전을 이루었다. 2008년 글로벌 금융위기처럼 해외에서 발생한 금융불안은 국제자본의 디레버리징(유입된 자본이 급격히 유출됨)이라는 이차적 경로를 통해 소규모 개방경제로 전이되었다. 이와 같이 신흥시장에서는 외화유동성 이동 및 환율이 외부충격에 민감하게 반응한다. 외화자산 보유비중의 균형성이나 다양화를 비롯해 기본적인 글로벌 금융시스템의 안정을 위한 틀을 갖추는 것이 금융개혁의 전제조건이 될 것이다.

2. 국내거시정책(Domestic Macroeconomic Policy). 일반적으로 거시경제정책은 고정환율제도와 조화를 이루지 못한다. 고정환율제를 채택하는 경우 자본유입은 촉진될 수 있지만 상당한 외화채무가 환율변동이 없어서 헤징되지 않는다. 그 결과 자국통화가 절하될 때 외화 차입자는 큰

손해를 본다. 환율상승(압력)이 시작되면 중앙은행은 국내통화를 사고 외환을 공급하면서 외환시장에 개입하여 고정환율을 방어해야 한다. 그러면 외환 가용량을 늘리기 위해 금리를 상승시켜 국내투자를 늘려야한다. 최근 위기를 경험한 국가들은 멕시코(1993년), 동아시아 국가(1997년) 및 아르헨티나(2002년)인데 이들은 고정환율제를 채택했었다.

예를 들어, 동아시아 위기에서 외국 투기자는 태국 바트화를 빌려 달러화로 교환하면서 바트화의 가치를 떨어뜨렸다. 바트화의 가치하락(압력)이 너무 커지면서 국내 투자가도 바트화에 대한 투기에 가담하게 되어 결국 고정환율제는 무너지고 변동환율제로 전환되었다. 그리고 바트화로 계산된 헤징되지 못한 외화채무가 너무 가중되자 위기를 초래하였다.

그 밖에 몇몇 나라에서는 자본통제 및 외국인의 국내통화 대상 투기활동을 금하기도 한다. 또한 외채상환을 위해 다른 나라의 정부나 IMF에 도움을 청하기도 한다. IMF는 외환위기를 겪고 있는 나라에게 구제금융을 제공하는데 IMF 구제금융은 수혜국의 경제정책과 경제구조에 대한 조정을 강제적 조건(IMF Conditionality)으로 부과한다. 우리나라도 1997년 외환위기에 IMF 구제금융을 받아서 경제주권이 사라졌다는 우려가 쏟아져 나왔다.

금융위기가 실물경제에 파급되고 이를 수습하는 과정에서 정책 수행상의 어려움이 가중된다. 아래 거시경제정책의 파급경로 및 효과를 참조하시오.

● 거시경제정책 – 통화정책의 효과

- 폐쇄경제 : 경기부양을 위해 중앙은행의 통화공급 증가 ⇒ 이자율하락 ⇒ 소비증가와 투자증가 ⇒ 고용증가 및 생산증가 (경기회복)
- 개방경제 : (변동환율제) 확장통화정책 ⇒ 이자율하락 ⇒ 자본 해외유출 ⇒ 환율상승 ⇒ 순수출 증대 ⇒ 고용증가 및 생산증가

  * 개방경제 확대통화정책의 효과 〉 폐쇄경제 확대통화정책의 효과

- 개방경제 : (고정환율제) 확장통화정책 ⇒ 이자율하락 ⇒ 자본 해외유출 ⇒ 외환 초과수요 및 중앙은행의 외환공급 증가 (환율고정) ⇒ 중앙은행의 시중 통화량 흡수

  * 확대통화정책의 효과를 달성하지 못함

● 거시경제정책 – 재정정책의 효과

- ▶ 폐쇄경제 : 경기부양을 위해 정부의 지출 증가 ⇒ 총수요 증가 ⇒ 고용증가 및 생산증가(정부의 채권발행은 이자율 상승을 초래해 투자가 위축되는 구축효과 부작용을 동반함)
- ▶ 개방경제 : (변동환율제) 확장재정정책 ⇒ 이자율상승 ⇒ 해외자본 유입 ⇒ 환율하락 ⇒ 순수출 감소 ⇒ 고용축소 및 생산감소
  * 개방경제 확대재정정책의 효과 〈 폐쇄경제 확대재정정책의 효과
- ▶ 개방경제 : (고정환율제) 확장재정정책 ⇒ 이자율상승 ⇒ 외환 초과공급 및 중앙은행의 외환수요 흡수 (환율고정) ⇒ 중앙은행의 통화공급 증가 ⇒ 총수요 확대 ⇒ 생산증가
  * 확대재정정책의 효과가 증폭됨

3. 외환보유액(International Reserves). 중앙은행이 보유한 외환보유액은 대외 불확실성, 즉 자본급유출 충격에 대한 자기보험 장치이다. 환율의 자유변동이나 자본시장의 개방과 더불어 외환보유고의 확충은 경제시스템을 제고시켜준다. 외환보유고가 점차 줄어든다면 이는 환율인상(자국통화 평가절하)을 암시하는 것이다. 외환보유고 축소, 화폐가치 절하, 신용경색 등의 과도함은 위기요인으로 작용한다.

하지만 우리나라는 1997년 외환위기 이후 자유변동환율제와 자본시장 자유화를 시행하는 한편 국제수지의 흑자를 바탕으로 외환보유고도 상당히 보유하고 있었는데, 2008년 글로벌 금융위기에서 환율 급상승, 자산가격 폭락, 신용경색 현상이 나타나며 외환위기에 버금가는 패닉상태를 다시 겪었다. 신흥국가 입장에서 보면 이번 글로벌 금융위기는 선진국 금융위기의 부수사건에 해당된다.

반면 이번 금융위기가 집중되었던 헝가리, 아이슬란드, 일부 동구국가 등의 신흥국은 이미 경상수지 악화, 외채증가, 외환보유고 부족 등으로 인해 위기의 취약성을 지니고 있었다. 또한 채권자와 채무자 사이에 도덕적 해이가 존재하는 경우에 선진국과 개도국 간의 자본이동 안정성은 적정한 외환보유고의 요구량을 측도로써 분석해볼 수 있다.

4. 국내금융시스템의 결함(Domestic Financial System Flaws). 은행중심의 대출제도에서 대출결정은 정치·사회적 컨넥션에 영향을 받는다.

그 결과 금융기관의 도덕적 해이에 따른 부실대출이 늘어난다. 1997년 동아시아 위기에서는 대규모 자본유출을 한 외부 투자가의 도덕적 해이도 문제였지만 앞서 경기가 호황일 때 과대한 부실대출을 만든 내부 금융기관의 도덕적 해이가 위기요인이었다. 그동안 정부의 암묵적 지급보증 및 구제금융이 내부 도덕적 해이를 키웠다.

반면 2008년 미국발 금융위기도 내부 금융기관의 도덕적 해이가 주요인으로 작용했다. 예를 들면, 금융기관은 저신용자에게 주택을 담보로 대출해주는 서브프라임 모기지(비우량 주택담보대출)의 비우량 주택담보대출금을 주택저당채권(MBS) 형태로 만든 후 많이 팔기위해 다시 우량채권과 섞어서 부채담보부채권(CDO)을 만들고 신용평가사가 주는 최상품 마크를 달고 판매했다. 또 부채담보부채권의 부도를 대비하기 위해 보험회사와 신용부도스왑(CDS)라는 장외파생금융상품을 만들었다. 따라서 경기침체로 주택담보 대출금 상환이 어렵게 되자 모기지 업체, 모기지 업체에서 채권을 구매한 헤지펀드와 은행, 채권에 보증을 서 준 보험회사까지 어마한 규모로 피해가 번졌다. 이와 관련된 금융기관의 몰락(리먼브러더스, AIG 등의 몰락)이 금융위기를 증폭시켰다

5. 투명성 부족(Lack of Transparency), 부패(Corruption), 국가위험(Country Risk) 등. 먼저 정부활동, 비즈니스 상태 및 경제상황에 관한 정보의 투명성이 부족하다면 적절한 경제활동 관련 의사결정에 문제가 생길 수 있다. 따라서 정부나 비즈니스 활동에 대한 고급정보의 부족은 잠재적으로 위기요인이 될 수 있다. 따라서 각국이 자국의 거시경제와 금융상태에 대한 정보를 더욱 투명하게 더욱 많이 공표(Disclosure)하는 것이 중요하다. 이는 국제자본시장의 패닉상태 위험을 낮추고 자원이 생산적으로 이용되도록 도와준다.

많은 국가에서 정부 서비스를 받으려면 뇌물을 지불해야 하는데 정부관료의 부정부패는 투자와 경제성장을 위축시킨다. IMF나 세계은행으로부터의 해외차관이 부패한 정치인에 의해 오용되는 등의 정부의 부패는 잠

NOTE

■ 금융위기 해결방안

금융위기 사례를 살펴보면, 고위험-고수익 투기, 금융감독상 제도적 취약성, 투기자금 유동성의 팽창 등이 위기발생 과정의 공통점임. 금융위기 해결방안은 일단 충분한 유동성 공급이 있어야 위기가 수습됨. 보통, 1단계-신용경색 완화를 위해 중앙은행이 유동성을 공급함, 2단계-공적자금으로 금융회사의 부실자산을 매입함, 3단계-금융회사에 자본확충을 위한 공적자금을 투입함, 4단계-부실 금융회사를 국유화, 5단계-위기재발 방지를 위한 금융제도 개편 등을 추진함. 이러한 과정을 통해 금융안정을 달성함.

■ 자산가격 안정을 위한 선행지수

자산가격의 붕괴과정을 알려주는 선행지수로는 신용팽창(=신용÷GDP), 과잉주택투자(=주택투자÷GDP), 경상수지악화(=경상수지÷GDP) 등이 있음. 보통 신용팽창과 과잉주택투자는 50%, 경상수지악화는 40%가 넘는 경우 경보가 발생함.

재적 위기요인으로 작용할 것이다. IMF 대출조건에는 부패항목도 포함되어 있다. 보통 경쟁적 시장일수록 부패의 기회가 줄어든다고 말한다.

국가위험은 한 나라의 정치와 금융 전반을 평가하여 결정되는데 국가위험이 높을수록 외채 상환능력이 낮아져서 위기로 이어질 수 있다. 국가위험은 경제적 요인과 정치적 요인을 고려하여 측정된다. 따라서 국가위험 분석은 GDP대비 외채규모, 수입액대비 외환보유액, 수출, 경제성장, 정치적 요인 등을 고려해 평가된다.

그런데 금융위기가 발생하면 상이한 경제여건에 따라 그 영향이 달라질 수 있다. 실물경제의 위축을 동반하는 금융위기의 파급경로 및 주요요인에 대해 살펴보면 아래와 같다.

NOTE

■남유럽 재정위기(2010년)

남유럽 5개국(포르투갈, 이탈리아, 아일랜드, 그리스, 스페인)의 재정위기는 유로존 및 글로벌화로 연결된 세계경제의 문제로 번졌음. 유로존 국가들은 유로화를 공동통화로 쓰며 공동 통화정책을 사용하지만 재정정책은 각국 차원에서 수행됨. 5개국의 재정적자 규모는 GDP대비 모두 두 자릿수인데 글로벌 금융위기를 겪으면서 경기부양을 위한 재정지출의 확대 및 경기침체로 세수가 줄어 재정적자가 크게 확대되면서 위기에 직면했음.

● 금융위기의 실물경제 파급경로

- ▶ 자금조달 비용상승 : 금리상승, 주가하락 ⇒ 자금조달 비용상승 ⇒ 투자억제
- ▶ 신용공급 축소 : 금융기관 도산, 대출기준 엄격, 증권화 어려움 ⇒ 신용공급 제약
- ▶ 위험회피성향 강화 : 불확실성 증대 ⇒ 투자가의 위험회피 강화
- ▶ 민간부문의 순자산 감소 : 주가하락, 부동산 가격하락 ⇒ 기업/가계의 순자산 감소
- ▶ 환율변동 확대 : 안전자산 통화의 선호 ⇒ 자본이동 급변동 ⇒ 환율급등락
- ▶ 경제주체 신뢰약화 : 경제충격 확대 ⇒ 기업/가계의 신뢰에 부정적 영향

우리나라의 경우 무역의존도가 높고, 원유의 대외의존성이 크며, 외국인의 국내주식 보유비중이 상당함 등 대외 경제구조상 취약성으로 인해 글로벌 금융위기에 노출되기 쉬운 편이다. 그리고 금융산업의 도덕적 해이, 대외채무 등 경제발전 과정의 구조적 요인, 과도한 자본유출입 등 자본 자유화 과정에서 나타난 구조적 요인, 외국 투자가의 도덕적 해이 움직임 등 때문에 단기차원에서 글로벌 금융위기에 대처하기가 어려운 실정이다.

특히 우리나라의 경제는 외부위기에 취약하여 위기상황이면 과도한 자본유출과 외환부족 현상이 나타난다. 최근의 위기가 우리나라에 파급되었던 과정은 아래와 같다. 이러한 문제를 해결하려면 급격한 자본유출입을 막던지 충분한 외화조달 안전장치를 마련해야 할 것이다. 하지만 자본유출입을 막는 것은 자본통제로 개방의 후퇴가 되기 때문에 차선으로서

무분별한 투기성 초단기자본의 부분 통제를 갖추는 것이 필요할 것이다. 자본의 부분통제에는 외화대출 관리강화, 외환건전성 관리강화, 선물환포지션제도 도입, 은행세 도입 등이 포함될 수 있다. 반면 충분한 외화조달이 가능한 안전장치는 우리나라가 G20회의에 의제로 상정한 글로벌 금융안전망의 구축을 의미하는데 구체화된다는 보장이 아직 없기 때문에 차선으로 다자 간 외환스왑의 규모를 늘려나가는 형편이다.

● 금융위기의 국내 파급과정

- ▶ 태국 외환위기(1997년) ⇒ 동아시아 금융회사 부실 확산 ⇒ 동아시아 신용경색 ⇒ 국내기업 부실 심화(민간부채 과중) ⇒ 외국인 국내투자 감소와 국내주식 매도 / 외화유동성 부족 ⇒ 환율 급등 / 외환보유고 고갈 ⇒ 외채 상환불능(외환위기)
- ▶ 미국 금융위기(2008년) ⇒ 미국 금융회사 부실 확산 ⇒ 세계 신용경색 ⇒ 세계경제 침체 ⇒ 외국인 국내주식 대량매도 / 외화유동성 부족 ⇒ 원화가치 급락
- ▶ 남유럽 재정위기(재정적자 과중) (2010년) ⇒ 유럽 금융회사 부실 확산 ⇒ 세계경제 침체 ⇒ 외국인 국내주식 매도 / 외화유동성 부족 ⇒ 원화가치 하락

어느 나라든지 금융안정을 효율적으로 유지·관리하기 위해서는 거시경제 차원(환율과 국제수지), 미시경제 차원(가계·기업의 부채와 외채) 및 금융감독 차원(정부의 대처방안)에서 금융위기의 가능성과 전염효과를 진단해보는 것이 필요하다. 또한 금융산업의 구조조정을 통해 제도정비, 금융감독, 지배구조 등 금융 인프라를 더욱 개선할 필요가 있다. 무엇보다 각종 금융상 혜택을 받고 있는 은행을 비롯한 금융기관들이 균형을 찾아가도록 은행업무에 대한 국제 수준의 감독강화가 요구된다. 이와 병행하여 향후 시행 가능한 새로운 국제금융감독이나 금융협력을 모색할 필요가 있다. 유럽뿐만 아니라 동아시아 지역에서는 역내 금융협력이나 금융통합 가능성에 대한 논의가 활발하게 진행되고 있다. 특히 역내 외환유동성의 부족 문제를 해결하려는 논의가 전개 중이며 외환스왑 협정은 상당히 추진된 상태다.

더 나아가 각국은 자국사정에 맞게 국민경제 정책을 만들고 실행하는데 꾸준한 성장을 이루면서 일자리가 부족하지 않게 하는 등이 그 목

NOTE

■ G20정상회의: '거시경제 국제협력'

- 세계경제의 중요한 문제를 주로 선진 7개국(G7) 회의에서 다뤘지만 부족하다는 판단에 따라 경제규모, 지역 대표성 등을 감안해 신흥국들을 포함한 G20의 멤버가 구성됨. G20에는 G7(미국, 일본, 영국, 프랑스, 독일, 이탈리아, 캐나다)을 비롯해 브릭스(BRICs, 브라질, 러시아, 인도, 중국) 및 신흥국(한국, 인도네시아, 멕시코, 아르헨티나, 남아공), 그리고 사우디아라비아, 호주, 터키, EU 의장국(EU 대표)이 참여함. G20 국가들을 모두 합치면 세계 인구의 3분의 2, 세계 GDP의 85%, 세계 교역량의 80% 가량을 차지함.
- G20회의에서는 거시경제의 국제협력 등을 주요 의제로 다루고 있음. 첫 정상회의가 2008년 11월 15일 미국 워싱턴에서 열렸으며 그동안 워싱턴, 런던, 피츠버그를 거쳐 5차례 회의가 이루어졌고 6번째 회의가 2010년 11월 서울에서 열릴 예정임.

표이다. 이를 위해 국가들 간에도 서로 거시정책을 조율하고 협력해야 할 필요가 높아졌다. 세계경제가 서로 밀접하게 연결돼 어떤 나라도 홀로 살아갈 수 없기 때문이다. 그리고 미국발 금융위기가 글로벌 금융위기로 확산되면서 협력해야 할 일들이 더욱 많아졌기 때문이다.

거시경제 국제협력을 잘한다면 글로벌 금융위기가 재발하는 것을 막고 국제금융시장이 건강하게 성장할 수 있을 것이다. 예를 들어, 금융감독의 사각지대에 있는 무분별한 장외파생금융상품 거래 및 신용평가사나 헤지펀드의 거래방식이 금융위기의 문제를 악화시켰기 때문에 G20정상회의 의제로 장외파생금융상품, 신용평가사 및 헤지펀드에 대한 규제를 채택하였다. 그 동안 5차례의 G20회의에서는 장외파생금융상품, 신용평가사, 헤지펀드 등에 대한 가이드라인(장외파생상품 중앙청산소, 신용평가사 등록 의무화 등)을 만들어 거래를 투명하게 하고 이들을 감시망 안에 두는데 동의했다. 또한 G20 서울회의에서 우리나라는 범세계적 위기에 금융회사와 금융시스템이 무너지지 않도록 만들어 놓은 여러 안전장치인 글로벌 금융안전망을 의제로 제안하기도 했다.

정리

- 경제위기 = 외환위기 + 금융위기 + 은행위기 + 외채위기 + …
- 외환위기 특징 = 자기실현적 위기, 위기 전염효과, 패거리 행동, 시장조작 등.
- 외환위기 이론 = 1세대 위기모형, 2세대 위기모형, 도덕적 해이모형, 금융공황모형, 붐-버스트 순환모형 등.
- 글로벌 금융위기 논제 = 외부충격(국제자본 디레버리징, …), 국내거시정책(외채상환, IMF 구제금융, …), 외환보유액(경상수지 악화, …), 국내금융시스템의 결함(정부의 암묵적 지급보증, 도덕적 해이, …), 투명성 부족, 부정부패, 국가위험 등.

• Further Study Tip : 경제위기/외환위기 관련 내용을 본문을 통해 숙지함.

8-3 Section 연습문제와 요약

외환위기·금융위기

01 1997년 동아시아 외환위기는 태국 바트화에서 시작되어 주변 동아시아 국가에 빠르게 퍼졌다. 외환위기의 주원인은 무엇인가? 중국이나 일본이 외환위기를 겪지 않은 이유도 한번 생각해보자.

Answer 동아시아 외환위기는 외부충격, 국내거시경제정책, 그리고 국내금융시스템의 결함이 결합된 결과임.

02 금융위기가 다른 지역으로 이전해가는 위기전염(Contagion) 현상의 원인을 나열해보고 과거의 위기전염 사례를 소개하시오.

Answer 위기전염의 원인에는 공동충격, 무역연계성, 공동채권자, 정보문제와 집단행동 등이 포함됨. 위기전염의 사례는 1997년 태국 바트화의 위기 ⇒ 말레이시아, 인도네시아, 한국의 위기, 1994년 멕시코 페소화의 위기 ⇒ 중남미 위기(데킬라 효과), 2000년 러시아 위기 ⇒ 브라질 위기 등 임.

03 2008년도 미국에서 발생한 글로벌 금융위기를 과거 대공황과 비교하시오. 유사점 및 차이점은 무엇인가?

Answer 루카스(R. E. Lucas)의 견해에 따르면, 첫째, 현재 금융위기에서 신용경색 현상은 대공황에서 뱅크런 현상과 유사함. 현 금융위기하 신용경색은 단기증권을 반복적으로 발행하여 자금을 조달한 투자은행 등에게 피해를 주었다는 점에서 대공황기에 요구불예금을 취급했던 상업은행이 타격을 입었던 상황과 비슷함. 단기차입에 과도한 의존은 만기연장이 불가능할 수 있는 상황이 올 수 있다는 점에서 요구불예금과 유사하기 때문 임. 또한, 현 금융위기에서 민간이 단기증권보다는 국채나 정부보증자산 같은 안전자산을 선호하는 현상이 심화된다는 점에서 대공황기의 예금보다 현금에 대한 선호현상 심화와 비슷함.
둘째, 현재 금융위기에서는 은행 예금과 대출의 급격한 감소는 발생하지 않았고, 미국 중앙은행이 신속한 유동성 공급확대를 수행한 반면 대공황기에는 뱅크런 예방을 위해 연준의 지불준비금 공급이 필요했지만 금본위제 통화가치 안정을 위해 긴축정책을 실시함으로써 공황을 심화시켰다는 차이점에 있음. 대공황이후 미국은 Glass-Steagall법(1933년)을 제정하여 상업은행과 투자은행을 명확히 구별함으로써 더 이상 뱅크런 사태를 발생하지 않았음. 이 법은 규제회피 현상이 만연해지자 1999년에 폐지됨.

국제금융시장

01 국제금융시장 참가자들의 형태를 구분해보고 나아가 참가자들의 행태를 관찰하여 발견할 수 있는 특징은 무엇인가?

Answer
-시장참가자는 형태별로 은행, 기업, 비은행 금융기관, 중앙은행, 여타 정부기관 등으로, 거래참여 목적별로 실물거래결제, 투기, 차익, 헤지 등을 수행하는 자로 분류할 수 있음.
-시장참가자의 행동은 규제를 덜 받을수록 신속하게 움직임, 민간부문이 공공부문보다 빠르게 움직임, 규제기관에 비해 피규제 대상자가 신속하게 움직임, 국제규제기구가 참가자 중에서 가장 느리게 움직임 등의 특징을 보이는 경향임.

02 국제은행업(International Banking)과 국내은행업(Domestic Banking)의 차이점을 살펴보시오. 그리고 상업은행(Merchant Banks)과 투자은행(Investment Banks)을 뜻하는 유니버설은행(Universal Banks)에 대해 간단하게 설명하시오.

Answer
-국제은행업 서비스가 국내은행업과 다른 점은 국경을 넘어 비즈니스 및 투자가 이루어진다는 점임. 다국적 기업, 수출입업자, 국제 투자가, 국제 펀드매니저 등의 고객에게 서비스를 제공함. 예를 들면, 외환거래, 무역금융, 헤징서비스(선물환거래 등), 국제은행 간 장단기 대출·차입 등이 이루어짐.
-유니버설은행은 상업은행과 투자은행의 업무 서비스를 제공하는 은행을 말함. 예금·대출, 채권과 주식의 보증, 보험, 컨설팅, 브로커 등 다양한 전체 서비스를 제공함. 유럽과 일본에서는 전체 서비스를 제공하는 것이 일반적임.

03 국제결제은행(BIS)은 국제거래를 청산해주는 중앙은행이다. 국제결제은행은 은행파산을 막기 위해 1988년 바젤협정(Basel Accord) 및 2006년 신바젤협정에 따라 자기자본의 적정수준을 국제기준으로 만들어 사용하도록 권하고 있다. 보통 국제은행의 자기자본비율(주식발행자본÷위험이 조정된 자산)은 8% 이상이다. 아래의 경우 은행이 보유해야 할 자기자본은 얼마로 측정되는가? 이 경우 자산이 위험에 조정되지 않는다면 어느 정도의 자기자본을 가지고 있는가(%)?

A 은행의 자산현황

자산	가중치
단기채권 100만 달러	0%
단기대출 100만 달러	20%
주택담보대출 100만 달러	50%
장기대출 100만 달러	100%

Answer A은행의 위험이 조정된 자산은 170만 달러(=(100만×0.2)+(100만×0.5)+100만)임. 따라서 은행이 보유할 필요가 있는 자기자본 금액은 13.6만 달러(=170만×0.08)임. 자산이 위험에 조정되지 않는 경우 자기자본의 3.4%(=13.6만−400만)가 됨.

04 유로통화 또는 유로달러는 국제단기자금시장의 핵심요소이다. 유로통화는 국제은행이 국내통화 이외의 통화로 발행한 1년 미만의 CD가 대표적이다. 유로통화와 유로달러의 각 실례를 들어보시오.

Answer 유로달러 = 영국, 독일, 일본, 싱가폴, 멕시코 등의 미국 달러화 예치금. 유로통화 = 유로달러 + 미국, 영국, 일본 등의 유로화 예치금 + 프랑스, 캐나다, 멕시코 등의 엔화 예치금 등.

05 유로통화시장은 은행 간 도매시장으로써 최소 1백만 달러 이상 1~12개월 만기 예치금을 거래하는 시장이다. 역외금융업 차원에서 유로통화시장은 빠르게 성장하고 있다. 국내시장에 비해 유로통화시장의

거래가 증가하는 이유를 설명하시오.

Answer 예를 들어, 유로달러 예치금은 지급준비금이 요구되지 않음. 미국 국내은행은 예치금의 10%정도를 지급준비금으로 보유해야 하지만 미국 외부의 외국지점에 예치금은 지급준비금이 요구되지 않음. 따라서 유로통화거래 또는 역외 금융업은 국내규제(지급준비금 등)를 받지 않고 더욱 혁신적이기 때문에 거래가 활성화되고 있음.

06 주식시장의 유동성을 측정하는 방법 가운데, 거래회전율(=총거래량 가치 ÷ 총주식시장 가치)이 높을수록 주식시장의 유동성이 커진다. 만일 주식시장의 총가치가 5백만 달러이며 1년 동안의 시장거래량이 1억 달러이라면 거래회전율은 어느 정도이며 그 의미는? 반면 시장집중(=10대 기업의 주식가치 ÷ 총주식시장 가치)이 커질수록 주식시장의 글로벌 분산화가 덜 바람직하다. 만약 시장집중이 50%이면 그 의미는 무엇인가?

Answer 먼저 거래회전율은 20(=100÷5)이며 연간 평균 주식은 20번 회전됨을 뜻함. 시장집중 50%는 10대 기업이 주식시장 총가치의 50%를 차지하고 있음을 말함.

에세이 문제

01 국제 자본이동이 자유롭고 전 세계가 거미줄처럼 연결된 글로벌 금융시장에서 대규모 자본유출은 거시경제 전반에 충격을 주게 된다. 자본유출의 경제적 효과를 설명하고, 우리나라 경제에서 발생한 급격한 자본유출과 외환위기의 경험을 살펴보고 그에 대응하기 위한 금융·재정정책에 대하여 서술하시오.

02 국민경제 차원에서 자본유입이 가져다주는 경제적 혜택을 비롯하여 과도한 자본유입으로 인플레이션 압력과 경상수지 적자가 동시에 발

생하는 현상을 설명하시오. 특별히 이러한 현상이 발생하는 원인 및 해소방안에 대한 정책방향을 제시하시오.

03 미국 달러화 기반의 국제금융시장에서 유로존은 유로화를 공동통화로 사용하는 반면 동아시아에서도 통화협력의 일환으로서 단일통화에 대한 논의가 이루어지고 있다. 역내 통화통합의 경제적 손익에 대하여 논하고 동아시아에서 통화통합의 여건 및 가능성에 대하여 논하시오

04 제2차 세계대전 이후 급속하게 진행되고 있는 금융시장의 구조적 변화를 통해서 금융위기의 원인 및 중앙은행의 과제에 대해 설명하시오. 특히, 구조적 금융과잉 및 통화정책의 점진주의 대응방식이 부채급증에 일조했다는 점에서 개선방안을 모색해보시오.

Answer 경제학자인 H. Kaufman에 따르면, 금번 글로벌 금융위기는 기업과 가계 부채의 급증, 금융집중화 심화, 부적적한 금융감독 등이 작용한 결과로 봄. 특히, 금융시장의 구조변화가 초래한 금융과잉, 부채급증 등의 부작용을 예방하기 위해서는 총체적 규제감독, 통화정책의 패러다임 개선, 효율적 국제공조 등의 확립이 긴요하다고 강조함.

05 글로벌 금융위기와 이로 인한 경제침체 가능성은 경제학 및 경제정책의 패러다임 변화를 가져다주는 기회가 될 수 있다. 하지만 정치여건상의 제약, 신자유주의 경제학의 이론적 우위 등에 비추어 이러한 변화는 나타나기 어려울 전망이다. 변화의 가능성에 대해 논하시오.

Answer 글로벌 금융위기가 지난 30여 년 동안 지배한 신자유주의 경제은영 패러다임에서 초래되었다고 보는 후기 케인즈학파의 시각에 따르면, 신자유주의 경제운영 패러다임(세계화, 노동시장 유연성, 물가안정, 작은 정부 등을 지향)은 더 이상 실효성이 없으며 그 대안으로 후기 케인즈학파의 처방(조화를 도모한 세계화, 사회민주주의 정부, 완전고용 등을 지향)을 중시해야 하며, 이를 통해 금융위기 방지, 세계불균형 해소, 소득분배 개선 등을 가져다 줄 수 있다고 봄.

찾아보기

ㄱ

ㄴ

ㄷ

ㄹ

ㅁ

ㅂ

ㅅ

ㅇ

ㅈ

ㅊ

ㅋ

ㅌ

저자 최명식

미국 University of Missouri-Columbia 경제학 석사/박사
현재 성균관대학교 경제학부 연구교수

국제금융론: 글로벌 통화와 금융

2011년 2월 20일 1판 1쇄 인쇄
2011년 2월 28일 1판 1쇄 발행

저 자 : 최 명 식
발행인 : 김 동 규
발행처 : 교 육 과 학 사

저자와의 협의하에 인지생략

경기도 파주시 교하읍 문발리
파주출판문화정보산업단지 514-5
전화(031)955-6956~8/팩스(031)955-6037
Home-page : www.kyoyookbook.co.kr
E-mail : kyoyook@chol.com
등록 : 1970년 5월 18일 제2-73호

낙장 · 파본은 교환해 드립니다.
Printed in Korea.

정가 24,000원
ISBN 978-89-254-0463-9